Hans Peter von Kirchbach
Herz an der Angel

Herz an der Angel

Hans Peter von Kirchbach

2021

Carola Hartmann Miles-Verlag Berlin

Bibliografische Information der Deutschen Nationalbibliothek
Die Deutsche Nationalbibliothek verzeichnet diese Publikation in der Deutschen Nationalbibliografie; detaillierte bibliografische Daten sind im Internet über www.dnb.de abrufbar.

© 2021 Carola Hartmann Miles-Verlag, Berlin
www.miles-verlag.jimdo.com
email: miles-verlag@t-online.de

Cover-Bild: Autor

Mitarbeit: Jan-Matthias Schultze

Herstellung: Books on Demand, Norderstedt

Printed in Germany

ISBN 978-3-96776-035-4

Inhalt

Geleitwort

Herz an der Angel.

Selten wird ein Text im Titel so treffend zusammengefasst! Der fast 80-jährige General Hans Peter von Kirchbach zeigt sich in seinen bewegenden Erinnerungen als Soldat, Christ, Pfadfinder, Johanniter, Pilger und Abenteurer auf vier Kontinenten, aber immer wieder vor allem als Menschenfischer.

Kein Geschichtsbuch, sondern ein Buch mit Geschichten, in denen er immer wieder dem Motto des Priesters Don Bosco folgt: „Wer Menschen fischen will, muss sein Herz an die Angel hängen." Von der Grundausbildung bis zum Generalinspekteur der Bundeswehr – sein Buch ist auch ein Stück Geschichte vor allem des deutschen Heeres von 1960 bis 2000. Mit Präzision und vielen Details beschreibt von Kirchbach die einzelnen Stationen seiner Laufbahn. Brigadekommandeur in Eggesin gleich nach der Wiedervereinigung, die Beziehungen zu Polen, erste Auslandseinsätze, aber vor allem der Einsatz gegen die Oderflut, der ihn zum Medienstar machte, das sind Höhepunkte seines Weges. Immer wieder zeigt er, dass er auf Menschen zugehen kann, um Probleme zu lösen. Gleich nach dem Mauerfall wendet er sich Flüchtlingen zu, die in einer Kaserne seiner Einheit in Schwarzenborn Unterkunft finden. Die Worte des kleinen Jungen einer Familie, mit der er spricht – „Und det sollen unsere Feinde sein?" – bezeugen wunderbar seine Zuwendung. Als er Chef eines Panzerbataillons mit Leopard 2-Panzern wird, ohne besondere Kenntnisse dieses Waffensystems, macht er erst einmal eine Ausbildung als Richtschütze.

Das Buch ist voll von spannenden Geschichten, aus der Bundeswehr und aus dem Leben von Hans Peter von Kirchbach. Sein Weg in die deutschen Streitkräfte war keineswegs vorgezeichnet. „Trotz der engen Kontakte zur Bundeswehr (sein Vater war Offizier) war ich mir über meine berufliche Laufbahn noch im Unklaren. Zunächst zog ich in Erwägung, ein Jura- oder Theologiestudium zu beginnen. Dass ich den Wehrdienst antreten würde, stand jedoch nie infrage." Bleibt zu hoffen, dass wir jetzt und in Zukunft dennoch solche Menschen wie Hans Peter von Kirchbach für unsere Streitkräfte gewinnen können.

Der Artillerist und Menschenfischer hat mich beeindruckt, ein Gewinn für unser Land, er war nicht der einzige in der Bundeswehr, der mich bis heute gern zurückdenken lässt an meine Amtszeit als Verteidigungsminister und die Zusammenarbeit mit vielen eindrucksvollen Soldaten!

Volker Rühe
Bundesminister der Verteidigung 1992-1998

Geleitwort

Ein bewegtes, pralles Menschenleben breitet der Autor dieser staunenswerten Autobiographie, General Hans Peter von Kirchbach, vor seinen Lesern aus: Familienmensch mit Bewusstsein für Tradition, Pfadfinder aus Leidenschaft, Soldat bis in die oberste Führungsposition der Bundeswehr und Johanniter mit Leib und Seele. Die einzelnen Stationen dieses bunten Lebensbildes malt er mit kraftvollen Pinselstrichen. Getragen von einem klaren Wertekonzept, das im christlichen Glauben wurzelt, durchmisst er in seinen Erinnerungen private und berufliche Stationen, die eng mit der jüngsten deutschen Geschichte verknüpft sind. So erlebte er etwa den Bau der Berliner Mauer als junger Soldat und konnte Jahrzehnte später, im Zuge der deutschen Wiedervereinigung, maßgeblich die Integration der aufgelösten NVA-Verbände in die Bundeswehr mitgestalten.

Der Autor nimmt den Leser mit auf eine ebenso informative wie erlebnisreiche Erinnerungsreise zu Situationen und Persönlichkeiten auf höchsten nationalen und internationalen Verwendungsebenen. Auch seine Zeit als Mitglied im protestantischen Johanniterorden weiß der Verfasser farbenfroh und voller Gespür für die unterschiedlichsten Aufgaben, vor die er sich gestellt sah, zu schildern. Anschaulich beschreibt er seinen Werdegang im Orden, dessen Mitglied er seit nahezu einem Vierteljahrhundert ist. Während dieser Zeit erfüllte er den Ordensauftrag der Johanniter, auf christlicher Grundlage Menschen in Not zu helfen, auf vorbildliche Weise. So hinterließ General von Kirchbach in seiner Zeit als Präsident der Johanniter-Unfall-Hilfe mit seiner zugewandten Art bleibenden Eindruck bei der gesamten Helferschaft, der er als Ehrenpräsident bis zum heutigen Tage eng verbunden ist. Kennzeichnend für alle Stationen seines Lebens ist, dass er die „Nabelschnur zur lebendigen Truppe", wie er es nennt, nie hat abreißen lassen, weder bei den Pfadfindern, noch beim Militär, erst recht nicht bei den Johannitern. Dabei kam ihm seine immerwährende Lust auf neue Aufgaben ebenso zugute wie sein ehrliches Interesse an Menschen, insbesondere an jungen Menschen, das ihn bis heute beseelt.

Für die Johanniter war das Wirken General von Kirchbachs in seinen verschiedenen Funktionen im Orden ein wahrer Segen und die vertrauensvolle Zusammenarbeit mit ihm stets eine Freude. Eigentlich müssten die Johanniter dem damaligen Verteidigungsminister Scharping noch heute dankbar sein. Denn mit dessen Zustimmung zum Gesuch seines Generalinspekteurs auf Entlassung in den vorzeitigen Ruhestand machte er den Weg frei für die Präsidentschaft General von Kirchbachs bei der Johanniter-Unfall-Hilfe. Hier konnte er die Erfahrung seiner militärischen Laufbahn bei der Bewältigung zweier Flutkatastrophen ebenso einbringen wie etwa bei den Restrukturierungen der Auslandshilfe der JUH. Aber es kam noch etwas anderes hinzu – nämlich der feste Wille, seinen reichen beruflichen Erfahrungsschatz nun im sozialen Bereich zum Wohle des Notleidenden Nächsten einzusetzen. Dabei hat er den Zeitgeist stets mitgestaltet statt ihm nachzulaufen.

So zitiert General von Kirchbach die Worte des Ordensgründers der Johanniter, die selbst nach über 900 Jahren nichts von ihrer prophetischen Aktualität eingebüßt haben: „Unsere Bruderschaft wird unvergänglich sein, weil der Boden, auf dem diese Pflanze wurzelt, das Elend dieser Welt ist und weil, so Gott will, es immer Menschen geben wird, die daran arbeiten wollen, dieses Leid geringer, dieses Elend erträglicher zu machen." Zu diesen Menschen zählt auch der Autor dieses an Erlebnissen, an Erfahrung und an Menschlichkeit so reichen Werkes. Mit ihm zusammenzuarbeiten ist ein Privileg.

Herrenmeister des Johanniterordens
S.K.H. Dr. Oskar Prinz von Preußen

Vorwort

Kurz vor meinem achtzigsten Geburtstag will ich meine Erinnerungen vollenden. Sie sollen einen subjektiven Blick auf das geben, was ich in meinem Leben erlebt habe, was mich in meinem Leben bewegt und angetrieben hat.

Ich wollte kein Geschichtsbuch, sondern ein Buch mit Geschichten schreiben – Geschichten, die ich und wie ich sie erlebt habe. Ich schildere meine Empfindungen und meine uneingeschränkt subjektive Sicht der Dinge.

Ich stütze mich auf meine Erinnerungen, meine militärische Beurteilungsakte und einige Kalendereintragungen. Tagebuch habe ich nie geführt.

Aufgewachsen in den Wirren der Nachkriegszeit habe ich als junger Mann macht- und hilflos den Bau der Mauer erleben müssen. Mir war das Glück vergönnt, ihren Einsturz miterleben zu können.

Es war mir vergönnt, an der Gestaltung der inneren Einheit unseres Landes und der Aussöhnung mit unseren polnischen Nachbarn mitarbeiten zu dürfen. Dankbar habe ich über vierzig Jahre in der Bundeswehr gedient.

Dankbar habe ich weitere fast zwanzig Jahre wichtige Aufgaben im sozialen Bereich an der Spitze der Johanniter-Unfall-Hilfe und der sächsischen Johanniter wahrnehmen können.

Keine meiner Aufgaben konnte ich allein bewältigen. Ich hatte überall das Glück, Mitarbeiterinnen und Mitarbeiter zu finden, die sich für ihre Aufgaben verzehrten, denen ich vertrauen konnte und die mir vertrauten. Manche sind zu Freunden geworden.

Meine Familie hat mich immer und ganz besonders in den schwierigen Phasen meiner Laufbahn und meines Lebens gestärkt.

Dem bekannten katholischen Priester, Erzieher und Heiligen Don Bosco wird folgendes Zitat zugeschrieben: „Wer Menschen fischen will, muss sein Herz an die Angel hängen."

Viele Menschen habe ich getroffen, die ihr Herz an die Angel gehängt haben, und ich habe ebenfalls versucht, dies zu tun.

So kommt der Titel dieses Buches zustande: „Herz an der Angel". Ich hoffe, dass davon im Text etwas spürbar wird.

Hans Peter von Kirchbach im April 2021

Meine Familie

Geboren wurde ich am 3. August 1941 in Weimar.

Meine Mutter Ursula von Kirchbach, geborene Thomas, ist in Berlin aufgewachsen. Sie stammt mütterlicherseits aus der in Danzig-Westpreußen beheimateten Familie Klein. Der Vater, Johannes Thomas, beheimatet in Bad Warmbrunn, war als Jurist und Bankrat in einer führenden Stelle bei der Preußischen Staatsbank tätig. Früh verlor meine Mutter beide Eltern in Folge eines Autounfalls. So habe ich meine Großeltern mütterlicherseits nie kennenlernen können. Im Geburtsort ihres Vaters, in Bad Warmbrunn (Hirschberg) in Schlesien, wo sie nach der Schule eine Arbeitsstelle gefunden hatte, lernte sie meinen Vater, der als Offizier der Wehrmacht in Hirschberg stationiert war, auf einem Ball von dessen Garnison kennen. 1940 heirateten beide in Bad Berka.

Mein Vater, Spross einer alten sächsischen Adelsfamilie, war nach einem Studium der Landwirtschaft Offizier der Wehrmacht geworden.

Mein Großvater väterlicherseits war als junger sächsischer Offizier Kriegsteilnehmer am Ersten Weltkrieg. Als Generalmajor der Wehrmacht fiel er im September 1944 bei einer Patrouille in den Vogesen. Er hat mich noch erlebt, dagegen habe ich an ihn keine Erinnerungen. Die Großmutter stammte aus der Familie von Broizem, einer in Braunschweig beheimateten, heute ausgestorbenen Adelsfamilie. Ich habe sie noch kennenlernen dürfen.

Viele Ahnen aus der Familie von Kirchbach hatten bedeutende militärische Stellungen inne, besonders in der sächsischen Armee. Einer meiner Vorfahren, Hugo Ewald von Kirchbach, wurde durch seine Leistung in der Schlacht von Wörth und Weißenburg 1870 berühmt, 1880 wurde er in den erblichen Grafenstand erhoben.

Die Großfamilie von Kirchbach ist in einem Familienverband zusammengeschlossen. Seit über hundert Jahren treffen sich die Mitglieder der Großfamilie alle drei Jahre zum Familientag. Zwölf Jahre war ich Obmann dieses Familienverbands. Der Wappenspruch unserer Familie lautet: „Pietate et Armis". Ein ehemaliger Obmann unseres Familienverbands hat dies mit „Fromm und Tapfer" übersetzt.

Als sich meine Geburt ankündigte, war meine Mutter vom Wohnort Hirschberg nach Bad Berka nahe Weimar gefahren, wo meine Großeltern, ihre Schwiegereltern, wohnten. In Weimar kam ich im Sophienhaus zur Welt. Das Sophienhaus war ein Krankenhaus, das es noch heute gibt, allerdings als Neubau außerhalb des Stadtzentrums. Mein Vater war zu dieser Zeit als Offizier an der Ostfront im Einsatz.

Viele Jahre später war es mir vergönnt, das im Stadtzentrum von Weimar erhaltene Stammhaus des alten Krankenhauses, in dem sich heute Einrichtungen der Diakonie befinden, als Präsident der Johanniter-Unfall-Hilfe zu besuchen. Ein Wohnheim für ehemalige Schwestern der Diakonie und ein Gespräch mit der Leitung des Hauses sowie einigen der dort wohnenden Schwestern hinterließen bei mir einen nachhaltigen Eindruck.

Zur Anmeldung beim Standesamt wurde meine Mutter von Konrad, einem deutlich jüngeren Bruder meines Vaters, begleitet. Konrad ging noch zur Schule, was zu erstaunten Blicken über den vermuteten jungen Vater führte. Schon kurz nach meiner Geburt kehrte die Mutter nach Hirschberg zurück. Es sollte dann bis zum Sommer 1942 dauern, bis mich auch mein Vater zum ersten Mal sah. Immer wieder hatte sich der Fronturlaub verzögert.

In Hirschberg wurde ich, wie auch später mein Bruder, in der Gnadenkirche getauft. Die Kirche gibt es heute noch. Sie ist mittlerweile ein katholisches Gotteshaus und heißt „Heilig Kreuz Kirche". Sie dient auch als Garnisonkirche. Bei einem Besuch als Kommandierender General des IV. Korps beim Militärbezirk Schlesien im Jahr 1998 führten mich meine polnischen Gastgeber in diese Kirche. So entstand Jahrzehnte nach der Taufe ein Bild am Taufstein – an meinem Taufstein, der, wie der Pfarrer dieser Kirche bestätigte, noch derselbe war wie 1941. Schlesien habe ich mittlerweile mehrfach besucht.

An die ersten Lebensjahre in Hirschberg habe ich keine Erinnerungen mehr. Meine Mutter hatte Hilfe von einer entfernten Verwandten, mit der wir bis zu ihrem Tod in Kontakt waren. Sie hat mir erzählt, dass ich mich eines Tages selbstständig gemacht hatte und zum Bahnhof gelaufen war, um meinen Vater in Russland zu besuchen. Es herrschte natürlich helle Aufregung, bis der Ausreißer gefunden war.

Am 30. März 1943 wurde mein Bruder Rainer geboren. In allen Lebensphasen haben wir bis heute zusammengehalten, trotz unterschiedlicher Wege viele Gemeinsamkeiten gepflegt und viel zusammen unternommen.

Im Februar 1945 wurde meine Mutter durch Meldungen von der Front sowie durch eine Nachricht meines Vaters aufgeschreckt, der uns dringend dazu aufforderte, die Großeltern zu besuchen. Meine

Mutter schreibt in ihren Erinnerungen, sie habe von einem Verwundeten aus der Einheit meines Vaters einen handgeschriebenen Zettel erhalten mit dem Inhalt: „Es ist Zeit, dass Du mit den Kindern die Eltern besuchst." Dies war ein verabredeter Code, der als Aufforderung zu verstehen war, aus Schlesien zu fliehen. Und so bestieg meine Mutter mit zwei kleinen Kindern und einem minderjährigen Mädchen namens Christel, das im Haushalt ein Pflichtjahr absolvierte, am 7. Februar 1945 einen Verwundetentransportzug Richtung Dresden.

Mit diesem Transport und mit einem Luftangriff auf Bad Berka verbinden sich für mich erste Erinnerungen. Die furchtbare Flucht der Mutter mit drei Kindern im Schlepptau, ohne Wissen um den Aufenthalt des Gatten, erschien mir damals als ein großes Abenteuer. Der Transport im offenen Güterwagen führte nach Thüringen. Über Erfurt und Fahner kam meine Mutter dann nach Bad Berka, dem früheren Wohnort der Großeltern. Dort konnte sie durch Vermittlung eines Verwandten eine kleine Wohnung beziehen.

In Bad Berka fand die Familie schon Ende Mai 1945 wieder zusammen. Auch Bad Berka habe ich wiedergesehen und mich dort kurz nach meiner Pensionierung ins Goldene Buch eintragen dürfen. Der jetzige Bewohner der Wohnung, die meine Großeltern einige Jahre bewohnten, übergab mir einige Bücher mit dem „Ex Libris" meines Großvaters.

Mein Vater, der aus Ostpreußen kam und dann in Sachsen eingesetzt wurde, konnte sich gerade noch rechtzeitig in amerikanische Kriegsgefangenschaft retten, bevor er schließlich recht früh aus der Gefangenschaft ordnungsgemäß entlassen wurde. Nun fand er seine Familie wohlbehalten in Bad Berka wieder.

Alles ließ sich zunächst gut an. Meinem Vater wurde durch die Landwirtschaftskammer eine Arbeitsstelle in Aussicht gestellt, die er am 15. Juni hätte antreten können. Dann verbreitete sich das Gerücht, dass Thüringen russische Besatzungszone werden sollte. Die Eltern entschlossen sich erneut, ihre Bleibe zu verlassen, um vielleicht in Süddeutschland – in Heiningen, wo die Großmutter wohnte – eine neue Heimat zu finden. So machten sich fünf Personen zu Fuß auf den mühsamen Weg, den wenigen Besitz auf einem Leiterwagen mitführend. Von freundlichen Bauern erhielten sie immer wieder Nachtquartier. Die letzten Kilometer nach Bayern konnten sie mit einem Fuhrwerk zurücklegen. Dann brach meine Mutter völlig erschöpft zusammen.

Nach einer Pause ging die Odyssee weiter. Zu Fuß, mit der Bahn sowie mit US-Militärtransporten wurde Ende Juli 1945 Heiningen erreicht.

Der Entschluss meiner Eltern im Mai jenes Jahres – ein in den Nachkriegswirren gefasster, sehr schwerer Entschluss – war maßgeblich dafür, dass ich in Süddeutschland und nicht in Thüringen aufgewachsen bin. Es bleibt Spekulation, was geschehen wäre, wenn meine Eltern 1945 anders entschieden hätten. Die Erzählungen können auch kaum verbergen, was die Kriegsgeneration meiner Eltern erleben und erleiden musste. Es ist noch heute kaum zu glauben, dass es meinen Eltern gelungen ist, dies vor den Kindern zu verbergen und sie dennoch eine glückliche Kindheit erleben zu lassen.

In Heiningen wohnten wir zunächst aufgeteilt bei Verwandten. Ich war in einem Bauernhaushalt bei den Schwiegereltern meines schon erwähnten Onkels Konrad untergebracht. Der Großvater war 1944 in den Vogesen gefallen, die Großmutter gab meiner Mutter und Rainer Quartier. Mein Vater wohnte zunächst bei einem Nachbarn. Beide Eltern nahmen Gelegenheitsarbeiten an, bis mein Vater bei einer Holzverarbeitungsfirma eine Stelle bekommen konnte, die ein kleines Gehalt sowie regelmäßiges Brennholz zum Heizen einbrachte. Damit konnte die Familie auch eine kleine Wohnung beziehen.

Meine Erinnerungen betreffen den Kindergarten am anderen Ende des Dorfes. Jeden Tag erreichten wir ihn zu Fuß. Es gab zahlreiche Kontakte zu meist freundlichen amerikanischen Soldaten und viele Fahrten mit dem Ochsengespann auf die Felder, es gab liebe Verwandtschaft und viele Freunde.

Auch an ein Weihnachtsfest kann ich mich erinnern: Die Kinder bekamen ein vom Vater selbst gezeichnetes und gedichtetes Bilderbuch. Die Probleme der Eltern drangen nie in unser Bewusstsein vor: Wir fühlten uns frei und glücklich.

Das Leben auf dem Land war Alltag für uns: Wir sammelten Bucheckern, um Öl zu gewinnen, und Löwenzahn für die Kaninchen, lernten melken, fuhren mit auf die Felder, waren überall dabei. Die Verbindung nach Heiningen sollte nie wirklich abreißen: Die Eltern liegen dort auf ihren Wunsch hin begraben. Viele Jahre später, nach meinem aktiven Dienst, folgte ich einer Einladung des Bürgermeisters, in Heiningen am Volkstrauertag zu reden.

Bis zu ihrem Tod empfanden meine Eltern enorme Dankbarkeit gegenüber den vielen Menschen, die uns auf der Flucht und besonders in Heiningen unterstützt haben.

18

Dann zahlte sich für meinen Vater das Studium der Landwirtschaft aus: Eine Bewerbung auf die Stelle des stellvertretenden Amtsleiters beim Landwirtschaftsamt Vaihingen an der Enz verlief erfolgreich. Und so zogen wir um nach Mühlacker, in eine kleine Stadt in der Nähe des Arbeitsorts, überragt von einem großen Sendemast. Dort wurde ich an der Volksschule eingeschult.

An die ersten Schuljahre habe ich viele gute Erinnerungen. Mein Bruder und ich hatten das Glück, zeitlich versetzt dieselben Lehrer als Klassenlehrer zu bekommen. Wir erlebten Schulmeister im besten Sinne des Wortes, Respektspersonen gegenüber Schülern und Eltern, aber stets den Schülern zugewandt.

Von einem meiner Lehrer erzählte man sich, dass der Unterricht bei ihm einer Garantie gleichkam, die Aufnahmeprüfung ans Gymnasium problemlos zu schaffen. Dies hat sich in meinem Falle bewahrheitet: Die Prüfung – damals obligatorisch, wenn man ein Gymnasium besuchen wollte – bereitete wahrlich keinerlei Schwierigkeiten.

Infolge der damaligen Umstellung des Schuljahresbeginns von Oktober auf April, was mit Ausnahme Bayerns alle westdeutschen Bundesländer betraf, dauerte mein erstes Schuljahr im Gymnasium nur sechs Monate. Ich kann mich jedoch nicht daran erinnern, dass daraus für mich oder meine Klassenkameraden ernsthafte Probleme entstanden waren.

Wir wohnten am Stadtrand. Autoverkehr gab es in den Straßen kaum, so war die Straße unser bevorzugter Spielplatz. Mit neun Jahren – animiert durch eine Gruppe, die ihr Zuhause im nahegelegenen Gemeindehaus hatte – trat ich in die Christliche Pfadfinderschaft ein. Die Mitarbeit in diesem Pfadfinderbund hat neben Familie, Schule und Beruf mein Leben in hohem Maße bestimmt. Lebenslange Freundschaften sind beim Leben in diesem Bund entstanden.

Sowohl meine Mutter als auch mein Vater ließen uns ein großes Maß an Freiraum, in dem wir uns bewegen und unseren Hobbys nachgehen durften. Diese Freiheiten nutzten wir vor allem für das Leben in unserer Pfadfindergruppe. Hier, in Mühlacker, machte ich meine frühen Erfahrungen mit dem Pfadfinderleben. In der Nähe unserer Wohnung befand sich nicht nur die Schule, sondern auch eine Kirche. Auf dem Kirchplatz und im Gemeindehaus sah ich regelmäßig Kinder in meinem Alter herumtoben, die mit Seilen und Zeltplanen zu tun hatten. Mich hatte das stark interessiert, und so habe ich nach ein paar Wochen meine Eltern darum gebeten, mich in die Pfadfindergemeinschaft aufnehmen zu lassen. Nach dem Besuch des

Gruppenführers bei meinen Eltern waren sie überzeugt, dass dies eine gute Sache wäre.

Zunächst wurde ich Wölfling: Wir spielten nach einer im „Dschungelbuch" von Rudyard Kipling beschriebenen Idee. Die Gruppenleiterin hieß Akela, der Altwolf. Die Wölflinge lernten spielerisch nach den Geschichten aus der literarischen Vorlage soziales Verhalten und kleine handwerkliche Fertigkeiten. Nach kurzer Zeit war die Wölflingszeit zu Ende, wir wurden Pfadfinder. Dem gingen Proben voraus, was zum Beispiel konkret heißen sollte: ein Zelt aufbauen, ein Feuer machen, Pflanzen und Tiere kennenlernen, Waldläuferzeichen legen sowie über den eigenen Pfadfinderbund und das internationale Pfadfindertum Bescheid wissen.

Nach der Schule haben wir uns regelmäßig getroffen. Wir suchten dann irgendein Waldstück auf und haben dort Feuer gemacht, gekocht oder gezeltet. Aber auch darüber hinaus gab es viele Arten der Beschäftigung: So mussten Gruppenstunden und kleine Unternehmungen vorbereitet werden. Im Rahmen dieser Gruppenstunden wurden Lieder gesungen und es wurde viel gebastelt. Wir hatten sogar einmal versucht, das Segelschiff „Mayflower" nachzubauen. Im Prinzip ging es um die einfachen Dinge, um das Fördern des Gemeinschaftsgefühls, um Geschicklichkeit und Kreativität.

Kleine Grenzüberschreitungen kamen von Zeit zu Zeit vor: Dass man zwei Stunden zu spät nach Hause kam, weil sich die komplette Gruppe verlaufen hatte, war durchaus nicht ungewöhnlich. Auch das Überfallen von Zelten gegnerischer Pfadfindergruppen und das Erbeuten einer Fahne oder eines Wimpels, der dann wieder ausgelöst werden musste, gehörten gelegentlich zu den Unternehmungen.

Besondere Erlebnisse waren Geländespiele unterschiedlichster Art. Manchmal wurden Lebensfäden eingesetzt. Zum Überleben waren diese Fäden, die aus dünnen Wollbänden bestanden, besonders wichtig. Hatte man seinen Lebensfaden verloren, wurde man aus dem Spiel genommen. Umso energischer kämpften die rivalisierenden Teilnehmer um „ihr Leben"; kleine Raufereien waren somit keine Seltenheit.

Doch oberstes Gebot war Toleranz und gegenseitiger Respekt, wie ich es auch auf einer vierwöchigen Fahrradtour nach Schweden erlebt hatte: Hier gelangten wir in ein großes Pfadfinderlager, auf den Schären vor Stockholm. Pfadfinder aus mehr als 25 Nationen hatten sich versammelt. Wir gehörten zusammen, und wir lebten zusammen.

Internationalität war für uns als Pfadfinder selbstverständlich, selbst Palästinenser und Israelis begegneten sich in internationalen Pfadfinderlagern respektvoll. Fremde Kulturen gehörten für uns schon als Kinder und Jugendliche zur Normalität. Hier in Mühlacker führte ich auch meine erste Gruppe, die Sippe „Sturmvogel", die aus sieben oder acht Jungen im Alter zwischen zwölf und dreizehn Jahren bestand. Ich war zu jenem Zeitpunkt fünfzehn Jahre alt. Für alle Unternehmungen war natürlich schon von großem Vorteil, dass mein Bruder ähnliche Interessen verfolgte wie ich. Für uns beide bildete die Familie einen stabilen Anker und einen Ort der Fürsorge und Nähe.

Mein Vater, der den Krieg als Major beendet hatte, bewarb sich 1956 um die Übernahme in die Bundeswehr und wurde mit diesem Dienstgrad übernommen. Er diente mir in vielen Phasen als wichtiger Ratgeber. Seine Ratschläge haben mir sehr geholfen, mit den ersten Schwierigkeiten nach dem Schulwechsel und ein Jahr vor dem Abitur fertig zu werden. Besonders profitierte ich aber von seiner Bodenständigkeit, die mir später half – besonders angesichts meiner Laufbahn –, eben jenen Boden unter den Füßen nicht zu verlieren.

Weit nach seiner Pensionierung tauschten wir uns über seine militärische Laufbahn aus. Mein Vater hatte es trotz mehrerer Anläufe nicht geschafft, Oberst zu werden; gleichwohl meinte er einst zu mir in seiner Nachbetrachtung:

„Was würde es denn heute für einen Unterschied machen? Vielleicht ein paar Mark mehr Pension, aber schau uns an: Wir haben eine wunderbare Familie, sie hält fest zusammen, wir haben eine schöne Wohnung, wir können gemeinsam in den Urlaub fahren. Wir haben gute Freunde. Vor allem aber: In meiner ganzen Dienstzeit in der Bundeswehr habe ich Aufgaben gefunden, die wichtig waren und die mir Freude gemacht haben."

Diese Einstellung habe ich fortan versucht, zu bewahren. Es war der unausgesprochene, aber deutliche Rat, stets auf dem Teppich zu bleiben. Und dieser Rat war mir Verpflichtung – immer mit dem Bewusstsein, dass gerade, wenn man weit gekommen ist, die Karriere von einem Tag zum anderen zu Ende sein kann. So wie ich es später auch persönlich erleben sollte.

Nach der Übernahme des Vaters in die Bundeswehr folgten wir 1957 mit der Familie seiner Versetzung nach Idar-Oberstein, in eine Siedlung in der Nähe der Klotzberg-Kaserne, in der mein Vater an der Artillerieschule Dienst leistete. Diese Siedlung, die vorher von Angehörigen der US-Streitkräfte bewohnt worden war, wurde in wenigen Monaten komplett neu bezogen. Auf einen Schlag waren dann auch bis zu dreißig Kinder auf die Schulen, vor allem auf das Gymnasium, neu aufzunehmen.

In Idar-Oberstein ging ich auf das Gymnasium. Das gestaltete sich nicht ganz einfach: Die Schulen standen angesichts der unterschiedlichen Voraussetzungen der aus vielen Bundesländern ankommenden neuen Schüler vor einer erheblichen Herausforderung. Die Schule und die Lehrer taten jedoch äußerst viel dafür, um uns die Eingewöhnung zu erleichtern. Insbesondere mein Klassenlehrer, ein damals noch recht junger Mann, gab sich riesige Mühe. Zu meiner großen Freude habe ich, als ich viele Jahre später in Idar-Oberstein einen Vortrag hielt, zwei der damaligen Lehrer wieder getroffen. Der Deutschlehrer übergab mir dabei seine Notizen über meine mündlichen Leistungen, die er 1957 und 1958 gesammelt hatte und die durchaus vorzeigbar waren.

Zugleich kam ich hier das erste Mal in direkte Berührung mit der Bundeswehr: Wir lebten ca. 200 Meter entfernt von der Kaserne. Neben den Familien von Bundeswehrangehörigen waren auch viele US-Soldaten mit ihren Familien in Idar-Oberstein ansässig, immerhin lag die amerikanische Kaserne auch nur sieben bis acht Kilometer entfernt von uns. Die meisten Kinder und Jugendlichen fanden viele ihrer Freunde aus den Nachbarsfamilien in der Siedlung. Wir jungen Leute verbrachten einen großen Teil unserer Freizeit zusammen.

Als Jugendliche hielten wir uns fast jeden Tag in der Kaserne auf. Wir konnten hier fernsehen und uns in der Sporthalle austoben. Sonntags besuchten wir die Kirche in der Militärgemeinde. Zudem hatten auch die Pfadfinder ihr erstes Heim in der Militärkirchengemeinde. In Idar-Oberstein gründete ich gleich nach Ankunft eine kleine Pfadfindergruppe. Diese bestand zunächst hauptsächlich aus Jungen aus Soldatenfamilien, später kamen auch Kinder aus der Stadt dazu. Fast immer trafen wir uns in der Kaserne.

Trotz dieser engen Kontakte zur Bundeswehr war ich mir über meine berufliche Laufbahn noch im Unklaren. Zunächst zog ich in Erwägung, entweder ein Jura- oder Theologiestudium zu beginnen. Dass ich den Wehrdienst antreten würde, stand jedoch nie infrage. Damals wurde in der gesamten Bundesrepublik sehr leidenschaftlich über den Sinn des Wehrdienstes diskutiert, auch in der Christlichen Pfadfinderschaft, der ich mich angeschlossen hatte, sowie in der gesamten evangelischen Jugend. Auf Tagungen gab es stets heftige Auseinandersetzungen. Ein Stamm trat geschlossen aus dem Pfadfinderbund aus, weil dieser sich nicht zu einer klaren Stellungnahme gegen den Wehrdienst entschließen konnte. Eine einheitliche Auffassung im Pfadfinderbund gab es nicht, und sie konnte (natürlich) auch nicht hergestellt werden. Solche Diskussionen haben mein Pfadfinderleben ständig begleitet. Als 1988 meine Wahl als Bundesvorsitzender anstand, war mein militärischer Rang als Oberst für viele Mitglieder ein Grund, mich nicht zu wählen. So war meine Mehrheit denkbar knapp. Mein Pfadfinderverband machte aber jahrelang etwas sehr Sinnvolles: Er lud zu gemeinsamen Rüstzeiten für Soldaten und Zivildienstleistende ein. An der Leitung einiger dieser Rüstzeiten war ich später selbst beteiligt.

Die Diskussionen innerhalb unserer Kirche berührten zuweilen unser Familienleben. Fast jeden Sonntag besuchten wir den Gottesdienst in der Kaserne. Einmal predigte ein fremder Pfarrer. Im Anschluss besuchte er uns zu Hause, meine Eltern hatten ihn zum Essen eingeladen. Seine Abneigung gegenüber Soldaten zeigte er dabei überdeutlich. So wurde er von meinem Vater mit der Frage konfrontiert, warum er denn – trotz seiner militärfeindlichen Ansichten – in der Kaserne für Soldaten und ihre Familien predige. Er besuche ja für die Predigten auch das Gefängnis, war daraufhin seine Antwort. Das Essen endete frostig.

Meine intensive Bindung an die Evangelische Militärseelsorge begann schon in dieser Zeit, vor dem aktiven Dienst als Soldat, und hielt über die aktive Dienstzeit hinaus. Wir fühlten uns in der Soldatengemeinde, zu der auch die Familien gehörten, heimisch. Die jungen Leute trafen sich sonntags zum Gottesdienst, anschließend folgten dann eigene Unternehmungen: Herumstreifen in der Natur, Fußball, Kino, Fernsehen, auch in der Kaserne. Wenn sie nicht dienstlich gebraucht wurde, konnten wir die Sporthalle nutzen, und wir machten davon reichlich Gebrauch.

Dann zogen wir 1959, erneut einer Versetzung meines Vaters folgend, nach Koblenz, gerade mal ein Jahr vor dem Abitur. Ich war davon wenig begeistert, mein mittlerweile sehr vertrautes Umfeld in Idar-Oberstein verlassen zu müssen. Dafür hatten wir jetzt allerdings eine wunderschöne Wohnung im Zentrum, ca. hundert Meter vom Rhein entfernt. Auf der Rheinpromenade gingen wir damals häufig mit dem Hund spazieren.

Hier in Koblenz begann jetzt die ernste Zeit der Abiturvorbereitung. Aufgrund der knappen Zeit, die mir noch verblieb, musste ich mich gehörig anstrengen. Der Schulwechsel ein gutes Jahr vor dem Abitur machte sich in meinen Abiturnoten negativ bemerkbar. Zeitgleich trat ich in die Koblenzer Pfadfindergruppe ein, in der ich schon bald eine Führungsrolle einnahm und zum „Stammesführer" gewählt wurde. Meine Eltern sahen mein großes Engagement bei den Pfadfindern angesichts der schulischen Herausforderungen allerdings zunehmend skeptisch. Doch es endete alles gut: Ich bestand das Abitur im März 1960 mit befriedigenden Noten. Die Abiturfeier unternahm ich mit meinen ehemaligen Mitschülern aus Idar-Oberstein auf der Burg Lahneck in Lahnstein, in der Nähe von Koblenz. Viele meiner ehemaligen Koblenzer Schulkameraden sowie die alte Schule habe ich anlässlich des fünfzigjährigen Abiturjubiläums im Jahr 2010 wiedergesehen.

Der Weg in die Bundeswehr

Als die Entscheidung für mich anstand, den Wehrdienst oder den zivilen Ersatzdienst anzutreten, zögerte ich nicht lange: Ich wollte auf jeden Fall den Wehrdienst leisten und möglichst auch Reserveoffizier werden. In diesen Jahren des Aufbaus war dies innerhalb von achtzehn Monaten möglich. Mit diesem festen Vorhaben ging ich zur Musterung. Die Beschäftigung mit Fragen der Landesverteidigung und der Wehrpflicht hatten dabei geholfen, nicht orientierungslos in den Wehrdienst hineinzuschlittern, sondern einen klaren und bewussten Entschluss zugunsten des Wehrdienstes zu treffen.

Die Musterung verlief recht geschäftsmäßig – wie zu erwarten war: Es gab eine ausgiebige ärztliche Untersuchung, einen Test, ein Gespräch mit der Musterungskommission und viele leicht verlegene junge Männer in Sporthosen. Schließlich erhielt ich den Bescheid der Tauglichkeit mit entsprechender Beglückwünschung. Der Wehrdienst mit Wehrpflicht und Ausbildung zum Reserveoffizier konnte beginnen – achtzehn Monate war eine kurze Zeit, wie ich damals meinte.

Bis zum Eintritt in die Bundeswehr vergingen nur wenige Tage – dann startete mein berufliches Abenteuer als Soldat. Es begannen mehr als vierzig Jahre eines abwechslungsreichen und aufregenden Berufslebens mit vielen Höhen und Tiefen in ganz wechselnden Perioden deutscher Geschichte – ein Berufsleben, das mich bis an die Spitze der Streitkräfte führen sollte.

Im Rahmen meiner Musterung hatte ich schon früh den Wunsch geäußert, nach Niederlahnstein eingezogen zu werden. Dem Wunsch wurde entsprochen, und so sind wir vom Koblenzer Bahnhof im Sammeltransport mit dem Bus direkt zu meinem Wunschziel gebracht worden.

Die letzten Meter gingen wir zu Fuß. Von der gesamten Gruppe kannte ich einen einzigen Kameraden. Doch obwohl wir uns alle untereinander fremd waren, wurden schnell die ersten Kontakte geknüpft. Kurz nach unserer Ankunft begrüßte uns der Bataillonskommandeur und eröffnete uns völlig überraschend, dass die Grundausbildung nicht in Niederlahnstein, sondern im Lager Stegskopf im Westerwald stattfinden würde. Wir mussten mit unserem insgesamt sehr überschaubaren Gepäck (jeder hatte nur einen Koffer dabei) die bereitgestellten Laster besteigen und auf den Rückbänken Platz nehmen. Nach eineinhalb Stunden Fahrt erreichten wir mitten in der Nacht das Lager Stegskopf. Dabei kam es uns vor, als hätten wir einen Ausflug nach Sibirien unternommen: eisige Kälte, dichter Nebel – und ein Schlagbaum. Nirgendwo waren außerhalb der trüben Lagerbeleuchtung Lichter zu sehen, der nächste Ort befand sich einige Kilometer entfernt. Innerhalb des Lagers standen Baracken. In eine dieser Baracken wurde uns jeweils ein Bett zugewiesen. Es gab in jedem Zimmer einen Ofen, der nahezu ständig beheizt wurde. Immerhin war es im Frühjahr im Westerwald noch sehr kalt. So war ständig ein Soldat eingeteilt, der Kohle besorgen musste.

Ich teilte mir meine Stube mit dreizehn weiteren Leuten, aufgeteilt auf sieben Doppelstockbetten und vierzehn Spinde. Immerhin fühlte ich mich hier in guter Gesellschaft, da sich hier auch jener Kamerad einquartierte, der mir von Anfang an nicht unbekannt war – es war mein alter Pfadfinderkamerad und Schulfreund Klaus Wiedmann.

Eine neue, ungewohnte Welt erwartete den bisherigen Schüler und nunmehr Rekruten von Kirchbach. Ein strenger Dienstplan fast ohne Freizeit sowie zahlreiche Regeln und Rituale bestimmten nun den Alltag. Und anstelle des Taschengelds der Eltern trat der Wehrsold. Damals erhielten wehrpflichtige Soldaten 2 DM pro Tag, also insgesamt 60 DM im Monat. Angesichts der niedrigen Preise in der Kantine hatte man damit auszukommen.

Mein erster Tag startete noch vor sechs Uhr morgens, und auch alle folgenden Tage sollten so freundlich beginnen: durch eine Trillerpfeife und lautstarkes Schreien des Unteroffiziers vom Dienst. Kurzum: Es war Zeit für die Grundausbildung.

Die Grundausbildung

Wir hatten wenig Zeit für die Eingewöhnung. Das Programm war äußerst streng durchorganisiert: Morgens erschien der diensthabende Unteroffizier auf den Stuben und gab das Signal, sich ohne Zögern aus den Betten zu bewegen. Anschließend wurde der Waschraum besucht. Zum Frühstückssaal wurden wir im Gleichschritt in Marschkolonne geführt. Nach dem Frühstück begann der Dienst, der bis zum Nachmittag andauerte und insgesamt bis Samstagmittag angesetzt war. Am Ende jedes Tages stand der Stubendurchgang an. Die Stuben mussten dann komplett gesäubert sein. Jegliche Missstände führten zum Nachappell.

Der Dienstplan beinhaltete während der Grundausbildung klare Anforderungen: Formaldienst, Sport, Waffen- und Geländeausbildung, Unterricht über das Soldatengesetz, das Disziplinarrecht sowie politische Information. Wir lernten ganz praktisch, wie man sich bewegt und wie man steht, in Formation und im Gleichschritt marschiert. Immer und immer wieder wurde geübt, mehrfach in der Woche. Diese Formalausbildung gehörte zu den eher weniger reizvollen Bestandteilen des Dienstes, zumal die Übungen wie Antreten, Wenden, Grüßen und Marschieren immer aufs Neue zu wiederholen waren. Jene Ausbildungseinheiten dauerten zumeist jeweils eine Stunde. Beim Marschieren in Formation wurde viel gesungen. Es waren einfach zu singende Soldatenlieder, gelegentlich aber auch Gesangsstücke, die mir schon aus der Pfadfinderzeit bekannt waren. „Wilde Gesellen, vom Sturmwind durchweht" war bei den Rekruten, das Westerwaldlied hingegen bei den Vorgesetzten sehr beliebt.

Schon in den ersten Tagen begannen wir mit der Ausbildung am Gewehr. Dabei galt es, die Einzelteile auseinanderzunehmen und wieder zusammenzusetzen, den Gebrauch des Visiers zu trainieren sowie Zielübungen zu machen. Die Waffe wurde für die Dauer der Grundausbildung empfangen und im Spind aufbewahrt.

Das Schießen war straff organisiert. Über jeden einzelnen Schuss war peinlich genau Buch zu führen und eine Dokumentation anzufertigen. Keiner durfte den Schießstand verlassen, bis der Leitende alles überprüft und gezählt hatte. Nach kurzer Zeit ging es für uns zum ersten Scharfschießen. Mit jeder Schießübung wurden die Anforderungen kontinuierlich gesteigert: Dem Schießen auf dem Stand folgte das Schießen auf Schießbahnen, für die wir den Übungsplatz aufsuchten. Wir schossen mit dem Gewehr über Entfernungen von 100 bis 200 Meter und lieferten schnell brauchbare Ergebnisse. Für die Übungen nutzten wir das FN-Gewehr (G1), ein Gasdruckladergewehr, das bei schlechten Bedingungen etwas empfindlich reagierte. Bald wurde dieser Gewehrtyp durch das G3-Gewehr abgelöst, das wir in der Stammeinheit verwendeten. Ein guter Gewehrschütze bin ich nie geworden.

Der Ausbildung am Gewehr folgte jene an der Pistole (P1), dem Maschinengewehr 42 und der Maschinenpistole Uzi. Mit allen Waffen wurde durchgehend scharf geschossen. Das galt auch für die Panzerfaust: Hierfür wurden wir an der Bazooka ausgebildet, die von zwei Soldaten bedient werden musste.

Kernstück der Ausbildung war der Infanterie-Gefechtsdienst. Dieser forderte uns alle besonders heraus: Hier wurden praktische Dinge erlernt, die ich zu einem gewissen Anteil bereits aus meiner Pfadfinderlaufbahn kannte. Dazu gehörten das Bauen von Zelten, die Übernachtung unter freiem Himmel sowie das Entfachen von Feuer mit primitivsten Mitteln. Im Mittelpunkt standen jedoch die wesentlichen militärischen Anforderungen: Bewegung im Gelände in der Schützenreihe oder dem Schützenrudel, Objekte sichern, Feldposten besetzen und Spähtrupps durchführen. Wir waren in der Regel den ganzen Tag unterwegs, häufig bis spät abends oder auch die gesamte Nacht hindurch. Einige mehrtägige Übungen beanspruchten uns ganz besonders.

An regulären Tagen war gegen 18 Uhr Feierabend. Dann wurden wir geschlossen zum Abendessen geführt. Nach dem Reinigen von Waffen und Kleidung tranken einige von uns noch ein Bier in der Kantine. Hin und wieder wurden in der Kantine Filme gezeigt. Um 22 Uhr war Zapfenstreich. Dann mussten wir in unseren Betten liegen – angesichts der enormen Strapazen hatte allerdings keiner ein Problem damit, sich an die gebotene Nachtruhe zu halten.

In meiner Stube waren nahezu alle gesellschaftlichen Gruppen und Berufe vertreten. Dazu gehörten beispielsweise Handwerker, Fernfahrer und viele weitere mehr. Als Abiturient war dies für mich eine neue und gute Erfahrung, hatte ich doch bis dahin meistens ausschließlich mit Gymnasiasten Kontakt gehabt.

Insgesamt wurde bei uns in einer recht deftigen Sprache kommuniziert, doch die Kameradschaft funktionierte, auch unter den unterschiedlichen Menschen und Charakteren. Jeder brachte seine Fähigkeiten in jenen Disziplinen ein, die andere nicht beherrschten. Während ich vielen Kameraden dabei half, ihre Dienstbücher korrekt zu führen und Eintragungen zu vervollständigen, ließ ich mich gerne bei den praktischeren Angelegenheiten unterstützen: Dazu zählte auch das Auseinandernehmen und Zusammensetzen der Handfeuerwaffen. Wir bildeten eine Art Schicksalsgemeinschaft, verbunden durch den Druck, dem wir alle gleichermaßen ausgesetzt waren, durch das enge Zusammenleben und auch durch die Freude an der Gemeinschaft mit anderen Gleichaltrigen.

Mit meinen Kameraden durfte ich Erfahrungen machen, die ich sonst kaum hätte sammeln können und für die ich sehr dankbar war. Sie waren ein wesentlicher Grund dafür, dass ich mich später stets dafür eingesetzt habe, jedem Offiziersanwärter eine Lehrzeit zusammen mit Kameraden aus allen Teilen der Gesellschaft zuteil werden zu lassen.

Das Verhältnis zu den Vorgesetzten war zumeist unkompliziert. Die jungen Vorgesetzten waren in der Bundeswehr ausgebildet worden, die älteren hatten noch eine soldatische Vergangenheit in der Wehrmacht. Zu diesen gehörte auch mein Zugführer, der mit klarer Sprache seine Befehle gab, aber über einen sehr ausgeprägten Gerechtigkeitssinn verfügte und seinen Unterricht auch durch eigene Erfahrungsberichte aus der Wehrmacht kurzweilig zu gestalten wusste.

Während der Grundausbildung gab es nur wenige Gelegenheiten, am Wochenende die Kaserne zu verlassen, obwohl dies bis zum Zapfenstreich nicht verboten war. Eine Möglichkeit ergab sich direkt nach dem Ablegen des feierlichen Gelöbnisses. Danach begann das einzige komplett freie Wochenende der Grundausbildung. Da Koblenz gerade einmal hundert Kilometer entfernt lag und meine Eltern somit relativ nah wohnten, konnte ich mit einem Kameraden – einem von vieren, der ein Auto besaß – nach Koblenz und wieder zurückfahren.

Ansonsten verliefen die Wochenenden in der Kaserne zumeist ereignislos und ruhig: Samstagmittag lief entweder der Fernseher im Unterhaltungsraum, oder ich ließ mir von einem Kameraden das Gitarrenspiel beibringen. Hin und wieder gab es Filmvorführungen in der Kantine. Die Gestaltung des Sonntags lag komplett in unserer Hand: Wir konnten frühstücken, mussten aber nicht. Einige von uns nutzten den Sonntagvormittag zum Besuch eines Gottesdienstes, zu dem wir chauffiert wurden. Die Freizeit wurde in der Stube oder in der Kantine, lesend, schreibend und mit Unterhaltungen verbracht. Gelegentlich verließen wir das Kasernengelände, um einen Spaziergang zu machen. In den nächsten Ort zu gehen war zu weit. Man hätte allerdings dort auch nichts Besonderes machen können.

An einem Wochenende, als ich mit einem Kameraden unterwegs war, hatten wir die Chance, eine kleine Wanderung durch den Westerwald zu unternehmen und in einem Zelt zu übernachten. Erst am darauffolgenden Sonntagnachmittag trafen wir wieder in der Unterkunft ein.

28

In der Nähe des Lagers gab es den Ort Friedewald, in dem ein mir bekannter Professor an einer evangelischen Akademie lehrte und eine Gruppe christlicher Pfadfinder gegründet hatte. So ergab sich für mich hin und wieder die Chance, diese Gruppe zu besuchen und mich am Programm zu beteiligen.

Dem feierlichen Gelöbnis ging die Rekrutenbesichtigung voraus. Diese war eine besondere Prüfung, in der jeder Rekrut nachweisen musste, dass er die gelernten Dinge auch tatsächlich beherrschte. Die Besichtigung wurde, wie zuvor das Gelöbnis, vom Regimentskommandeur, Oberst von Sierakowski, durchgeführt. Er war ein guter Bekannter unserer Familie. Dies spielte jedoch bei der Prüfung keine Rolle. Man wurde einer Station zugeteilt, die der Oberst zu besichtigen gedachte. Jedem Rekruten wurde eine spezielle Aufgabe oder Frage, die es zu beantworten galt, zugewiesen. Ich lag in einer Feldpostenstellung, als der Oberst auf mich zukam und mich nach den Tätigkeiten des Feldpostens und über das Thema „Beobachten und Melden" ausfragte.

Die Besichtigung dauerte einen Tag. Der wichtigste Teil war dabei die Prüfung der Rekruten im Gelände. Der Besichtigende nahm unsere normalen Übungsabläufe kritisch in Augenschein. Keiner der Rekruten konnte sich dieser Prüfung entziehen. Alle, auch die Vorgesetzten, standen dabei unter hohem Druck, immerhin mussten sich ja auch die Gruppen- und Zugführer für die Leistungen ihrer Soldaten verantworten. Später, als ich selbst solche Besichtigungen durchzuführen hatte, bestätigte sich dieser Eindruck.

Nach Abschluss der aufwendigen Besichtigungsprozedur fand am Folgetag das feierliche Gelöbnis mit einem Musikkorps und einer Ansprache des Regimentskommandeurs statt. Hier trafen die Rekruten und Vorgesetzten dreier Ausbildungskompanien zusammen – leider ohne Gäste, ohne Eltern oder Verwandte. Gemeinsam sprachen die Rekruten das Gelöbnis nach: „Ich gelobe, der Bundesrepublik Deutschland treu zu dienen und das Recht und die Freiheit des Deutschen Volkes tapfer zu verteidigen."

Auch die Zeitsoldaten waren angetreten, wurden jedoch später im Dienstzimmer ihrer Chefs persönlich vereidigt. So war es auch bei mir: Ich hatte mich noch während der Grundausbildung zunächst für drei Jahre weiterverpflichtet. Damit bezog ich auch erstmals ein Gehalt, etwa 300 DM im Monat. Im Anschluss an die Besichtigung durften wir für zwei Tage unseren Urlaub antreten.

Einige Vorgesetzte der Grundausbildungseinheit sind mir noch gut in Erinnerung. Der Batteriechef, Hauptmann von der Golz, gehörte zu den Personen, die für meinen Werdegang besonders wichtig waren. Wäre das von ihm wesentlich bestimmte Klima in der Ausbildungseinheit nicht grundsätzlich positiv gewesen, wäre ich sicher nicht auf die Idee gekommen, mich länger zu verpflichten. Im direkten Ausbildungsdienst tauchte er zwar nicht so häufig auf; doch jeder spürte, dass er die Zügel fest in der Hand hatte und Bescheid wusste, was in der Einheit vor sich ging. Wenn er die Unterrichtsstunden in Politischer Information leitete, war dies für ihn auch eine willkommene Gelegenheit, Stimmungen aufzunehmen und abzufragen. Er war eine mittelgroße, stämmige Erscheinung – ein auch äußerlich respekteinflößender Mann. Manchmal tauchte von der Golz abends überraschend in der Stube auf und unterhielt sich eine viertel Stunde lang mit den Soldaten. Genauso plötzlich konnte er während einer Übertragung eines Fußballspiels in den Fernsehraum platzen und sich dazusetzen. Er wirkte ansprechbar, und er war es auch. Das brachte ihm hohen Respekt bei seinen Untergebenen ein. Sowohl bei den Rekruten als auch den Unteroffizieren war er gleichermaßen gut angesehen und respektiert.

Ich will nicht verbergen, dass zu dieser Zeit durchaus einige Ausbildungsmethoden üblich waren, die heute mehr als fragwürdig wären. So gehörten Liegestütze bei falscher Handhabung der Waffe, das Singen als Bestrafung oder das Aufsuchen der Deckung beim Marsch zum Essen zu den gewohnten Prozeduren, wenn etwas nicht geklappt hatte. Wir haben uns nichts dabei gedacht – es war halt so üblich.

Eine andere wichtige Person in diesen frühen Tagen bei der Bundeswehr war ein Leutnant mit dem Namen Metzdorf, der immer wieder Ausbildungsdienste für die Einheit zu leiten hatte, jedoch nicht als Zugführer im Einsatz war. Neben dem einen oder anderen Kompanieunterricht leitete er häufig die Sportausbildung. Bei ihm imponierte vor allem seine körperliche Fitness, für die er auch in der Freizeit viel tat.

Der Gruppenführer war Stabsunteroffizier Domurad. Er war der erste und ganz unmittelbare Vorgesetzte und hatte seine Ausbildung zum Unteroffizier bereits in der Bundeswehr erfahren. Sich stets sehr eng an die Vorschriften haltend, legte er besonderen Wert auf eine gewisse Distanz zu den Rekruten und war kenntnisreich, immer gut vorbereitet und durchsetzungsstark. Seine große Vorliebe galt den Waffen, die er den Rekruten auch mit großer Leidenschaft näherbrachte.

Eines Tages waren wir im Gelände unterwegs. Wir behandelten die Bewegung auf dem Gefechtsfeld, also auch die Einnahme von Formationen, Schützenreihen und Schützenrudel. Nach einer kurzen Einweisung setzten wir diese Vorgaben um, immer im Laufschritt und in versetzter Bewegung, also hinter- oder nebeneinander. Diejenigen, die bei der Einnahme des Schützenrudels an den Flügeln positioniert waren, mussten dabei am meisten laufen. Doch letztlich hatten alle Soldaten erhebliche Strecken im Laufschritt zurückzulegen. Dazwischen galt es, Deckungen aufzusuchen und sich hierzu augenblicklich hinzuwerfen. Die Übung war je nach Durchführung eine enorme Anforderung an die eigene Kondition – das brachte uns und natürlich auch mich bis an die Grenzen der körperlichen Leistungsfähigkeit.

Irgendwann saßen wir dann in einer Pause in einer Mulde, getrennt von den Ausbildern. In diesem Moment brach es aus einigen Soldaten heraus, die nun ihrem Unmut freien Lauf ließen und sich über die enormen Anstrengungen erbost zeigten. Während die eine Fraktion deutlich machte, dass sie nicht mehr weiterzumachen wünschte, versuchte die andere, zu der ich gehörte, beruhigend auf die wütenden Kameraden einzuwirken. Für den Gruppenführer war diese Situation eine riesige Herausforderung, er spürte die angespannte Atmosphäre. Als ihm alles zu entgleiten drohte, verfügte er eine Verlängerung der Pause und widmete sich intensiv den Klagen seiner Untergebenen. Dabei fand er schließlich die richtigen Worte, um die Lage zu entspannen. Als wir weitermachten – unter deutlich weniger beschwerlichen Umständen –, hatten sich alle Beteiligten beruhigt und die Übungen ohne weiteres Murren fortgeführt.

Einige Jahre später hat mir – in meiner noch ganz jungen Rolle als Offizier – ein Vorgesetzter einen guten Rat gegeben: Phasen der äußersten Anspannung sollten auch Phasen der Entspannung und Erholung folgen. Keiner kann ständig unter unaufhörlichem Hochdruck arbeiten. Diesem Rat bin ich später auch in verantwortlichen Positionen stets gefolgt.

Speziell für Unteroffiziere gehörte es zu den besonderen Herausforderungen, zu den unterstellten Soldaten ein gesundes Verhältnis zwischen Nähe und Distanz zu wahren. Sie mussten einerseits nahe bei den Leuten sein, um deren Bedürfnisse und Sorgen zu erkennen. Andererseits war es ungemein wichtig, dass sie sich ihrer Aufgabe als Autoritätsperson und Führer bewusst waren und auch unangenehme Forderungen durchsetzten. Das fiel in der Stammeinheit schwerer als in der Grundausbildungseinheit, vor allem, wenn man mit den unterstellten Soldaten vorher noch als Mannschaftsdienstgrad zusammen gedient hatte. Je mehr junge Soldaten in die Einheit nachrückten und je mehr den entlassenen Wehrpflichtigen folgten, desto einfacher ließ sich dieser Abstand letztlich herstellen.

Vollausbildung

Im Juli 1960 startete schließlich die Vollausbildung über drei Monate, nun tatsächlich in der Kaserne in Niederlahnstein. Als Angehöriger des 3. Panzerartilleriebataillons 145 durchlief ich zunächst die Ausbildung zum Richtkanonier, zusammen mit den anderen Offiziers- und Reserveoffiziersanwärtern. Die Artillerie war personell eine sehr starke Truppengattung mit einem hohen Bedarf an Offizieren.

Das Bataillon war mit der Panzerhaubitze M52, einem amerikanischen Geschütz mit einem Kaliber von 105 mm und einer Reichweite von ca. elf Kilometern ausgestattet. Zur Bedienung wurden ein Geschützführer, ein Fahrer und vier Kanoniere benötigt. Im Einsatzfall wären zwei weitere Munitionskanoniere dazu gekommen. Jedes Besatzungsmitglied hatte spezifische Aufgaben: Der Richtkanonier saß am Rundblickfernrohr neben der Waffe und sorgte mit seinen Instrumenten dafür, dass das Geschütz korrekt eingerichtet wurde. Dazu kümmerte er sich um die richtige Umsetzung der von der Feuerleitstelle übermittelten Feuerkommandos.

In der Ausbildung wurden wir auch mit den Aufgaben des Geschützführers vertraut gemacht. Dies war dringend erforderlich, weil in jener Zeit, als die Bundeswehr aufgebaut wurde, in einer Einheit niemals alle Unteroffiziere tatsächlich anwesend waren. So mussten die Aufgaben von Unteroffizieren auch bei großen Übungen häufig von qualifizierten Wehrpflichtigen erledigt werden. Mit diesem Zustand haben wir viele Jahre leben müssen.

Es gab allerdings neben den zahlreichen Herausforderungen der Ausbildung sowie der kleinen und großen Übungen auch hin und wieder Gelegenheiten zum ausgiebigen Feiern. Eine der Batteriefeiern sollte mir eine besondere Lehre sein: An jenem Abend entglitt mir die Kontrolle über meinen Alkoholkonsum, ich erreichte einen für meine Verhältnisse bedenklichen Pegelstand. Am nächsten Tag fühlte ich mich sterbenskrank und war der Überzeugung, dass ich in diesem Zustand den Dienst nicht antreten könnte. Da auch eine Krankmeldung wenig Aussicht auf Erfolg gehabt hätte, meldete ich mich beim Batteriechef – meinem Vorgesetzten – und bat um einen

Tag Urlaub. Doch der Chef reagierte anders als erwartet und erhofft. Mit knurrendem Unterton gab er mir in dürren Worten zu verstehen: „Abends trinken, heißt morgens auf der Matte stehen. Runter, auf den Formaldienstplatz mit Ihnen!" Nachdem ich eine Stunde lang, den Kommandos folgend, hin- und herlaufen musste, war ich allmählich wieder ausgenüchtert. Nach meiner Rückkehr in die Batterie begegnete ich erneut meinem Chef. Dessen spöttisches Lächeln in seinem Gesicht war unübersehbar. Augenzwinkernd sagte er zu mir: „Da haben Sie doch mal wieder was dazugelernt."

Neben dem praktischen kam auch der theoretische Unterricht nicht zu kurz, schließlich mussten sich Artilleristen mit Fragen von Flugbahnen und anderen mathematisch zu bestimmenden Abläufen auseinandersetzen. Eine Erkenntnis dieser Tage war: Hinter einer schwierigen Sprache verbergen sich häufig einfache Abläufe. Darüber hinaus wurde schnell klar: Eine komplizierte Technik heißt nicht von vornherein, dass auch die Anwendung kompliziert sein muss. Beispiele für diese Erkenntnisse ließen sich bei der Vermessungsausbildung finden. Hierbei ging es darum, den Standpunkt eines Geschützes genau einzumessen. Nur wenn sich dieser auf den Meter exakt lokalisieren ließ, konnte damit gerechnet werden, dass das Feuer auch zum Erfolg führen würde. Zu diesem Zweck wurde das Geschütz von einem trigonometrischen Punkt ausgehend mit Richtkreis und Hilfsmitteln zur Bestimmung von Entfernungen eingemessen. Das Verfahren sieht eine Fülle einzelner Messungen und anschließender Rechengänge vor. Nichts davon ist schwierig. Dennoch waren Flüchtigkeitsfehler keine Seltenheit, auch nicht bei mir. Meine Leidenschaft für den Bereich Vermessung hielt sich in meiner ganzen Zeit als Artillerieoffizier in überschaubaren Grenzen.

Nach der Vollausbildung folgte ein Vierteljahr mit zahlreichen Aufenthalten auf Übungsplätzen. Unter anderem wurde ich als Richtkanonier eingesetzt. Das bevorzugte Übungsgelände hierfür war der unter US-Verwaltung stehende Truppenübungsplatz Baumholder, bekannt für seinen teilweise aus Lavastrom hervorgegangenen roten Schlamm. Geübt wurde in diesem speziellen Morast sowohl tagsüber als auch nachts. Freie Stunden, mit denen man auf dem Übungsplatz ohnehin wenig hätte anfangen können, gab es hingegen selten.

Hier war nun das Zusammenspiel aller Teileinheiten der Batterie von der Beobachtungsstelle über die Feuerleitung und die Geschützstaffel bis zu den Versorgungsorganen gefragt. Im Rahmen der Batterie oder des Bataillons wurde mit den Haubitzen scharf geschossen. Dabei waren strenge Sicherheitsbestimmungen zu beachten. Hierfür standen damals nicht die Messinstrumente und Berechnungsgrundlagen zur Verfügung, die heute zum Standard gehören. Einfache Hilfsmittel mussten zumeist ausreichen. Für den Beobachter spielten der Kompass und das eigene antrainierte Orientierungsvermögen eine wesentliche Rolle. Häufig musste eingeschossen werden, das heißt: Kommandos wurden nach bestimmten Regeln, je nach Beobachtung, mehrfach korrigiert.

Das Verfahren lief damals folgendermaßen ab: Der Beobachter auf der Beobachtungsstelle ermittelte die möglichst genaue Lage des Ziels und gab es über Sprechfunk oder Kabel an die Feuerleitstelle weiter. Die Feuerleitstelle errechnete das Kommando und gab es weiter an das Geschütz oder die Geschütze, die den Feuerauftrag ausführen sollten. In der Feuerstellung standen die vom Batterieoffizier geführten Geschützstaffeln in einer bestimmten Anordnung, beispielsweise in einem Halbkreis. Die Feuerleitstelle rief das Feuer ab. Der Beobachter verfolgte sowohl den Einschlag als auch die Wirkung im Ziel und korrigierte oder meldete schließlich die Ausführung des Auftrags.

Die Meldung „Feuer im Ziel!" wurde auch in der Feuerstellung am Geschütz gerne zur Kenntnis genommen. Heute wird die Kopfarbeit durch Computer erledigt, der Daten- hat den Sprechfunk abgelöst, und die Vermessung ist durch neue GPS-basierte Geräte überflüssig geworden. Die Geschütze stehen getarnt in einer aufgelockerten Feuerstellung. Der Bataillonskommandeur legte zu unserem Vorteil Wert darauf, dass wir Offiziersanwärter über unsere speziellen Aufgaben hinaus die wesentlichen Teileinheiten kennenlernten und so einen Eindruck davon gewinnen konnten, wie man in einem Bataillon zusammenarbeiten muss, um den Auftrag ausführen zu können.

Während der Vollausbildung waren wir strengen Bereitschaftsforderungen unterworfen. Jeweils ein Drittel der Soldaten hatte sich in der Kaserne aufzuhalten. Die nicht kasernenpflichtigen Soldaten mussten dann zu Hause erreichbar sein. Dennoch hatte ich in dieser Zeit die Chance, Fäden und Kontakte zu den Koblenzer Pfadfindern wieder aufzunehmen und meinen alten Stamm zu führen.

Im Anschluss an die artilleristische Ausbildung fand ein Reserveoffizierslehrgang statt, der mit der Beförderung zum Fahnenjunker abschloss. Der Lehrgang wurde von einem Oberleutnant geleitet. Insgesamt waren wir drei oder vier Gruppen zu je zehn bis zwölf Soldaten, jeweils mit einem Gruppenführer im Feldwebeldienstgrad. Der Lehrgang dauerte drei Monate und beinhaltete alles, was ein Unterführer können musste. Dazu gehörten theoretische Unterrichtseinheiten, praktische Unterweisungen, ein Einsatz als Gruppenführer sowie Unterrichtender und alle Aufgaben eines Geschützführers.

Auch die körperlichen Herausforderungen waren nicht zu unterschätzen. Ein Höhepunkt war ein Gefechtsmarsch: Zu Fuß marschierten wir über fast hundert Kilometer innerhalb von zwei Tagen vom Truppenübungsplatz Baumholder bis zur Garnison in Niederlahnstein. Zunächst wurden wir gruppenweise in eine Lage gestellt und in verschiedenen Transportfahrzeugen zum Ausgangspunkt gebracht. Danach war jede Gruppe für sich unabhängig unterwegs. Dabei gab es verschiedene Aufgaben zu bewältigen: Wir mussten uns gegen Beschuss zur Wehr setzen, überquerten mit einem Schlauchboot einen Teich, seilten uns in einem Steinbruch ab und vieles weitere mehr. Übernachtet wurde – vergleichsweise komfortabel – im Klassenraum einer kleinen Schule. Am nächsten Tag kehrten wir am frühen Abend nach Lahnstein in unsere Kaserne zurück.

Es waren jene Übungen, bei denen ich schon früh die Erfahrung machte, dass man den Soldaten nach entsprechendem Training vieles an Mut und Ausdauer abverlangen konnte, und dass die gesamte Truppe einen enormen Ehrgeiz an den Tag legte, um das Geforderte tatsächlich zu leisten. Auch die Vorgesetzten schonten sich dabei nicht und stellten sich denselben Herausforderungen wie ihre Untergebenen – ein wichtiger Schlüssel zum gemeinsamen Erfolg und zu einem ausgeprägten Gemeinschaftsgefühl über bestehende Hierarchiegrenzen hinweg. Als ich einige Jahre später selbst als Vorgesetzter entsprechende Übungen zu leiten hatte, änderte ich nichts an diesen Prinzipien. Den Weg von Baumholder nach Niederlahnstein habe ich als Lehrgangsleiter und auch als Batteriechef noch zweimal im Rahmen solcher Übungen zu Fuß zurückgelegt.

Weitere Bestandteile meines Unteroffizierslehrgangs waren die Unterrichtsgestaltung inklusive einer methodischen Aufbereitung der vorgegebenen Lehrinhalte sowie eine Lehrprobe zum Abschluss des gesamten Lehrgangs. Im Anschluss an eine Prüfung, die vor allem auf die Tätigkeit als Geschützführer ausgerichtet war, erhielt der Soldat eine Beurteilung, die aussagte, dass er zum Fahnenjunker geeignet war. Unsere Beförderung folgte pünktlich nach einem Jahr.

Offiziersanwärter in Wetzlar

Bevor ich an die Heeresoffiziersschule versetzt wurde, war ich in Wetzlar als Hilfsausbilder im Einsatz. Der Dienst dauerte von Januar bis März 1961 in einem mir bis dahin unbekannten Bataillon, dem Feldartilleriebataillon 135. In Wetzlar waren alle Offiziersanwärter der Artillerie aus meiner Division zusammengefasst worden – sowohl die Zeitsoldaten für drei Jahre (Z3) als auch jene, die von Anfang an Berufssoldaten werden wollten. Die Gruppe der Offiziersanwärter umfasste ca. zwanzig Soldaten. Wir waren in unterschiedlichen Funktionen aufgeteilt und mussten die verantwortlichen Zug- oder Gruppenführer bei verschiedenen Aufgaben unterstützen.

Ich gehörte der Vermessungsgruppe an, was ich recht positiv empfand, da ich in diesem Gebiet kaum Erfahrungen vorweisen konnte. Hier hatte ich nun die Möglichkeit, jede Menge vom Gruppenführer, einem Oberfeldwebel, zu lernen und mir die notwendigen Grundlagen im Bereich des Vermessungswesens anzueignen. Ich hatte Unterrichtsstunden zu halten, die hinterher besprochen wurden. Dazu fanden häufig kleine Übungen statt, bei denen einer von uns die Aufgaben des Gruppenführers auszuführen hatte. Immer wieder wurden die Offiziersanwärter in der Gruppenführerrolle gefordert.

Für diese Phase standen uns allerdings nur sechs Wochen zur Verfügung. Die darauffolgenden sechs Wochen verbrachten wir damit, den Lkw-Führerschein der Bundeswehr in der Fahrschule des Bataillons zu machen. Diesen Führerschein habe ich später mehrfach erweitert und zudem in eine zivile Fahrerlaubnis umschreiben lassen.

Wir wurden natürlich auch einige Male als Unteroffiziere vom Dienst eingeteilt. Dieser Dienst dauerte 24 Stunden. In der Nacht war der UvD der Vorgesetzte, der Ruhe und Ordnung in der Unterkunft zu gewährleisten hatte. Bei besonderen Ereignissen sollte er die ersten Maßnahmen einleiten sowie die Vorgesetzten informieren. Als ich das erste Mal zu diesem Dienst eingeteilt war, erhielt ich um vier Uhr morgens einen Anruf von der vorgesetzten Dienststelle mit dem Stichwort „Quick Train". Dies bedeutete, dass ein Alarm ausgelöst wurde, der NATO-weit galt. Nun hatte ich also die Aufgabe, nach einem vorgegebenen, in der Dienstanweisung festgehaltenen Katalog, die Batterie zu alarmieren und die ersten Maßnahmen zu ergreifen. Als Unterstützung stand mir der Gefreite vom Dienst zur Seite. Zunächst hätte ich stimmgewaltig auf den Fluren „Alarm!" schlagen müssen, damit alle Soldaten, die in ihren Zimmern schliefen, sich einsatzbereit machen konnten. Doch mein zaghafter Ruf durch die Gänge schreckte keinen der Soldaten aus den Kissen, meine Unsicherheit war deutlich spürbar. Schließlich kam mir ein inzwischen erwachter Unteroffizier zur Hilfe und scheuchte mit seinem markerschütternden Weckruf die Truppe aus den Betten. Ich lernte daraus.

Deutlich besser funktionierte dafür die Information der Vorgesetzten von der Alarmierung zu Hause bis zur Ausgabe von Schlüsseln und Papieren. Schnell waren Verantwortliche vor Ort, die nun ihre Aufgaben übernahmen. So machte ich als junger Fahnenjunker meine erste Erfahrung mit einem offiziellen NATO-Alarm, zentral ausgelöst im NATO-Hauptquartier. Ungeachtet der Komplimente, die mir im Anschluss zuteilwurden, hielt sich meine Zufriedenheit angesichts meines eher zaghaften Vorgehens weitestgehend in Grenzen.

Solche Alarmübungen fanden routinemäßig und landesübergreifend im ganzen NATO-Raum statt. Ziel war es, möglichst schnell die Einsatzbereitschaft herzustellen, um gegen Überraschungsangriffe aus dem Osten gewappnet zu sein. Dazu galt es, die Munition zu übernehmen und zu verladen, Auflockerungsräume zu beziehen und vieles mehr. Einzelne Maßnahmen oder ganze Maßnahmenbündel wurden zentral abgerufen. Die Abläufe mussten nach diesem bestimmten Fahrplan in besonders hohem Tempo durchgeführt, die Ausführung gemeldet werden. Zwar waren das zum Großteil Maßnahmen, die auch ohne den Druck von Alarmierungen häufig in den jeweiligen Einheiten, Bataillonen und Divisionen geübt wurden; das Besondere war jedoch, dass im Prinzip alle der NATO assignierten Verbände gleichzeitig übten. Ohne Zweifel wurde damit ein unübersehbares Signal an den Warschauer Pakt gesendet.

Später als Batteriechef traf mich die Ankündigung einer solchen Alarmübung einmal zu einem denkbar ungünstigen Zeitpunkt – kurz nach einer Aktion, in der wir bei unseren Panzerhaubitzen neue Kettenpolster aufgezogen hatten. Dies gehörte zu den Arbeiten, die mehrere Tage beanspruchten und von Zeit zu Zeit notwendig waren. Zu diesem Dienst hatte ich auf Vorschlag des Schirrmeisters alle Kettenfahrer der Batterie eingeteilt, die jene Arbeit unter Leitung eines Obergefreiten machen sollten. Ich hatte der Gruppe eine Woche Zeit gegeben und sie darauf hingewiesen, dass jeder Tag, den die Soldaten in dieser Woche einsparten, ein Urlaubstag für die gesamte Gruppe wäre.

In der Nacht von Mittwoch zum Donnerstag wurde ich geweckt: Ich erhielt die Meldung, dass die Umrüstung fertig sei. Die Soldaten hatten es tatsächlich in gut der Hälfte der veranschlagten Zeit geschafft, die Panzerhaubitzen wieder auf Vordermann zu bekommen. Zunächst nahm ich ihre Arbeit in Augenschein. Im Anschluss stellte ich – immer noch mitten in der Nacht und recht luftig mit einem Trainingsanzug gekleidet – für alle beteiligten Soldaten die Urlaubsscheine für zwei Tage aus.

In der Nacht zu Freitag derselben Woche wurde jedoch überraschend eine NATO-Übung ausgelöst – und mir standen keine Fahrer mehr für die Kettenfahrzeuge zur Verfügung. Allesamt hatten sie direkt am Donnerstag ihren Urlaub angetreten. Ich spekulierte, dass kurz vor dem Wochenende wohl höchstens kurze Fahrten in die Auflockerungsräume zu erwarten waren. Als Konsequenz dieser Überlegungen meldete ich das Problem nicht. Vielmehr wurden alle Soldaten, die einen Kettenführerschein besaßen, ungeachtet ihres Dienstgrades als Fahrer für die Kettenfahrzeuge eingeteilt. Die Übung verlief einwandfrei, niemand bemerkte etwas. Meine Strategie war aufgegangen – zumindest für dieses Mal.

Offiziersschule in Hannover

Nach meiner Zeit in Wetzlar wechselte ich auf die Heeresoffiziersschule in Hannover. Die Kaserne zeichnete sich durch bescheidenen Komfort aus, war allerdings deutlich besser, als wir es bislang gewohnt waren. Wir waren acht Mann, verteilt auf zwei Stuben mit jeweils einem Schlaf- und einem Arbeitsbereich. Darüber hinaus gab es Unterrichtsräume, die entsprechend der jeweiligen Lehrthemen ausgestattet waren, beispielsweise für Taktik oder Logistik. Die Truppenfachlehrer kamen ebenfalls aus den unterschiedlichsten Bereichen und Truppengattungen. Dazu gehörten Feldjäger, Pioniere, Fernmelder und Sanitätsoffiziere.

Die Lehrer machten es sich zum Ziel, den Schülern zu zeigen, wie die Bundeswehr funktionierte. Ein besonderer Schwerpunkt lag auf der Taktikausbildung: Hier ging es darum, sich die Einsatzgrundsätze auf der Bataillonsebene am Beispiel eines verstärkten Panzergrenadierbataillons anzueignen – eine sehr intensive Ausbildung. Theoretischer Unterricht wechselte mit Planübungen und Geländebesprechungen, das System „Beurteilung der Lage" wurde immer und immer wieder angewendet und geübt. Jenes Denksystem beinhaltete eine systematische Betrachtung aller Aspekte für einen sinnvollen und Erfolg versprechenden Entschluss: Auswertung des Auftrags, Feindlage, eigene Lage, Kräfte-, Raum- und Zeitberechnung sowie das Abwägen der Möglichkeiten. Aus diesen Überlegungen ergeben sich Entschluss, Operationsplan und Befehlsgebung. In der ganzen Laufbahn hat mir die Anwendung dieses Systems enorm geholfen. Es ist vor allem auf viele andere Bereiche übertragbar und eine wichtige Grundlage rationalen Handelns von Soldaten in Zeiten von Krieg und Frieden. Unser Taktiklehrer war ein kriegserfahrener Major, der seinen Unterricht immer wieder mit selbst erlebten Beispielen aus dem Weltkrieg ergänzte.

Neben der umfangreichen Taktikausbildung gingen wir im Verlauf der Ausbildung viel ins Gelände. Hier übten wir den Einsatz eines Zuges oder einer Kompanie im Gefecht, vor allem in der Verteidigung. Wir planten Stellungen für die Grenadiere und hoben auch selbst Stellungen mit Klappspaten aus, um möglichst realitätsnahe Erfahrungen zu sammeln.

Auf die körperliche Leistungsfähigkeit wurde großen Wert gelegt. Regelmäßig überquerten wir die Hindernisbahn, gingen zum Schwimmen und auf den Sportplatz. Im Laufe des Lehrgangs mussten die Teilnehmer auch das deutsche Sportabzeichen erwerben. Ich hatte so meine Probleme damit, vor allem in der Disziplin Weitsprung. Glücklicherweise gelangen mir drei Tage vor Lehrgangsende gleich drei gute Sprünge mit der geforderten Weite von 4,75 Metern. Entsprechend zufrieden erschien ich zwei Tage später zur Beurteilungseröffnung. Doch statt einer Auszeichnung erwartete mich der in der Beurteilung festgehaltene Satz: „Er konnte die Bedingungen des Sportabzeichens nicht erfüllen." Diese reichlich ernüchternde Bemerkung hätte für die künftige Laufbahn durchaus eine Belastung sein können. Energisch legte ich Protest ein und äußerte gegenüber dem Inspektionschef, dass ich alle Forderungen, wenn auch spät, dennoch ausreichend erfüllt hätte. Der Inspektionschef weigerte sich jedoch beharrlich, die Beurteilung neu schreiben zu lassen. In der vorcomputerisierten Zeit Anfang der Sechzigerjahre war dies mit einigem Aufwand verbunden. Es wurde eine pragmatische Lösung gefunden: Aus dem Wort „nicht" wurde das Wort „noch", und so hatte ich die Bedingungen des Abzeichens zum Glück nun doch erfüllt. Während meiner weiteren Berufslaufbahn schaffte ich alle Disziplinen, die für eine erfolgreiche Wiederholung des Sportabzeichens wichtig waren, ohne größere Probleme.

In der Offiziersschule waren wir in Hörsäle aufgeteilt. Jeder Hörsaal hatte einen Hörsaalleiter, einen Leutnant oder Oberleutnant, der den Hörsaal zusammenhalten musste und für Geländeausbildung, Hindernisbahn, Sport und Formalausbildung zuständig war. Drei Hörsäle bildeten eine Inspektion. Der Inspektionschef, ein Major, war Disziplinarvorgesetzter und gab vor allem den Unterricht in Innerer Führung. Er war auch für die Regelung aller persönlichen Angelegenheiten und die abschließende Beurteilung zuständig.

In dieser Zeit entstand ein Kontakt, der sich letzlich dauerhaft durch die ganze Dienstzeit und viele weitere Jahre danach hinziehen sollte: Im Nachbarhörsaal trat ein von uns allen hochgeachteter Hörsaaloffizier auf. Er war energisch, umtriebig und agil, zugleich jedoch ansprechbar und zugänglich. Es handelte sich um den späteren Befehlshaber des Bundeswehrkommandos Ost, Inspekteur des Heeres, Staatssekretär und Innenminister des Landes Brandenburg, Jörg Schönbohm. Während des Wahlkampfs zur Bundestagswahl 1961 hatten Schönbohm und einige Fahnenjunker, darunter auch ich, einige Parteikundgebungen besucht. Die eine oder andere hätten wir sogar beinahe gesprengt – wie zum Beispiel eine der DFU, der Deutschen Friedens-Union.

Hier trat damals ein älterer Herr, der Bundestagskandidat der Partei, vor das Auditorium, hielt zunächst pflichtgemäß seine Rede und stellte sich anschließend der Diskussion. Es sollte sich bald zeigen, dass er einer Debatte mit den jungen Leuten nicht gewachsen war: Inmitten der Diskussion drängten wir auf die Bühne und bekamen das Mikrofon in die Hände. Nur dank des Geschicks des Versammlungsleiters konnte die Diskussion nach einiger Zeit in geordnete Bahnen zurückgeführt werden.

Schönbohm war als Diskutant bei solchen Veranstaltungen bekannt wie gefürchtet und galt als informeller Anführer auch außerhalb der Dienstzeit. Ich erfuhr damals, dass Schönbohm einen Teil seiner Ausbildung bei meinem Vater absolviert hatte. In den vielen Jahren im Anschluss an meinen Offizierslehrgang haben sich unsere Wege immer wieder gekreuzt. So war er mehrfach mein Vorgesetzter, beispielsweise im Planungsstab des Verteidigungsministeriums, später als Befehlshaber des Bundeswehrkommandos Ost und als Inspekteur des Heeres. Sehr viel später habe ich ihn als CDU-Vorsitzenden und Innenminister in Brandenburg erlebt. Ausgehend von der Offiziersschule in Hannover wurde daraus eine lebenslange, gute und sehr persönliche Verbindung.

Der Mauerbau, August 1961

Auch für mich war der Mauerbau am 13. August 1961 ein einschneidendes Erlebnis. Die Ereignisse verfolgte ich zusammen mit anderen Offiziersanwärtern natürlich nicht unmittelbar vor Ort, sondern lediglich vor dem Fernseher – für mich und uns alle war es ein zutiefst bewegender Einschnitt, verbunden mit einer Mischung aus Rat- und Hilflosigkeit. Meine Familie war in den Nachkriegswirren nach Westdeutschland gekommen, meine Eltern hatten Patenkinder in Sachsen, viele Verwandte wohnten in der DDR. Einige Male hatte uns Arnd –

ein Bruder meines Großvaters, der viele Jahre Superintendent in Freiberg (Sachsen) gewesen war – besucht. Nun sollten plötzlich keine Begegnungen mit den anderen Familienmitgliedern mehr möglich sein. Es ist fast ein kleines Wunder, dass es gelang, die Familie über die ganze Zeit der Teilung zusammenzuhalten. Dies geschah durch Post, Briefe und Pakete, später fuhren die im Westen wohnenden jugendlichen Mitglieder der Familie regelmäßig auf Verwandtschaftsbesuch nach Sachsen und wurden dort bei dem Meißener Pfarrer Sieger von Kirchbach und seiner Frau Dorothea in deren Pfarrhaus gastlich aufgenommen. Für mich als Soldat war der Weg nach Sachsen versperrt.

Ich kannte nur wenige ältere Verwandte, denen die Ausreise zum Familientag ermöglicht worden war. So war der erste Verwandtenbesuch nach der Maueröffnung ein zutiefst bewegendes Ereignis.

Wie das Leben so spielt: Die Errichtung der Mauer musste ich als Offiziersanwärter in Hannover erleben, zornig und ohnmächtig. 28 Jahre später durfte ich glücklich, staunend und ungläubig den Fall der Mauer verfolgen und mich ab Oktober 1990 an der Gestaltung der deutschen Einheit beteiligen. Das war ein großes Glück in meinem Leben.

Der erfolgreiche Abschluss des Lehrgangs bedeutete zugleich das Bestehen der Offiziersprüfung und die Beförderung zum Fähnrich. Damit war auch die Eignung zum Leutnant bescheinigt. Zugleich galt dies als Nachweis, dass man sich umfassendes Wissen über die Bundeswehr – im Bereich der Taktik, der Inneren Führung sowie die wichtigsten Führungsgrundsätze – angeeignet hatte. Alle Offiziere des Heeres hatten so für ihre künftigen Aufgaben, wo immer sie später eingesetzt werden sollten, dieselben Grundlagen.

An der Artillerieschule

Um als Offizier tatsächlich eingesetzt werden zu können, war nun noch die fachliche Ausbildung für die jeweilige Truppengattung erforderlich. Für mich hieß das, an die Artillerieschule nach Idar-Oberstein versetzt zu werden. So kam ich dorthin zurück, wo ich schon als Schüler gelebt und die ersten Eindrücke von der Bundeswehr gesammelt hatte.

Das Ausbildungspensum war wieder sehr umfangreich. Es ging um den richtigen Einsatz der Artillerie, die Führungsfunktionen in einer Artillerieeinheit, aber auch um ganz einfache handwerkliche Fähigkeiten. So hatten wir Führungsfunktionen in der Geschützstaffel, in der Vermessung oder auf einer Beobachtungsstelle wahrzunehmen.

Den Unterrichtseinheiten folgten Übungen, für die vom Lehrbataillon die Übungstruppe gestellt wurde. Die Fähnriche übernahmen in dieser abgestellten Einheit bestimmte Funktionen, die für den Einsatz besonders wichtig waren. Ein Fähnrich verantwortete die Vermessung, ein anderer war Batterieoffizier und führte die Geschützstaffel. Weitere Fähnriche wurden als Beobachter eingesetzt und einer als Batteriechef. Diese Übungen mit Batterien des Lehrbataillons taugten immer wieder für Überraschungen, weil es schwerfiel, die Leistungen der Soldaten aus dem Stamm des Lehrbataillons im Vorfeld einzuschätzen. Jene kannten jedoch zahlreiche Fähnriche und in der Regel auch die Übungen und die Anforderungen, die an die Fähnriche gestellt wurden. So konnten die Mannschaften des Lehrbataillons die Fähnriche durchaus schon mal mit wertvollen Tipps versorgen. Diese Tipps bekamen vorwiegend Fähnriche, die die Mannschaften mit Respekt behandelten.

Es gehörte im Übrigen zu den zentralen Grundsätzen der Bundeswehr, fast alle Soldaten immer eine Stufe höher auszubilden, als es für die eigentliche Funktion notwendig war. Dies war für die Leutnante besonders wichtig. Gerade ein Leutnant, der zu dieser Zeit oft neben dem Batteriechef der einzige Offizier in der Einheit war, konnte schnell in die Lage kommen, den Batteriechef vertreten zu müssen (oder zu dürfen). Als Leutnant habe ich das persönlich häufig erlebt, und ich war dankbar, wichtiges Rüstzeug dafür mitbekommen zu haben.

Ähnlich wie in der Heeresoffiziersschule gab es Hörsäle, Hörsaalleiter, den Inspektionschef und Fachlehrer. Die Hörsaalleiter waren für den gesamten Hörsaal sowie die Beurteilung der Fähnriche zuständig. Sie unterrichteten über die wesentlichen artilleristischen Themen, konzipierten und begleiteten auch die einzelnen Übungen. Die Fachlehrer hingegen lehrten vor allem den Beitrag der jeweiligen Truppengattungen zum Gefecht der verbundenen Waffen. Die Hörsaalfeldwebel waren für die Organisation zuständig. Der Inspektionschef unterrichtete in politischer Information und machte uns mit der Wehrdisziplinarordnung und ihrer Anwendung vertraut.

Es gab viele Momente in Idar-Oberstein, die in Erinnerung geblieben sind, wie zum Beispiel der Besuch einer Ausstellung, in der wir mit Propagandamaterial der NVA vertraut gemacht wurden. Auf einem Bild war ein großes Gewehr zu sehen, darunter die Aussage: „Es ist von der Art seiner Verwendung abhängig, ob ein Gewehr gut oder schlecht ist." Der Lehrgruppenkommandeur stand neben mir und lachte, als ich meinte, dass die NVA in dieser Hinsicht nicht unrecht hatte.

Zur Beförderung zum Leutnant am Ende des Lehrgangs fand ein Appell des Schulkommandeurs statt. Nach dem Appell gab es einen Empfang auf der Terrasse des Offiziersheims, und es wurde zu diesem feierlichen Anlass mit einem Glas Sekt angestoßen. Der Hörsaal feierte den Abschluss mit einem Spießbratenessen, einer lokalen Tradition in Idar-Oberstein. Edelsteinschleifer haben diese rustikale Delikatesse aus Brasilien in jene rheinland-pfälzische Stadt importiert. Noch heute ist die traditionelle Form der Zubereitung – 500 Gramm schieres Fleisch auf einem Schwenkrost, dazu Rettichsalat und Brot – nicht nur in Idar-Oberstein, sondern weit darüber hinaus verbreitet. Und noch heute steht der Spießbraten gerne im Mittelpunkt von vielen Veranstaltungen der Artilleristen.

Einmal im Jahr lädt die Artillerie ehemalige hohe Offiziere, Generale und Obristen, die aus der Artillerie kommen, zu einer Informationstagung ein. Während tagsüber Neuigkeiten vorgetragen und diskutiert werden, feiert man abends in geselliger Runde bei Bier, Wein und Spießbraten.

Leutnant im Panzerartilleriebataillon 145

Die nächsten Jahre verbrachte ich als Leutnant im Panzerartilleriebataillon 145 in Niederlahnstein, demselben Bataillon, in dem ich schon als Mannschaftssoldat gedient hatte. Ich wurde in die dritte Batterie versetzt. Batteriechef war Oberleutnant Klewin, der viele Jahre später als General der Artillerie pensioniert werden sollte. Ich hatte zunächst ein Zimmer im Batteriegebäude, später im Offiziersheim, in dem die jungen Offiziere dreier Bataillone untergebracht waren. Das war in der Regel eine fröhliche Gemeinschaft. Wir unternahmen viel zusammen, tauschten uns aus.

Neben dem Chef war ich zunächst der einzige Offizier in der Einheit. So hatte ich einen breiten Aufgabenbereich zu erfüllen, vor allem Unterrichtsstunden zu halten, praktischen Ausbildungsdienst zu leiten sowie vorbereitende Arbeiten für Disziplinarangelegenheiten, zum Beispiel Vernehmungen, durchzuführen und vieles andere. Meine Stelle war die des Beobachtungsoffiziers. Als solcher war ich in vielen Übungen im Einsatz. Wir arbeiteten zu dieser Zeit ohne große Rücksicht auf Dienstzeiten und verbrachten auch manche Nacht im Dienst.

Dazu stand jedoch für mich eine entscheidende Weichenstellung an, denn ich musste mich entscheiden: Sollte ich mich als Berufsoffizier bewerben? Und damit war die Frage verbunden: Wollte ich meine Zukunft in der Bundeswehr verbringen oder doch lieber ein Studium ergreifen? Ich war schließlich erst 21 Jahre alt, alle Wege standen noch offen. Wochenlang setzte ich mich mit der Frage auseinander, sprach mit meinen Eltern und Freunden, ging alle Szenarien mehrfach durch. Doch schließlich entschied ich mich für die Offizierslaufbahn. Ausschlaggebend war meine bisherige Rolle als Leutnant, in der ich bereits viel Verantwortung übernehmen durfte. Überzeugt hat mich auch mein Bataillon. Hier erlebte ich fähige Batteriechefs und außerordentlich qualifizierte Bataillonskommandeure.

Der Bewerbung musste eine Beurteilung beigefügt werden, erstellt vom Batteriechef. Zusätzlich war die Bestätigung meiner Eignung zum Berufsoffizier durch den Bataillonskommandeur sowie den Brigadekommandeur notwendig. Beide Kommandeure kannten mich gut und bestätigten kurzfristig meine Eignung. Die endgültige Entscheidung wurde jedoch im Bundesministerium der Verteidigung getroffen. Innerhalb einiger Wochen war auch diese Hürde genommen. Mehrere Monate diente ich in der Batterie zusammen mit einem Schulkameraden, Jürgen Schröder, der als Reserveoffizier in die Batterie versetzt worden war. Wir verstanden uns von Anfang an sehr gut, aus dem gemeinsamen Dienst wurde eine Freundschaft, die bis heute anhält. Schröder war ein begeisterter Ruderer und Teil des berühmten, von Karl Adam trainierten Achters. Schröder gewann mit diesem Boot 1964 eine olympische Silbermedaille und 1965 die Europameisterschaften. Neben seinem Dienst absolvierte er geradezu unbarmherzige Trainings und bereitete sich auf die anstehenden Wettkämpfe vor. Täglich traf er sich mit einigen Soldaten zum Frühsport.

Gemeinsam hatten wir einmal den Auftrag, eine sogenannte Barbarafeier für alle Koblenzer Artilleristen in den Räumlichkeiten des III. Korps auszurichten. Barbara ist die Schutzheilige nicht nur der Bergleute, sondern auch der Artilleristen und der Pioniere. Am Barbaratag, dem 4. Dezember, wird in vielen Artilleriebataillonen gefeiert. Die Sitte verlangt, dass an diesem einen Tag Dienstgrade keine Rolle spielen, alle sind als Kanoniere gleich. Bei der Feier werden keine Dienstgradabzeichen getragen.

Mit großer Mühe bereiteten wir, unterstützt von einigen Offiziersanwärtern, die Feier vor. Wir hatten einen historischen, vor dem Idar-Obersteiner Offizierscasino stehenden historischen Mörser entführt und ihn mit Bettfedern geladen, die sich nach dem „Abfeuern"

44

in die letzten Winkel des Saals verteilten. Der stellvertretende kommandierende General und zugleich Gast der Feier verhinderte mögliche Unzuträglichkeiten mit dem Kommandeur der Artillerieschule. Die technischen Offiziere hatten im Saal einen Reifenwechsel an einem hierzu präparierten Fahrzeug durchzuführen. Unser Bataillonskommandeur verkaufte hingegen mit einem Bauchladen die letzten an die Soldaten schwer verkäuflichen Exemplare der Divisionszeitung. Jürgen Schröder führte mit einer unübersehbaren Anspielung auf die „Spiegel-Affäre" des amtierenden Verteidigungsministers einen provokativen Sketch auf, der mit dem Wort „Vergatterung" endete.

In meinem militärischen Leben habe ich viele Barbarafeiern erlebt und einige gestaltet. Diese eine war aber eine ganz besondere.

Der Silberlöwe

Einem jener Kommandeure, dem ich sehr eng verbunden war, möchte ich einige besondere Zeilen widmen. Keiner der von mir in jungen Jahren erlebten Vorgesetzten hat so viel Einfluss auf meine Entwicklung genommen wie Oberstleutnant Leidholdt, der „Silberlöwe". Genannt wurde er so wegen seiner silbergrauen Haare.

Kommandeurwechsel im Panzerartilleriebataillon 145: Oberstleutnant Lankau ging, Oberstleutnant Leidholdt folgte. Er kam aus dem Heeresamt und war für uns ein völlig unbeschriebenes Blatt. Die Kommandoübergabe in unserer Kaserne ist mir bis heute gut in Erinnerung. „Ich bin ein harter Hund": Mit diesen Worten stellte sich der neue Kommandeur uns vor. Der Satz hat sich eingeprägt – er wurde später in die Tat umgesetzt. Ein frischer Wind zog durch die Flure und Hallen der Deines-Bruchmüller-Kaserne in Lahnstein.

Von vornherein stand die artilleristische Ausbildung im Vordergrund. Wir spürten, dass ein tüchtiger Fachmann das Ruder übernommen hatte. Wie ein guter Exerziermeister lehrte er, was gelernt werden musste. Tagelang stand der Kommandeur auf der Beobachtungsstelle, korrigierte, belehrte, führte in alle Feinheiten ein und ließ üben. Die Kenntnis der entsprechenden Vorschriften setzte er voraus. Auch harte Worte fielen, erwartungsgemäß. Die Übungen erhielten einen anderen, spannenderen, fordernden, härteren Charakter. Besprechungen wurden interessanter, weil sicher war, dass die Forderungen eingeklagt würden. Wir erlebten einen Kommandeur, der sich um alles kümmerte, dem nichts gleichgültig war, der den sehr guten

Batteriechefs, die wir hatten, ein hohes Maß an Handlungsfreiheit ließ, sie aber gleichzeitig straff anleitete. An seiner Führungskraft und seinem Führungswillen gab es keinen Zweifel. Die alten Feldwebel schätzten ihn; dies ist, wie ich später lernen sollte, für einen Offizier fast immer ein gutes Zeichen.

Der frische Wind hatte auch Auswirkungen auf die Disziplin in Bezug auf Haltung, Auftreten und Anzug in der Kaserne. Wo der Kommandeur erschien, ging der Pulsschlag etwas schneller. Der Leutnant von Kirchbach registrierte, beobachtete und lernte. Vor allem bemühte er sich später – mit eigenem Stil, aber von ähnlichen Grundsätzen geleitet – das Gelernte anzuwenden. Und so kam ich zur Erkenntnis: Harte Forderungen, Durchsetzungskraft und menschliche Zuwendung schließen sich nicht gegenseitig aus, sondern gehen oft Hand in Hand. Dies erlebten insbesondere die jungen Offiziere. Häufig durften wir Gäste in seinem Haus sein.

Nach meiner Zeit in der Batterie wurde ich als S1/S2-Offizier, verantwortlich für Personal und Sicherheit, ins Vorzimmer dieses Kommandeurs versetzt und erlebte eine besonders intensive wie unvergessene Lehrzeit.

Erlebnisse

Während meiner Truppenzeit gab es zahlreiche kleine Erlebnisse, die sich tief in mein Gedächtnis eingegraben haben und für mein weiteres Berufsleben von großer Bedeutung waren.

Im Zusammenhang mit einer Übung durfte ich eine Erfahrung machen, an die ich mich noch lange Zeit erinnern durfte: In der Nacht waren zwei Fahrzeuge ausgefallen. Ich verließ deshalb die Besatzungen und fuhr in die Kaserne. Als ich mich zurückmeldete, runzelte mein Batteriechef die Stirn: Er hätte mich nicht als erster der zurückgebliebenen Soldaten in der Kaserne erwartet, sondern als letzter. Ich bekam einen roten Kopf, der Chef hatte natürlich recht. Es war mir eine Lehre, denn ein Offizier hatte sich vorbildlich zu verhalten, wenn die Lage unbequem oder schwierig war.

Eines Tages fand eine Feier statt, bei der alle Offiziere der Brigade anwesend waren. Ich war bereits S2/S1, mein Arbeitsplatz befand sich im Vorzimmer des Kommandeurs. Tag für Tag erschien ich etwa eine halbe Stunde vor dem Kommandeur zum Dienst und empfing ihn, auf das Tagesprogramm gut vorbereitet. Bei der angesprochenen Feier hatte der Kommandeur es sich nicht nehmen lassen, mit uns allen bis fünf Uhr in der Früh ausgiebig zu feiern und zu trinken.

Ein glücklicher Umstand, dachte ich, und kalkulierte, er würde sich nach dem Gelage einige Stunden Ruhe gönnen. Da ich nicht annahm, er würde vor neun Uhr zum Dienst erscheinen, ließ ich mir an jenem Morgen deutlich mehr Zeit mit meinen morgendlichen Ritualen und dem Frühstück im Offiziersheim. In jenem Moment, als ich meine Brötchen zu mir nahm, tauchte plötzlich der Stabsfeldwebel aus dem Bataillon auf und fragte mich, warum ich denn nicht erschienen sei – der Kommandeur hätte bereits nach mir gefragt. Mit weichen Knien begab ich mich zum Vorgesetzten – einige unnötige Unterlagen bei mir, um weitestgehend Normalität vorzutäuschen. Er schaute mich an und sagte – nichts. Ich verstand ihn jedoch auch ohne ein einziges Wort. Nach dieser unangenehmen Situation konnte ich eine lehrreiche Erkenntnis mitnehmen: Man kann durchaus mal über die Stränge schlagen. Doch es entbindet einen nicht von der Pflicht, am nächsten Morgen wieder pünktlich den Dienst anzutreten. Unter allen Umständen.

Bei einer großen Übung auf dem Truppenübungsplatz Bergen-Hohne war ich als Beobachtungsoffizier eingesetzt. Und so stand ich auf dem Goldbockenberg und blickte in die Feindrichtung. Vom Feind war aber noch nichts zu sehen. Der Schützenpanzer befand sich verdeckt hinter dem Hügel. Ich stand weithin sichtbar auf der Höhe, vor mir eine ausgebreitete Karte – für einen Beobachter ein fast unverzeihliches Verhalten. Da näherte sich ein Fahrzeug, zu meinem Schrecken mit dem Stander des Divisionskommandeurs geschmückt. Für ein schnelles Verschwinden war es zu spät. So machte ich gute Miene zum bösen Spiel und meldete: „Vorgeschobener Beobachter Leutnant von Kirchbach, keine Feindwahrnehmungen." Im Anschluss durfte ich mir einen längeren Vortrag des Divisionskommandeurs anhören, der mit den Worten begann: „Beobachter? Ich dachte Hermann-Löns-Denkmal". Bei der abendlichen Übungsbesprechung wurde dieser Vorgang noch mal diskutiert. Der Divisionskommandeur hatte natürlich recht.

Die Geschichte hatte eine Fortsetzung: Einige Wochen später vertrat ich den Batteriechef. An einem Tag war ich mit den Soldaten zu einer infanteristischen Ausbildung auf dem Standortübungsplatz. Wir überquerten unter anderem die Hindernisbahn und übten infanteristische Fertigkeiten. Alle waren verschmutzt. Zu Fuß marschierend kehrten wir gegen Mittag in die Kaserne zurück. Als ich die Schreibstube betrat – wie alle Soldaten total verdreckt –, traf ich dort zu meiner Überraschung den Divisionskommandeur. Er schaute mich an, ich meldete. Dann wollte er wissen, wie ich die Ausbildung gestaltet hatte, ging im Anschluss durch die Einheit und sprach mit vielen Soldaten, die er ebenfalls ausfragte. Er schien mit allem sehr zufrieden zu sein. „Vergessen Sie den Goldbockenberg", sagte er zu mir, als er sich verabschiedete. Der Divisionskommandeur war General Albert Schnez, der einige Jahre darauf Inspekteur des Heeres wurde und mit der „Schnez-Studie" von sich reden machen sollte.

An dieses Geschehen habe ich mich viele Jahre später immer wieder erinnert und versucht, wenn eben möglich, jedem eine zweite Chance zu geben.

Bei einer anderen Übung war ich als Führer eines Bahntransports eingeteilt. Am Abend vor dem Abmarsch, als unsere Kettenfahrzeuge schon verladen waren, hatte ich die Zugwache mit sechs oder acht Soldaten zu vergattern. Ich ließ die Soldaten, die ihre Waffen bereits in den Abteilen verstaut hatten, ohne Waffen antreten, belehrte und vergatterte sie. Mit dem Wort „Vergatterung" begann der eigentliche Wachdienst. Kurz danach wurde mir gemeldet, dass eine Waffe fehlte. Später stellte sich heraus, dass ein Sanitätssoldat die Vergatterung dazu genutzt hatte, um eine Waffe zu entwenden. Mein Leichtsinn hatte den Diebstahl erleichtert. Zum Glück wurde er bald gefasst.

Doch diesen Bahntransport werde ich noch aus einem anderen Grund in Erinnerung behalten.

Wir waren schon einige Stunden unterwegs, als mir gemeldet wurde, dass ein Soldat starke Schmerzen am Bein hätte. Ich ging mit dem Zugsanitäter in dessen Abteil. Das Bein war dick angeschwollen, der Sanitätssoldat ziemlich ratlos. Ich schilderte dem Zugführer der Bahn die Sachlage als Notfall und bat ihn, dafür zu sorgen, dass am nächsten Bahnhof ein Arzt den Soldaten untersuchen sollte. Der Zug wurde an einer Sprechstelle auf freier Strecke angehalten. Am nächsten Bahnhof wartete ein Arzt und stellte eine schon fortgeschrittene Blutvergiftung fest. Der Soldat erhielt eine Spritze und die Fahrt konnte fortgesetzt werden. In einem Sanitätsbereich wurde der Patient noch einige Tage lang behandelt. Vom Arzt erfuhren wir, dass diese Geschichte bei längerem Warten auch hätte böse ausgehen können.

Dafür rundete ein Erfolgserlebnis diesen Übungsplatzaufenthalt ab: Unsere Batterie war bei Nacht im Rahmen eines Scharfschießens in einer Feuerstellung. Gerade als der Batteriechef unterwegs und deshalb nicht angerufen werden konnte, erreichte uns ein komplizierter Feuerauftrag des Bataillons. Es ging darum, Gefechtsfeldbeleuchtung mit Wirkungsschießen zu koppeln. Ich gab die notwendigen Befehle und Korrekturen. Das Wirkungsfeuer lag genau im Ziel, die Gefechtsfeldbeleuchtung funktionierte. Der Bataillonskommandeur, der Silberlöwe, erschien, und war sowohl begeistert als auch darüber überrascht, nicht den Batteriechef, sondern den Leutnant vorzufinden.

Zu jener Zeit waren die Bereitschaftsforderungen äußerst rigoros. Viele Soldaten mussten auch während der Feiertage ihren Dienst antreten. Für den Bereitschaftsdienst wurden häufig die ledigen Offiziere herangezogen. In unseren Einheiten wurde immer versucht, an Weihnachten den Soldaten etwas Abwechslung zu verschaffen. Dazu war es auch üblich, ein Festmahl zuzubereiten. An einem Weihnachtsabend fuhren Leutnant Schröder und ich zusammen mit dem Batteriechef und allen Soldaten, die Dienst hatten, auf den Kühkopf im Hunsrück und verbrachten dort einige Stunden mit einigen kleinen Lesungen und Vorführungen sowie Snacks und Getränken an einem Lagerfeuer.

Ein besonderes Erlebnis war die Fahnenübergabe an die Bataillone des Heeres im Münsteraner Preußenstadion. Als einer der beiden Fahnenoffiziere des Bataillons war ich neben dem stellvertretenden Bataillonskommandeur, einem Feldwebel als Fahnenträger und einem weiteren Leutnant Teil der kleinen Delegation unseres Bataillons. Wir fuhren nach Münster. Dort waren wir alle zusammen in einem Zimmer in einer Kaserne untergebracht. Die Veranstaltung – also die Übergabe der Fahnen durch den damaligen Inspekteur des Heeres, General de Maiziére, im Rahmen einer großen Parade – wurde mehrere Tag vorgeübt. An den Abenden machten wir die urgemütlichen Gaststätten dieser Stadt unsicher. Wir sollten sie noch öfter besuchen.

Dann wurde eine prächtige Zeremonie dargeboten. Die weit über tausend Teilnehmer marschierten in einer Parade ins Stadion ein. Der Inspekteur fuhr die Paradeaufstellung stehend in einem offenen Wagen ab. Anschließend wurden die Fahnen übergeben. Nach der Rückfahrt wurden wir vor der Kaserne von einer Abordnung des Bataillons empfangen und marschierten in die Deines-Bruchmüller-Kaserne, wo die Fahne dem angetretenen Bataillon präsentiert wurde. Die Fahne hat das Bataillon bis zu seiner Auflösung begleitet. Sie steht heute im erhaltenen Traditionsraum der Kaserne.

In meine Zeit als Leutnant fiel auch die Kubakrise. Ende Oktober 1962 war das Bataillon mit allen Rad- und Kettenfahrzeugen auf dem Landmarsch zum Truppenübungsplatz Baumholder. Wir hatten die

Anspannung der Lage um Kuba mit Besorgnis verfolgt, waren jedoch zunächst noch nicht davon betroffen.

Ich führte eine Marschgruppe. Auf dem Weg wurden wir von einem Hubschrauber überflogen. Bald darauf wurde die Kolonne angehalten, und der Kommandeur fuhr nach vorne. Dann wurden die Führer ebenfalls nach vorne befohlen. Wir erhielten den Befehl, in unsere Kaserne zurückzuverlegen. Die Munitionsfahrzeuge fuhren in die Munitionslager, um die Gefechtsmunition aufzunehmen. Einige Tage lagen wir, bekleidet mit Kampfanzügen, in Bereitschaft, darauf eingerichtet, jederzeit abzurücken. Wir verfolgten die Entwicklung mit Hoffen und Bangen, bis sich nach dem Abzug der sowjetischen Raketen aus Kuba die Lage entspannte. Zweifellos fühlten wir uns einem Krieg sehr nahe. Womöglich waren wir es auch.

Neben meiner eigentlichen Hauptaufgabe war ich als nebenamtlicher Jugendoffizier und als Fähnrichsoffizier eingesetzt. Beide Aufgaben machten mir große Freude. Ich betreute zwei Schulen im Rheingau: ein Gymnasium und eine Realschule. Bald gehörte es zum festen Ritual, dass ich jeweils die Abschlussklassen besuchte und im Gegenzug jeder Jahrgang einmal einen Besuch in unserem Bataillon machte, den ich jeweils vorzubereiten hatte. Die Diskussionen mit den höchst lebendigen jungen Leuten sind mir bis heute in guter Erinnerung. Als ich aus dem Bataillon versetzt wurde, verabschiedete mich das Rüdesheimer Gymnasium mit einem Weinpräsent.

Meine Aufgabe als Fähnrichsoffizier sah ich darin, den Offiziersanwärtern zusätzliche Kenntnisse über die Bundeswehr zu vermitteln, sie ein wenig in das Leben des Offizierskorps einzuführen und mit ihnen sowohl über politische Grundsatzfragen als auch die Tagespolitik zu diskutieren. Wir besuchten außerdem die eine oder andere Vortragsveranstaltung oder Theateraufführung.

Ein Besuch galt einem Vortrag des Journalisten Hans Georg von Studnitz, der gerade ein Buch mit dem Titel „Rettet die Bundeswehr" herausgegeben hatte. Über seine Thesen, welche die Innere Führung infrage stellten und der Bundeswehr vor allem mangelnde Härte in der Ausbildung attestierten, ließ sich trefflich streiten. Zweifellos fand das Buch bei vielen jungen Offizieren Anklang. Es gab jede Menge Anlass zu Diskussionen, die auch bei uns geführt wurden. Den Vorwurf mangelnder Härte in der Ausbildung wollten wir uns allerdings nicht gefallen lassen.

Nicht nur zu Oberstleutnant Leidholdt hatte ich ein besonderes Verhältnis. Auch viele andere Verantwortliche wussten mich mit ihrer Persönlichkeit zu beeindrucken. So gab es beispielsweise den S1-

Oberstabsfeldwebel Preuß, der mehrere Leutnante ausgebildet hatte und sowohl mit seiner Offenheit als auch konsequenten Linie den Respekt seiner „Auszubildenden" gewinnen konnte. Er gab sich unendliche Mühe, seinem vorgesetzten Leutnant in die Geheimnisse der Personalführung und vor allem der sorgfältigen Stabsarbeit einzuführen. Wenn jener Oberstabsfeldwebel erschienen war, die Stirn runzelte und „Herr Leutnant" sagte, hatte man wirklich etwas falsch gemacht.

Zu meinen Aufgabengebieten gehörten unter anderem der Bereich „Sicherheit", also die personelle und materielle Absicherung. Unterstützt wurde ich von einem sehr kenntnisreichen Feldwebel. Ich musste Anträge auf Sicherheitsprüfung bearbeiten und auch die Beurteilung der Kaserne im Hinblick auf die materielle Sicherheit vornehmen. Dazu war ich insbesondere für die sogenannte Absicherungshandakte zuständig. Diese komplett neu zu konzipieren war eine enorme Herausforderung, die bewältigt werden musste. Ich war dankbar, dass dieses Vorhaben mithilfe eines Fahnenjunkers recht gut gelang: Bei einer Prüfung bescheinigte die Brigade dem Bataillon ein äußerst gutes Ergebnis.

Für mich war dies eine besondere Lehrzeit, in der ich viele neue Erfahrungen auf ganz verschiedenen Ebenen sammeln konnte. Als Lehrmeister und uneingeschränkter Fachmann blieb mir Oberstleutnant Leidholdt in Erinnerung – und nicht zuletzt als ein Mensch, der rau, herzlich und integer war. Vieles, was ich in den folgenden Jahren im Rahmen meiner Führungsaufgaben zu praktizieren versucht habe, ließ sich auf diese Zeit und diesen Vorgesetzten zurückführen: Transparenz, faire Kritik, Zügel zum richtigen Zeitpunkt anspannen, aber auch in den richtigen Momenten wieder loslassen, sich selbst nicht schonen, beispielhaft mitmachen oder vorangehen – all dies waren herausragende Erfahrungen der jungen Jahre, die mir während meiner Laufbahn zugutekamen.

Zugführer in der Grundausbildung

Es war schon ungewöhnlich für mich, vier Monate als Zugführer in jener Einheit eingesetzt zu werden, in der ich selbst einst als Rekrut tätig gewesen war. Immerhin lagen gerade einmal drei Jahre zwischen diesen beiden Episoden. Und so waren die dreißig Rekruten, mit denen ich nun fortan zu tun hatte, kaum sehr viel jünger als ich. Einige von ihnen kamen aus schwierigen Verhältnissen und waren nicht einfach zu führen.

Der Chef der Batterie war ein Kriegsveteran. Er war lange in russischer Kriegsgefangenschaft, kehrte erst spät nach Deutschland zurück und führte nun diese Ausbildungskompanie. Anders als zunächst erwartet, war er sehr milde und nachsichtig. Er war bei den Rekruten beliebt, hatte aber aufgrund seiner Vita auch bei den Ausbildern ein hohes Ansehen. Davon profitierte ich ebenfalls als neuer Leutnant und Zugführer des 1. Zuges, der im Hinblick auf die Ausbildung einen sehr großen Bewegungsspielraum genoss und diesen weitestgehend ausnutzte. Besonders der Außendienst war mein bevorzugtes Ressort.

Im Rückblick zeigte sich mir, dass die Armee eine große Bandbreite an Führern sehr gut vertragen konnte: „Klassische", respekteinflößende, energische, autoritäre oder leise, feinfühlige, empathische Führer – sie definierten die Führungsriege der Bundeswehr. Allen guten Vorgesetzten, die ich erlebt habe, war jedoch gemein, dass sie die Menschen mochten sowie authentisch und menschlich integer waren. Der Batteriechef und ich waren uns auf Anhieb sympathisch, hielten lange Jahre Verbindung und trafen uns regelmäßig in einer Offiziersvereinigung unseres Bataillons. Wenn ich den Chef der Batterie zu vertreten hatte, neigte ich als junger Mann angesichts seiner – aus meiner Sicht manchmal übertrieben – freundlichen und milden Art zu mehr Strenge und Konsequenz.

Allgemein kam ich mit den Rekruten sehr gut klar. Zugleich machte ich wieder die Erfahrung, dass harte Forderungen stets mit Phasen der Entspannung wechseln mussten und es wichtig war zu erklären, warum die eine oder andere Forderung unabdingbar erfüllt werden musste. Eine Grundvoraussetzung für erfolgreiches Führen war auch hier, mit gutem Beispiel voranzugehen. Dies bedeutete in ganz praktischer Hinsicht, dasselbe Gepäck zu tragen, auf der Hindernisbahn an der Spitze zu gehen sowie Dreck und Schlamm nicht zu scheuen.

Von der eigenen Grundausbildung konnte ich gut zehren, aber auch von der Tatsache, dass in meiner ersten Truppenverwendung in Niederlahnstein die allgemeinen Ausbildungsgebiete neben der artilleristischen Ausbildung nie vergessen wurden. Der Umgang mit Gewehr, Maschinengewehr, Pistole, Panzerfaust und Handgranate war und blieb uns vertraut. Sicherung, Feldposten, Spähtrupp und Übungsmärsche wurden immer wieder trainiert. Im Gelände zu biwakieren war auch nach der Grundausbildung ein selbstverständlicher Teil jener artilleristischen Ausbildung und Übungseinheiten.

Außerhalb der Dienstzeit konnte man, wenn man im Lager Stegskopf stationiert war, auch als Offizier nicht viel unternehmen. Immerhin hatte ich mittlerweile ein Auto, einen VW Käfer, sodass ich hin und wieder eine Veranstaltung in Siegen besuchen oder in einer nahegelegenen Gaststätte essen gehen konnte. Vor allem war es möglich, die Wochenenden entweder zu Hause bei den Eltern, mit Freunden oder bei der einen oder anderen Pfadfinderveranstaltung zu verbringen. In einem Hilfsausbilder fand ich einen Partner, mit dem ich mich gelegentlich zu einem Schachspiel traf.

Erste Erfahrungen machte ich als junger Offizier mit der Wehrdisziplinarordnung, die ich in Vertretung des Einheitsführers entsprechend sachgerecht anwenden musste. Dabei ging es sowohl um die Anerkennung besonderer Leistungen als auch um die Ahndung von Dienstvergehen. Zum Glück kamen diese nicht sehr häufig vor. Dennoch waren sie konsequent zu ahnden. Da gab es Soldaten, die von einer Heimfahrt verspätet oder gar nicht mehr zurückkehrten und von Feldjägern gesucht werden mussten. In Einzelfällen waren sogar Gerichte gefragt, jedoch sehr selten. So musste eine eigenmächtige Abwesenheit von mehr als drei Tagen oder ein gelegentlich vorkommender Diebstahl gerichtlich verhandelt werden.

Das Disziplinarrecht eröffnete den Disziplinarvorgesetzten viele Möglichkeiten. Bei guten Leistungen konnten Anerkennungen ausgesprochen werden, gegebenenfalls auch in Kombination mit einigen Tagen Sonderurlaub. Für die Ahndung von Dienstvergehen reichten die Möglichkeiten vom Aussprechen eines Verweises oder eines strengen Verweises über Geldbußen in Höhe eines Monatssolds bis zur Ausgangsbeschränkung zwischen drei Tagen und drei Wochen. Freiheitsentzug in Form von Arrest durfte nur der nächsthöhere Disziplinarvorgesetzte, der Bataillonskommandeur, anordnen. Dazu bedurfte er der Zustimmung eines Truppendienstrichters.

Die Verwendung in der Ausbildungsbatterie war nur ein kurzes, vier Monate dauerndes Zwischenspiel.

S2/S1-Offizier in Diez an der Lahn

Im Oktober 1966 wurde ich als S2/S1-Offizier zum Artillerieregiment 5 nach Diez an der Lahn versetzt. Der Aufgabenbereich war grundsätzlich derselbe wie vorher im Bataillon, aber nun arbeitete ich eine Führungsebene höher. Und hier begegnete ich einem „alten" Bekannten wieder, mit dem ich bereits zuvor umfassend zu tun gehabt hatte: dem Silberlöwen. Kurz nach meinem Dienstantritt wurde dieser in Diez zum Regimentskommandeur ernannt.

Das Artillerieregiment 5 führte im Einsatz zwei Bataillone, im Frieden nur eines, da das Feldartilleriebataillon 51 in Friedenszeiten als Lehrbataillon der Artillerieschule unterstellt war und dem Regiment nur sehr eingeschränkt zur Verfügung stand. Hauptaufgabe des Regiments war der koordinierte Einsatz der gesamten Artillerie der Division, also auch der Brigadeartilleriebataillone.

Da gerade Frieden herrschte, hatte ich zunächst außerhalb von Übungen und Übungsplatzaufenthalten relativ wenig zu tun. Im Regimentsstab gab es einen hervorragenden Oberstabsfeldwebel, der für die Personalführung zuständig war. Und es gab einen ausgezeichneten Oberfeldwebel, der gut mit allen Sicherheitsthemen vertraut war. Beide hatten diese Arbeiten schon jahrelang ohne vorgesetzten Offizier erledigt. Viele Dinge konnte das unterstellte Raketenartilleriebataillon 52 ohnehin selbst regeln. Entsprechend war ich froh, wenn ich den Chef der Stabsbatterie bei dessen Urlaub vertreten oder ihm hin und wieder Unterrichtsstunden abnehmen konnte.

Artilleristisch konnte ich allerdings beim Regiment viel dazulernen. Einmal im Jahr übte es geschlossen mit allen Artilleriebataillonen der Division. Zum ersten Mal konnte ich hier erleben, wie das Zusammenwirken mehrerer Artilleriebataillone organisiert wird und welche Wucht eine Feuerzusammenfassung von fünfzig oder mehr Geschützen haben konnte. Noch einmal hatte ich das Privileg, vom Silberlöwen als dessen Leitungsgehilfe zu lernen. In meiner eigentlichen Einsatzfunktion der Führung und Beurteilung der Feindlage war ich bei einer Planübung am meisten gefordert.

Im Regimentsstab dienten zwei junge Hauptleute, die sich gerade auf die Heeresauswahlprüfung vorbereiteten und mit denen ich mich sehr gut verstand. Einer davon, der spätere Generalmajor Richter, spielte als erster Divisionskommandeur der Bundeswehr in Leipzig eine wichtige Rolle beim Aufbau der Armee der Einheit.

Bald nach meinem Dienstantritt wurde ich für einige Monate in den Divisionsstab kommandiert: Der S1-Offizier für den Bereich Innere Führung war für längere Zeit ausgefallen. Statt meiner eigentlichen Aufgabe in jenem Bereich nachzugehen, wurde ich allerdings hauptsächlich zur Vorbereitung gesellschaftlicher Ereignisse eingesetzt: Dazu zählten Bälle, Treibjagden oder Vortragsveranstaltungen sowie die Betreuung des Offiziersheims. Wenngleich ich einige neue Erfahrungen mit dem durchaus anspruchsvollen Bereich des Eventmanagements machen durfte – Spaß hatte ich nicht damit, ich war dafür auch sicher nicht der am besten geeignete Offizier. Kurzum: Ich war froh, als ich in den Regimentsstab zurückkehrte und mich wieder den Aufgaben rund um meinen eigentlichen Dienstposten widmen konnte.

Und ich freute mich auf meinen nächsten Karriereschritt: die Position des Batteriechefs.

Immer wieder Nijmegen

Zu den besonderen Höhepunkten während meiner gesamten Militärlaufbahn gehörten die internationalen Märsche in Nijmegen. Hier nahmen regelmäßig mehrere Zehntausende Menschen teil. Von Jahr zu Jahr wuchs die Teilnehmerzahl, sodass man sich sehr früh anmelden musste, um einen Startplatz zu bekommen. Heute sind die Märsche zu einer der größten internationalen Marschveranstaltungen geworden, weit dominiert von zivilen Teilnehmern. Aber nach wie vor nehmen viele militärische Marschgruppen aus allen möglichen Ländern teil. In der Altersklasse zwischen achtzehn und fünfzig Jahre marschierten die Männer vier Mal fünfzig Kilometer, die Frauen sowie die Jüngeren und Älteren insgesamt vier Mal vierzig Kilometer, die ganz Jungen oder ganz Alten vier Mal dreißig Kilometer. Die zivilen Teilnehmer besorgten sich ihre Unterkunft selbst; viele übernachteten in Turnhallen, manche in Zelten. Die Soldaten waren in einem gemeinsamen Camp untergebracht.

Meinen ersten Marsch hatte ich als Leutnant bei den fünfzigsten Märschen absolviert. In jenem Jubiläumsjahr 1966 waren für uns sogar vier Mal 55 Kilometer zurückzulegen. Wir waren zu dritt vor Ort: zwei Leutnante und ein Feldwebel, die sich zusammen verabredet hatten, als zivile Einzelteilnehmer diesen Marsch zu bestehen. Wir übernachteten auf einem Campingplatz in einem Zelt, kochten Kaffee mit Gaskocher und konnten abends in einer nahen Gaststätte essen. Mit dem grenzenlosen Optimismus eines selbstbewussten Leutnants, der seine konditionellen Fähigkeiten weitaus überschätzte, nahm ich diese Herausforderung an. Insgesamt 220 Kilometer Fußmarsch warteten nun bei diesem Nijmegen-Marsch auf uns. Ich hatte viel zu wenig und falsch trainiert und geriet so bereits früh an die Grenzen meiner körperlichen Belastungsfähigkeit. Am Ende schaffte ich nur mit größter Mühe und der moralischen Unterstützung meiner beiden Laufkameraden die lange Strecke. Immerhin hatten wir für das Vorhaben Sonderurlaub vom Kommandeur bekommen – das war gewiss ein zusätzlicher Anreiz, aber auch eine Verpflichtung, die Strecke zu bewältigen. Es wäre sehr unangenehm gewesen, mit dem Makel eines vorzeitigen Marschabbruchs zurückzukommen. Auf der Zielgeraden, die zehn Kilometer komplett geradeaus führte, der Via Gladiola, schwankte ich erschöpft der Ziellinie entgegen – und wurde dabei von einer Gruppe dänischer und äußerst fröhlich gestimmter Krankenschwestern überholt.

Einige Jahre später entschied ich mich erneut mitzumachen, jedoch mit einem vernünftigen Training im Vorfeld und einer Mannschaft von etwa zehn Leuten, die sich privat organisiert hatten. Es ist bis heute spannend zu sehen, wie viele Soldaten es gibt, die sich freiwillig diese enorme Tortur antun – mit der Aussicht, nicht mehr als eine Urkunde und ein Uniformabzeichen zu erwerben. So fand ich auch immer wieder in meiner militärischen Umgebung Soldaten, die sich meiner Gruppe anschließen wollten. Sowohl dieses Mal als auch bei allen späteren Teilnahmen gab es diesbezüglich keine Probleme.

In den folgenden Jahren nahm ich immer wieder an den Nijmegen-Märschen teil: als Batteriechef, als Chef des Stabes einer Division, als Brigadekommandeur, als Divisionskommandeur und als Kommandierender General. Insgesamt war ich siebzehn Mal dabei. Darunter war auch ein Marsch, bei dem ich die Bundeswehr repräsentierte. Ungewöhnlich war allerdings, dass ich im Lager wohnte, bei mehreren Empfängen auftrat und dennoch die komplette Strecke mitmarschierte.

Ein Höhepunkt war stets der große Einmarsch. Hier erwartete uns eine riesige, komplett gefüllte Tribüne. Im Gleichschritt marschierten die militärischen Formationen an dieser vorbei. Jedes Mal, wenn eine bestimmte Nation vorbeikam, stand auf der Tribüne ein Repräsentant dieses Teilnehmerlandes, der den Einmarsch formell abnahm. Dass jener selbst mitmarschierte, war allerdings eher ungewöhnlich.

Bei einem Marsch erlaubte ich mir jedoch in meiner Dienststellung als Divisionskommandeur nicht nur den Spaß, die komplette Strecke zu absolvieren – einige Kilometer vor dem Ziel, wo die Ehrengäste die Flussüberquerung der Marschierer auf einer Pontonbrücke von einer Tribüne aus beobachteten, stieg ich auf diese Tribüne und schüttelte den anderen Generälen die Hände. Danach meldete ich mich ordnungsgemäß ab und marschierte anschließend mit der Delegation weiter bis ins Ziel.

Eine Besonderheit war der Marsch des Jahres 1990. Wir trafen vier Soldaten der NVA, die sich als kleine Gruppe am Marsch beteiligten. Wir bezogen sie bewusst und ohne großes Aufsehen in die Kamerad-

56

schaft der Bundeswehr ein. Dies war mein erster und noch völlig inoffizieller Kontakt zu Soldaten der zu dieser Zeit noch bestehenden NVA.

Lange Zeit nach meiner Pensionierung lud mich die Bundeswehrdelegation zu einem Besuch im Camp ein. Ich marschierte einen Teil der Strecke mit und freute mich sehr, noch einmal die Kameradschaft der Truppe auf intensive und direkte Weise erleben zu dürfen.

Batteriechef in Niederlahnstein

Einige Monate vor meiner Ernennung zum Batteriechef und meiner Mitwirkung im Artillerieregiment fand eine Abituriententagung statt. Die Bundeswehr veranstaltete damals regelmäßig solche Tagungen, um jungen Schulabsolventen die Möglichkeit zu bieten, rund um die Kernaufgaben der Bundeswehr auch weitere politische wie gesellschaftliche Fragen zu diskutieren. Hierzu wurden Referenten eingeladen, die zu verschiedenen Themen Sachvorträge hielten, beispielsweise zur kommunistischen Weltanschauung oder zu Fragen des Kriegsbildes. Während ihrer Dienstzeit hatten Abiturienten einmal die Chance, eine solche Tagung zu besuchen. Teilgenommen haben ein Tagungsleiter, normalerweise ein Bataillonskommandeur, ein Tagungsoffizier, ein Leutnant oder Oberleutnant und etwa vierzig bis fünfzig Abiturienten. Es war in der Regel eine zivile Tagungsstätte, in der sich die jungen Leute zu zweit ein Zimmer teilen konnten, ganz anders als in der Kaserne – ohne militärischen Drill und Stubenreinigung.

Im Jahr 1967 war ich selbst als Tagungsoffizier bei einer solchen Tagung. Vor Ort waren zufällig ausschließlich Soldaten, die ich später als Chef übernehmen sollte. Die Diskussionen mit den Soldaten, die guten Vorträge der Referenten sowie die gelöste Atmosphäre dieser Tage sind mir sehr positiv in Erinnerung geblieben. Viele der Abiturienten, die an jener Tagung teilnahmen, waren Offiziersanwärter. Zu den Offiziersanwärtern meiner Einheit gehörte auch Jörg van Essen, der spätere langjährige erste parlamentarische Geschäftsführer der FDP-Bundestagsfraktion, mit dem mich eine Kameradschaft verband, die bis heute reicht und damals ihren Anfang genommen hat.

Bei einem Appell in der Niederlahnsteiner Deines-Bruchmüller-Kaserne wurde mir vom Bataillonskommandeur Oberstleutnant Wagener die Führung der 2. Batterie des Panzerartilleriebataillons 155 anvertraut. Ich war damit für etwa hundert Soldaten verantwortlich.

Auftrag des Bataillons und damit auch meiner Batterie war die Feuerunterstützung der Panzerbrigade 15, für die wir über Panzerhaubitzen M109 verfügten – eine Panzerhaubitze mit dem Kaliber 155 mm, die über eine Entfernung von ca. achtzehn Kilometer wirken konnte.

Die Batterie, die ich von meinem Vorgänger übernahm, war in einem guten Zustand und Teil eines gut geführten Bataillons. Sie verfügte über ein gutes Unteroffizierskorps, auch wenn die eine oder andere Stelle nicht besetzt war. Es gab einen zweiten Offizier, ein leistungsstarker Leutnant und Batterieoffizier, mit dem ich mich gut verstehen sollte. Ähnliches galt für den Batteriefeldwebel, der sich um den Zusammenhalt des Unteroffizierskorps verdient machte. Glück hatten wir auch mit der personellen Besetzung der Wehrpflichtigen. Unter ihnen waren fast ausschließlich Abiturienten, davon sehr viele Offiziersanwärter. Sie waren nicht leicht zu führen, stellten kritische Fragen, offenbarten sich jedoch zugleich als sehr engagiert und lernwillig.

In den folgenden zwei Jahren stand natürlich das Ausbilden und Üben für unseren artilleristischen Einsatzauftrag nach den Weisungen des jeweiligen Bataillonskommandeurs im Mittelpunkt. Dem Oberstleutnant Wagener war Oberstleutnant Krieger gefolgt – ein völlig anderer Typ, gewiss noch etwas härter und konsequenter, aber sehr nah an der Truppe. Beide verstanden ihr Fach und waren faire wie anständige Vorgesetzte.

Jedes Jahr absolvierten wir im Rahmen des gesamten Bataillons einige Truppenübungsplatzaufenthalte. Eine mehrtägige Einsatzübung im freien Gelände führte uns mit allen Rad- und Kettenfahrzeugen nach Baumholder. Unterwegs bezogen wir Verfügungs- und Einsatzräume, Feuerstellungen und Beobachtungsstellen. Das Bataillon war in bester Weise einsatzbereit, das Gerät meist in befriedigendem Zustand. Jede Woche war die Einsatzbereitschaft der Waffensysteme und Fahrzeuge zu melden. Schwächen wurden verfolgt und meist schnell beseitigt.

Die herausragende Qualität der Soldaten meiner Einheit wurde unter anderem auch am Beispiel der zahlreichen Wettbewerbe deutlich: Beim Sportfest des Bataillons gab es beispielsweise wenige Disziplinen, die wir nicht gewonnen hätten – selbst dann, wenn eigentlich alles gegen uns sprach.

Bei einem jener Wettbewerbe hatte ich vergessen, unsere vier Vertreter für einen Orientierungsmarsch anzumelden, sodass ich improvisieren musste. Spontan bestimmte ich vier Leute, die bis dato an keinen Wettkämpfen teilgenommen hatten, und erklärte ihnen, sie müssten jetzt auch ohne jede Vorbereitung mein Versäumnis wiedergutmachen. Die vier Soldaten zogen sich um, empfingen ihre Waffen, gingen an den Start und erhielten hier die Einweisung, was von ihnen verlangt wurde. Unerwartet wurde es eine Erfolgsgeschichte für meine Einheit. Eine wirklich außerordentliche Erfolgsgeschichte: Unsere Soldaten waren bereits frisch geduscht und umgezogen, als gerade einmal die zweitschnellste Mannschaft über die Ziellinie lief. Dabei war meine Einheit nicht unbedingt die begehrteste: Sie führte den informellen Titel „Mondscheinbatterie" – eine etwas abschätzige Bezeichnung für die Einheit, deren Ausbildung häufig in der Nacht stattfand.

Die bemerkenswerten Ergebnisse zeigten sehr anschaulich, wie man junge Soldaten mit Disziplin und Strenge, aber auch Entgegenkommen und Nachsicht zu besonderen Höchstleistungen animieren konnte – selbst wenn auf diese Weise Fehler des Batteriechefs auszubügeln waren.

Meine Methoden als Batteriechef waren nicht selten unkonventionell, wie ein weiteres Beispiel offenbarte:

Eines Tages, als sich fast die Hälfte meiner Truppe im Urlaub befand und die andere mit wenig motivierenden Reinigungsaufgaben beschäftigt war, beschloss ich spontan, Schlauchboote zu organisieren. Von der Ahler-Schleuse aus, einem gestauten Stück der Lahn, machte ich mit den Soldaten – im Rahmen eines kurzfristig geänderten Dienstplans – eine Schlauchbootausbildung, kombiniert mit Schwimmübungen und der Überquerung der Lahn – ebenfalls schwimmend – mit Zeltbahnpaketen. Die Leute waren in hervorragender Stimmung, die Vorgesetzten mit vollem Herzen dabei, es herrschte ein wilder Betrieb – doch ausgerechnet an diesem Tag beschloss der Brigadekommandeur, eine Dienstaufsicht durchzuführen. Nachdem er vier oder fünf Einheiten besichtigt hatte, wollte er unsere in Augenschein nehmen – und traf sie zunächst nicht an. Er kam in ausgesprochen schlechter Laune, da er überall auf viel Leerlauf gestoßen war. Nachdem er schließlich unsere wilden Schlauchboot-Abenteuer auf der Lahn beobachtet hatte, fuhr er wieder fort, ohne sich dazu zu äußern. Einige Tage später bekam ich überraschend einen Bestpreis für Leistungen in der Ausbildung überreicht. Den Preis erhielt ich letztlich nur dafür, weil ich den Tag mit der Batterie nicht unnötig vertrödeln wollte.

Doch nicht nur bei diesem Ereignis hatte ich Glück vor der anstehenden Beurteilung.

Im Rahmen der Brigadeplanübung „Südwind" stand ein Angriff der Brigade über einem Gewässer im Zentrum des Geschehens. Zuvor mussten im Bataillon einige „Hausaufgaben" erledigt und die Lage beurteilt werden. Dies gehörte zu den Aufgaben einer Arbeitsgruppe, die der stellvertretende Bataillonskommandeur leitete. Ich war Teil dieser Gruppe und geriet mit dem Arbeitsgruppenleiter bezüglich der richtigen Lösung direkt in einen heftigen Streit. Schließlich einigten wir uns darauf, dass derjenige, der vom Brigadekommandeur aufgerufen wurde, seine Lösung vortragen durfte und der andere diese unterstützte. Die Planübung begann. Der Brigadekommandeur verlangte den Vortrag der Beurteilung und des Entschlusses – und aufgerufen wurde der Hauptmann von Kirchbach. Ich stellte meinen Entwurf vor, so ruhig und unaufgeregt, wie es mir möglich war, trotz der reichlich angespannten Situation. Als ich den Vortrag beendete, sprang der Brigadekommandeur auf und rief: „Ich möchte, dass sich das alle merken: Die Brigade hat soeben eine Lehrstunde erlebt, wie man das macht." In der anschließenden Pause kamen zahlreiche Leute auf mich zu und äußerten ihre Gratulation. In meiner nächsten Beurteilung konnte ich mich deutlich verbessern.

Zu den Besonderheiten einer guten Führung gehört es nicht nur Leistung einzufordern, sondern diese auch anzuerkennen. Beispielhaft steht dafür ein Erlebnis rund um den alljährlich stattfindenden Jagdtruppenwettbewerb der Brigade, einem Orientierungsmarsch mit Gefechtsaufgaben. Mein Bataillon 155 beteiligte sich jedes Jahr an diesem Wettkampf – und war jedes Jahr genauso zuverlässig das Schlusslicht.

Nachdem ich bereits seit sechs Monaten Batteriechef war, rief mich der Kommandeur an. Zum nächsten Wettbewerb beauftragte er mich, mit meiner Batterie die Mannschaft für den Wettbewerb zu stellen, und wir mochten doch bitte anständig abschneiden. Angesichts der bescheidenen Resultate in der Vergangenheit erhob ich die Forderung, dass ich persönlich die Mannschaft zusammenstellen konnte und sich diese das nächste halbe Jahr mit einem klaren Trainingsplan ausschließlich auf den Wettkampf vorbereiten durfte. Das hieß: Die Wettkampfmannschaft würde einige Monate von allen anderen Diensten freigestellt werden. Der Kommandeur schaute etwas ungläubig – dies sei, so meinte er, aus seiner Sicht äußerst schwer zu realisieren. Doch ich entgegnete, dass es keinen Sinn mache, auf vier oder fünf verschiedenen Hochzeiten zu tanzen; man müsse sich auf ein gemeinsames Ziel verständigen. Bald hatte ich eine Mannschaft von etwa zehn Leuten bestimmt, die unter Führung eines engagierten Leutnants sich auf das Wettkampftraining konzentrieren konnte.

Einige Male hatte ich selbst am Training teilgenommen. Doch es war für mich beruhigend zu sehen, dass ich bald nicht mehr in allen Disziplinen Schritt halten konnte. Die Mannschaft trainierte Schnelligkeit und Geschicklichkeit, immer mit der gesamten Feldausrüstung, die ein Soldat mit sich führt. Geübt wurden beispielsweise Orientierung im Gelände sowohl am Tag als auch in der Nacht, die Zubereitung von Verpflegung in freier Wildbahn, das Überwinden von verschiedenen Hindernissen – beim Wettkampf wurde diese Disziplin besonders hoch bewertet – als auch das richtige Verhalten im Fall einer schweren Verletzung. Beim Wettkampf der Westerwaldpatrouille, die sich über zwei Tage erstreckte, stellte sich bereits nach der Hälfte der Zeit heraus, dass wir sehr gut im Rennen lagen. Am Ende wurde unsere Mannschaft Zweiter, was für das Artilleriebataillon einer echten Sensation gleichkam. Im Anschluss wurde unser Team mit Lob und Anerkennung überhäuft. Es war wohl die wichtigste bleibende und sicher kaum überraschende Erkenntnis aus dieser Wettbewerbsteilnahme, dass für besondere Leistungen auch eine gründliche und saubere Vorbereitung vonnöten ist. Aber auch, dass man sich, wenn immer möglich, auf eine Sache konzentrieren sollte, die dann mit aller Kraft und ohne Ablenkung wahrgenommen werden muss.

Noch am Anfang meiner Zeit als Batteriechef war mir ein Oberleutnant zugeteilt worden, der an anderer Stelle Schwierigkeiten gehabt hatte. Ziel war es, seine Leistungsfähigkeit nach einigen Monaten zu beurteilen. So übertrug ich ihm die Anlage einer viertägigen Übung mit der gesamten Einheit im freien Gelände im Hunsrück. Wir entwickelten ein Szenario, in dem es darum ging, den Einsatz der Batterie in einem beweglichen Gefecht zu üben. Die Lage sowie einen gedachten Verlauf zu erstellen war vergleichsweise einfach. Mehr Schwierigkeiten bereitete die Einleitung aller Maßnahmen für das Üben einer Einheit sowie mit allen ihr zur Verfügung stehenden Fahrzeugen wie Panzerhaubitzen und Schützenpanzer in Verbindung mit den zivilen Behörden. Zur Übung zählten unter anderem Marschkredite für alle Straßenmärsche, Feldjägerbegleitung, Genehmigungen für das Befahren von Gelände, auf dem wir mit Kettenfahrzeugen unterwegs waren, sowie das Identifizieren von Brachland, auf dem wir Feuerstellungen beziehen konnten. Es war eine enorme Arbeit, die dieser junge Offizier zu erledigen hatte, doch er meisterte seine Aufgaben sorgfältig, gewissenhaft und erfolgreich.

Während der Übung kam der Bataillonskommandeur zur Dienstaufsicht. Es war ein überraschender Besuch mitten in der Nacht. Ich schlief irgendwo auf dem Gelände im Schlafsack, als ein Soldat, der zur Sicherung eingesetzt war, zu mir kam, mich weckte und das Eintreffen des Kommandeurs meldete. Er war zufrieden mit dem, was er gesehen hatte. Meine Berichterstattung von der erfolgreichen Vorbereitung und Durchführung der Übung sowie meine Erwähnung von der positiven Rolle, die der Oberleutnant dabei spielte, überzeugten ihn zusätzlich. Für den Oberleutnant war die Übung tatsächlich eine große Bewährung, die er mit Bravour bestanden hatte.

Jährliche Besichtigungen durch den Kommandeur gehörten zum normalen Programm der Batterien. In meiner letzten Phase als Batteriechef gab es ebenfalls eine solche Besichtigung auf einem Truppenübungsplatz. Der Ablauf war in Teilen vorhersehbar: Die Einheit wurde in eine Gefechtslage versetzt und bezog einen Verfügungsraum. Anschließend wurde der Chef mit dem großen Vorkommando zur Befehlsausgabe des Bataillonskommandeurs befohlen. Erster Prüfgegenstand war dann die Organisation der Einheit im Verfügungsraum.

Das war schwieriger, als es zunächst schien, da die Fahrzeuge getarnt auf einer großen Fläche verteilt waren und strenges Funkverbot herrschte. Ich überließ nichts dem Zufall. Die Fahrzeugführer des Großen Vorkommandos warteten in den Büschen versteckt in der Nähe meines Fahrzeugs. Als der Kommandeur kam, rief ich die Fahrzeugführer leise zu mir. Wie in einem eingeübten Theater traten die Soldaten nach Eintreffen des Kommandeurs innerhalb weniger Sekunden aus dem Dunkel hervor und bezogen ihre Plätze. Es sei eine gute Organisation im Verfügungsraum gewesen, hieß es in der Nachbetrachtung.

Später, nach Erhalt des Einsatzbefehls, war die Befehlsausgabe durchzuführen. Wir waren jedoch so schnell, dass bei der Ankunft des Kommandeurs die Befehlsausgabe bereits vorüber war und für seine Bewertung noch einmal wiederholt werden musste. Dann ging es in die jeweiligen Einsatzräume. Mein Platz war die Beobachtungsstelle der Batterie, und ich hatte von dort mit der Einheit Feueraufträge auszuführen. Es stellte sich als besonders günstig heraus, dass ich mich zuvor informiert hatte, für welche Einlagen der Kommandeur bekannt war.

Dazu gehörte auch, einen Beschuss der Beobachtungsstelle zu schildern und die Reaktion der Soldaten und der Einheit zu prüfen. Er ließ einen Beschuss der Beobachtungsstelle einspielen, bei dem der Batteriechef verwundet wurde. In einem solchen Fall war es wichtig, Erste Hilfe durch die Fahrzeugbesatzung zu leisten und den Batteriechef durch herbeigerufene Sanitäter versorgen zu lassen. Der Vertreter war nach vorne zu holen, um die Führung der Einheit zu übernehmen. Ich dachte allerdings, es könnte sich lohnen, die erwartete Reaktion noch etwas zu verbessern, worauf sich Folgendes ereignete: Der Kommandeur schilderte die Lage, der Fahrer kümmerte sich daraufhin um mich. Dann setzte der Funker den Feuerauftrag fort mit den Worten: „400 zulegen, Schuss kommen". Auf die Frage des Kommandeurs, was er da machte, sagte er unschuldig, dass natürlich der Auftrag der Batterie erfüllt werden musste. Das Resultat war ein kollektives Staunen darüber, dass der Funker, ein Gefreiter, hierzu tatsächlich in der Lage war. Das erwartete Lob blieb nicht aus.

Viele Jahre später war ich selbst Kommandeur und besichtigte eine Raketenwerfereinheit: Im Laufe der Besichtigung ließ ich während des Einrichtens der Feldraketenwerfer den Führer der Werferstellung ausfallen. Sein Gehilfe, ein Gefreiter, setzte sachkundig die Vorbereitung der Werfer fort, ebenfalls ein nicht selbstverständlicher Vorgang. Auf meine Frage, was er da machte, antwortete er, dass die Erledigung des Auftrags der Einheit höchste Priorität hätte – auch hier eine richtige Beurteilung der Situation.

Übungen, Bürokratie und Pfadfinderleben

Eine infanteristische Übung ist mir als besonders anspruchsvoll in Erinnerung geblieben. Bei dieser Übung im Winter waren wir zwei Tage lang in mehreren Gruppen und auf einer Strecke von etwa achtzig Kilometern unterwegs. Gespickt war die Route mit zahlreichen Herausforderungen: Gefechtseinlagen, Orientierungsaufgaben, Panzererkennung. Ich marschierte mit und wechselte von Zeit zu Zeit die Gruppe. Die Strecke führte entlang der Lahn immer bergauf und bergab. Übernachtet wurde in einer Scheune, für die Verpflegung musste improvisiert werden. Diese Improvisation hatte es in sich: Jeweils drei Soldaten erhielten einen toten, jedoch noch befellten Hasen. Um abends die Scheune zum Schlafen aufsuchen zu dürfen, musste der Hase erst essfertig zubereitet, also am Feuer gebraten werden.

Allgemein herrschten bei dieser winterlichen Übung sehr unwirtliche Verhältnisse, überall lag eisiger Schnee. Erstaunlich und erfreulich war, dass alle Teilnehmer diese Übung durchhielten. Vier bis fünf Stunden lagen wir in unseren Schlafsäcken, inmitten und umgeben von Heu. Dann ging es weiter.

Der zweite Tag endete erheblich früher als der erste: Gegen fünfzehn Uhr trafen wir alle in einem kleinen Dorf ein, unweit der Lahn. Dankenswerterweise hatte der Batteriefeldwebel unsere Aufnahme hervorragend vorbereitet: Einzeln oder zu zweit wurden die Soldaten in verschiedenen Familien aufgenommen. Hier bekamen sie die Gelegenheit, sich zu waschen, umzuziehen und gegebenenfalls auch den fehlenden Schlaf nachzuholen. Ich übernachtete bei einem Bauern, der mir mit Stolz seinen hervorragend geführten landwirtschaftlichen Betrieb zeigte. Den Abschluss des Tages bildete ein Manöverball, den wir in diesem Ort durchführten und zu dem die Soldaten ihre Quartiergeber mitbrachten. Dieser Ball wurde auch Ausgangspunkt zu der einen oder anderen längerfristigen Beziehung einiger Soldaten mit manchen jungen Damen des Ortes.

Ein besonderes Erlebnis brachte der Juni 1969. Das 25-jährige Bestehen der NATO wurde mit einer Feldparade auf dem Nürburgring begangen, der NATO-Generalsekretär sowie Bundeskanzler Kurt Georg Kiesinger nahmen die Parade ab. Meine Einheit war dazu eingeteilt, daran teilzunehmen. Unsere Kettenfahrzeuge, insbesondere die Panzerhaubitzen, verlegten wir einige Tage zuvor zum Nürburgring. Akribisch wurde die Feldparade geübt. Die Parade lief mit höchster Genauigkeit ab, alles klappte wie am Uhrwerk.

Hin und wieder war auch Kampfgeist mit der Bürokratie gefragt, wie sich exemplarisch an den Ereignissen rund um einen defekten Fernseher, den wir in unserem Mannschaftsraum stehen hatten, zeigte. Die Batterie beantragte ganz regulär einen neuen Apparat, worauf mich die Meldung erreichte, dass aktuell kein Fernseher auf Lager vorhanden wäre und diese generell nur einmal im Jahr beschafft würden. Die nächste Möglichkeit ergäbe sich erst in etwa drei bis vier Monaten. Ich entgegnete, dass ich trotzdem auf meinem Antrag beharren würde. Daraufhin erhielt die Batterie ein Formblatt, aus dem hervorging, dass es zurzeit keinen Bestand an neuen Fernsehern gäbe. In diesem Moment wurde mein Sportsgeist herausgefordert – ich legte formal eine Beschwerde gegen diesen Bescheid ein. Eine solche Blockade hindere mich in besonderer Weise daran, meinen Fürsorgepflichten gegenüber meinen Soldaten angemessen nachzukommen. Die Beschwerde fand am Ende ihren Weg bis ins Ministerium, wo sie jedoch abgelehnt wurde. Begründung: Ich sei von der Angelegenheit ja nicht selbst betroffen. Stattdessen würde diese jedoch als Meldung eines „Missstands" zur Kenntnis genommen, dem man nachgehen würde. Zunächst geschah nichts, bis der besagte Jahrestermin kam und sich offenbar einige Stellen an einen bestimmten Querulanten erinnerten, der wegen eines TV-Apparates einen solchen Aufruhr verursacht hatte. Dann folgte die Überraschung: Unsere Einheit erhielt drei Farbfernseher. Auf diese Weise konnten alle Unterhaltungsräume – die der Mannschaften sowie der Unteroffiziere – mit neuen Geräten ausgestattet werden. Es zeigt sich: Manchmal rechtfertigt der Erfolg auch ungewöhnliche Mittel.

Ein ähnlicher Fall hatte mit der Bekleidungsausstattung zu tun – auch hier widersetzte ich mich den gegebenen Verfahrenswegen, als es darum ging, die Soldaten zum Tragen alter Tuchhosen beim Geländedienst zu verpflichten. Durch mein Einschreiten erhielten wir bevorzugt neue Garnituren für Feldanzüge.

Nebenbei engagierte ich mich weiter als Pfadfinder. Ich trug zu jener Zeit Verantwortung für den ganzen Koblenzer Bereich. Eines Tages suchten mich aus der Lahnsteiner Gruppe völlig überraschend zwei Jungs im Alter von vierzehn und fünfzehn Jahren in meinem Dienstzimmer auf. Ihr Stammesführer – ein mir bekannter achtzehnjähriger junger Mann – sei nach seinem Abitur umgezogen, ohne sich zu verabschieden oder für seine Nachfolge zu sorgen, und die Gruppe sei aktuell quasi führungslos.

Nun traf ich auf etwa zwanzig Kinder, die nicht so recht wussten, wie sie weitermachen sollten. Kurzerhand hatten sie mich dazu auserkoren, ihnen zu helfen. Ich überlegte mir, wie ich sie angemessen unterstützen konnte. Da kamen wir schließlich auf die Idee eines Elternabends. Dieser musste jedoch zunächst mal akribisch vorbereitet werden: Die jungen Leute besorgten einen Raum, kreierten und versendeten Einladungen, entwarfen ein Programm und übten es ein. So hatten alle ein gemeinsames Ziel, viel Arbeit und wenig Zeit, sich über ihre Lage Gedanken zu machen. Einige Wochen später wurde schließlich der Elternabend organisiert, an dem ich als Gast teilnehmen durfte – der Auftakt zu einem erfolgreichen Fortleben der Gruppe. Bis heute haben beide Jungen, die mich damals im Büro besucht hatten, der Pfadfinderei die Treue gehalten. Einer wurde später Mitglied der Bundesleitung.

Ein ganz besonderes Erlebnis war auch ein Erzieherpraktikum in einem Jugendheim. Einen der Erzieher hatte ich über unser gemeinsames Engagement als Pfadfinder kennengelernt. So begleitete ich seine Gruppe zu einer Sommerfreizeit in Südfrankreich. Später übernahm ich für eine Woche in diesem Heim seine Urlaubsvertretung. Das machte Freude, aber ich gewann auch eine hohe Achtung vor der Leistung, die solche Erzieherinnen und Erzieher Tag für Tag erbringen mussten, wenn ihre Arbeit erfolgreich sein sollte.

In meine Lahnsteiner Zeit fiel auch die Beförderung zum Hauptmann im August 1968, die ich auf dem Truppenübungsplatz im Zelt des Bataillonskommandeurs erleben durfte. Als ich wieder zu meiner Einheit zurückkehrte, empfing sie mich mit einem Antreten und einem dreifachen kräftigen „Zu – Gleich!".

Irgendwann im Jahr 1970, kurz vor Ablauf des zweiten Jahres meiner Zeit als Batteriechef beim Panzerartilleriebataillon 145, wurde ich zum Brigadekommandeur befohlen. Dieser teilte mir mit, meine Zeit als Batteriechef in Niederlahnstein neige sich dem Ende entgegen. Gemäß den Informationen der Personalabteilung gäbe es jetzt zwei Optionen für mich: Die eine sei eine Position im Brigadestab als S2 (verantwortlich für die Belange der Feindbeurteilung und der Sicherheit), die andere eine weitere Verwendung als Batteriechef einer Stabs- und Versorgungsbatterie – der Ort sei derzeit unklar. Ich hatte noch keine Ambitionen, die unmittelbare Führung zu verlassen und wollte lieber ein weiteres Mal als Batteriechef versetzt werden, als derart frühzeitig in einen Stab zu wechseln. Der Abschied fiel mir schwer.

Es ließ sich jedoch nicht mehr ändern: Ich wurde als Batteriechef der ersten Batterie zum Gebirgsartilleriebataillon 81 versetzt. So musste ich mich von meiner Einheit und den Kameraden, die mir sehr ans Herz gewachsen waren, verabschieden.

Batteriechef in Kempten

Einen kleinen Haken gab es bei dieser Versetzung allerdings: Dieses Gebirgsartilleriebataillon existierte zu jenem Zeitpunkt noch gar nicht. Praktisch mit meiner Versetzung wurde aus dem bestehenden Fallschirmartilleriebataillon in Calw ein Gebirgsartilleriebataillon, das zukünftig in Kempten stationiert sein sollte.

Eine Batterie, ausgerüstet mit Feldkanonen 155 mm, befand sich bereits vor Ort. In der Folge waren drei Batterien ebenfalls nach Kempten zu verlegen, umzugliedern und mit neuen Waffen (Panzerhaubitzen 203 mm) auszustatten. Zugleich wurde das Gebirgsartilleriebataillon 81 nun ein Teil der Divisionsartillerie der Gebirgsdivision. Hier in Calw und einige Monate später in Kempten wurde ich zum Chef der Stabs- und Versorgungseinheit. Generell hatte die Einheit den Hauptauftrag, den ganzen Betrieb eines Bataillons, also vor allem Führungsfähigkeit, Stabsdienst und Logistik, sicherzustellen.

Die Position des Chefs einer Stabs- und Versorgungseinheit ist keine leichte Aufgabe. Ihm unterstehen zwar die Unteroffiziere und Mannschaften der Batterie. Auf deren Arbeit hat er jedoch äußerst geringen Einfluss, da sie von den Offizieren des Stabes organisiert wird. Diese Offiziere unterstehen dem Bataillonskommandeur. Der Batteriechef ist wiederum für die Ausbildung der Soldaten verantwortlich, was jedoch eine enorme Herausforderung für alle Beteiligten darstellt, da die Verpflichtungen für das Bataillon im Alltag Vorrang haben müssen. Konflikte bleiben da nicht aus, und ich hatte – wie der eine oder andere Offizier des Stabes – solche Konflikte auszuhalten. Dass man für die Ausbildung auf die Mehrheit der Soldaten zurückgreifen konnte, war eine seltene Ausnahme.

Dies galt allerdings nicht für den Fernmeldezug, der für die Ausbildung vollständig zur Verfügung stand und sowohl ausbilden als auch üben konnte. Der Fernmeldezug hatte dafür zu sorgen, dass im Bataillon die Fernmeldeverbindungen sowohl im Einsatzfall sowie bei Übungen hergestellt wurden und aufrecht erhalten blieben.

Das Besondere in einer Stabs- und Versorgungsbatterie ist, dass in ihr viele ausgesprochene Spezialisten tätig sind. Entsprechend stellte ich ein beeindruckendes Fachwissen der Unteroffiziere fest, die über ihr Spezialgebiet natürlich deutlich besser Bescheid wussten als ich. Umso mehr war es mir wichtig, allen ein vernünftiges Maß an Ausbildung zukommen zu lassen und auf den Geist der Einheit Einfluss zu nehmen, besonders durch Maßnahmen, die die Soldaten zusammenführten. Der fachliche Dienst wurde von den Offizieren aus dem Stab unter Führung des energischen und kenntnisreichen stellvertretenden Bataillonskommandeurs geleitet.

In Calw übernahm ich die Batterie. Die Soldaten zeigten den Stolz und die Einsatzbereitschaft von Fallschirmjägern. Sie wechselten ihre Truppengattung ungern. Wenige Monate nach meiner Amtsübernahme wurde das Bataillon an seinen neuen Dienstort nach Kempten verlegt. Der Dienst in der Gebirgstruppe brachte neue Anforderungen mit sich, sie waren jedoch mit den vorherigen Aufgaben absolut vergleichbar, was mir die Arbeit erheblich erleichterte. Der Stolz, den unsere Soldaten bei den Fallschirmjägern empfinden durften, wurde nun nahtlos auf die Aufgaben bei der Gebirgstruppe übertragen. Und nicht nur das: Fast alle Soldaten zogen ohne jedes Murren um.

Mit der Verlegung nach Kempten wechselte auch der Bataillonskommandeur. Oberstleutnant Meier war nicht nur ein hervorragender Artillerist, sondern auch ein sehr guter Skifahrer. Er kam aus der Gebirgstruppe und war der richtige Mann dafür, den Übergang souverän zu meistern. Er verstand es, uns das Gebirge mit einigen einfachen Maßnahmen nahezubringen.

Einmal im Monat fand ein Bergmarsch statt. Daran mussten sich alle Batterien beteiligen, auch die Stabs- und Versorgungseinheit. Im Winter verbrachten wir manche Sportausbildung auf Skipisten oder übten Langlauf. Bald nach dem Kommandowechsel gingen wir mit allen Offizieren für einige Tage auf eine Skihütte auf dem Grünten im Allgäu. Auf einer ähnlichen Hütte war ich auch zweimal mit Unteroffizieren und Mannschaften meiner Einheit. Sowohl im Sommer als auch im Winter verbrachten wir jeweils einige Tage auf der Soinhütte im Wendelsteingebirge.

Die Soldaten, die es noch nicht konnten, hatten nun die Gelegenheit, während des Winteraufenthalts Skifahren zu lernen – ich war einer von ihnen: Noch nie zuvor hatte ich auf Skiern gestanden, jetzt lernte ich es innerhalb von wenigen Tagen – zumindest in Ansätzen. Es waren im Wesentlichen die Mannschaftssoldaten, die fast alle aus dem Allgäu kamen, die das Gebirge als ihre Heimat empfanden – und uns das Skifahren beibrachten. Die meisten Vorgesetzten hatten hier erheblichen Nachholbedarf. So hatte sich hier inmitten des schneebedeckten Gebirges die Hierarchie umgedreht: Die vier oder fünf Gefreiten, die ich zuvor bestimmt hatte, wurden nun als Skilehrer eingesetzt. Dank deren Einsatz entdeckte ich bei diesen Aufenthalten meine später andauernde Liebe zum Skifahren und zum Gebirge.

Auch im Sommer waren wir in den Bergen und unternahmen zahlreiche Bergwanderungen. Wir bestiegen zum Beispiel den Großen Daumen, den Grünten oder den Bockkarkopf. Im Wendelsteingebiet absolvierten wir eine Bergwanderung, die uns an einem Tag auf drei verschiedene Gipfel führte – eine durchaus anspruchsvolle Bergtour.

Das Kemptener Jahr war für einen Kameraden und mich sehr anspruchsvoll: In jenem Jahr hatten der Chef der 3. Batterie Dieter Hermanns und ich uns der Heeresauswahl zu stellen. Uns erwartete eine aufwendige Prüfung, die in der Division in mehreren Abschnitten im Verlaufe eines Jahres vorbereitet wurde und danach in zwei zentralen Zusammenziehungen sowohl schriftlich als auch mündlich erfolgte. Alle Offiziere des Heeres aus einem Geburtsjahrgang hatten sich dieser Prüfung zu stellen, deren Bestehen die Voraussetzung war, Stabsoffizier werden zu können. Aus den Prüflingen wurden einige wenige Offiziere des Jahrgangs ausgewählt, einen zweijährigen

Lehrgang zur Ausbildung als Generalstabsoffizier zu absolvieren. Konkret hieß das: Die Prüfungen als auch die Vorbereitungen darauf mussten wir parallel zu unseren normalen Führungsaufgaben leisten. Zunächst gab es drei einwöchige Zusammenziehungen auf der Divisionsebene, geleitet von einem Generalstabsoffizier der Division. Das Themenspektrum war breit und reichte von der Sicherheitspolitik bis zu bundeswehrspezifischen Themen, dazu waren auch anspruchsvolle Aufgaben aus den Bereichen Taktik, Innere Führung und Disziplinarrecht zu lösen. Am Ende der Zusammenziehungen erhielt man zunächst eine Vornote, die allerdings bei der Endabrechnung keine große Bedeutung hatte. Gegen Jahresende erfolgten schließlich die zentral durchgeführten schriftlichen und mündlichen Prüfungen.

Es gehörte zu den besonderen Aufgaben, auf der einen Seite ein Höchstmaß an Energie auf die Vorbereitung der Prüfung zu verwenden und andererseits mit aller Kraft die Einheit zu führen. Unser Bataillonskommandeur kam uns da weit entgegen. Er könne uns zwar von den Führungsaufgaben nicht entbinden, meinte er, doch zumindest dafür sorgen, dass wir zusätzliche Zeit für die Prüfungsvorbereitung bekämen. Und so schickte er zwei seiner Chefs jeweils für einige Tage auf die Skihütten am Bolsterlanger Horn und bei Grasgehren. Hier im „Exil", inmitten der Allgäuer Alpen, konnten wir uns auf die Prüfung vorbereiten; wir mussten jedoch versprechen, jeden Tag mindestens zwei Stunden Ski zu fahren. Das kam uns sehr entgegen, und so verbrachten wir mehrere Tage in den winterlichen Bergen mit Abfahrt und Langlauf sowie Lernen und Vorbereiten auf die Prüflehrgänge. Dank verschiedener Übungsblätter und Mustertests, die aus den letzten Jahren erhalten geblieben waren, konnten wir uns intensiv auf die Prüfungen vorbereiten.

Ich nutzte auch die Tage mit der Einheit auf der Hütte, indem ich mich neben den Bergtouren mit den Prüfungsinhalten auseinandersetzte, unterstützt von einem Obergefreiten, der mich regelmäßig abfragte. Und auch mein Vater war mir eine Hilfe: Im Urlaub ging er mit mir die einzelnen Prüfungsthemen durch. Um die Artillerietests zu bestehen, riet uns der Bataillonskommandeur, die Tests, die dort mit den Fähnrichen gemacht wurden, von der Artillerieschule anzufordern. Die Methode, sich mit dem abfragbaren Wissen aus den Vorschriften zu befassen, hatte sich im Nachhinein bei dem einen oder anderen Prüfthema hundertprozentig bewährt.

Wir mussten dann nach München reisen, um dort an der Pionierschule die Klausuren und Tests zu schreiben. Neben den militärischen Klausuren in Taktik und Innere Führung waren auch Allgemeinbildung, Technik, Geschichte und Mathematik gefragt. Die Ergebnisse unserer Arbeiten erfuhren wir allerdings erst, als der gesamte Prüfungszyklus durchlaufen war.

Die mündliche Prüfung fand im Rahmen einer zweiwöchigen Zusammenziehung in Hamburg statt. Insgesamt waren mehrere Aufgaben zu bewältigen. Bei einer Taktiklage galt es für jeden der zu prüfenden Offiziere, mündliche Aufträge auszuführen, beispielsweise eine Beurteilung der Lage abzugeben, einen Entschluss zu fassen oder Operationspläne sowie Befehle zu entwerfen und vorzutragen. Ähnlich wurde das Gebiet Innere Führung behandelt. Anhand geschilderter Lagen waren Maßnahmen zu entwerfen, darzustellen und zu begründen. Jeder Hörsaal hatte zwei Stabsoffiziere als Leiter: Einer führte die Ausbildung durch, der andere verfolgte schweigend die Darstellungen der Prüflinge. Es gab keinerlei Resonanz auf die einzelnen Beiträge. So herrschte eine große Unsicherheit über den Stand der eigenen Leistungen. Nicht alle verkrafteten diese Unsicherheit besonders gut.

Jeder Offizier musste einen Vortrag von einer halben Stunde halten. Das Thema sowie stapelweise Material dazu gab es erst am Vortag der Prüfung. Unter denselben Rahmenbedingungen war außerdem ein halbstündiges Lehrgespräch vorzubereiten und mit den Hörsaalkameraden durchzuführen.

Mein Vortragsthema lautete: „Isolationismus oder Weltmachtpolitik. Inwieweit ist eine Großmacht wie die USA frei in der Wahl ihrer weltpolitischen Rolle?" Es war natürlich schnell ersichtlich, dass es vorwiegend darum ging festzustellen, inwieweit ein Prüfling in der Lage war, in kurzer Zeit und unter hohem persönlichen Druck aus einer Fülle von Informationen die richtigen Erkenntnisse zu ziehen. Dazu musste er seine schlüssig entwickelte persönliche Auffassung in einem Vortrag in einer vorgegebenen Zeit nachvollziehbar und interessant darstellen.

Der Abend sowie der größte Teil der Nacht galten der Vorbereitung. Trotz der anstrengenden Stunden verlief der darauffolgende Prüfungstag weitestgehend problemlos für mich. Zwar war ich, wie die anderen Kandidaten auch, vor dem Vortrag äußerst nervös. Doch im Anschluss hatte ich das Gefühl, nicht wirklich viel falsch gemacht zu haben. Später war dann klar, dass mich das Gefühl nicht betrogen hatte: Der Vortrag wurde genauso wie das Lehrgespräch mit der Note 1 bewertet. Beide Ergebnisse sollten schließlich auch einen starken Einfluss auf die spätere Lehrgangsnote haben.

Nach einer Woche stellte ich fest, dass ich meine wesentlichen Prüfungsaufgaben bereits erledigt hatte. Offen war noch ein Rundgespräch, auf das man sich nicht vorbereiten konnte und für die Endnote nur eine geringe Rolle spielte. Für die Hörsaalleiter war dieses Gespräch dennoch wichtig, weil es ihnen ermöglichte, die Prüflinge hinsichtlich ihrer Person und ihrer Argumentation direkt untereinander zu vergleichen.

So konnte ich die zweite Woche sehr entspannt verbringen und den einen oder anderen Kameraden bei der Vorbereitung seines Vortrags oder Lehrgesprächs unterstützen. Nachdem der Prüfungsmarathon beendet war, wurden wir nach Hause entlassen. Zunächst erfuhren wir nur, ob wir bestanden hatten. Alles Weitere blieb offen.

Erst einige Wochen später, im Februar 1972 auf einer Skihütte auf dem Grünten, erreichten uns die guten Nachrichten. Zu den etwa vierzig Offizieren, die für die Generalstabsausbildung ausgewählt wurden, gehörten die beiden Batteriechefs aus dem Gebirgsartilleriebataillon 81. Ungefähr 500 Offiziere hatten ihre Eignung zum Stabsoffizier erworben, einige wenige mussten im darauffolgenden Jahr zurückkehren und die Prüfungen wiederholen.

Insgesamt betrachtet war die Zeit bei der Gebirgstruppe äußerst schön und erfüllend: Hier herrschte ein vergleichsweise lockerer Ton, obgleich die Disziplin genauso strikt und scharf war, wie ich es aus anderen Einheiten gewohnt war. Auch die Kommandeure – der Divisions-, der Regiments- und der Bataillonskommandeur – passten perfekt in das Team. Hierarchie in den Bergen äußert sich auf andere Weise und wird dort einer ständigen Prüfung unterzogen. Es gibt in den Bergen keinen zweiten Weg als alle Belastungen selbstverständlich zu teilen, sich gegenseitig zu helfen und zu unterstützen.

Doch gab es noch weitere Erlebnisse, die meine Zeit bei der Gebirgstruppe gut charakterisieren. So wurde nach Amtsantritt des neuen Verteidigungsministers Helmut Schmidt ein Erlass herausgegeben, der besagte, dass – erstmals in der Geschichte der Bundeswehr – jeder Soldat seine Haare so tragen durfte, wie er wollte. „Mich interessiert nicht, was auf dem Kopf, sondern was darin ist" war die Begründung des Ministers. Einen Zusatz gab es allerdings: Trug ein Soldat lange Haare, war er dazu angewiesen, ein Haarnetz zu tragen.

Für manche Soldaten war es tatsächlich ein Vergnügen, mit wilden langen Haarmähnen ihre Abneigung gegenüber dem Wehrdienst zum Ausdruck zu bringen. Andere folgten damit lediglich der gängigen Mode. Der eine oder andere Vorgesetzte erwartete von den Chefs Bemühungen, die Soldaten davon abzubringen, sich die Haare wachsen zu lassen. Ich habe das allerdings immer abgelehnt: Solange die grundsätzlichen Regeln in Bezug auf Sauberkeit und Ordnung eingehalten wurden, sah ich keine Veranlassung, einzuschreiten, wenn die Soldaten von etwas Gebrauch machten, was ihnen der Dienstherr ausdrücklich zugestand. Dabei war es für mich schwer nachvollziehbar, warum besonders die langhaarigen Soldaten, die im Innendienst tätig waren, ein Haarnetz tragen mussten. In der Instandhaltung, wo schon mal mit komplexen Maschinen und Apparaturen gearbeitet wurde, machte es zweifelsfrei mehr Sinn.

Einmal jedoch wurde die Frage rund um die Kopfpracht zu einem kleinen Politikum: Der Divisionskommandeur hatte seinen Besuch angekündigt. Es wäre doch schön, wenn nur Leute mit kurzen Haaren an der Wache stünden, wurde aus dem Bataillonsstab signalisiert. Ich entgegnete daraufhin, dass die Wache bereits eingeteilt sei und ich das auch nicht mehr ändern würde – unabhängig von der Frisur jedes Einzelnen. Zähneknirschend wurde das akzeptiert. An meinem letzten Tag als Chef wurde der Haarerlass aufgehoben: Man führte die alten Regeln wieder ein, wilde Frisuren sowie Haarnetze wurden aus den Kasernen verbannt.

Über die Frage des Kopfschmucks hinaus war meine Zeit in der Chefposition zutiefst geprägt von umfassenden Debatten rund um die Bundeswehr. Die ganze Bundesrepublik war Ende der Sechzigerjahre in Bewegung, an den Universitäten rebellierten die Studenten und allerorts wurde die Frage zu der Bedeutung von Autorität und Gehorsam intensiv diskutiert. Keine Zweifel, dass diese Fragestellungen bis in die Bundeswehr hineinreichen würden.

Im Dezember 1970 veröffentlichten acht Leutnante von der Hamburger Offiziersschule eine Denkschrift unter dem Titel „Leutnante 70". Zu den Kernthesen des umstrittenen Papiers gehörten unter anderem die strikte Trennung von Dienst und Freizeit, die absolute Loyalität zum Auftrag, nicht jedoch gegenüber dem Vorgesetzten. Dazu kam eine zentrale Forderung, jederzeit Kritik am Dienstherrn üben zu dürfen. Es waren zum Großteil Thesen, die von meiner Einstellung, aber auch jener meiner Offizierskameraden deutlich abwichen. Vor allem der Ansatz, Beruf und Freizeit völlig unabhängig voneinander zu betrachten, war für mich als Disziplinarvorgesetzter mit Verantwortung für bis zu 150 Soldaten nicht nachvollziehbar. Ist der Beruf des Soldaten ein Job wie jeder andere auch? Ich glaube nicht, wenn man auf einen Befehl hin gegebenenfalls sein Leben aufs Spiel setzen muss.

Leider habe ich keinen dieser jungen Offiziere kennenlernen können. Dabei hatte ich gegen den Ansatz, sich Gedanken zu seinem eigenen Beruf zu machen, mögen sie auch von der vorherrschenden Meinung abweichen, keinerlei Einwände. Viele der Befürworter waren noch relativ jung, hatten keine verantwortungsvolle Position inne und kamen vor allem deshalb zu anderen Schlüssen als jene, die bereits in Verantwortung standen. Im Umfeld des Verteidigungsministers als auch in den Medien wurde jedoch intensiv über die Thesen der Leutnante diskutiert.

Nur kurze Zeit später kam eine Denkschrift heraus, verfasst von dreißig Hauptleuten, die zugleich Kompaniechefs in der westfälischen 7. Panzergrenadier-Division waren. Deren Divisionskommandeur hatte seine jungen Offiziere angeregt, ihre Perspektive und Sicht auf die Dinge zu erläutern. Die Denkschrift jener „Hauptleute von Unna" zog ebenfalls große Kreise. Vom „fortschreitenden Abbau der Erziehungsmittel" war die Rede und einem daraus hervorgehenden Nachlassen der Disziplin. Die „Politisierung der Armee" habe „bedenkliche Ausmaße angenommen". Die „Truppe" solle vor „diffamierenden Beschimpfungen durch die Bevölkerung" geschützt werden.

Offenbar hatten die Hauptleute nach der Veröffentlichung der Schrift das Gefühl, nicht genug Gehör im Ministerium zu bekommen, sodass sie – unangekündigt – eine Delegation nach Bonn zum Verteidigungsminister schickten, um die Denkschrift persönlich zu überreichen. Der Minister empfing sie jedoch nicht. Erst einige Tage später kam es zu einer Begegnung zwischen dem Verteidigungsminister Schmidt und den Hauptleuten, bei dem einige kritische Punkte der Denkschrift angesprochen werden konnten.

Ich selbst hatte bei aller Sympathie für einige der Verfasser und auch für einige ihrer Vorschläge nur wenig für das Vorgehen der Kompaniechefs übrig und gehörte nicht zu den Offizieren, die sich mit ihnen solidarisierten. Auch meine Kameraden in der Gebirgsdivision sahen die Denkschrift insgesamt eher skeptisch. Im Offizierskorps wurde aber intensiv darüber diskutiert.

Eine weitere Fortsetzung fand die Auseinandersetzung über die grundsätzliche Ausrichtung der Bundeswehr mit der Schnez-Studie, die 1971 herausgegeben wurde. Albert Schnez war der Inspekteur des Heeres und enger Vertrauter des früheren Verteidigungsministers Franz Josef Strauß. Ich kannte Schnez sehr gut: Zu meiner Zeit als Leutnant war er Divisionskommandeur der 5. Panzerdivision und somit mein Vorgesetzter. Vor allem war er für mich und viele andere ein kompetenter militärischer Führer.

Die Studie beschäftigte sich im Wesentlichen mit folgenden Fragen: Was kann das Militär tun, um seinen Auftrag besser zu erfüllen? Was können Gesellschaft und Politik tun, damit das Militär seinen Auftrag besser erfüllen kann? Die heftig umstrittene Studie forderte eine Reform nicht nur in der Bundeswehr, sondern auch in Staat und Gesellschaft. Für Helmut Schmidt kam die Studie zu einer Zeit, als er sich ohnehin schon in einer schwierigen Lage befand; als erster sozialdemokratischer Verteidigungsminister war der Erwartungsdruck aus der Öffentlichkeit und natürlich auch aus seiner Partei an ihn besonders groß. Die Spannbreite der Diskussion forderte den Minister heraus. Welchen Weg sollte die Bundeswehr gehen? Sollte sie sich mehr dem zivilen Zeitgeist anpassen? Die Frage grundsätzlicher Reformen in Staat und Gesellschaft, darüber waren sich die Verantwortlichen einig, stand nicht wirklich zur Debatte. General Schnez blieb aber dennoch bis zu seiner normalen Pensionierung im Dienst.

Schmidt befasste sich auch intensiv mit Überlegungen zur Struktur und zu einer weitgehenden Veränderung des Bildungssystems. Er war sicher der richtige Mann zur richtigen Zeit: Als Minister mit eigenem militärischen Hintergrund, als anerkannter Experte für Sicherheitspolitik und Strategie sowie als erprobter Krisenmanager brachte er Erfahrung und Durchsetzungskraft mit. So konnte er die Diskussion kanalisieren und schließlich erfolgreich beenden. In seiner Ministerzeit wurden dann die Grundsteine für eine weitgehende Bildungsreform gelegt, die der nächste Bundesminister Georg Leber abschließend umsetzen konnte. Ein wesentlicher Kernpunkt der Reform war die akademische Ausbildung der Offiziere an bundeswehreigenen Hochschulen.

Fast alle Entscheidungen in diesem Zusammenhang waren umstritten. Im Nachhinein steht für mich fest, dass die Reform notwendig und zweckmäßig war. Wäre diese Reform nicht zustande gekommen, hätte die Bundeswehr vermutlich einen Großteil ihrer Zukunftsfähigkeit und Attraktivität verspielt. Und es gehört bis heute zu den größten Verdiensten von Schmidt und Leber, das Studium zu einem verpflichtenden Bestandteil in der Ausbildung von Offizieren gemacht zu haben. Mit den eigenen Hochschulen ging die Möglichkeit für die jungen Offiziere einher, sich ohne Sorgen um Lebensunterhalt oder Wohnung ausschließlich auf das Studium konzentrieren zu können, das dafür in einer deutlich kürzeren Zeit absolviert werden musste. Ein militärisches Begleitprogramm sorgte dafür, dass der Kontakt zur

Bundeswehr nicht abriss. Ich selbst hätte mir beispielsweise ein Pädagogikstudium gut vorstellen können, aus Altersgründen kam das jedoch nicht mehr infrage.

Es war eine Zeit des Umbruchs, die mit der 68er-Bewegung ihren Anfang nahm und – wie in einer Wehrpflichtarmee selbstverständlich – auch die Bundeswehr erfasst hat. Wenngleich ich mich den zahlreichen Debatten rund um die Positionierung der Bundeswehr in der Gesellschaft weder entziehen konnte noch wollte und die Diskussionen vor allem mit den wehrpflichtigen Soldaten immer wieder aufs Neue geführt werden mussten; wenngleich ich im Rahmen meiner Aufgaben in der evangelischen Jugendarbeit und einige Jahre als nebenamtlicher Jugendoffizier auch bei vielen öffentlichen Veranstaltungen gefragt war, lag mir die Führung meiner Einheit dennoch am nächsten – und die gewissenhafte Erfüllung unseres militärischen Auftrags.

Führungsakademieabsolvent

Als frischer Absolvent der Führungsakademie in Hamburg begann für mich gemeinsam mit meinen in- und ausländischen Kameraden zunächst eine Tour durch die verschiedenen Truppenschulen. Bei unseren Reisen ging es darum, das Heer kennenzulernen. Und so besuchten wir nacheinander die Technische Hochschule in Darmstadt, die Raketen- und die Artillerieschule in Eschweiler und Idar-Oberstein, die Logistikschule in Aachen, die ABC-Abwehrschule in Sonthofen, die Fernmeldeschule in Feldafing sowie die Panzertruppenschule in Münster.

Während der Zeit meiner Vorbereitung auf den Generalstabslehrgang Anfang 1972 lebte ich noch in der Kaserne in Kempten, einem alten Wehrmachtsbau in einer Offizierswohnung. Unmittelbar nach Lehrgangsbeginn im April zog ich dann nach Hamburg-Rissen in eine Mietwohnung, die von der Wohnungsfürsorge der Bundeswehr angeboten worden war. Es war eine sehr spannende Zeit mit vielen neuen Erfahrungen. Zwar kannte jeder seine eigene Truppengattung recht gut – in den verschiedenen Truppenschulen unterwegs zu sein sowie kompetent und umfassend über die anderen Truppengattungen unterrichtet zu werden, war für uns alle jedoch weitestgehend neues Terrain.

Wir gewannen einen ausgezeichneten Überblick über ein großes Spektrum der Aufgabenerfüllung der Truppengattungen, sowohl im

Unterricht, in Vorführungen als auch in Planübungen, an deren Anlage wir beteiligt wurden. Bei der Gelegenheit sah ich alte Weggefährten wieder: In Idar-Oberstein traf ich den Silberlöwen, der einst mein Bataillons- und bald darauf auch Regimentskommandeur gewesen war, wieder. Inzwischen war er Lehrgruppenkommandeur und verantwortlich für die Gestaltung der Ausbildung für unseren Lehrgang. Schon während dieser Vorlaufzeit bildeten sich Freundeskreise, Kameradschaften und Cliquen, die sich im Laufe des Lehrgangs verfestigten. Lebenslange Freundschaften der Offiziere und ihrer Familien nahmen hier ihren Ausgang.

Gleich am Anfang der Generalstabsausbildung wurde ich zum Major befördert. Als Chef der 1. Batterie hatte ich bereits eine Majorsstelle eingenommen und somit die Voraussetzungen für eine Beförderung seit fast zwei Jahren erfüllt. Diese geschah allerdings auch unter durchaus kuriosen Umständen:

Wir waren gerade an der technischen Truppenschule in Darmstadt. An jenem Tag hatte ich den Sport geschwänzt, und da es keine strengen Kontrollen gab, fiel meine Abwesenheit niemandem auf. Statt der sportlichen Tätigkeit war ich in der Innenstadt von Darmstadt unterwegs, kehrte zurück und zeigte wie üblich an der Wache meinen Ausweis. Da sprach mich ein Wachposten an und teilte mir mit, ich solle mich beim Lehrgruppenkommandeur melden – er wolle sofort mit mir reden. Mit der Sorge, man könnte meine Verfehlung doch bemerkt haben, streifte ich mir zunächst die Uniform über und meldete mich bei ihm in seinem Dienstzimmer. Von der versäumten Sportstunde war jedoch keine Rede: Der Lehrgruppenkommandeur verlas eine Urkunde, unterzeichnet vom Abteilungsleiter Personal in Vertretung des Bundesministers der Verteidigung: „Im Namen der Bundesrepublik Deutschland befördere ich den Hauptmann von Kirchbach zum Major." Danach händigte mir der Lehrgruppenkommandeur die Urkunde aus, es wurde mit einem Glas Sekt angestoßen – und damit war die Beförderung erfolgreich vollzogen.

In Hamburg holte uns kurz darauf der Lehrgangsalltag ein: In vier Hörsälen mit siebzehn oder achtzehn Offizieren, darunter jeweils zwei ausländische Offiziere und geführt von einem Hörsaalleiter, einem Generalstabsoffizier, wurden unterschiedliche Themen behandelt. Zu den wichtigsten Personen in dieser Zeit gehörte mein Hörsaalleiter, Oberstleutnant i. G. Zimmer, der ein sehr fähiger Offizier war und später als Generalmajor pensioniert wurde. Er stand fest im christlichen Glauben und konfrontierte uns immer wieder auch mit ethischen Fragen. Dazu besaß er ein umfangreiches Wissen im Bereich der Militärgeschichte. Seine ausgeprägte Detailverliebtheit kam nicht bei allen gut an. Mir und vielen anderen hat er jedoch deutlich gemacht, dass Operationsführung mehr ist als reines Handwerk, dass aber das Handwerk dennoch beherrscht werden muss. Gut gerüstet wurden wir später in die Truppe entlassen, was nicht zuletzt auch sein Verdienst war. Zu unserer beider Freude sind wir uns in der Folge immer wieder mal über den Weg gelaufen.

Die Ausbildung bestand aus mehreren Abschnitten, die aus Vorträgen und Unterrichtseinheiten des Lehrgruppenkommandeurs zu einem Lehrgang zusammengefasst wurden. Neben dem Hörsaalleiter übernahmen auch Truppenfachlehrer die Kursleitungen. Besonders intensiv, beeindruckend wie umfassend war der Unterricht in Militärgeschichte. Ethische Fragen wurden in Dialogen mit den Geistlichen beider Konfessionen behandelt. Mit dem evangelischen Geistlichen, Militärdekan Bruns, kam ich besonders intensiv ins Gespräch. Einige Zeit darauf wurde er mein Mentor in der Jahresarbeit. Darüber hinaus wurden Medienkurse angeboten, um den Umgang mit der Presse, besonders mit Journalisten im Rahmen von Interviews zu trainieren.

Ergänzt wurde die Ausbildung durch spannende Gastvorträge, zum Beispiel von Minister Georg Leber, General Steinhoff, dem damaligen Militärausschussvorsitzenden der NATO, Jehuda Wallach – einem israelischen Experten für Strategie – oder dem damaligen politischen Direktor des Auswärtigen Amts. Unverkennbar war das Bemühen, den politischen Horizont der angehenden Generalstabsoffiziere deutlich zu erweitern, um sie mit dem Wissen um den gesellschaftlichen Kontext, in dem die Bundeswehr eingebettet war, in die Generalstabsverwendung zu entlassen.

Zu den Kernthemen gehörten Taktik und Operationsführung, hinsichtlich der Methoden setzte man auf Grundsatzunterricht und Planübungen. Mein Thema, zu dem ich ein Grundsatzreferat zu halten hatte, war „Verteidigung". Hierzu befasste ich mich intensiv mit Militärgeschichte und las Abschnitte der Werke von von Schlieffen oder von Moltke. Dazu verglich ich die Theorien mit der heutigen militärischen Sichtweise mit dem Ziel, Konstanten aufzuzeigen, aber auch dem Wandel in der Operationsführung Rechnung zu tragen.

In Vorträgen sowie im Rahmen einer Planübung wurden wir mit grundsätzlichen Aspekten der Bundeswehr vertraut gemacht: Was spielt sich hinter der Kampfzone während eines Einsatzes ab? Was bedeutet militärische Landesverteidigung in der Praxis? Wie spielen Politik und Militär zusammen? Wie gestaltet sich die Arbeit im Bundesministerium der Verteidigung? Und welche Bedeutung kommt der NATO zu? Alle Seminare dieser Themengruppen wurden unter Einbeziehung aller Streitkräfte durchgeführt.

Gegen Ende des Lehrgangs fand eine computergestützte Planübung als Übung zweier Parteien statt – die erste, die ich erlebte und der später noch viele andere folgen sollten. Die Entschlüsse der Übungsparteien wurden von der Leitung computergestützt ausgewertet, Erfolg oder Misserfolg wurden je nach den Auswertungsergebnissen den Übungsparteien zugesprochen. Die Aufgaben der Leitungs- und Führungsstäbe, die eigene Stäbe im Einsatz hatten, wurden auf die Hörsäle verteilt und die einzelnen Positionen von Lehrgangsteilnehmern eingenommen. In mündlichen Vorträgen sowie schriftlichen Vorlagen wurde die Zusammenarbeit im Stab möglichst realitätsnah geübt. Als Chef des Stabes galt es, deren Arbeit zu koordinieren sowie auf einen akzeptablen Entschluss und Operationsplan auszurichten – eine große Herausforderung.

Im Laufe des Lehrgangs hatte jeder Lehrgangsteilnehmer unter Betreuung eines Tutors eine Jahresarbeit zu schreiben. Zwar wurden bestimmte Themenkomplexe angeboten – in der Auswahl des konkreten Themas war man jedoch weitgehend frei. Mein Thema war: „Funktionieren oder mitdenkender Gehorsam: das Bild des Soldaten im Lichte der Bildungsreform der Bundeswehr". Hierbei befasste ich mich unter anderem mit der Rolle des Gewissens, setzte mich mit der Ethik-Vorstellung des Theologen Dietrich Bonhoeffer auseinander und brachte eine Arbeit mit einer guten Bewertung zustande. Begleitet wurde ich vom evangelischen Militärdekan Bruhns, mit dem ich viele gewinnbringende Diskussionen führte. Ein großer Teil der Arbeit wurde später in einer militärischen Fachzeitschrift veröffentlicht.

Mit Mutter Ursula von Kirchbach

Mein Vater, mein Bruder und ich

Unterwegs als Pfadfinder

Pfadfinderkost

Bei der Grundausbildung

Leutnant von Kirchbach

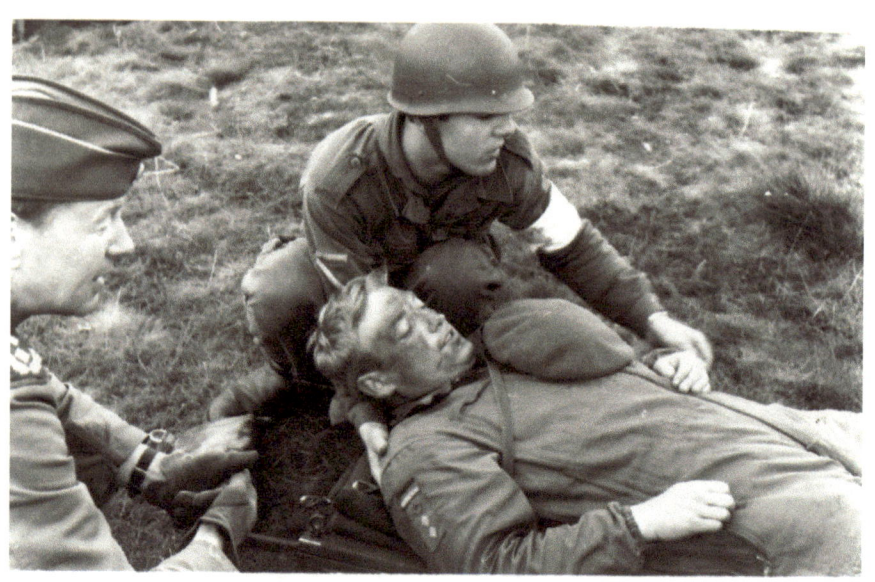

Einsatz bei einer Übung als Batteriechef

Auf der Soinhütte

Reisen

Vor allem im zweiten Jahr an der Führungsakademie waren wir viel auf Reisen, zumeist mit dem Bus. Wir besuchten verschiedene Ausbildungseinrichtungen, machten Geländebesprechungen und verbanden militärische Belange auch so oft wie möglich mit kulturellen Höhepunkten.

Die wichtigste Reise dieser Zeit war 1974 jene in die USA. Sie sollte uns mit dem größten Bündnispartner vertraut machen, insbesondere mit den amerikanischen Streitkräften. Wir besuchten Washington und New York, führten Gespräche in der deutschen Botschaft und sahen zahlreiche Einrichtungen der Streitkräfte vor Ort. Ein freies Wochenende verbrachten wir in Florida.

Angesichts der Bedeutung der USA als wichtigster Bündnispartner war es für uns aufschlussreich, deren militärisches Potential vor Ort zu sehen und einzuschätzen sowie einen Eindruck von diesem Land zu gewinnen. Für uns waren damals die USA der wichtigste Bündnispartner, sowohl in politischer Hinsicht als auch aufgrund ihrer überragenden militärischen Fähigkeiten.

Die NATO hatte an ihrer (also der deutschen) Grenze die Verteidigung intensiv vorbereitet. Verschiedene Nationen waren für verschiedene Abschnitte an der Grenze zuständig. Wir nannten dies das „Schichttortenprinzip": Zwei amerikanische Korps waren an der Verteidigung der Bündnisgrenze in Deutschland beteiligt. Für den Einsatzfall war die Beteiligung der US-Streitkräfte und die Zuführung weiterer Kräfte aus den USA geplant. Ihre atomaren Fähigkeiten waren ein wichtiger Schlüssel für den Erfolg der Abschreckung. Die Verteidigung war nicht nur auf den höheren Führungsebenen gut vorbereitet: Als Batteriechef wusste ich bereits, wo wir im Falle eines Angriffs die Verteidigung aufnehmen mussten und die Batterie in Stellung zu gehen hatte.

Eine andere Reise führte uns auf die griechische Insel Kreta. Wir beobachteten das Schießen der Luftwaffe mit Flugabwehrraketen und befassten uns mit dem Angriff auf Kreta während des Zweiten Weltkriegs im Rahmen einer ausführlichen Geländebesprechung. Auch die Kultur kam auf dieser Reise zu ihrem Recht, genauso wie die geselligen Abende in einer herrlichen Umgebung.

Nicht zuletzt gab es viele Gespräche mit deutschen Politikern.

Wir fuhren nach Brüssel, wo wir auf politischer wie militärischer Ebene der NATO mit hochrangigen Vertretern des Bündnisses diskutierten und in die Planungen der NATO eingewiesen wurden. Bei einem Besuch im Verteidigungsministerium in Bonn wurden wir von Bundeskanzler Schmidt empfangen – ein wirklicher Höhepunkt in unserer noch jungen Laufbahn. Fast eineinhalb Stunden stand er uns zusammen mit Verteidigungsminister Georg Leber Rede und Antwort. Der Zufall und die Umstände machten es möglich, Schmidt und Leber in späteren Phasen meiner Laufbahn wie auch nach meiner Pensionierung persönlich treffen zu können.

In Hamburg bekamen einige von uns die Gelegenheit zu einem Zusammentreffen mit dem Bundespräsidenten Gustav Heinemann, der mit einem ausgewählten Kreis von etwa zwanzig Offizieren diskutieren wollte. Heinemann, dem man häufig eine gewisse Distanz zum Militär nachgesagt hatte, zeigte sich gesprächsfreudig und offen, dazu gewann er die Sympathie der Anwesenden, als er die Notwendigkeit einer ausreichenden Wehrfähigkeit Deutschlands hervorhob.

Bei der Panzerbrigade 8

Während der Ausbildung in Hamburg wurde ich auf eigenen Wunsch zu einer Übung der Panzerbrigade 8 abkommandiert. Diese Brigade sollte an einer großen internationalen Übung teilnehmen. Dafür bat sie um Unterstützung durch zwei Generalstabsoffiziere, die sie als Verstärkung des Stabes und in Wechselschicht mit den eigentlichen Amtsinhabern einsetzen wollte. Eine dieser Stellen war die des G3, das heißt: des Generalstabsoffiziers, der für die Operationsplanung zuständig war. Obwohl die Akademie darüber alles andere als glücklich war, meldete ich mich zusammen mit einem Kameraden für eine der beiden zu besetzenden Stellen und wurde als Offizier in der Wechselschicht des G3 eingeteilt.

Für mich war dies eine gute Erfahrung. Zum einen gewann ich die positive Erkenntnis, dass man mit dem gesamten Wissen und Handwerkszeug ausgestattet war, das für diese Übung benötigt wurde. Zum anderen war diese in ihrer Internationalität (sie wurde durch einen niederländischen Kommandierenden General geleitet) eine bereichernde Erfahrung für mich.

Zunächst erhielt ich vom Amtsinhaber eine grundsätzliche Einweisung in die Aufgaben und die Arbeitsweise des Brigadestabes und natürlich eine Einweisung in die konkrete Lage, die der Übung zugrunde lag. Dann lernte ich das Personal kennen und übernahm meine Schicht, die jeweils zwölf Stunden dauerte. Bei jeder Schichtübergabe wies der diensttuende Schichtführer seinen Partner in den konkreten Stand der Dinge und die zu erledigenden Aufgaben ein. In meiner Schicht trug ich nun eine hohe Verantwortung. Dazu gehörte eine fortlaufende Beurteilung der Lage, die Vorbereitung von Lagevorträgen für die Entscheidungen des Brigadekommandeurs, die Operationsplanung und die folgende Befehlsgebung. All das war eine enorme Herausforderung – schließlich würden sich eigene Fehler nicht mehr nur auf dem Papier, sondern direkt auf die Truppe auswirken.

Mein Einsatz bei der Panzerbrigade hatte alles andere als gut begonnen, denn das Verhältnis zum Kommandeur war zunächst schlecht – so schlecht, dass ich ernsthaft in Erwägung gezogen hatte, um Ablösung zu bitten.

Ein Vorfall mitten in der Nacht war dafür ausschlaggebend: In eine der ersten Übungsnächte, in denen ich Schichtführer war, hatte sich im Rahmen einer Übungsunterbrechung die gesamte Brigadeführung für einige Stunden zurückgezogen und war für mich nicht erreichbar. Genau in dieser Zeit erreichte uns ein Befehl, der uns dazu zwang, die gesamte Brigade in neue Räume zu verlegen. Nun legte ich eine neue Raumordnung fest, versammelte die Kommandeure auf den Brigadegefechtsstand und befahl die Raumordnung sowie die Verlegung. Diese begann kurz darauf. Nach und nach meldeten die Truppenteile die Lage ihrer neuen Gefechtsstände, die provisorisch in der Lagekarte festgehalten wurden.

Als der Kommandeur am nächsten Morgen eintraf, war die Verlegung abgeschlossen. Nicht ohne Stolz wollte ich dem Kommandeur melden, was sich in der Nacht ereignet hatte. Dies schien ihn zunächst jedoch nicht zu interessieren. Als er mich dabei beobachtete, wie ich auf der Karte die letzten Bleistifteintragungen vornahm, beschimpfte er mich und warf mir eine grob fehlerhafte Kartenführung vor. Ich entgegnete: „Herr Oberst, meine Schicht ist zu Ende, ich melde mich jetzt ab." Daraufhin entfernte ich mich und legte mich in einer Scheune schlafen. Einige Zeit später ließ der Kommandeur mich zu sich rufen. Mittlerweile hatte er feststellen müssen, was geschehen war. Diesmal hielt er es doch für notwendig, sich von mir ausführlich und vollständig unterrichten zu lassen. Beim Abendessen behandelte er mich mit ausgesuchter Höflichkeit.

Ein zweites Erlebnis brachte uns dann noch besser zusammen: In einer Einlage wurde ein Luftangriff auf den Gefechtsstand eingespielt, der kurz darauf ausfiel. Die Arbeitsfähigkeit blieb in der abgesetzten beweglichen Befehlsstelle, einem Schützenpanzer M113, aufrechterhalten. Zu den unterstellten Verbänden hatten wir gute Funkverbindungen. Der Brigade war ein Gegenangriff befohlen worden. Nun oblag es dem Brigadekommandeur genau zu skizzieren, wie der Angriff geführt werden sollte – dies tat er klar und strukturiert. Ich setzte diese Idee in eine konkrete Operationsplanung um und gab am Funkgerät die notwendigen Befehle an die nachgeordneten Kommandeure. Der Angriff verlief erfolgreich, was bei der abendlichen Übungsbesprechung auf hohe Anerkennung stieß. Von da an ließ sich der Kommandeur wo immer möglich von mir begleiten und gerne beraten. Ein erfreuliches Ende dieser Kommandierung.

Ein besonderes Erlebnis war auch ein Hörsaalaustausch. Unser Hörsaal empfing einen Partnerhörsaal mit angehenden Generalstabsoffizieren aus Italien. Wir führten mit den italienischen Kameraden eine Planübung in englischer Sprache durch, feierten zusammen und erlebten mit einem Ballett-Abend an der Hamburger Oper einen kulturellen Höhepunkt. Gemeinsam waren wir darum bemüht, den italienischen Besuchern eine gute Zeit zu bereiten.

Trotz aller Anforderungen kam die Freizeit nicht zu kurz. Oft waren die Nachmittage frei oder dem Selbststudium gewidmet. Eine Betätigung war das Reiten, wofür ich mir bald dauerhaft ein Pferd „reservieren" konnte. Und in der Kreisklasse spielte ich beim SV Blankenese regelmäßig Tischtennis.

Wir machten Ausflüge und trafen uns zu kulturellen Höhepunkten. Den unglücklichen Beginn der Fußballweltmeisterschaft 1974 mit der Niederlage unseres Teams gegen die DDR verfolgte ich direkt im Hamburger Volksparkstadion. Noch nie hatte ich eine so bedrückte Stille in einem Fußballstadion erlebt wie nach diesem 0:1 durch Jürgen Sparwasser.

Im September 1974 endete schließlich der Lehrgang. Eine neue Aufgabe wartete im Bundesministerium der Verteidigung.

Der Abschluss des Lehrgangs fand im Moltkesaal der Führungsakademie statt. Zur Verabschiedung erschien der Generalinspekteur Admiral Zimmermann, der uns Glückwünsche übermittelte, einen sicherheitspolitischen Vortrag hielt und uns auf unsere neuen Aufgaben vorbereitete.

Damals hätte ich mir nicht vorstellen können, dass ich eines Tages selbst künftige Generalstabsoffiziere in ihre neue Berufslaufbahn verabschieden würde.

Einer der Beiträge, die weder vorgesehen noch eingeplant waren, sorgte für großes Aufsehen: Kurz vor dem Ende der Veranstaltung wurde General von Moltke persönlich angekündigt. Dass der preußische Generalfeldmarschall im eigens nach ihm benannten „Moltke-saal" der Führungsakademie persönlich erscheinen würde, war – zudem über achtzig Jahre nach seinem Tod – wohl eher unwahrscheinlich. Stattdessen erlaubte sich der Lehrgangsteilnehmer und spätere Viersternegeneral Stöckmann einen Scherz: Stöckmann trat in der Verkleidung des „Großen Schweigers" von Moltke auf. Unterstützt wurde er von mehreren Lehrgangskameraden, die den Auftritt unter großer Geheimhaltung vorbereitet hatten. Mit überzeugendem preußischen Pathos las der General der Akademie die Leviten und hielt eine hervorragende und zudem mit scharfem Humor gewürzte Rede. Während der Generalinspekteur amüsiert wirkte, war dem Lehrgruppenkommandeur das Entsetzen förmlich ins Gesicht geschrieben. In jedem Falle war dies eine angenehme (wie durchaus skandalöse) Abwechslung bei dieser staatstragenden Feier.

Hilfsreferent im Verteidigungsministerium

Mein Weg führte mich von Hamburg direkt nach Bonn. Einige Wochen zuvor hatte ein Offizier der Personalabteilung unsere Wünsche aufgenommen und angedeutet, welche Aufgaben uns jeweils erwarten könnten. So kam die Versetzung ins Verteidigungsministerium nicht überraschend.

Zunächst war ich einer der Kandidaten, die sich dem stellvertretenden Generalinspekteur vorstellen mussten. Er brauchte einen neuen Mitarbeiter in seiner Adjutantur. Ich wurde jedoch nicht ausgewählt, sondern als Hilfsreferent in das Referat FüS III 7, Militärische Landesverteidigung, versetzt. Referatsleiter war Oberst Pietzsch. Mehrere Hilfsreferenten, Oberstleutnante und Majore arbeiteten in unterschiedlichen Spezialgebieten. Ich fand relativ schnell Kontakt zu den anderen Kameraden im Referat und über das Referat hinaus. Mit einem Kameraden, dem späteren Brigadegeneral Fuhr, und seiner Familie habe ich mich dann auch eng befreundet. Wir unterstützten uns gegenseitig in unseren jeweiligen Fachgebieten.

Mein Arbeitsgebiet umfasste die Krisenplanung. Im teilweise neu zusammenzustellenden Krisenplan der Bundeswehr waren Maßnahmen zu ermitteln und festzuhalten, die die Bundeswehr im Krisenfall vor einer Anwendung des Alarmierungssystems zur Verbesserung ihrer Einsatzbereitschaft durchführen könnte. Insbesondere beschäftigte ich mich mit möglichen Maßnahmen der Bundeswehr in Versorgungskrisen. Der Reiz dieser Aufgabe lag vor allem in der Tatsache, dass an dieser Arbeit nahezu alle Abteilungen des Ministeriums beteiligt waren: Heer, Luftwaffe, Marine, der zentrale Sanitätsbereich sowie nahezu alle zivilen Abteilungen, wie beispielsweise die Rechtsabteilung oder die Abteilung Verwaltung. Hier lernte ich auch die Schwierigkeiten kennen, in einem Ministerium zu arbeiten, in dem es galt, die verschiedenen Interessen zu einem sinnvollen Ganzen zusammenzufügen. Nicht immer sollte dies gelingen. Am Ende meiner ersten Verwendung stand jedoch ein im Haus abgestimmter und von der Leitung gebilligter Teil des Krisenplans der Bundeswehr, inklusive jener Maßnahmen, die im Falle einer Versorgungskrise umzusetzen waren.

Die Bonner Zeit als Hilfsreferent war meine erste, jedoch nicht letzte Erfahrung mit dem Dienst im Verteidigungsministerium, und sie war äußerst lehrreich. Ich erfuhr viel über politische Zusammenhänge, konnte hinter die Kulissen schauen und bekam eine Ahnung über die komplizierte Entscheidungsfindung in einem großen Ministerium.

Ich lernte, dass Dokumente mit besonders hoher Priorität, die Entscheidungen oder Unterschriften des Ministers erforderten und ihm schnell vorgelegt werden mussten, den Vermerk „Grünkreuz" erhielten. Hier war jeweils bei der Bearbeitung große Eile geboten. Ich bekam mit, wie immer wieder um Formulierungen gerungen wurde und dass bei nahezu jeder Vorlage ein Ausgleich verschiedener Interessen notwendig war. Ich lernte außerdem, den Vorstellungen meines Referats entsprechend, mich an den vielen Auseinandersetzungen und Diskussionen intensiv zu beteiligen.

So zum Beispiel, als der amerikanische Außenminister einen Brief an den deutschen Außenminister Hans-Dietrich Genscher schrieb. Es ging um das heikle Thema der Modernisierung von US-Chemiewaffen, die damals in Deutschland gelagert waren. Der Inhalt der Antwort des Außenministers war aber mit dem Verteidigungsministerium und dem Kanzleramt abzustimmen. Und so wurde für mich das erste Mal deutlich, wie viele Menschen sich mit einem solchen Schreiben zu befassen hatten und an der Formulierung einer Antwort, die den deutschen Interessen gerecht werden sollte, mitwirken mussten. Als Hilfsreferent und damit sehr kleines Rad am Wagen hatte ich die Interessen der militärischen Landesverteidigung zu vertreten.

Eines Tages bekam ich den Auftrag, für den stellvertretenden Stabsabteilungsleiter eine Rede zur Krisenplanung der Bundeswehr vorzubereiten. Diese Rede sollte er bei einer NATO-Übung in Oslo halten. Nach einigem Hin und Her, vor allem verursacht durch die vielen kritischen Anmerkungen der Zwischenebenen, zeigte sich der stellvertretende Stabsabteilungsleiter mit dem Text einverstanden. Ich durfte ihn daraufhin nach Norwegen begleiten.

Bei dieser Übung erlebten wir den ersten Auftritt des neuen NATO-Oberbefehlshabers Europa (Supreme Allied Commander Europe, kurz SACEUR) General Alexander Haig, der später noch amerikanischer Außenminister werden sollte. Er beeindruckte durch eine inhaltsreiche und mit Verve vorgetragene Rede.

Einen Anlass zum Schmunzeln im Rahmen der Übung bot der Besuch des Königs von Norwegen. Über Stunden hinweg wurde berichtet, wo er sich aktuell aufhielt und wann sein Eintreffen zu erwarten war. Dann kam er tatsächlich – ein älterer Herr, der vom NATO-Oberbefehlshaber empfangen und zu seinem Platz geleitet wurde. Der Vortrag dauerte bereits einige Minuten, da sah man den König plötzlich im Schlaf versunken – und dies war auch deutlich zu vernehmen. Niemand hatte allerdings den Mut, ihn zu wecken, sodass die Rede durch unüberhörbare Geräusche begleitet wurde. Die Neigung, während langweiliger Vorträge hin und wieder einzunicken, war mir jedoch leider selbst nicht ganz fremd.

In meine beiden Jahre als Hilfsreferent fiel zugleich auch eine durch den Generalinspekteur General Wust in Auftrag gegebene Untersuchung zu einer von ihm angestrebten großen Umstrukturierung der Bundeswehr. Der Generalinspekteur trat für einen zentralen Unterstützungsbereich ein, in dem Bundeswehraufgaben, welche die Teilstreitkräfte einbezogen, strukturell zusammengefasst werden sollten. Mit diesen Untersuchungen war nahezu der gesamte Führungsstab der Streitkräfte in verschiedenen Arbeitsgruppen intensiv befasst.

Unser Referat war an mehreren dieser Gruppen beteiligt. Ich hatte dabei unter Leitung eines Referatsleiters zusammen mit anderen Kameraden Kriterien für die Bewertung von Modellen für die einzelnen zusammenzufassenden Bereiche zu erarbeiten. Dies gelang letztlich – zuweilen aber auch auf ungewöhnlichem Weg:

Im Rahmen einer Besprechung mit General Wust ging es darum, Bewertungskriterien für einzelne Modelle vorzutragen. Bedauerlicherweise hatten wir dabei die Bewertung des Sanitätsmodells vergessen. Während der Referatsleiter über das zu untersuchende Fernmeldemodell vortrug, schrieb ich auf einem kleinen Zettel schnell ein paar Kriterien, nach denen ein zukünftiger Sanitätsdienst zu bewerten sei und schob dem Inspekteur des Sanitätswesens diesen Zettel zu. Dieser ergänzte die Angaben um einen weiteren Punkt. Gerade noch rechtzeitig übergab ich den Zettel an den Referatsleiter Uhle-Wettler. General Wust entfernte den vom Inspekteur ergänzten Punkt wieder und war ansonsten mit den von mir innerhalb weniger Minuten entworfenen Kriterien einverstanden.

Letztlich war die Arbeit jedoch umsonst: Der Generalinspekteur stieß auf entschiedene Ablehnung bei den Inspekteuren der Teilstreitkräfte, schließlich wurde der Vorschlag vom Minister verworfen. Eine Umstrukturierung fand nicht statt und General Wust, der das Amt nach dem Tod seines Vorgängers Zimmermann übernommen hatte, bat nach weiteren Auseinandersetzungen um seine Versetzung in den einstweiligen Ruhestand. Zu diesem Zeitpunkt konnte ich noch nicht ahnen, dass ich mich mit einer solchen Frage selbst noch einmal intensiv befassen und dabei auch den Kontakt zu General Wust suchen würde.

Es war die bis zu meinem Abschied kürzeste Amtszeit eines Generalinspekteurs.

Dennoch nahm ich enorm viele Erfahrungen aus dem Ministerium mit. Anders als im handlungsorientierten Dienst in der Truppe ging es vor allem um grundsätzliche Überlegungen. Was sich beobachten ließ: Zuständigkeiten waren häufig umstritten, was viele Verfahren verlangsamte und damit zusätzlich erschwerte. Aus vielen Meinungen wurden Kompromisse erarbeitet, die die verschiedenen Sichtweisen eines Problems wiedergaben. Damit wurden zwar viele Aspekte zu einem Thema berücksichtigt, dafür vermisste man jedoch häufig eindeutige Empfehlungen. Unterhalb des Ministers selbst fehlte eine klare Konfliktregelungsinstanz, was viele Vorgänge in die Länge zog. Hin und wieder war es für die Entscheidungsträger auch schwer zu erkennen, wo überhaupt die Probleme einer vorgeschlagenen Lösung lagen. Für mich als Soldat, der innerhalb des militärischen Kommandobereichs schnelle und kurze Entscheidungswege gewohnt war, gehörte das zu jenen Aspekten, an die ich mich beim Arbeiten und Leben im politischen Umfeld erst gewöhnen musste. Ungeachtet dessen war ich für die wertvollen Erfahrungen im Ministerium äußerst dankbar.

Als Hilfsreferent war ich häufig ein Einzelkämpfer. Zudem bedeutete es für mich auch eine Umstellung, zuvor noch in der Verwendung als Batteriechef draußen „auf dem Feld" zu wirken, und nun Schere und Lineal als „Waffen" zu nutzen oder am Kopiergerät zu stehen und Dokumente zu einzelnen Vorgängen zu vervielfachen.

Immerhin erkannte ich frühzeitig, dass auch gewisse Weiterbildungsmaßnahmen hilfreich sein würden: So entschied ich, bei der

Volkshochschule das Schreiben mit der Schreibmaschine zu lernen. Später sollte ich häufiger mal scherzhaft behaupten, dass dies jene Weiterbildung gewesen sei, von der ich auf Dauer am meisten profitiert hätte. Als ich mir eine elektrische Schreibmaschine angeschafft hatte, war ich somit technisch bereits an der Spitze des Fortschritts.

Der Höhepunkt meiner Reisen während dieser Zeit war eine Rucksacktour nach China, die ich mit einigen Freunden antreten konnte. Dies war damals kein einfaches Unterfangen. Wir flogen nach Hongkong und besorgten uns dort Visa. Vom südchinesischen Kanton aus kamen wir auf abenteuerlichen Wegen bis Lhasa in Tibet, besuchten den Potala-Palast und andere heilige Stätten des tibetischen Buddhismus. Viele Tage verbrachten wir in der Bahn. Dabei waren wir unter anderem in Shanghai, in Xi'an sowie in Lintong und besuchten dort als eines von vielen Zielen die Terrakotta-Armee. Es war eine unvergessliche Reise. Dass ich viele Jahre später dem Dalai Lama persönlich begegnen würde, hätte ich mir damals nicht träumen lassen.

Unabhängig von meinen Auslandsreisen hat es mich immer wieder in den Bonner Raum verschlagen, wo ich lebenslange Freundschaften habe schließen können. In Rheinbach beteiligte ich mich intensiv an der Jugendarbeit der evangelischen Kirche durch die Gründung einer Pfadfindergruppe, die schnell wuchs und die es bis heute gibt. Dazu übernahm ich die Führung des übergeordneten Bezirks und spielte Tischtennis in der dortigen Kreisklasse.

Generalstabsoffizier im Korpsstab des III. Korps

Im Oktober 1976 erhielt ich ein Fernschreiben mit einer Mitteilung aus der Abteilung Personal. In diesem Schreiben hieß es, ich solle G3 bei einer Brigade in Homberg (Efze) werden. Es wäre eine absolute Wunschverwendung meinerseits gewesen. Doch die Freude darüber währte kurz, denn nur einige Tage später wurde die Entscheidung korrigiert. Stattdessen war geplant, mich zum Generalstabsoffizier zbV (Zur besonderen Verwendung) beim III. Korps in Koblenz zu machen. Kommandierender General war Generalleutnant Franz Pöschl.

Wirklich glücklich war ich darüber nicht, weil mir der Dienst in einem kleinen überschaubaren Stab lieber gewesen wäre. Doch die Entscheidung war unumstößlich und nichts mehr daran zu ändern. Bald erfuhr ich, dass mit dieser Verwendung die Anlage und Konzeption einer künftigen großen Heeresübung verbunden war, die das

III. Korps planen und durchführen sollte. Die Stelle war aus ebendiesem Grund eingerichtet worden, und so erwartete mich wieder eine spannende Zeit sowie eine reizvolle Aufgabe.

Der Vorbereitungsstab für diese Übung wurde von einem Abteilungsleiter des Stabes, dem G2-Oberst Kütt, geleitet. Mir wurde eine kleine Arbeitsgruppe mit einem Stabsunteroffizier und einem Soldaten zugeteilt. Zu den wesentlichen Aufgaben des Vorbereitungsstabes gehörte es, eine Grundidee für die zukünftige Übung („Standhafte Chatten") zu entwerfen, die Übungsanlage zu schreiben sowie den komplett skizzierten Verlauf zu entwerfen.

Ein großer Teil der Arbeit ruhte auf meinen Schultern, doch habe ich viel von der Klarheit, Deutlichkeit und Durchsetzungskraft meines Vorgesetzten lernen können, und insgesamt war es eine glückliche Konstellation. Wir konzipierten zunächst gemäß früheren Heeresübungen eine Anlage für eine Übung mit ca. 80.000 Soldaten. Dies war jedoch nicht im Sinne des Inspekteurs des Heeres, General Hildebrand, der die Übung deutlich bescheidener und kleiner haben wollte. Er folgte vielmehr einer Idee, die mein Vorgesetzter als Alternative entwickelt hatte und die eine Übung mit der Beteiligung von etwa 40.000 Soldaten vorsah. Eine Besonderheit dieser Übung war, dass eine neue Gliederung der Kampftruppen erprobt werden sollte, mit kleineren Einheiten und einer geringeren Anzahl von Waffensystemen. Ein Schwerpunkt galt auch der Zusammenarbeit mit der Luftwaffe. An der Übung waren etwa 3500 amerikanische Soldaten beteiligt.

Während der Anlage jener Übung vertieften sich meine persönlichen Kontakte zur Führung des Korps, dem Kommandierenden General Pöschl und dem Chef des Stabes, General Lange, denen ich auch immer wieder direkt vorzutragen hatte. Eine enge Zusammenarbeit war aber ebenso mit allen Abteilungen des Korpsstabes notwendig, was sich im Wesentlichen erfreulich und ohne Komplikationen gestaltete.

Der Korpsgefechtsstand, zugleich Leitungsgefechtsstand, wurde in der Lüttich-Kaserne in Kassel eingerichtet, in der ich später Chef des Stabes der 2. Panzergrenadierdivision werden sollte. Im Auftrag des Kommandierenden Generals, der die Übung leitete, war der Chef des Stabes auch Chef des Leitungsstabes. Ich übernahm eine Schicht. Wir führten die Lage, gaben die Befehle, spielten die Einlagen ein und sorgten dafür, dass die Übung im Sinne des Kommandierenden Generals ablief und die Übungsziele erreicht werden konnten.

Die Übung verlief allerdings nicht völlig reibungslos. Grund dafür war ein Korpsbefehl, der von einer Division nicht ausgeführt wurde und was in eine heftige Auseinandersetzung mündete. So hatte ich am frühen Morgen festgestellt, dass die Division einen für den Verlauf wichtigen Befehl ignoriert hatte. Um die Sache noch zu korrigieren, rief ich beim Chef des Stabes dieser Division an, jedoch ohne Erfolg. Auch der Divisionskommandeur wollte sich nicht überzeugen lassen. Noch während ich mit ihm telefonierte, betrat der Kommandierende General den Gefechtsstand und verstand sofort, worum es ging. Er übernahm den Hörer, um persönlich das Gespräch mit dem Divisionskommandeur zu führen. Hierzu schickte er uns zunächst alle aus dem Raum und ließ seinem Ärger – für uns deutlich vernehmbar – freien Lauf. Der Kern des Streits waren unterschiedliche Vorstellungen vom Übungsablauf: Der Kommandierende General wollte bestimmte Verfahren, auch Umgliederungen oder Wechsel der Gefechtsarten, systematisch üben und erproben. Der Divisionskommandeur hatte dagegen vor allem den Erfolg seiner Division im Auge. Diese Auseinandersetzung konnte bis zur Übungsbesprechung nicht bereinigt werden.

Jene Besprechung bot allerdings noch ihre eigene besondere Geschichte: Eine zur Auswertung eingesetzte kleine Gruppe von Offizieren hatte einen Besprechungsentwurf geliefert, mit welchem der Kommandierende General nicht einverstanden war. So machten sich einige wenige Offiziere unter der Leitung des Chefs des Stabes, darunter auch ich, erneut an die Arbeit, entwarfen Texte und ließen Anschauungsmaterial erarbeiten. Wir arbeiteten die ganze Nacht hindurch. Gegen sieben Uhr morgens gab der Kommandierende General schließlich sein OK. Wenige Stunden später hielt er die Besprechung.

Zuvor hatte er einen eigenen Abschnitt zum Thema „Gehorsam" eingefügt, der allerdings nicht veröffentlicht wurde. Der Inspekteur des Heeres hatte uns kurz nach Abschluss der Übung auf dem Gefechtsstand besucht und allen Beteiligten ein großes Lob ausgesprochen. Dies wiederholte er bei der Auswertung der Übung vor allen Übungsteilnehmern.

So hatte ich endlich Zeit zum Durchatmen; sowohl meinen Vorgesetzten als auch mir wurden eine große Last genommen. Im Anschluss gab es einen gemeinsamen Umtrunk. Ich gehörte bei dieser Feier wahrlich nicht zu den Nüchternsten und war dankbar, dass mich ein Fahrer nach Hause brachte.

Der Kommandierende General, General Pöschl, war in mancher Hinsicht eine Ausnahmeerscheinung: kantig, direkt, klar in seiner Ansprache, unbarmherzig auch in Kleinigkeiten – ein guter und beeindruckender militärischer Führer. Hinsichtlich der atomaren Planung der NATO äußerte er große Bedenken. Deutlicher, grundsätzlicher und früher als manch anderer befasste er sich mit den möglichen Folgen einer atomaren Abschreckung. Was passierte, wenn die Abschreckung versagte?

Seine Haltung führte bei den Wintex-Übungen oftmals zu Problemen, weil er sich konsequent weigerte, atomares Feuer anzufordern – auch im Rahmen einer Übung.

Mir gab seine Einstellung zu denken. Für eine glaubhafte Abschreckung mussten die Verfahren natürlich geübt werden – das war die eine Sichtweise. Andererseits war auch klar, welche Folgen ein solcher Einsatz tatsächlich haben würde.

Mit diesem Zwiespalt hatte ich immer wieder zu tun, auch später als Bataillonskommandeur, wo ich mich einige Male kritischen Soldaten bei Verfahrensübungen stellen musste.

Kurz nach der Heeresübung hatte ich die Stelle des G3Op, also die zweite Stelle in der G3-Abteilung, übernommen, nachdem mein Vorgänger in aller Eile ein Bataillon zu verantworten hatte. Ich war zuständig für die Arbeit an der Verteidigungsplanung des Korps – eine durchaus spannende Aufgabe. Mein Arbeitsplatz als G3Op war ein Verschlussraum mit einer abgeriegelten Panzertür. Hier wurden alle Geheimdokumente, die mit der vergangenen und aktuellen Einsatzplanung des Korps zu tun hatten, gelagert. Fast alle Arbeiten rund um die Alarmierung und Verteidigungsplanung wurden in der Regel als „geheim" oder „streng geheim" eingestuft. Die Arbeit in einem mit Panzertür verschlossenen Raum, der nur mit einer komplizierten Kombination geöffnet werden konnte, war allerdings nur bedingt erfreulich – der unmittelbare Kontakt zu den anderen Mitarbeitern im Korpsstab wurde dadurch erheblich erschwert.

Ich war im Umgang mit jener Kombination, mit der das Schloss geöffnet oder geschlossen werden konnte, nicht immer sonderlich geschickt, was zu der einen oder anderen peinlichen Situation führen sollte. Bei einem meiner Missgeschicke wurde für den ganzen Korpsstab Alarm ausgelöst, woraufhin die Eingänge zum Stab geschlossen wurden. Posten zogen auf, keiner konnte das Gebäude verlassen oder betreten. Die Freude der nach Hause strebenden Mitarbeiter hielt sich verständlicherweise in Grenzen, als mir kurz vor Dienstschluss ein solches Versehen unterlief.

Unsere Nachbarn in der Verteidigungsplanung waren das 1. Belgische und das V. US-Korps. Regelmäßig mussten wir uns mit den Verantwortlichen beider Korps abstimmen. Hierzu trafen wir uns in wiederholten Abständen – auf absolut freundschaftlicher, konstruktiver und vertraulicher Ebene. Bemerkenswert waren vor allem die Besprechungen, die wir mit unseren belgischen Nachbarn zu führen hatten: Wenn wir uns mit ihnen in deren Quartier in der Nähe von Köln trafen, war es zweckmäßig, bis zum Mittag alle wichtigen Punkte erledigt zu haben – denn danach gab es ein üppiges wie hervorragendes Essen sowie vorzügliche Weine, die unsere weitere Arbeitslust wesentlich beeinträchtigten.

Auch in der neuen Verwendung als G3Op und mit den damit verbundenen Aufgaben hatte ich intensive Kontakte zum Chef des Stabes des Korps, General Lange, sowie den Kommandierenden Generalen Pöschl und seinem Nachfolger Kleffel, der nach seiner Pensionierung noch für einige Jahre die Führung der Johanniter-Unfall-Hilfe übernehmen sollte.

Immer wieder zogen mich der Chef des Stabes und der Kommandierende General direkt zurate. Sie hatten Vertrauen zu meiner Arbeit und in der Regel auch zu meinen Empfehlungen. Als dann der G3, mein direkter Vorgesetzter, vor einer Wintex-Übung krankheitsbedingt ausfiel, wurde ich beauftragt, ihn zu vertreten. Da ich die Abteilung und die Arbeit auf dem Gefechtsstand bereits gut kannte, empfand ich die neue Herausforderung als angemessen. Der größte Unterschied für mich war allerdings, dass ich nun in der Abteilung keinen unmittelbaren Vorgesetzten hatte, sondern direkt mit dem Chef des Stabes, Generalmajor Lange, zusammenarbeitete. Dieser war ein ruhiger, sachlich auftretender und äußerst fleißiger Mann mit klaren Vorstellungen und einem guten Sinn für Prioritäten. Für mich war es eine Freude, in dem von ihm geführten und organisierten Stab mitzuwirken. So verlief die Wintex-Übung, die ich als G3 zu bestreiten hatte, für das Korps auch ausgesprochen unproblematisch und zur Zufriedenheit der Korpsführung.

Nur einen Wunsch konnte ich mir nicht erfüllen: Aufgrund der zum Teil bis in die Nacht reichenden Übungseinheiten hatte ich eine Couch beantragt, um gelegentlich die Nacht in meinem Dienstzimmer verbringen zu können. Sie traf auch irgendwann ein – allerdings erst, nachdem die NATO-Übung bereits beendet war und mein Dienst im Korpsstab sich dem Ende zuneigte.

Nach der Zuversetzung eines G3-Offiziers und der Einrichtung einer neuen Stelle G3 Plan/Üb, die die Gewichte in der G3-Abteilung neu sortierte, war ich über die Versetzung gar nicht unglücklich, ob-gleich ich mich mit den Kameraden gut verstand. Dafür stand die Verwendung als Bataillonskommandeur an – sicher ein wichtiger und schöner Höhepunkt in meiner Dienstzeit.

Der Höhepunkt meiner Reiseunternehmungen in diesen Jahren war eine Tour, die mich mit Pfadfinderkameradinnen und -kameraden in einem alten VW-Bus nach Ägypten führte. Wir fuhren von Koblenz nach Patras in Griechenland, von dort mit der Fähre nach Alexandria, dann entlang des Nils bis zum Assuan-Staudamm. Wir waren in Kairo und am Roten Meer, besuchten el-Alamein und den dortigen deutschen Soldatenfriedhof.

Bataillonskommandeur, Raketenartillerie

Als das Ende meiner Dienstzeit in Koblenz nahte, stand zunächst der Besuch des Bataillonskommandeur-Lehrgangs auf der Tagesordnung. Dieser bestand aus zwei Teilen: Der erste Teil behandelte allgemeine Bundeswehrthemen, vor allem die Aufgaben des Bataillonskommandeurs, zum Beispiel im Disziplinarwesen oder bei der Materialerhaltung, und fand für die Anwärter aller Truppengattungen in Hannover statt. Der zweite Teil war einzig den künftigen Bataillonskommandeuren der Artillerie in Idar-Oberstein vorbehalten. Dieser war dazu gedacht, die angehenden Kommandeure, die seit Jahren nicht mehr in der Artillerie gedient hatten, auf den neuesten Stand zu bringen.

Ausgerichtet war dieser Lehrgang in Idar-Oberstein also ausschließlich für fünf Generalstabsoffiziere. Wir fünf kannten uns alle sehr gut, schließlich hatten wir zusammen den Generalstabslehrgang absolviert. Mit Michael von Scotti, einem der Teilnehmer, war ich sogar gemeinsam zur Schule gegangen. Der Lehrgang erwies sich als vielseitig, anspruchsvoll und umfasste Übungen, Vorführungen, Unterricht sowie Einweisungen an den verschiedenen Waffensystemen der Artillerie. Mein ehemaliger Bataillonskommandeur, der damalige Oberstleutnant Meier aus Kempten, der uns Neulinge so vortrefflich in die Gebirgstruppe eingeführt und zugleich einen guten Ruf als Artillerist und Lehrer hatte, war mittlerweile Oberst, Lehrgruppenkommandeur und Lehrgangsleiter. Da ihm bewusst war, dass wir alle aus sogenannten „Stressverwendungen" kamen und wir diesen Lehrgang auch zur Regeneration nutzen wollten, zeigte er Verständnis und hielt uns die Abende frei.

Während des Lehrgangs rotierte das Personalkarussell. Zunächst sollte ich Bataillonskommandeur eines Panzerartilleriebataillons in Kusel, in der Nähe von Idar-Oberstein, werden. Doch das sollte sich schnell wieder ändern. Einige Tage später wurde ich darüber informiert, dass ich als Kommandeur des Raketenartilleriebataillons 42 nach Hemau in die Nähe von Regensburg gehen sollte. Und so geschah es auch.

Auf mich wartete eine spannende Aufgabe. Gleich zu Beginn nahm ich das Angebot der Artillerieschule an, detailliert in den leichten Raketenwerfer eingewiesen zu werden. Das Raketenartilleriebataillon unterstand als Teil der Divisionsartillerie der 4. Jägerdivision dem Artillerieregiment 4 in Regensburg.

In der General-von-Steuben-Kaserne in Hemau wurde mein Vorgänger, Oberstleutnant Herzig, im Rahmen einer feierlichen Zeremonie durch den Regimentskommandeur verabschiedet und mir das Kommando über das Raketenartilleriebataillon 42 übertragen.

Das Bataillon umfasste zu der Zeit der Kommandoübernahme sechs Batterien: die Stabs- und Versorgungsbatterie, eine Honest-John-Batterie, die auch atomare Raketen mit kurzer Reichweite verschießen konnte, zwei Batterien mit leichten Mehrfachraketenwerfern und eine Begleitbatterie, die für die Bewachung des Sondermunitionslagers zuständig war. Dazu kam eine Ausbildungsbatterie für die Rekrutenausbildung. Die leichten Raketenwerfer hatten jeweils eine Reichweite von etwa zwölf Kilometern, die Honest-John-Raketen bis zu etwa vierzig Kilometer. Die Honest-John-Batterie wurde kurz nach meiner Amtsübernahme nach einem letzten Schießen außer Dienst gestellt. Im Sondermunitionslager war unter amerikanischem Verschluss die Munition eingelagert, die in einem Kriegsfall nach den entsprechenden Genehmigungsverfahren und nach Freigabe durch den amerikanischen Präsidenten mit den Waffensystemen der Division (Haubitzen mit einem Kaliber 20,3 cm im Divisionsartilleriebataillon) verschossen werden konnte. Die Begleitbatterie war für Bewachung des Munitionslagers und den Transport dieser Munition nach einem ausgefeilten Verfahren zuständig und wurde in ihrer Fähigkeit regelmäßig durch Prüfteams der NATO geprüft.

Die Begleitbatterie galt als schwierig zu führen und beanspruchte besondere Aufmerksamkeit. Die Soldaten waren den großen Teil ihrer gesamten Dienstzeit im Wachdienst. Das Feldlager war in zwei Ringe unterteilt, in einen inneren und äußeren. Der innere Ring innerhalb des Feldlagers wurde von den amerikanischen Soldaten bewacht, hier lagen auch die besagten Sprengkörper. Deutsche Soldaten hatten in diesen Teil des Lagers keinen Zutritt. Dagegen wurde der äußere Ring von unserer Begleitbatterie bewacht. Die Soldaten mussten alle Vorschriften für die Bewachung und den Transport solcher Atomsprengköpfe kennen und beachten. Jene Vorschriften stützten sich im Wesentlichen auf amerikanische Vorlagen und schrieben das Verhalten der Soldaten und ihrer Vorgesetzten bis ins Detail vor. Meldungen waren im Wortlaut vorgegeben.

Die Soldaten bezogen ihre Unterkünfte im Lager für jeweils eine Woche. Auch in der wachfreien Zeit durften sie das Lager nicht verlassen. Theoretisch sollte jeweils ein Zug im Wachdienst sein, einer in der Ausbildung und einer jeweils nach dem Wachdienst eine Woche frei haben. Dabei kam die Ausbildung häufig zu kurz, da die Einheit über keine personellen Reserven verfügte und die Stärke im Wachdienst natürlich genau vorgegeben war. Die Ausbildung war aber ungemein wichtig, weil die Soldaten auf einem guten Ausbildungsstand sein mussten, um die zahlreichen Prüfungen gemäß den NATO- und US-Richtlinien zu bestehen. Mehrfach im Jahr erschien eine Prüfgruppe, die die Leistungsfähigkeit der Einheit und der Soldaten testete und der NATO berichtete.

Doch die Arbeit wurde uns erschwert, bedingt durch knappe Personalressourcen und einige Zeit auch durch einen Chef, dem es manchmal an der notwendigen Empathie mangelte. Ein Personalwechsel an der Spitze der Einheit mit einem Vorgesetzten, der das nötige Fingerspitzengefühl, aber auch die notwendige Durchsetzungskraft mitbrachte, ermöglichte uns ein weitgehend sorgenfreies Arbeiten mit dieser Einheit. Unmittelbar nach meinem Dienstantritt hatte ich mich direkt zusammen mit den Wachsoldaten für ein Wochenende im Lager einschließen lassen, um ein Gefühl für den Dienst dieser Soldaten zu gewinnen.

Die Hauptsorge galt aber der Leistungsfähigkeit der artilleristischen Komponente des Bataillons, den beiden Raketenwerfer-Batterien. Die Einsatzgrundsätze aus der Raketenartillerie waren in Teilen überholt und berücksichtigten nur in unzureichendem Maße die Notwendigkeit, auf Angriffe schnell reagieren zu können. Diese Ansicht teilte auch mein Stellvertreter, ein ausgewiesener Fachmann für den Einsatz der Raketenartillerie und ein vorwärtsdenkender Mann. Er entwickelte Verfahren, um das Bataillon schneller zu machen und die wir in zahlreichen Übungen erprobten. Dadurch gewannen wir bald die Zustimmung des Regimentskommandeurs.

Wir übten das Beziehen von Feuerstellungen aus dem Marsch, was für das Bataillon eine neue Erfahrung darstellte. Dabei änderten wir die Marschfolge sowie die Raumordnung und verzichteten auf unnötige Verzögerungen. Mit unserem Versuch, den teilweise veralteten Standards mit Innovation zu begegnen, wussten wir in einer Vorführung den Regimentskommandeur zu begeistern.

Auch in meiner Hemauer Zeit als Bataillonskommandeur bestimmten viele Übungen den Jahresrhythmus, darunter Routineübungen der NATO, Vorhaben und Übungsplatzaufenthalte des Regiments oder eigene Pläne. Die Verankerung in der Oberpfalz kam uns immer wieder zugute: Wenn wir die Auflockerungsräume beziehen mussten, halfen viele Landwirte in dem uns zugewiesenen Raum gerne mit. Sie stellten uns ihre Scheunen und Garagen zur Verfügung und fuhren ihre Traktoren ins Freie, während wir mit unseren Werfern und sonstigen Fahrzeugen eben jene Scheunen und Garagen bezogen. Immer wieder wurde ich bei solchen Übungen zum Kaffee eingeladen. So gehörten wir bald zum „Inventar" der Bevölkerung vor Ort: Die Bürger schlossen uns in ihre Gemeinschaft ein und halfen uns, wo sie konnten.

Einige Übungen sind mir besonders in Erinnerung geblieben, darunter eine Übung des Artillerieregiments, die uns durch freies Gelände führte. In einem stetigen Wechsel zwischen Landmärschen und Bahntransporten mussten wir in unregelmäßigen Abständen verschiedene Feuerstellungen beziehen. Wir wurden auf einen Truppenübungsplatz geführt, wo die Übung mit einem Scharfschießen endete, noch bevor wir die Unterkünfte bezogen. Eine andere Übung brachte uns ohne unsere Waffensysteme auf den Standortübungsplatz in Oberviechtach. In Zweimannzelten verbrachten wir mehrere Tage im Schnee und übten soldatische Grundfertigkeiten.

Die Begleitbatterie mit ihrer Sonderrolle war immer wieder intensiv an Verfahrensübungen für den atomaren Einsatz beteiligt. Eines Nachts, als ich die von der Division angelegte Übung besuchte, wurde ich mit vielen Fragen der Soldaten, die zur Begleitbatterie gehörten, bombardiert. Sie hatten die Lage genau verfolgt, und ihre Fragen nach dem Nutzen von atomarem Feuer in ihrer eigenen Heimat waren nur zu verständlich. Da machte es durchaus Mühe, den Sinn einer Verfahrensübung detaillierter zu erklären. Ich hatte mich über die Fragen dieser Soldaten sehr gefreut, war es doch ein Hinweis darauf, dass sie sich aktiv beteiligten, nachdachten und reflektierten – also genau das, was von einem Soldaten als mündigem Staatsbürger erwartet wird.

Im Rahmen der Offiziersausbildung des Artillerieregiments wurden alle Offiziere des Regiments in schwierigen Aufgaben, zum Beispiel einer artilleristischen Lagebeurteilung, herausgefordert. Ich selbst bekam bei einer dieser Planübungen, an der auch der Inspizient der Artillerie teilnahm, die Aufgabe, die artilleristische Lage für einen Angriff der Division zu beurteilen. Die Offiziere des Bataillons mussten eine auf meinem Entschluss aufbauende Befehlsgebung entwerfen. Als wir unsere Vorträge beendet hatten – ich die Lagebeurteilung, mein Stellvertreter die Befehlsgebung –, folgte eine verlegene Pause der Übungsleitung, die ich zunächst nicht einordnen konnte. Doch kurz darauf wurde klar: Die Vorträge hatten offenbar Eindruck hinterlassen, die Leitungslösung wurde anhand unserer Beiträge umgeschrieben.

Für uns war es eine Freude zu erleben, dass das Bataillon zahlreiche Offiziersanwärter ausbilden durfte und diese mit großem Elan an ihre Aufgaben gingen. Mit ihnen ging ich, begleitet von einigen erfahrenen Unteroffizieren, auf eine Hütte bei Bodenmais, wo wir im Winter 1979 einige Tage zusammen verbrachten. Auf dem Programm standen Vorträge, Planübungen und Skifahren am Arber. Zwischendurch bekamen wir Besuch vom Regimentskommandeur, Oberst Braun, der selbst einige Ausbildungsstunden hielt. Insgesamt war diese Ausbildung so erfolgreich, dass ich sie ein Jahr später in einer Hütte am Arber mit neu beförderten Unteroffizieren wiederholte.

Die Zusammenarbeit der Bundeswehr mit Hemau und den Orten der Umgebung war ausgezeichnet, man konnte vielleicht sogar von einer Art Symbiose sprechen. Der Bataillonskommandeur gehörte zur Hierarchie des Ortes; mein Vorgänger, Oberstleutnant Herzig, hatte da schon Pionierarbeit geleistet. Ich selbst pflegte stets eine enge Beziehung zum Bürgermeister von Hemau und unserem Landrat. Dazu spielte ich auch – mit wechselndem Erfolg – in der örtlichen Mannschaft des Tischtennisvereins.

Vom Bataillon wurde erwartet, dass wir uns an den großen Ereignissen in der Stadt beteiligten. Dabei spielte das jährliche und mehrere Tage andauernde Stadtfest eine besondere Rolle. Noch vor Beginn des Festes wurden die Feierlichkeiten mit einer Bierprobe eingeleitet. Bei diesem Fest gab es auch einen Tag der Behörden und der Bundeswehr in einem großen Festzelt. Schon mittags reservierten die Batteriefeldwebel Tische für ihre Einheiten, und viele Soldaten aller Dienstgrade erschienen am Abend im Festzelt. Zu den Aufgaben des Kommandeurs gehörte es dabei, die Kapelle zu dirigieren und anschließend mit Bier zu versorgen.

In jedem Quartal hatte das Bataillon ein feierliches Gelöbnis durchzuführen, das von Zeit zu Zeit auf dem Marktplatz in Hemau stattfand. Die Menschen drängten sich im Zentrum der oberpfälzischen Stadt, um den Ablauf möglichst aus nächster Nähe zu verfolgen, und die ganze Stadt nahm lebhaft Anteil. Die vor Ort eingesetzten Feldjäger wurden nur zur Verkehrsregelung benötigt. Landrat und Bürgermeister, Stadträte, Geistlichkeit, die Spitzen von Industrie und Wirtschaft, die Honoratioren von Hemau und aus dem Landkreis nahmen an vielen solcher Veranstaltungen gerne teil. Bei einem dieser Gelöbnisse auf dem Hemauer Marktplatz konnte ich zu meiner großen Freude auch meine Eltern begrüßen.

Die Verwendung als Bataillonskommandeur war eine intensiv fordernde, aber insgesamt zutiefst befriedigende Erfahrung: Die Soldaten waren einfach zu führen, die Ortsverhältnisse optimal und die unterstellten Einheiten mit ihren Offizieren, Unteroffizieren und Soldaten leistungswillig und -fähig. Mein Stab war außerordentlich gut besetzt, die Arbeitsbedingungen waren hervorragend. Vor allem die zurückhaltende, aber dennoch direkte Art der Menschen in der Region gefiel mir. Das Bataillon hatte sich einen weithin guten Ruf erworben.

Nach meiner Kommandeurszeit war ich noch zweimal in Hemau: Der erste Besuch fand kurz vor dem Ende meiner Zeit als Generalinspekteur statt. Einen Tag lang erfreute ich mich am gelungenen Training der jungen Soldaten, dem hervorragenden Vortrag des Bataillonskommandeurs, an einem Empfang im Hemauer Rathaus und vor allem über einen schönen Abend unter Kameraden und Freunden auch aus dem zivilen Bereich.

Viele Jahre später, im Jahre 2016, wurde ich vom Hemauer Bürgermeister zu einem Vortrag in seine Stadt eingeladen. Das Bataillon war schon lange außer Dienst gestellt. Ich traf viele der Menschen wieder, fast alle waren längst pensioniert, mit denen ich so eng zusammengearbeitet hatte. Auch der frühere Bürgermeister, mittlerweile über neunzig Jahre alt, war zugegen. In Hemau war ich außerdem – wie bereits in den meisten Stationen zuvor – in der Pfadfinderei tätig. Dort gab es einen Pfadfinderstamm, für den ich einen Führerkurs leiten durfte. Mittlerweile war ich auch Mitglied der Bundesleitung des Verbands Christlicher Pfadfinder und Pfadfinderinnen geworden.

Reisehöhepunkt während der Hemauer Zeit war eine Tour im Leihwagen durch Mexiko: Wir durchquerten das Land von Nord nach Süd und besuchten die Kultstätten der Maya, Olmeken und Azteken. Es war eine wunderbare Reise, die ich später nach meiner Dienstzeit in den USA wiederholen konnte.

In den zwei Jahren meiner Kommandeurszeit wurde viel im Bataillon neu entwickelt und modernisiert. Ich selbst konnte vor allem auf dem Gebiet der Menschenführung neue Erfahrungen sammeln, einige Impulse weitergeben und viel dazulernen. Ich fühlte mich rundum wohl, und gerne wäre ich länger geblieben, doch es war frühzeitig klar, dass die Zeit als Bataillonskommandeur nur von begrenzter Dauer sein würde. Die nächste Versetzung war unabwendbar.

Wieder Referent im Bundesministerium der Verteidigung

Erneut wurde ich ins Ministerium versetzt. Und erneut warteten auf mich Schreibtische statt Raketenwerfer sowie Hunderte Akten statt Ausbildung und Übungen. Ich kam zunächst ins Referat FüS III2, Bereich Militärstrategie.

Bevor ich mich dort richtig eingearbeitet hatte, wurde ich einer Kommission – der Kommission für die Langzeitplanung der Bundeswehr – zugeteilt. Sie war vom Verteidigungsminister Dr. Hans Apel eingesetzt worden und hochrangig besetzt. Geleitet wurde sie gemeinsam von Staatssekretär Dr. Klaus Dieter Leister und dem Generalinspekteur der Bundeswehr, General Brandt. Inhaltlicher Schwerpunkt: die Langzeitplanung der Bundeswehr, vor allem die Deckung des Personalbedarfs angesichts zurückgehender Jahrgangsstärken. Zu den Mitgliedern der Kommission gehörten alle Abteilungsleiter aus dem Ministerium.

Einige wenige pensionierte, ranghohe Offiziere wie General Bennecke, der ehemalige NATO-Oberbefehlshaber Europa-Mitte, ergänzten die Kommission. Die Mitglieder der Kommission bekamen einen kleinen Arbeitsstab als Sekretariat zugewiesen. Der Stabsabteilungsleiter der Planungsabteilung, General Hoster, stand an der Spitze des Sekretariats, unterstützt von einem Referatsleiter, Oberst Göttelmann, der die tägliche Arbeit verantwortete, die Aufgaben verteilte und viele Impulse zu geben vermochte. Im Sekretariat dienten vier Generalstabsoffiziere – einer von ihnen war ich. Die Kommission tagte etwa alle vierzehn Tage. Sie diskutierte die verschiedenen Schwerpunktthemen und befasste sich mit den Vorlagen, die das Sekretariat auf der Grundlage der Ergebnisse der Diskussionen erstellte.

Unsere Arbeit ergab sich aus den Entscheidungen, Weisungen und Diskussionen dieser Kommission, die als Aufträge ans Sekretariat gereicht wurden. Wir erstellten und überarbeiteten die Vorlagen in Abstimmung mit den Teilstreitkräften. Dies erwies sich allerdings als ausgesprochen schwierig, da es in allen Bereichen darum ging, Personal einzusparen – und dazu war prinzipiell keine Teilstreitkraft bereit. Entsprechend waren wir gezwungen, in sehr kleinen Schritten vorwärtszugehen und der Kommission eine Fülle kleinteiliger Entscheidungen abzufordern. Die Diskussionen der Kommission gingen dabei häufig bis in die Einzelheiten der Formulierung. Während wir im Hinblick auf die Einsparung von Personal keine wesentlichen Erfolge erzielen konnten, war es uns immerhin möglich, ein anderes Thema neu auf die Tagesordnung zu bringen: Erstmals waren Frauen in der Bundeswehr – im Sanitätsdienst – ein Thema in der Kommission und im Sekretariat. Allerdings agierten wir hier viel zu zögerlich, zumal wir uns durch die aktuelle Rechtslage gebremst fühlten.

Frauen sollten nach damaliger Rechtsauffassung auch weiterhin keinen Dienst mit der Waffe leisten dürfen, die Inspektion der Sanitätstruppen lehnte daher einen Einsatz im Sanitätsdienst ab. So versandeten die Diskussionen – für lange Zeit. Erst seit dem Jahr 2000 ist es Frauen möglich, bei der kämpfenden Truppe zu dienen und Waffen einzusetzen.

Wir verstrickten uns immer wieder in Auseinandersetzungen mit den Teilstreitkräften, vor allem mit der Luftwaffe. Sie kam dem Kommissionsbericht mit einem eigenen Entwurf zuvor. Dies hatte heftige Irritationen zur Folge, letztlich jedoch blieb der Vorstoß nach einem Gespräch des Generalinspekteurs mit dem Inspekteur der Luftwaffe ohne Folgen. Der Bericht der Luftwaffe wurde wieder eingezogen, und wir konnten die Arbeiten im Einvernehmen der Kommission beenden.

Zum ersten Mal war ich direkt mit der Tatsache konfrontiert, dass es kaum gelang, eine Tätigkeit im Ministerium vertraulich zu behandeln. Als wir unseren Berichtsentwurf fertig hatten, wurde dieser als „geheim" eingestuft" und in dreißig Exemplaren im Haus verteilt. Alle Exemplare waren registriert. Nur zwei Tage später fanden wir den kompletten Abdruck des Berichtentwurfs in der „Frankfurter Allgemeinen Zeitung" wieder. Es war für mich die erste Erfahrung mit Illoyalität in solch grober Form. Intern wurden Ermittlungen aufgenommen. Alle Mitarbeiter des Ministeriums, die ein Exemplar ausgehändigt bekommen hatten, mussten dienstliche Erklärungen darüber abgeben, dass sie die Indiskretion nicht begangen hatten. Wie auch in späteren Fällen sollte es jedoch nicht gelingen, die Täter zu ermitteln. Ungeachtet der heftigen Resonanz in den Medien bot der Bericht nur wenig Anlass zur Aufregung: Außer einigen Vorschlägen zur Einsparung von Personal in den verschiedenen Bundeswehrbereichen stand wenig Neues darin. Der große Wurf war es eindeutig nicht.

Dafür nahm ich einige interessante Erkenntnisgewinne aus dieser Zeit im Ministerium mit: Je näher der Termin für die Berichtsvorlage rückte, desto weniger Einfluss konnten die Zwischeninstanzen (zum Beispiel der Chef des Sekretariats sowie der Führungsstab der Streitkräfte) auf die Inhalte nehmen und desto stärker griffen von höchster Hierarchieebene aus der Generalinspekteur oder auch der Staatssekretär direkt in das Geschehen ein. Die Sekretäre verkehrten mehr und mehr direkt mit den Entscheidungsträgern, was die Arbeit am Ende deutlich einfacher machte.

Die wesentliche Erinnerung an diese Zeit umfasst immer die gleichen Bilder: Büroarbeit, viele Akten und noch mehr Besprechungen. Stets gab es im Vorfeld jeder Dokumenterstellung unzählige Formulierungsversuche. Immer wieder neu abgeänderte Vorlagen für die Kommission sowie viele inhaltliche Diskussionen mit der Kommission, mit den Teilstreitkräften und innerhalb des Sekretariats prägten die alltäglichen Herausforderungen.

Kurz bevor meine Zeit im Ministerium vorbei war, wurde aus dem Sekretariat für die Kommission ein eigenständiges Referat mit dem Titel „Konzeption für die Bundeswehr" erstellt. In diesem Referat diente ich einige Monate bis zur nächsten Versetzung. Immerhin konnte ich noch den neuen Referatsleiter und späteren Inspekteur des Heeres, Oberst Helmut Willmann, kennenlernen. Er war ein durchsetzungskräftiger Mann, der eine sehr unkonventionelle Art des Arbeitens verfolgte. Er las selten Berichte, sondern bildete sich seine Meinungen fast immer im Dialog und in intensiven angeregten Diskussionen – eine zeitaufwendige, aber letztlich äußerst produktive Arbeitsweise. Im Gespräch deckte er schonungslos jeden Schwachpunkt in der Argumentation seines Gegenübers auf. Schnell wurde sein Referat ein Schlüsselreferat des Ministeriums. Intensiv befassten wir uns mit der Bekämpfung der zweiten Staffeln eines mutmaßlichen Feindes, und genauso intensiv wurde in diesem Zusammenhang über die Zusammenarbeit des Heeres mit der Luftwaffe nachgedacht.

Für mich war die Zeit in meiner zweiten Verwendung als Hilfsreferent noch einmal ein intensives Lern- und Arbeitserlebnis. Vor allem im Sekretariat der Kommission wurde ich mit allen Problemen, Vorteilen und Unzulänglichkeiten ministerialer Arbeit bei der Bundeswehr wie im Brennglas konfrontiert. Die Notwendigkeit, sämtliche Entscheidungen – trotz unterschiedlicher Auffassungen – von einer gemeinsamen Abstimmung abhängig zu machen, erschwerten oder verhinderten häufig klare bzw. schnelle Beschlüsse. Andererseits durfte ich erleben, dass ein selbstbewusster Referatsleiter, der sich seiner Sache sicher ist, nahezu das ganze Ministerium in Bewegung setzen kann.

Auf Basis meiner richtigen Einschätzung, dass dies nicht meine letzte Verwendung im Ministerium gewesen sein konnte, hatte ich mir in dieser Zeit ein altes Fachwerkhäuschen in der Eifel gekauft, das lange Jahre ein Refugium blieb, wo immer ich auch diente und wohnte.

Dazu stand eine Reise nach Nepal mit einer geführten Trekkingtour im Himalaya an, in Sichtweite des Annapurna-Gipfels und erneut zusammen mit einigen Pfadfinderkameraden. Und als Pfadfinder hatte ich mittlerweile den Landesverband Rheinland-Pfalz/Saar zu führen. Der Verband steckte in einer tiefen Krise, aus der ich ihn, zusammen mit meinem Freund Jürgen Hatzfeld, schnell herausführen konnte.

Chef des Stabes

Im Juli 1983 wurde ich als Chef des Stabes zur 2. Panzergrenadierdivision nach Kassel versetzt. Mich erwartete für einen Generalstabsoffizier eine ganz klassische Aufgabe: Ich sollte einen Stab in einem militärischen Großverband führen. Im Sinne und auf der Grundlage von Weisungen des Divisionskommandeurs sowie unterstützt durch die Generalstabsabteilungen war es meine Aufgabe, alles zu regeln, was es in der Division zu regeln gab. Dies begann beim täglichen Betrieb, umfasste zum Beispiel Übungsanlagen oder auch die Organisation von öffentlichen Veranstaltungen. Kern des Auftrags war es aber, die Verteidigung der Division im Rahmen des III. Korps im hessischen Bergland vorzubereiten. Dabei waren die eigenen Planungen immer wieder zu überprüfen und mit den amerikanischen und belgischen Nachbarn abzustimmen.

Zu den Anforderungen zählte die Beschäftigung mit allen Führungsgrundgebieten – vom Personal über die militärische Sicherheit und die Operationsplanung bis zur Logistik. Die Arbeit mit Offizieren und Unteroffizieren – allesamt qualifizierte Spezialisten –, die Koordination und Abstimmung auch unterschiedlicher Auffassungen, das Bündeln von Ideen zu einem einheitlichen Konzept, die täglichen Vorträge beim Divisionskommandeur, seine Beratung und die Umsetzung seiner Entschlüsse, das Überwinden von Hindernissen –

all dies ergab eine Fülle von höchst anspruchsvollen Aufgaben. Und immer wieder gab es Diskussionen rund um die beabsichtigte Operationsführung. Hier ging es vor allem um die Vorbereitung von Maßnahmen zur Herstellung der Einsatzbereitschaft und das Entwickeln von neuen Maßnahmen, die der Alarmkalender abverlangte.

Gleichzeitig waren wichtige Fragen des Friedensbetriebs zu klären: Wie kann die Einsatzbereitschaft unseres Großgeräts verbessert werden und welche Prioritäten sind zu setzen? Wo sollen die Rekruten ausgebildet werden? Die Planungen der Division waren immer wieder Ausgangspunkt für Diskussionen mit unserer vorgesetzten Dienststelle, dem III. Korps, in dessen Gesamtplanung wir uns einzufügen hatten. Regelmäßig trafen sich die Chefs der Stäbe der Divisionen und des Korps, um sich in den wichtigsten Themen abzustimmen.

Die Institution des Chefs des Stabes ist im Stab wie ein Flaschenhals zu sehen. Alle Vorlagen für den Kommandeur passieren diesen Flaschenhals mit dem Ziel, dessen Entscheidungen geordnet, systematisch und unter der Berücksichtigung aller Gesichtspunkte vorzubereiten. Ein enges Vertrauensverhältnis zwischen Kommandeur und Chef des Stabes ist für die Arbeit unerlässlich.

Ich hatte mit zwei Kommandeuren zu tun, zwei völlig verschiedenen Typen. Der erste, Generalmajor Fanslau, kam aus der Personalführung. Er war ein wirklicher Herr, im besten Sinne des Wortes vom Scheitel bis zur Sohle, anerkannt und respektiert vom Führerkorps der Division. Er war zwar verhältnismäßig selten draußen bei der Truppe, hatte aber ein ausgeprägtes Gerechtigkeitsempfinden und ein gutes Gefühl für überlegte Entscheidungen, für Notwendiges und Überflüssiges. Nie habe ich, auch in kritischen Situationen, ein Schimpfwort von ihm gehört.

Folgende Anekdote charakterisiert unser gutes und persönliches Verhältnis: Im Zuge der hitzigen Debatte um die atomare Aufrüstung wurde nach vorheriger Ankündigung ein der Division unterstehendes Sondermunitionslager von Anhängern der Friedensbewegung belagert. In jenem Lager wurde atomare Munition aufbewahrt, die Situation war somit nicht ganz unkritisch. Ich ging zum Kommandeur und schlug ihm vor, er solle am besten zum Ort des Geschehens fliegen, um sich persönlich einen Eindruck zu verschaffen und zugleich mit den Soldaten zu reden. Der Kommandeur zögerte zunächst und fragte mich nach dem Grund meines Ratschlags. Ich sagte ihm: „Sie gehen einfach zu den Soldaten und zeigen, dass Sie ein Teil des Teams sind. Gehen Sie zu den einzelnen Wachposten und setzen Sie sich in den Aufenthaltsraum für die wachfreien Soldaten. Anschließend begeben Sie sich wieder in den Hubschrauber und fliegen zurück. Im Übrigen", fügte ich hinzu, „habe ich Ihnen bereits einen Hubschrauber bestellt."

Ich bin nicht sicher, ob der Kommandeur begeistert war. Der Regimentskommandeur, der den Kommandeur begleiten musste, war es offensichtlich nicht, zumal der Flug ausgerechnet für das Wochenende geplant war. Am Montag erschien der Divisionskommandeur pünktlich wie immer zum Dienst – ungewöhnlich aufgekratzt und fröhlich, wie ich ihn bisher nur selten erlebt hatte.

Es war alles exakt so verlaufen, wie ich es erhofft hatte. Die Belagerung nahm ein gutes Ende, und die Soldaten waren hellauf begeistert darüber, dass der Kommandeur die Reise auf sich genommen hatte, um die Truppe vor Ort zu unterstützen und das Gespräch mit den Soldaten zu suchen.

Der zweite Divisionskommandeur, Generalmajor Lichel, war eine völlig andere Persönlichkeit: Er war ein Praktiker, ein Troupier, brachte jede Menge Erfahrung und Kenntnisse auf dem Gebiet der Ausbildung und des Einsatzes mit und war ganz nah bei der Truppe. Wir waren uns vom Typ her wohl ziemlich ähnlich. Er war viel in der Truppe und rief sofort an, wenn ihm etwas aufgefallen war. Immer wieder brachte er Ideen mit, wie wir die Arbeit der Division verbessern konnten. Dies ist für einen Stab unbequem, aber dringend erforderlich, wenn die Dienstaufsicht des Kommandeurs über Korrekturen vor Ort hinaus zu praktischen Folgen für die gesamte Division führen soll.

Mit beiden Kommandeuren, so unterschiedlich sie auch waren, kam ich sehr gut klar, und dem personell gut besetzten Stab gelang es, die Ansprüche des jeweiligen Kommandeurs zufriedenzustellen.

Zu den Besonderheiten dieser Division gehörte es auch, enge Kontakte zur Handwerkskammer und zur Politik zu unterhalten. Eine passende Gelegenheit, diese Kontakte zu pflegen und zu intensivieren, waren gemeinsame Wanderungen, zu denen die Handwerkskammer einmal jährlich einlud. Bei einer dieser Wanderungen begleitete uns auch der damalige hessische Ministerpräsident Holger Börner, ein Mann von mächtiger Statur, der sichtlich Freude nicht nur am Wandern, sondern zudem an den reichlich verfügbaren kulinarischen Köstlichkeiten hatte. Einige Wochen zuvor hatten wir Börner in Wiesbaden eine von uns angelegte Übung mit dem Namen „Sichere Festung" im freien Gelände präsentiert. Für die Durchführung der Großübung hatte er uns die Unterstützung der hessischen Behörden gesichert, was auch konsequent eingelöst wurde. Für die Umweltschützer dagegen hatte Börner zu dieser Zeit nicht so viel übrig. Scherzhaft nannte er sie „die grüne Mafia". Ohne Zweifel funktionierten die Verbindungen der Division nach Wiesbaden besonders gut – nicht jedoch mit der Stadt Kassel, die uns das Leben zuweilen schwer machte. Oberbürgermeister war der spätere Ministerpräsident und Finanzminister Hans Eichel. Kassel hatte sich plakativ zur atomwaffenfreien Zone erklärt, die Mehrheit der Bürgervertretung war dem eher linken SPD-Spektrum zuzuordnen. Das bekamen wir hin und wieder zu spüren.

Zudem war es die Zeit der Friedensbewegung, die mit dem Krefelder Appell auf sich aufmerksam machte und zahlreiche öffentliche Aktionen gegen die Bundeswehr startete. In Kassel standen wir mehrfach im Zentrum solcher Aktionen. Einmal wurde unsere Kaserne belagert. Mit der Änderung unserer Dienstzeiten versuchten wir direkte Konfrontationen mit den Demonstranten zu vermeiden. Selbst innerhalb meines Pfadfinderverbands spiegelten sich die öffentlichen Debatten wider. Von einigen Mitgliedern wurde mir vorgeworfen, im „Zentrum des nordhessischen Militarismus" zu stehen. Dies ließ sich aber leicht ertragen, da ich in der gleichen Zeit von dem Landesverband Rheinland-Pfalz/Saar, an dessen Spitze ich mittlerweile stand, in jeder Weise unterstützt wurde.

Trotz aller Schwierigkeiten mit der Stadt Kassel – die Form blieb stets gewahrt. Anlässlich einer Jubiläumsfeier für die Division gab es einen Großen Zapfenstreich vor dem Schloss Wilhelmshöhe mit dem Ministerpräsidenten Börner als Festredner. Im Anschluss wurde von der Stadt Kassel ein Empfang für die Division ausgerichtet.

Einige Jahre später besuchte ich als Kommandierender General des IV. Korps den amtierenden Ministerpräsidenten Eichel in Wiesbaden. Er habe etwas von der Bundeswehr gelernt, meinte er. In Hessen würden seit kurzer Zeit nun auch die Polizisten im Rahmen des Hessentags in der Öffentlichkeit vereidigt.

Anlage und Durchführung kleiner und großer Übungen gehörten auch auf diesem Dienstposten zu den wesentlichen Aufgaben. Jeweils im Herbst wurden in der NATO große Übungen mit Volltruppe durchgeführt, die unter dem Namen „Autumn Forge" zusammengefasst waren. In diesem Rahmen fand Jahr für Jahr eine Heeresübung statt, die Korps wechselten sich in der Anlage dieser Übung ab. Daneben führten auch die Divisionen eigene Übungen durch. In meine Amtszeit fiel die Großübung „Sichere Festung", die nach Weisung unseres Divisionskommandeurs General Lichel vom Divisionsstab angelegt und anschließend vom Divisionskommandeur geleitet wurde. Große Übungen mit Volltruppen waren immer wieder heikel, weil trotz aller Bemühungen Flurschäden nicht zu vermeiden waren.

„Sichere Festung" war eine Übung unter Beteiligung der gesamten Division und einer belgischen Brigade mit insgesamt etwa 25.000 Soldaten. Sie fand im freien Gelände im hessischen Bergland, im Einsatzgebiet unserer Division, statt. Hier wurden Verzögerung, Verteidigung und Gegenangriff geübt, zugleich wurde auch das Übungsgebiet mehrfach befahren. So kam auch die bis dahin ungewohnte Aufgabe auf mich zu, während der Übung mit Fachverbänden, wie zum Beispiel dem Bauernverband, zu sprechen. Dabei ging es darum zu versuchen, einerseits so viel Akzeptanz wie möglich für die Belange der Übung zu erreichen, andererseits den nicht unberechtigten Interessen der anderen Seite entgegenzukommen. Dazu trug auch bei, dass während des Übungsgeschehens Vertreter der Bundeswehrverwaltung als Flurschaden-Offiziere die Truppe begleiteten. Diese war mit Geldmitteln ausgestattet, um Kleinschäden an Ort und Stelle zu regeln, größere Schäden gemeinsam mit den Beteiligten sofort aufzunehmen und die Begleichung des Schadens schnell und möglichst unbürokratisch einzuleiten. Die Übung verlief äußerst erfolgreich.

Eine weitere Übung hatte den Namen „Wehrhafte Löwen", eine klassische Heeresübung, angelegt vom III. Korps, bei der unsere Division nach einem grob gedachten Verlauf gegen die 5. Panzerdivision aus Diez an der Lahn übte und in der beide Divisionen sehr intensiv gefordert wurden. Im Anschluss wurde mir vorgerechnet, dass ich im Gefechtsstandfahrzeug in den vier oder fünf Tagen der Übung über fünfzig Zigarren geraucht hatte.

Spannend und zugleich auch unterhaltsam war die anschließende Übungsbesprechung des Kommandierenden Generals. Nach seiner Einführung referierte der Wehrbereichsbefehlshaber mit einem eigenen Beitrag. Was jedoch der Kommandierende General davon hielt, zeigte er, als er die Besprechung mit den Worten fortsetzte: „Nach diesem Beitrag zum hessischen Karneval wenden wir uns wieder der ernsthaften Übungsbesprechung zu." Unabhängig davon war uns allen besonders wichtig, dass er mit der Leistung der Division und damit auch meines Stabes sehr zufrieden war.

Im Rahmen dieser Übung begegnete ich zum ersten Mal Bundeskanzler Helmut Kohl, nur kurze Zeit nach seiner Amtseinführung. Er nutzte die Heeresübung zu einem ausgiebigen Besuch bei der Bundeswehr. Ein Teil seines Programms war die Besichtigung unseres Gefechtsstands mit einer Lageeinweisung durch den Divisionskommandeur und einer feldmäßigen Mahlzeit mit Soldaten des Gefechtsstands. Zuständig für die Begleitung des Kanzlers war der stellvertretende Divisionskommandeur, General Dr. Schwab. In dessen Begleitung sollte der Kanzler mit dem Hubschrauber aus Bonn anreisen, in der Nähe des Gefechtsstands landen und dann vom Kommandeur empfangen werden.

Schwab hatte mich bereits vorgewarnt, dass ein Besuch Kohls vermutlich eine gewisse Stressresistenz bei allen Beteiligten voraussetzte. Noch früh am Morgen vor seiner Ankunft rief mich der General an und teilte mir mit: „Seien Sie nicht beunruhigt, aber Sie werden jetzt aus dem Kanzleramt sowie der gesamten Umgebung eine Menge sich widersprechender Meldungen zur Ankunftszeit des Kanzlers zu hören bekommen. Ich rate Ihnen: Hören Sie auf nichts und niemanden. Bevor ich mit dem Kanzler in den Hubschrauber steige, rufe ich Sie persönlich an, und danach haben Sie noch etwa eineinhalb Stunden Zeit für die Vorbereitung." Ich folgte diesen Hinweisen, und dies war auch zweifellos ratsam, bekam ich doch tatsächlich von den unterschiedlichsten Seiten Informationen, die viel Verwirrung stifteten: „Ja, er kommt um neun Uhr." „Er wird sich etwas verspäten." „Wahrscheinlich wird es zehn Uhr." „Haben Sie noch etwas Geduld. Um elf Uhr reist er garantiert an". Es wurde natürlich erneut später, doch dank der rechtzeitigen Ankündigung von Dr. Schwab hatten wir keinen Grund, ernsthaft nervös zu werden. Extra für den Kanzler hatten wir den Übungsverlauf etwas angepasst und einen Gefechtsstandwechsel aufgeschoben, der von der Lage her angezeigt gewesen wäre – schließlich konnten wir ihn kaum mit einem menschenleeren Übungsplatz beeindrucken. So standen wir über die gesamte Zeit des Kanzlerbesuchs hindurch mit dem Gefechtsstand im Feindesland.

Der Kanzler war mit einer zahlenmäßig beeindruckenden Begleitung ranghoher Soldaten und einiger Politiker aus Bonn angereist. Nach dem Lagevortrag, an dem neben dem Kanzler nur der Inspekteur des Heeres teilnahm, wanderte die Gruppe zu einem nahegelegenen Zelt, um dort mittagzuessen.

Wie unkonventionell Kohl zuweilen handelte, zeigte sich unter anderem in dieser Mittagspause: Gemeinsam mit dem Kanzler strebte das Gefolge mit ranghohen Politikern und Soldaten in das Zelt mit den fertig gedeckten Tischen. Alle wollten in der Nähe des Kanzlers bleiben. Da drehte sich Kohl um und forderte seine Bonner Begleitung auf, ein anderes Zelt aufzusuchen. Er wolle ausschließlich mit einer Gruppe von Soldaten aus unserer Division zusammensitzen und sich mit ihnen unterhalten. Die einzigen Bonner Mitreisenden, die Kohl als Begleitung für sein Mittagsmahl akzeptierte, waren der Inspekteur des Heeres und sein Pressesprecher. Wir waren vom Auftritt wahrlich beeindruckt und äußerst davon angetan, dass Kohl sich den Soldaten aller Dienstgrade als Kanzler zum Anfassen präsentierte. Dazu ließ er sich viel Zeit, um uns Fragen zu stellen oder unsere Meinung zu verschiedenen Themen anzuhören.

Kohl hatte sich früh als Freund der Bundeswehr gezeigt. Immer wieder suchte er den direkten Kontakt. Auf die Höhe des Haushalts wirkte sich dies allerdings nicht wirklich aus. „Die Bundeswehr bekommt, was sie braucht", war ein geflügeltes Wort von ihm. „Und was das ist, bestimme ich", war der gedachte, aber nicht ausgesprochene Zusatz. Ich hatte bei diesem Besuch keinen unmittelbaren Gesprächskontakt mit dem Bundeskanzler und hätte nicht geglaubt, wie sehr sich dies noch ändern würde, wenn mir dies damals jemand vorhergesagt hätte.

Viele kleine Erlebnisse kennzeichneten die Kasseler Zeit, manche davon waren auch zum Schmunzeln.

Einmal besuchte uns der Befehlshaber im Wehrbereich, im Rang ebenfalls Generalmajor. Wie üblich wurde ihm die Verteidigungsplanung unserer Division vorgetragen, was zu den Höflichkeiten gegenüber unserem Besucher gehörte. Der Wehrbereichskommandeur äußerte nach dem Vortrag heftige Kritik an unserer Planung ohne Rücksichtnahme auf den Divisionskommandeur, der nur mit Mühe die Contenance bewahren konnte und die Kritik sichtlich blass zur Kenntnis nahm. Sowohl während seiner Generalkritik als auch später beim Essen, das in frostiger Stimmung stattfand, war dem Wehrbereichsbefehlshaber nicht aufgefallen, welche Unruhe er gestiftet hatte, und völlig gelöst „schwadronierte" er stolz am Tisch, dass er noch nie im Ministerium gearbeitet hätte. Daraufhin platzte dem stellvertretenden Divisionskommandeur der Kragen, und spöttisch entgegnete er: „Das wundert mich nicht, da schickt man ja auch nur ausgesondert gute Leute hin." Jetzt erblasste wiederum der Wehrbereichsbefehlshaber und schwieg betreten. Wir alle waren schließlich sehr froh, als der Gast die Division am Nachmittag wieder verließ und mit dem Hubschrauber nach Hause flog.

Zu den besonders schönen Aufgaben gehörte es, den Befehlshaber der CENTAG (Central Army Group) der NATO, einem amerikanischen Viersternegeneral (dem unser und zwei weitere Korps für den Einsatz unterstanden) in unsere Verteidigungsplanung einzuweisen. Dies geschah zunächst im Lagezentrum, dann auf einem Hubschrauberflug über unserem Einsatzraum. Einige Jahre später traf ich ihn als Gastredner am US Army War College wieder und konnte ihn an unseren Flug erinnern.

Als Chef des Stabes war ich zugleich direkter Vorgesetzter der Stabskompanie. Die Einheit bestand aus etwa 150 Soldaten, darunter auch zahlreichen Unteroffizieren. Auftrag der Kompanie war es, den Stabsbetrieb in Gang zu halten, die Fernmeldeverbindungen sicherzustellen und mit einem speziellen Zug den Gefechtsstand zu sichern. Daneben absolvierte die Kompanie auch ein eingeschränktes Ausbildungsprogramm. Dazu gehörten Bereiche wie Fahren, Unterziehen, Aufbau, Betrieb und Sicherung des Gefechtsstands. Um für diese Aufgaben gerüstet zu sein, führte die Kompanie immer wieder kleine Übungen durch. Wie für alle Soldaten vorgeschrieben, standen zusätzlich Politische Bildung und Sport auf der Agenda. Die Ausbildung kam jedoch oft zu kurz, weil die Soldaten der Kompanie im Stabsdienst benötigt wurden. Ich stellte daraufhin dem Kompaniechef Blockzeiten zur Verfügung und legte fest, dass die Soldaten nur mit meiner Genehmigung dem Ausbildungsdienst fernbleiben durften. So verbesserte sich die Zahl der Teilnehmer am Ausbildungsdienst erheblich.

Eine aus dem normalen Rahmen fallende Teileinheit war der Sicherungszug, der zur Sicherung des Divisionsgefechtsstands eingesetzt wurde und schwerpunktmäßig infanteristisch auszubilden war. Allerdings war das oftmals nicht so einfach, denn sobald kurzfristige Arbeitsaufträge den Stab erreichten (Vorbereiten von Veranstaltungen, Herrichten von Vortragsräumen usw.), wurden häufig die Soldaten des Sicherungszuges herangezogen und auf diese Weise immer wieder von der Ausbildung ferngehalten. So hatte dieser Zug aus meiner Sicht und glücklicherweise auch aus Sicht des Kompaniechefs sowie des Zugführers das falsche und zu korrigierende Image von Arbeitsbienen, jedoch nicht von Kämpfern. Dieser Zug benötigte ganz dringend ein neues Selbstbewusstsein. Da traf es sich gut, dass es in der Kaserne ein Freizeitbüro gab, über das Freizeitangebote für die Soldaten organisiert wurden. Es wurden zahlreiche Sportmöglichkeiten angeboten, die von vielen Soldaten mit großer Begeisterung genutzt wurden, darunter Fußball und Tischtennis. Ich selbst nahm häufig an Tischtennisturnieren teil.

Zum Programm gehörte auch ein Karateangebot mit einem ehrenamtlichen Trainer und etwa zehn Soldaten, die den Kurs freiwillig besuchten. Da lag die Idee nahe, Karate zu einem Ausbildungsbestandteil der Soldaten des Sicherungszuges zu machen. Ich fragte daraufhin den Karatelehrer nach dessen Bereitschaft. Nachdem einige Bedenken und Vorbehalte ausgeräumt waren und die Verwaltung einen Weg gefunden hatte, mit dem Lehrer einen ordentlichen Vertrag zu schließen sowie die Bezahlung sicherzustellen, konnte der Zug schließlich einmal, zuweilen zweimal in der Woche einen Karatekurs als Teil der Ausbildung absolvieren. Ohne Zweifel verbesserte sich dadurch spürbar die Außenwirkung dieser Einheit. Sicher haben die Soldaten es auch für gut befunden, dass ich mich gelegentlich an ihren Übungsmärschen beteiligte. Ich empfand es jedenfalls als hohe Wertschätzung, dass ich fortan zu manchen zuginternen Veranstaltungen eingeladen wurde.

Abseits meiner Arbeit nutzte ich die freie Zeit immer wieder für längere, zum Teil abenteuerliche Urlaubsreisen mit Freunden. Zu den Höhepunkten gehörte die Durchquerung der algerischen Sahara von Nord nach Süd. Mit einem Freund fuhr ich tausend Kilometer mit einem alten VW-Bus durch die Wüste. Eine Szene blieb mir dabei in besonderer Erinnerung: Südlich von In Salah (Algerien), am heißesten Ort der Sahara, stand ein altes Grabmal. Eine traditionelle Sitte besagte, dass jeder Autofahrer dreimal um dieses Grabmal fahren müsse, um die Wüste heil durchqueren zu können. Jeder, und so auch wir, hielt sich an diese Regel; selbst Busse verließen die Piste, um das Grabmal dreimal zu umrunden.

Hier wurden mein Freund und ich Zeugen einer Zeremonie der berühmten Tuareg, die sich gerade an diesem Tag bei diesem Grabmal trafen. Fast alle trugen blaue Gewänder, waren verschleiert und führten Kamele mit. Wir beschlossen hier zu übernachten. Etwa ein Kilometer von dem Lager der Tuareg entfernt stellten wir unser Auto ab, bereiteten wir unser Abendessen zu und legten uns anschließend schlafen. Gegen 23 Uhr wurden wir jedoch durch ein lautes Trommeln aus dem Schlaf gerissen. Wir verließen unser Zelt und machten uns vorsichtig zum Ort des Geschehens auf. Zu sehen war ein großes Feuer, viele wild aussehende Gestalten saßen, sprachen und tanzten darum. Alle trugen dabei Gewehre. Die Bewegungen wurden immer intensiver und schneller, die Trommeln lauter, bis alle in die Luft schossen und die Spannung sich entladen konnte. Es war der Gewehrtanz der Tuareg. Später haben wir diesen Tanz bei einer Veranstaltung in Tamanrasset noch mal gesehen. Immer wieder sammelten sich die Tänzer. Sie begannen langsam und leise, steigerten Lautstärke und Tempo, dann endete das Spektakel mit ohrenbetäubenden Schüssen in den Nachthimmel. Mehrere Stunden saßen wir dabei, ohne angesprochen zu werden und betrachteten das Geschehen mit großem Staunen.

Am darauffolgenden Morgen besuchten wir das Lager erneut. Da begegneten wir einem Lkw-Fahrer, der tags zuvor noch mit seinem Wagen liegen geblieben war und den wir bis zur nächsten Oase mitgenommen hatten. Statt in Jeans und Hemd, wie wir ihn erstmals angetroffen haben, trug er nun die gleichen Gewänder wie die Tuareg und lud uns ein, mit den Angehörigen des Wüstenvolks gemeinsam zu essen. Es wurde Couscous mit Kamelfleisch serviert. Nachdem wir im Anschluss ein Kamelrennen beobachten durften, zogen wir weiter und fuhren zum südlichsten Punkt unserer Reise ins Hoggar-Gebirge, auf dessen höchstem Berg Assekrem eine Feldsteinkapelle steht. Die Kapelle wurde um die Jahrhundertwende von Pater Foucauld, einem Missionar, errichtet. Foucauld wirkte unter den Tuareg, wurde schließlich ermordet und in Tamanrasset begraben. Noch zu seinen Lebzeiten wurde ein Mönchsorden gegründet. Zwei Mönche dieses Ordens wohnten unterhalb der Kapelle und lasen dort Tag für Tag die Messe. Wir fanden vor der Kapelle einen Schlafplatz, wo wir uns mit unseren Schlafsäcken niederließen.

Morgens um sieben Uhr gab es dann tatsächlich eine Messe, zu der wir empfangen wurden. Wir waren die einzigen Gäste, die daran teilnahmen. Als die beiden Priester erfahren hatten, woher wir kamen, drückten sie uns ein Messbuch in deutscher Sprache in die Hand, sodass wir die in französischer Sprache gehaltene Messe verfolgen konnten.

Vor der Kommunion hatte ich mir ein Herz gefasst und gebeichtet, dass wir Reisenden eigentlich evangelisch seien. Als er dies vernommen hatte, zog mich ein Mönch wortlos an meiner Jacke zum Fenster. Gemeinsam schauten wir gefühlte fünfzig Kilometer in die Unendlichkeit, im Hintergrund sahen wir das Gebirge wie eine Mondlandschaft, noch weiter im Dunst verschwindend die Wüste. Da fragte mich der Mönch: „Glauben Sie ernsthaft, dies spielt hier oben für irgendwen irgendeine Rolle?"

Im Planungsstab

Von seiner Grundstruktur her war der Planungsstab des Bundesministers ein recht kleiner Stab. Eingerichtet wurde er einst von Helmut Schmidt und dem Minister direkt unterstellt. Er bildete mit wenigen Personen die Masse des im Ministerium vorhandenen Sachverstands ab und hatte – anders als die Bezeichnung vermuten ließ – in der täglichen Arbeit deutlich mehr Kontroll- als Planungsaufgaben. Es war ein kleiner Apparat mit kompetenten Fachleuten, die alle hervorragend ins Ministerium hinein vernetzt waren und den ständigen Auftrag hatten, die Vorlagen an den Minister sachkundig zu bewerten. Generell mussten alle Vorlagen, die aus dem Verteidigungsministerium kamen, zunächst auf den Tisch des Leiters des Planungsstabes, bevor sie der Minister selbst zu Gesicht bekam. Der Planungsstab konnte solche Vorlagen zwar nicht stoppen, jedoch genau prüfen und schließlich kommentiert sowie mit einer Empfehlung versehen weitergeben. In Klausurtagungen befasste sich der Planungsstab dann auch konzentriert mit langfristigen Entwicklungen. Wenn der Minister sich entschloss, ein Weißbuch herauszugeben, war die Konzeption und endgültige Formulierung vor allem im Planungsstab zu leisten.

Zu Jahresanfang 1985 wurde ich aufgefordert, mich beim Leiter des Planungsstabes, Herrn Dr. Hans Rühle, vorzustellen. Dessen Vertreter war Brigadegeneral Behrendt, später folgte ihm Brigadegeneral Schönbohm. Zunächst hatte ich ein längeres Gespräch mit General Behrendt, danach mit dem Leiter des Planungsstabes. Es stellte sich heraus: Ich war ein Kandidat für die Stelle des Arbeitsbereichsleiters für Personal, Ausbildung und Innere Führung im Planungsstab. Es gäbe jedoch noch weitere Anwärter, mit denen ich konkurrieren würde, ließ mich der Leiter wissen. Die wolle man sich zuvor anschauen. Dennoch wurde ich nur eine halbe Stunde nach dem Gespräch noch mal zu Dr. Rühle gebeten, der mir mitteilte, dass man sich bereits sofort für mich entschieden hätte.

Somit wurde ich in den Planungsstab versetzt und freute mich darauf, unweit des Bundesministers in einem Stab, der diesem direkt zuarbeitete, tätig sein zu dürfen. Unterschätzen tat ich meine neue Tätigkeit nicht: Der Planungsstab hatte den Ruf, eine besonders intensive wie anspruchsvolle Mitarbeit einzufordern.

Ich kam in einer spannenden Zeit. Verteidigungsminister Manfred Wörner hatte die erst kurz zurückliegende „Kießling-Affäre" überstanden. General Behrendt und Oberstleutnant Moede hatten ihm geholfen, seine Umgebung neu zu ordnen. So war seine Stellung wieder weitgehend stabilisiert, und alle konnten sich auf die Sacharbeit konzentrieren.

Wenige Wochen nach dem Gespräch mit dem Leiter des Planungsstabes sowie nach einer überaus freundlichen Verabschiedung aus Kassel trat ich meinen Dienst in Bonn an. Es war zweifellos ein spannender Wechsel: Eben noch als Chef eines großen Stabes tätig, war ich kurz darauf wieder Einzelkämpfer, immerhin mit guter Unterstützung aus dem Geschäftszimmerbereich des Planungsstabes. So sollte sich mein latenter Hang zur Unordnung nicht wirklich nachhaltig auswirken.

Der insgesamt gut harmonierende Planungsstab bestand aus einer überschaubaren Zahl von Offizieren und Beamten, die jeder für sich Spezialisten auf einem Fachgebiet waren oder es schnell wurden. Jeder hatte Kontakte zu den Fachabteilungen des Ministeriums; er musste sie auch haben, um zu wissen, was vor sich ging und besser beurteilen zu können, was für den Minister von Belang war. Dabei war darauf zu achten, dass stets interdisziplinär beurteilt und kommentiert wurde. Der gegenseitigen Abstimmung dienten gemeinsame Besprechungen im Plenum, in denen jeder vortrug, woran er aktuell arbeitete und in denen der Leiter seine Weisungen gab, wie die Arbeit zu koordinieren war und dazu allen seine Leitlinien nahebrachte. Er unterrichtete uns regelmäßig darüber, was auf Leitungsebene vor sich ging, besonders über politisch relevante Angelegenheiten. Jeder berichtete im Anschluss aus seinem Sachgebiet. Gearbeitet wurde häufig in kleinen „Adhoc-Arbeitsgruppen". Hier wurden all jene Personen des Stabes zusammengefasst, die zu dem entsprechenden Thema etwas zu sagen hatten. Es war schon ein besonderes Erlebnis, ganz nah im Bereich des Ministers zu arbeiten und dabei zu erfahren, was die Leitung des Hauses bewegte. Der Leiter des Planungsstabes und sein Vertreter waren seine engen Vertrauten und hatten einen unkomplizierten wie guten Zugang zu ihm. Kommentare, die von uns zu Vorlagen des Hauses erarbeitet worden waren, lagen oft in ganz kurzer Zeit auf dem Tisch des Ministers, was uns eine besondere Verantwortung auferlegte.

Selbstverständlich bewegten uns auch politische Tagesfragen, soweit sie für den Bereich der Verteidigung interessant waren. Jeder von uns hatte die Möglichkeit, über den Parlamentsfunk Debatten im Bundestag zu verfolgen. Bei unserer Arbeit war auch immer wieder die latente Konkurrenzsituation zwischen dem Außen- und dem Verteidigungsministerium zu beobachten. Beide Minister hatten Aufgaben ins Bündnis hinein und manchmal auch eine unterschiedliche Sicht der Dinge.

In meinem Arbeitsbereich war ein weiterer Offizier eingesetzt, ein Offizier der Luftwaffe. Ein klassisches Vorgesetztenverhältnis zwischen uns gab es nicht: Wir stimmten uns gegenseitig eng ab und gingen oft arbeitsteilig vor. Mein Kamerad beschäftigte sich ehrenamtlich mit der Telefonseelsorge, was zu weiteren Berührungspunkten zwischen uns gehörte.

Ein Hauptthema der Arbeit im Planungsstab in meinem Fachbereich war die vom Minister und der Bundesregierung beabsichtigte Verlängerung der Wehrpflicht von fünfzehn auf achtzehn Monate, um der Demografie Rechnung zu tragen. Die Entscheidung war in der Bundesregierung nicht unstrittig. Nun ging es darum, sie gesetzgeberisch abzusichern. Im Ministerium hatte man für die Koordinierung der Arbeit einen Oberst mit einem kleinen Arbeitsstab eingesetzt, dem es oblag, die verschiedenen Gesichtspunkte zu einem einheitlichen Konzept zusammenzufügen sowie den Einwendungen gegen die Planungen argumentativ zu begegnen.

Unsere Aufgabe war es, die Leitung des Planungsstabes und des Ministeriums stets auf dem Laufenden zu halten und den Bearbeitern zu helfen, absehbare Klippen gegebenenfalls durch Entscheidungen des Ministers zu überwinden. Das betraf unter anderem Einberufungsdaten, die Berücksichtigung von unterschiedlichen Abschlüssen der Schulzeit und die Rahmenbedingungen für Berufsausbildungen und Studium. Dabei waren außerdem die Belange der Bundesländer zu berücksichtigen, da auch sie dem beabsichtigten Gesetz im Bundesrat zustimmen mussten.

Nach zahllosen Besprechungen und hitzigen Debatten kam es schließlich zu einem Gesetzgebungsverfahren, das die Wehrpflichtverlängerung zur Folge hatte. Als dies beschlossen war, lud Minister Wörner alle Beteiligten in sein Büro ein, um sich zu bedanken und den Erfolg mit einem Glas Sekt zu begießen.

Zu einer Einführung der achtzehnmonatigen Wehrpflicht sollte es jedoch nie kommen. Kurz vor der Verabschiedung des Beschlusses hatte sich die politische Lage ganz grundsätzlich geändert. Im Zuge der Ereignisse des Jahres 1989 und des Kohl-Gorbatschow-Abkommens im Kaukasus wurde vielmehr eine Verkürzung der Wehrpflicht auf zwölf Monate und eine Verkleinerung der Bundeswehr von ca. 500.000 auf 370.000 Soldaten festgelegt.

Ich hatte die Möglichkeit, an vielen weiteren Vorhaben mitzuwirken: Wir waren beteiligt an der Erarbeitung einer neuen Reservistenkonzeption, an der Planung für die Sicherstellung des Personalbedarfs sowie an der Neufassung der Beurteilungsbestimmungen. Dazu befassten wir uns mit zahlreichen Fragen der Inneren Führung.

Gegenstand unserer Diskussionen war auch der vom vorherigen Verteidigungsminister Apel in den letzten Tagen seiner Amtszeit herausgegebene Traditionserlass. Wir sahen jedoch keinen Grund, Minister Wörner Änderungen vorzuschlagen. Der Erlass blieb letztlich bis 2018 gültig.

Von Zeit zu Zeit war ich direkt für Wörner tätig. Wenn sein Redenschreiber nicht verfügbar und mein Fachgebiet berührt war, oblag mir die Aufgabe, die Reden zu verfassen – hin und wieder auch ohne vorhandene Redevorlagen aus dem Haus sowie im passenden Stil und jener Tonlage, die zu Wörner passte. Nicht selten bekamen wir die Aufträge spät am Abend, sodass Nachtschichten zu bewältigen waren.

Exemplarisch hierfür war ein Ereignis, als der Minister an einem Samstagmorgen eine Rede anlässlich einer Veranstaltung des Reservistenverbands halten wollte. Hierzu erhielt er einen Entwurf aus dem Fachreferat des Ministeriums. Die Rede war zwar sachlich keineswegs falsch, doch Wörner konnte mit dem Entwurf wenig anfangen; sie entsprach nicht seinem speziellen Vortragsstil und enthielt auch wenig Neues für die Zuhörerschaft. Am späten Freitagnachmittag, kurz bevor ich mich auf dem Weg nach Hause befand, rief mich der stellvertretende Leiter des Planungsstabes zu sich und gab mir das Skript mit dem Auftrag, es umgehend zu überarbeiten. Da die Rede am nächsten Morgen gehalten werden sollte, war nun Eile geboten. Ursprünglich hatte ich für den Freitagabend die Leitung einer Pfadfinderveranstaltung geplant. Nun musste ich kurzerhand einen überraschten Pfadfinderkameraden darum bitten, mich zu vertreten. Mein Luftwaffenkamerad und ich machten uns sofort an die Arbeit.

Gegen 22 Uhr konnten wir dem Minister einen ersten Entwurf vorlegen. Eine knappe Stunde später bekamen wir diesen mit einigen Kommentierungen zurück. Wiederum nach einer weiteren Stunde – es war bereits Mitternacht – legten wir dem Minister die neue Fassung vor und erhielten kurz danach seine Freigabe. Am Samstagmorgen hielt Wörner schließlich seine Rede zum Thema „Reservisten in der Bundeswehr".

Die flache Hierarchie im Planungsstab ermöglichte äußerst kurze Wege zur Führung des Ministeriums und gegebenenfalls auch sehr schnelle, dennoch gut überlegte Entscheidungen des verantwortlichen Ministers. Sie forderte aber absolute Genauigkeit bei der Darstellung der Sachverhalte und Erarbeitung der Empfehlungen. Koordiniert wurde die Arbeit durch einen Stabsoffizier der Luftwaffe, den damaligen Oberstleutnant Moede, den ich schnell schätzen lernte. Er sorgte dafür, dass die verschiedenen Vorlagen sich passend ergänzten und Termine eingehalten wurden. Dazu beteiligte er sich intensiv an den inhaltlichen Diskussionen. Einige Jahre wurde er als Chef des Stabes des Führungsstabes der Streitkräfte und danach als stellvertretender Generalinspekteur ein ganz enger Mitarbeiter und Vertrauter.

Generell waren im Planungsstab viel Nachtarbeit und zahlreiche Aufträge an der Tagesordnung, die in kürzester Zeit und dennoch in hoher Qualität erledigt werden mussten. Zugleich aber war die Arbeit unter Minister Wörner geprägt von einer engen Kameradschaft unter den Mitarbeitern. Der Planungsstab bot viele Möglichkeiten für lebhafte und häufig auch kontrovers geführte Diskussionen. Dazu gehörten die Frage der atomaren Rüstung, aber auch die Themen der Personalführung, des Verwendungsaufbaus und des Beurteilungssystems.

Zur Personalführung und zum Verwendungsaufbau schrieb ich eine Studie, die zu dem Ergebnis gelangte, dass vor allem die Verwendungsdauer von Kompaniechefs und Bataillonskommandeuren verlängert werden sollte. Später konnte ich in anderer Funktion auf diese Gedanken zurückgreifen. Ein Besuch bei einem Personalführer von Mercedes mit dem Ziel, mich über das Beurteilungssystem dieser großen Firma zu informieren, ist mir noch heute in guter Erinnerung. Besonders wichtig war für mich zu erfahren, dass Loyalität und lebhaft geführte Diskussionen im Vorfeld von Entscheidungen sich nicht gegenseitig ausschließen. Der Planungsstab war keinesfalls stromlinienförmig ausgerichtet. Unterschiedliche Auffassungen wurden intensiv diskutiert, Entscheidungen des Ministers aber genauso konsequent vertreten.

Selbstverständlich musste im Planungsstab auch politisch gedacht und vor allem mitgedacht werden. Der Schutz des Ministers bei sensiblen Themenfeldern und kontroversen Entscheidungen war von hoher Bedeutung. Die Mischung im Planungsstab zwischen Loyalität und der Bereitschaft, sich mit allen Argumenten offen auseinanderzusetzen und sich dabei nicht mit Stereotypen zufriedenzugeben, empfand ich als überaus beispielhaft.

Mit meinem Vorgesetzten General Schönbohm wurde ich schließlich nach über drei Jahren im Rahmen eines Empfangs, zu dem wir gemeinsam eingeladen hatten, aus dem Planungsstab verabschiedet.

General Schönbohm wurde Divisionskommandeur. Für mich stand eine Versetzung zu einer hochrangigen Ausbildung in den USA an. Minister Wörner erschien persönlich zu dieser Verabschiedung, die zunächst vor allem General Schönbohm galt. Aber ich freute mich überaus, dass er auch für mich einige sehr wohlwollende Worte fand. So endete die Zeit im Planungsstab rundweg befriedigend.

Viele Pfadfinderaktivitäten führte ich in dieser Periode fort. Gegen Ende der Zeit im Planungsstab kandidierte ich 1988, zusammen mit einer Partnerin, für den Bundesvorsitz des Verbands Christlicher

Pfadfinderinnen und Pfadfinder und wurde auch (allerdings mit einer denkbar knappen Mehrheit) gewählt. Dieses Amt trat ich ein Jahr später nach meiner Rückkehr aus den USA an.

Am US Army War College

Mein drittes und letztes Jahr im Planungsstab neigte sich allmählich dem Ende zu. Die Personalführung war angesichts meiner Vita der Meinung, ich müsste dringend mehr internationale Erfahrungen sammeln. Das stimmte: Weder hatte ich bislang eine Verwendung in der NATO noch bei einer anderen internationalen Einrichtung gehabt. Nun ergab sich die Gelegenheit, dies nachzuholen.

In den USA gab es einen einjährigen Lehrgang, organisiert von der US Army am US Army War College in Carlisle, Pennsylvania. An diesem Lehrgang, der für die teilnehmenden US-Offiziere ein hochrangiger Laufbahnlehrgang war, konnte eine begrenzte Anzahl ausländischer Offiziere teilnehmen. Die Gruppe jener Offiziere im Range von Obersten – in wenigen Fällen auch Brigadegeneralen – bestand aus etwa dreißig Offizieren aus Staaten, die mit den USA verbündet waren. Neben den meisten NATO-Staaten zählten auch unter anderem Ägypten, Kenia, Botswana, Indien, Pakistan, Südkorea oder Singapur dazu. Daraus ergab sich eine illustre Gemeinschaft. Für die Teilnahme an diesem einjährigen Lehrgang wurde ich vorgesehen.

Der Reise in die USA ging eine gründliche Vorbereitung voraus. Ein wichtiger Programmpunkt war ein dreimonatiger Sprachkurs an der Sprachenschule der Bundeswehr in Hürth. Ich war dankbar, als Vorbereitung auf den USA-Aufenthalt noch zu diesem Sprachenlehrgang kommandiert zu werden. Natürlich war mir die englische Sprache sehr geläufig. In meinen verschiedenen Verwendungen hatte ich regelmäßig mit den US-Streitkräften zu tun, nahezu täglich hatte ich im Verteidigungsministerium oder vorher beim III. Korps und der 2. Panzergrenadierdivision NATO-Dokumente zu lesen. Selbstverständlich fanden auch sämtliche Besprechungen mit unseren NATO-Partnern in englischer Sprache statt. Der Sprachkurs war dennoch äußerst hilfreich und ausgesprochen praxisnah.

Militärische Lagevorträge wurden geübt, Radiosendungen gehört und ausgewertet. Den Abschluss bildete eine Prüfung, die mir keine Probleme machte.

Während dieser Zeit lebte ich in meinem Häuschen in der Eifel mit deutlich mehr Freizeit, als ich dies vom Planungsstab gewohnt war.

Jeden Morgen fuhr ich zur Schule, nachmittags kam ich wieder nach Hause. So diente die Zeit auch dazu, Abstand von der bisherigen, äußerst beanspruchenden Verwendung zu gewinnen.

Um mich weiter in der englischen Sprache zu schulen, fing ich an, Filme in englischer Originalsprache zu schauen und die Nachrichten bevorzugt auf CNN zu verfolgen. Neben meiner sprachlichen Weiterbildung profitierte ich als deutscher Lehrgangsteilnehmer in der Übergangszeit von ausführlichen Gesprächen mit einem meiner Vorgänger. So riet er mir dazu, vor Ort einen Vortrag über Deutschland und die Bundeswehr vorzubereiten und Anschauungsmaterial mitzuführen.

Vielfach habe ich während meines Aufenthalts in den USA vor den verschiedensten Kreisen Präsentationen über Deutschland gehalten. Ich besorgte einen Koffer voller Gastgeschenke, und die Bundeswehrverwaltung, die mir bei der Vorbereitung des USA-Aufenthalts sehr hilfreich war, unterstützte mich dabei, eine Lösung für meine Unterkunft zu finden.

Anfang Juli 1988 war es dann so weit: Mit einer Bundeswehrmaschine flog ich in die Vereinigten Staaten und kam rechtzeitig ein paar Tage vor Beginn des Lehrgangs am 4. Juli in Washington D. C. an. Anlässlich des amerikanischen Nationalfeiertags konnte ich auf Einladung des Heeresattachés an einer großen Veranstaltung in Sichtweite des Washingtoner Obelisken teilnehmen. Nach einer Übernachtung im Hotel wurde ich am nächsten Tag mit einem Botschaftsfahrzeug nach Carlisle gebracht. Oberst Pete Dauber, mein US-Sponsor, empfing mich mit großer Herzlichkeit und erleichterte mir die ersten Schritte ungemein.

Dauber wirkte neben seiner fachlichen Aufgabe viele Jahre als Sponsor des jeweiligen deutschen Lehrgangsteilnehmers. Er gab sich große Mühe mit meinen Vorgängern, Nachfolgern und auch mit mir. Bei allen zu regelnden Angelegenheiten von der Wohnungssuche bis zum Autokauf leistete er eine unschätzbare Hilfe. Auch für das Studium war er ein wertvoller Ratgeber und Begleiter. Regelmäßig wurde ich in seine Familie eingeladen. Für diese wunderbare Begleitung war und bin ich zutiefst dankbar.

Da ich kein Interesse daran hatte, in einer Offiziersunterkunft am College unterzukommen und auch das Haus, in dem meine Vorgänger wohnten, aufgrund seiner Größe für mich ungeeignet war, machten wir uns auf die Suche auf dem hiesigen Wohnungsmarkt. Und wir wurden fündig: Nur wenige Tage später bezog ich ein Haus, etwa drei Kilometer vom College entfernt, in einer Neubausiedlung. Nie zuvor und auch nie danach habe ich ein Haus dieser Größe bewohnt: Es hatte immerhin vier Schlafzimmer. Für mich ermöglichte dieses Haus sowohl am gesellschaftlichen Leben teilzunehmen als auch hin und wieder mehrtägigen Besuch zu empfangen. So empfing ich Gäste, Kameraden und ihre Familien aus dem Lehrgang – Boy Scouts, denen mein französischer Kamerad und ich zusammen ein Programm anboten, aber auch Verwandte und Freunde, die mich aus Deutschland besuchen kamen.

Bald hatte ich gute Kontakte zur örtlichen Kirchengemeinde, die über meine Person bestens informiert war und mich darum bat, eine Rede über die aktuelle Situation in Deutschland zu halten. Später bekam ich viele weitere Einladungen, zum Beispiel von einer Kadettenakademie und von einer Schule, deren Deutschunterricht ich bereichern durfte.

Aus jedem Land konnte pro Jahr nur ein Offizier für die Teilnahme an diesem Lehrgang gemeldet werden. Manche Länder, wie zum Beispiel Deutschland, schickten in jedem Jahr einen Offizier, andere wie Frankreich lediglich alle zwei Jahre. Einer meiner Vorgänger war im Übrigen mein späterer Vorgesetzter General Hansen.

1988/1989 war ich im Lehrgang der einzige ausländische Offizier mit deutscher Muttersprache. Dies erwies sich als Vorteil: Da ich nun ausschließlich mit englischsprachigen Partnern im militärischen oder zivilen Bereich zu tun hatte, fiel mir die Eingewöhnung deutlich leichter. Gelegentliche Ausflüge in die deutsche Sprache waren nur mit Pete Dauber und seiner Frau sowie meinem französischen Lehrgangskameraden, der ebenfalls gut deutsch sprach, möglich.

Die ausländischen Offiziere wurden auf die Hörsäle aufgeteilt. Auf je vierzehn amerikanische Offiziere kamen zwei ausländische Kameraden. Mein nicht amerikanischer Hörsaalkamerad war aus Südkorea angereist.

Die Teilnehmer aus den Vereinigten Staaten gehörten zum größten Teil zur US Army, ergänzt durch wenige Teilnehmer aus anderen Teilstreitkräften und Beamte aus dem Auswärtigen Amt.

In der Akademie selbst kam ich schnell in Kontakt mit einer Gruppe von vierzig bis fünfzig Offizieren, die sich einmal die Woche zu einem „Prayer Breakfast" trafen. Diese Frühstückstreffen mit gemeinsamer Andacht gab es landesweit. Auch bei späteren Besuchen in den USA habe ich daran teilgenommen. Jeder Teilnehmer war gelegentlich dran, sich um das Frühstück zu kümmern, und die Andacht wurde immer von einem der Teilnehmer gestaltet. Auch ein französischer Kamerad und ich hielten eine solche Andacht.

Einmal im Jahr fand das größte Frühstück dieser Art statt, das National Prayer Breakfast in Washington. Mein französischer Kamerad und ich durften Anfang 1989 als Vertreter unserer Akademie an diesem Ereignis teilnehmen. Etwa 2000 Gäste kamen, um bei dieser Gelegenheit auch den ersten großen öffentlichen Auftritt des neuen Präsidenten George H. W. Bush zu sehen. In den zwei äußerst gut organisierten Stunden erlebten wir verschiedene Redner, darunter auch Bush, und fanden an unserem Tisch spannende Gesprächspartner aus unterschiedlichen gesellschaftlichen Gruppen.

Der Lehrgang befasste sich mit politischen, strategischen und operativen Fragen und Aufgaben. Er gliederte sich in zahlreiche Kurse, von denen einige frei wählbar, andere vorgeschrieben waren. Systematisch wurde durchleuchtet, was in der Welt vor sich ging. Von den internationalen Teilnehmern wurde erwartet, dass sie – ihrer Herkunft entsprechend – Beiträge zur Information und zur Diskussion leisteten. Verpflichtend war das Fach Kriegsgeschichte. Ungemein detailliert wurden Operationen im Zweiten Weltkrieg besprochen und untersucht. Mir war recht schnell bewusst, dass ich mein Wissen noch deutlich ergänzen musste, um den berechtigten Ansprüchen unserer Lehrer gerecht zu werden.

Meine spezielle Aufgabe war eine Untersuchung der Schlacht am Kursker Bogen 1943. Dabei beschäftigte ich mich mit dem Kräfteaufwuchs beider Seiten vor der Schlacht mit dem Ziel, zu jener Frage Stellung zu nehmen, ob es einen geeigneteren Zeitpunkt für den Angriffsbeginn gegeben hätte.

Als Wahlkurs hatte ich mich für den Bereich Ethik entschieden, unterrichtet vom Leiter der Akademie, General Howard Graves. Hier wurde anhand von Beispielen aus der jüngeren Vergangenheit untersucht, wie Fehlverhalten zustande kam und wie man es hätte vermeiden können. Das Massaker von My Lai während des Vietnamkriegs spielte dabei eine besondere Rolle.

Es gab viele, zum Teil glänzende Vorträge mit herausragenden Rednern über politische und militärische Fragen. Einen besonders beeindruckenden Auftritt bot Colin Powell, der damalige Sicherheitsberater des Präsidenten. Aber auch ranghohe NATO-Befehlshaber hielten Vorträge. Mein persönlicher Ehrgeiz war es, meine Englischkenntnisse konkret anzuwenden und dazu bei jedem Vortrag mindestens eine Frage in Englisch zu stellen.

Angegliedert an das College war ein Institut für strategische Studien. An diesem Ort konnte ich das erste Mal erleben, was computergestütztes Arbeiten bedeutete. Das Thema Computersimulation war für mich damals eher noch ein Fremdwort, begegnete mir hier jedoch erstmals in der Realität. Für unsere Ausbildung und Übungen standen in den Hörsälen Computerterminals zur Verfügung, und man konnte über einen zentralen Speicher der Akademie Informationen abrufen, die man für gestellte Aufgaben oder Übungen benötigte. Die abrufbaren Informationen umfassten zum Beispiel Gliederungsbilder, Personalstärken, Informationen über die Leistungsfähigkeit von Waffensystemen oder den Zeitbedarf für Verlegungen und vieles andere.

Zu den „IT-Experten" unter den Lehrgangsstudenten gehörte auch mein niederländischer Kamerad, der mich in die Welt der Computer einführte und später im Rahmen des Lehrgangs Chef des Computerklubs wurde. Schnell war ich auch selbst im Besitz eines PCs, einem der ersten Modelle von Commodore ohne Festplatte. Der PC hatte zwei Laufwerke für Floppy Disks. Als Programm nutzte ich „Professional Writing". Die Software hatte gerade im Vergleich zu heutigen Schreibprogrammen sehr wenige Funktionen, die für meine Ansprüche jedoch völlig ausreichend waren.

Im College fanden mehrfach Planübungen statt. Dabei wurde – gerade für uns Europäer besonders spannend und lehrreich – der weltweite Einsatz amerikanischer Streitkräfte geübt und besprochen.

Zwei Übungen blieben mir länger in Erinnerung: Eine spielte in Südostasien. Dabei ging es um den Einsatz einer amerikanischen Armee in Thailand, und ich war als Chef des Stabes hierfür eingeteilt. Die Beschäftigung mit allen Fragen des Einsatzes rund um diese Armee führte mich in eine bis dahin kaum gekannte Welt. Es gelang sehr gut, diese Herausforderung zu meistern. Dazu hatte ich mir erlaubt, auf die Notwendigkeit hinzuweisen, dass die militärischen Maßnahmen der US-Streitkräfte mit den thailändischen Behörden abgestimmt werden mussten.

Eine andere Übung konzentrierte sich auf Europa – und sie verursachte einiges an Aufsehen, weil ich während der Durchführung eine heftige Auseinandersetzung auslöste. Die beschriebene Ausgangslage war ein drohender Angriff des Warschauer Paktes auf Zentral-Europa, ein Angriff, bei dem Deutschland seinen Bündnisverpflichtungen im Rahmen des Konflikts nicht nachkommen würde. Aus meiner Sicht durfte ich jedoch als deutscher Offizier ein solches Szenario keinesfalls hinnehmen. Wie ich meinem irritierten Übungsleiter deutlich machte, hatte ich gelernt, dass man als Soldat zwar Unwahrscheinliches bedenken müsse – aber niemals Unmögliches. Ein Szenario, in dem Deutschland seine Bündnispartner im Stich lassen würde, stellte für mich keine realistische Ausgangslage dar. Nun kam es unter den Entscheidungsträgern des US War Colleges zu einigen Debatten, bis man sich schließlich für einen Kompromiss entschied. Es wurden zwei verschiedene Lagen gespielt: Die eine entsprach dem Ausgangsentwurf der Übungsplaner. Mein Hörsaal hingegen übernahm eine Lage, in der Deutschland bündnistreu war.

Abgesehen von diesem „Betriebsunfall", in dem die Loyalität der Deutschen – wenn auch während einer Übung – in Zweifel gezogen wurde, wusste man jedoch durchaus die Bundesrepublik als Bündnispartner hoch zu achten.

Bemerkenswert war vor allem die Neugier der Amerikaner hinsichtlich einer möglichen Wiedervereinigung der beiden deutschen Staaten. Immer wieder (viel mehr als in Deutschland) wurde ich von Amerikanern zu diesem Thema befragt. Dies geschah nicht nur während der Veranstaltungen des Lehrgangs, sondern auch bei Vorträgen in Schulen oder Kirchengemeinden. Während bei uns die Wiedervereinigung in keiner Weise auf der Tagesordnung stand, schienen viele Amerikaner ein deutlich größeres Empfinden dafür zu haben, dass sich in absehbarer Zeit Historisches ereignen könnte. Ablesen ließ sich das an einer Filmcollage, die in einem Seminar – auch unter Beteiligung meines Sponsors – zum Thema Europa veranstaltet wurde. Die letzten vom Moderator gesprochenen Worte der Dokumentation über die jüngsten Ereignisse in Europa lauteten: „Change is in the air".

Während meiner Zeit in der Akademie hatte ich viel lernen können, besonders die Sicht der Amerikaner auf die Weltpolitik und auf die Bündnispartner. Interessant war zudem auch die Kommandostruktur ihrer Streitkräfte: Die Welt wurde von den Amerikanern in verschiedene Zonen militärischer Verantwortlichkeit aufgeteilt. Für jede war ein Oberbefehlshaber zuständig.

Nicht alle Themen und Vorlesungen des Lehrgangs waren auch für alle gleichermaßen offen. Zu einigen wenigen Unterrichtsstunden und Ausbildungseinheiten wurden nur die amerikanischen Lehrgangsteilnehmer zugelassen, zumeist dann, wenn die internationalen Teilnehmer auf Reisen waren. Einige Informationen waren zudem den NATO-Verbündeten vorbehalten.

Bei den Diskussionen über die Krisenherde der Welt war es Aufgabe der internationalen Lehrgangsteilnehmer, die jeweilige Sicht ihres

Landes darzustellen. In diesem Zusammenhang durften Teilnehmer, die sich dieses Seminar ausgewählt hatten, über die Lage in Europa und in Deutschland diskutieren. Nicht nur die Entwicklungen in der DDR kamen zur Sprache, auch die Proteste der Westdeutschen gegen die atomare Bewaffnung wurden dabei zum Thema gemacht. Wir Europäer, zu denen neben mir auch ein Franzose, ein Brite und ein niederländischer Offizier zählten, haben uns regelmäßig abgestimmt und eine gemeinsame Haltung vertreten.

Die internationalen Teilnehmer wurden schnell ein fester Gruppenverband, der sehr stark zusammenhielt. Dazu trugen die für uns im Lehrgangsprogramm vorgesehenen Reisen bei, die uns ermöglichten, das Land näher kennenzulernen. An fast allen Reisen konnten die Familienangehörigen teilnehmen.

Zu den verpflichtenden Aufgaben gehörte das Verfassen einer Jahresarbeit. Das Thema hierfür konnte aus einer umfangreichen Liste frei gewählt werden. Ein Betreuer aus dem Lehrkörper begleitete mich in der Art eines Doktorvaters bei der Anfertigung der Arbeit. Ich hatte mir eine Studie zu Carl von Clausewitz herausgesucht und schrieb sowohl über den „Kulminationspunkt des Angriffs" als auch den „Kulminationspunkt des Sieges".

Der Professor war ein ausgezeichneter Clausewitz-Kenner, der über den preußischen Generalmajor sowie dessen Thesen und Werke hervorragend unterrichtete. Bei der Anfertigung halfen mir die regelmäßigen Diskussionen und Besprechungen mit ihm sowie die Aussprachen mit meinem Sponsor. Ich verbiss mich in die Arbeit und freute mich über jeden Fortschritt. Um in der Schlussphase die notwendige Disziplin zu behalten, schrieb ich auch über die Weihnachtsfeiertage konsequent am Text.

Während der unterrichtsfreien Zeit verließ ich die Akademie für eine Woche und mietete über Weihnachten einen Bungalow in Florida, direkt am Strand. Jeden Morgen begann ich gegen acht Uhr mit dem Schreiben, die Nachmittage waren dem Baden oder kleinen und größeren Ausflügen gewidmet. Ein Ausflug führte mich auch nach Key West. Zu dieser Zeit konnte ich nicht ahnen, dass mich Jahre später eine Einladung des amerikanischen Generalstabschefs dorthin zurückführen würde.

Überhaupt war ich fast jedes Wochenende unterwegs. So nutzte ich die Gelegenheit dazu, verschiedene Orte auszukundschaften: die Pocono Mountains, die Niagarafälle, Virginia oder einige Indianer-Reservate in der Nähe von Washington D. C. Über die Weihnachts- und Neujahrstage war ich in Florida. Dazu kamen Wochenendausflü-

126

ge mit unserer amerikanischen Pfadfindergruppe, unter anderem eine Kanutour sowie ein Aufenthalt auf einer Jagdhütte. Neben der Ausbildung an der Akademie lernte ich bei meinen Reisen Land und Leute kennen und kehrte schließlich mit vielen Eindrücken aus diesem großartigen und vielseitigen Land nach Hause zurück.

Unsere Gastgeber verschafften uns intensive Eindrücke über die Ausbildung ihres Offiziersnachwuchses. Zwei Reisen führten uns an renommierte Ausbildungsstätten: Dazu gehörte einmal natürlich Westpoint, wo die jungen künftigen Offiziere vier Jahre blieben. Nachdem sie sich einer harten Auswahl gestellt hatten, erwarben sie innerhalb dieser Zeit sowohl einen akademischen Abschluss als auch einen Offiziersgrad.

Der Alltag der jungen Offiziersanwärter vollzog sich in einer straffen militärischen Umgebung. Ältere Kadetten übten die Vorgesetztenrollen aus. Von Beginn an wurden die jungen Leute bewusst einem harten Druck ausgesetzt, der nach dem ersten Jahr immer weiter nachließ. Militärische Ausbildungslager ergänzten die akademische Ausbildung.

In Westpoint gab es auch weibliche Kadetten. Wir trafen eine Gruppenführerin, die konsequent und in gleicher Disziplin wie ihre männlichen Kollegen ihre Aufgaben erfüllte. Für mich als deutscher Offizier war dies im Jahre 1989 noch ein recht ungewohnter Anblick. Hier in Westpoint wurde auch Tradition gelebt, zahlreiche bekannte Generale hatten diese Ausbildungsstätte besucht – zum Beispiel der spätere amerikanische Präsident Dwight D. Eisenhower oder General Douglas MacArthur – und ihr Andenken wurde in hohen Ehren gehalten.

Die zweite militärische Ausbildungsstätte, die wir besichtigten, war das „Virginia Military Institute" in Lexington. Bekannte Absolventen waren unter anderem die Generale Marshall und Patton. Das System war ähnlich, der auf den Nachwuchs ausgeübte Druck schien mir allerdings noch höher zu sein.

Insgesamt bekam ich ein zwiespältiges Bild von den Einrichtungen. Beide Akademien verfolgten eine Form der Nachwuchsausbildung, mit der ich mich nicht wirklich anfreunden konnte. Ein wesentlicher Bestandteil des Systems war es, die Soldaten – vor allem jene, die sich im ersten Lehrjahr befanden – durch ihre vorgesetzten Kameraden unter einem pausenlosen Druck zu halten. Auch darüber hinaus warfen die Eindrücke vom Leben der Kadetten und die entsprechenden Berichte einige Fragen auf: Vor älteren Kadetten musste man sich übertrieben ehrfürchtig zeigen, die Benutzung von Bademänteln oder

Radios wurde erst im zweiten Jahr erlaubt und die Reinigung der Uniformen fast zum Kult erhoben.

Bei einem langen Gespräch mit einigen Schülern, die von ihrer Ausbildung und ihrem Alltag erzählten, wurde allerdings klar, dass sie von der Richtigkeit des Systems zutiefst überzeugt waren. Die jungen Leute, die kurz vor dem Abschluss ihrer Ausbildung standen, beeindruckten mit ihrer Selbstsicherheit, Disziplin, aber auch ihrer Aufgeschlossenheit. Dennoch, abgesehen von allen rechtlichen Fragen, schien mir dies für die Bundeswehr kein übertragbares Konzept zu sein – auch wenn viele Absolventen dank dieser Ausbildung regelmäßig hohe Stellen erreichten, nicht nur im militärischen Bereich.

Eine freudige Überraschung holte mich kurz vor dem Abschluss des Lehrgangsjahres ein: Von den insgesamt über 500 Lehrgangsteilnehmern gehörte ich zu den wenigen Offizieren, denen (für meine Clausewitz-Studie) ein Preis für „Excellence of Military Writing" zuerkannt wurde. Der Preis wurde in einer Feierstunde übergeben und bestand aus einer Standplastik, in die ein Silberdollar eingelassen war, dazu wurde ein Geldpreis vergeben. Amüsante Randnotiz: Vom Geldpreis wurde der Wert des Silberdollars abgezogen.

Tatsächlich war ich der erste nicht-englischsprachige Ausländer, der diese Auszeichnung überreicht bekam. Noch heute findet man meinen Namen mit dem Hinweis darauf unter der „Klasse von 1988".

Besonders beeindruckt hat mich die unkomplizierte Art der Amerikaner in Bezug auf Einladungen und gegenseitige Besuche. Viele Male hielt ich mich im Haus meines Sponsors auf, sodass ich bereits ein Stück weit zu dessen Familie gehörte. Etliche meiner amerikanischen Lehrgangskameraden luden mich zu sich nach Hause ein. Auch der Akademiekommandeur, Generalmajor Graves, bat regelmäßig Lehrgangsteilnehmer auf sein Anwesen, einer beeindruckenden schlossähnlichen Villa mit Empfangssaal, die ihm sein Dienstherr zur Verfügung stellte.

Die unkomplizierte amerikanische Art machte es mir leicht, mich auch als Gastgeber am gesellschaftlichen Leben zu beteiligen. Häufig hielten sich Gäste in meinem Haus auf, die ich auf einfache Weise mit Hühnerschenkeln und deutschem Bier bewirtete.

Für die „International Fellows" beteiligte ich mich an der Organisation eines Oktoberfestes, das auf einen Vorschlag von mir zurückzuführen war. Sowohl bei den Amerikanern als auch bei den internationalen Gästen fand dieses Fest sehr guten Anklang. Gefeiert wurde in einem nahegelegenen Klub. Das Bier stammte im Wesentlichen aus den Vorräten des deutschen militärischen Vertreters in Washington. Es war sogar gelungen, Weißwürste zu besorgen. Die Akademieleitung war allerdings über solche selbstorganisierten Events eher weniger erfreut, legte uns aber auch keine Steine in den Weg.

Als ein weiteres gutes „Hilfsmittel", das mir half, mich in die amerikanische Community zu integrieren, erwies sich der akademieeigene Boy-Scout-Trupp. Diese Trupps wurden nach Dienstantritt der Lehrgangsteilnehmer aus interessierten Kindern und Jugendlichen zusammengestellt. Sie blieben ein Jahr bestehen, dann lösten sie sich im Zuge der Versetzung der Teilnehmer wieder auf. Mit dem nächsten Lehrgang begann die Arbeit von vorne. Jeweils ein oder mehrere Offiziere des Stammpersonals kümmerten sich um das Pfadfinderprogramm. Mein französischer Lehrgangskamerad und ich brachten beide große Pfadfinder-Erfahrung mit und beteiligten uns mit Freude an der Programmgestaltung. Wir besuchten gelegentlich die Gruppenstunden der Jugendlichen, boten ihnen aber auch eigene Beiträge an, die gut angenommen wurden.

Unsere Angebote waren für den Erwerb von „Badges" anerkannt. Solche „Badges" werden den amerikanischen Pfadfindern zum Nachweis verschiedener pfadfinderischer Fähigkeiten vergeben. Mit etwa zehn interessierten Jungen war ich hin und wieder zu Fuß unterwegs, beispielsweise einen Tag auf dem Appalachian Trail. Ein anderes Erlebnis war eine Bergwanderung bei strahlendem Sonnenschein irgendwo inmitten des Indian Summer. Für das „Hike-Badge" war eine Strecke von fünf Kilometern vorgeschrieben. Wir liefen gut gelaunt die doppelte Distanz.

Gerard, mein französischer Kamerad, und ich boten in den darauffolgenden Wochen weitere „Badges" an. So fuhren wir mit den Jungen auf Fahrrädern zum Schlachtfeld des amerikanischen Bürgerkriegs Gettysburg und wurden dort in den Verlauf der Schlacht eingewiesen.

Zum krönenden Abschluss unseres gemeinsamen Programms organisierten wir über sechs Wochen hinweg wöchentliche Treffs zu den Themen „Internationale Beziehungen und Weltbürgertum". Einmal in der Woche trafen wir uns in meiner Wohnung, lehrten und diskutierten verschiedene Themen wie Vereinte Nationen, NATO, Europäische Union und Rotes Kreuz. Wir zeigten Bilder von Deutschland und Frankreich und erklärten den ungemein interessierten Kindern unsere politischen Systeme. Das Programm endete mit einem Treffen in meinem Haus und einem Essen. Die Resonanz der Kinder, aber auch der Eltern war überwältigend. Nach Abschluss des Pfadfinderprogramms wurden mein französischer Kollege und ich im Rahmen einer Abschiedsfeier ausgezeichnet.

Bei dieser Veranstaltung wurde auch deutlich, welchen Stellenwert die Pfadfinder in den USA haben. Ein junger Mann, der sich verschiedenen Prüfungen unterworfen hatte, wurde zum Eagle Scout ernannt – eine wichtige Sache für den Trupp und die Garnison. Neben der Urkunde bekam er einen Brief des amerikanischen Präsidenten und eine US-Fahne, die über dem Kapitol von Harrisburg geweht hatte.

Zugleich bedeutete dies auch das Ende meines sehr ereignisreichen USA-Aufenthalts, welcher mit einer großen Graduationsfeier beendet wurde. Mit der Abschlussbeurteilung konnte ich zufrieden sein. Es war tatsächlich ein sehr spannendes Jahr und eine Besonderheit dieses Land, diese einzigartige Weltmacht mit seiner gewaltigen militärischen Potenz umfassend kennengelernt zu haben. Zugleich wurde mir schonungslos vor Augen geführt, dass die eigenen militärischen Fähigkeiten einige Klassen niedriger angesiedelt waren.

Insgesamt begeisterte mich die Offenheit der Amerikaner und deren Fähigkeit, ihr Land in seinen Stärken zu zeigen, aber auch die Probleme nicht zu verbergen.

Als uns bei einer Reise nach New York verschiedene Informationstouren angeboten wurden, habe ich mich für einen New Yorker Problembezirk entschieden. Wir machten eine Bustour durch Harlem, besuchten das Apollo-Theater, eine Schule, eine Kirche und bekamen Gelegenheit, sowohl mit Schülern als auch mit Bürgervertretern, die sich für Harlem engagierten, zu sprechen, sie auszufragen und zu diskutieren. In einem Wohnhaus trafen wir Bürger, die freimütig von ihren Sorgen und Zukunftsängsten berichteten, aber zugleich Zuversicht und Entschlossenheit ausstrahlten und den festen Willen, aus Harlem einen besseren Ort zu machen.

Für interessierte Lehrgangsteilnehmer hatte ich im Rahmen dieser Reise einen Besuch bei der deutschen UN-Botschaft organisiert. Der Botschafter empfing uns mit großer Freude und stand für alle Fragen, die Deutschland und Europa betrafen, freimütig zur Verfügung. Noch im Sommer 1989, während meines Lehrgangs, wurde entschieden, wo ich im Anschluss Dienst leisten würde. So wurde ich kurz vor Lehrgangsabschluss per Fernschreiben darüber informiert, dass ich als Brigadekommandeur im fränkischen Hammelburg Verwendung finden würde.

Zunächst meldete ich mich jedoch beim Disziplinarvorgesetzten, dem deutschen militärischen Vertreter für die USA und Kanada, Generalmajor Wallmann, ab: Auf mich wartete ein sechswöchiger Urlaub, den ich mit einer Autotour durch Mexiko verbringen wollte. Freunde aus Deutschland reisten an, um einen Teil der Tour mitzufahren. Zunächst ging es quer durch die Staaten, nach New Orleans, durch Texas bis zur südlichen Grenze Mexikos, anschließend zurück nach New York. Die Eindrücke dieser mehrwöchigen Reise waren überwältigend. Mir hatten es vor allem die alten Kulturen im Süden angetan, die Überreste der Olmeken und Azteken, die alten Städte, die Zeremonien und gehüteten Gebräuche.

Als ich nach der Reise beim deutschen militärischen Vertreter vorstellig wurde, um mich nach Deutschland anzumelden, erwartete er mich bereits in seinem Büro.

Er hatte mich sechs Wochen lang nicht erreichen können. Der General trat auf mich zu: „Ich habe eine gute und eine schlechte Nachricht für Sie!", eröffnete er seine Ankündigung. „Die gute zuerst: Sie werden Brigadekommandeur." Daraufhin fragte er: „Haben Sie in Hammelburg schon irgendwas disponiert?" Ich verneinte, woraufhin der General erläuterte: „Die Personalabteilung hat zwei Angebote für Sie. Entweder Sie beginnen, wie geplant, am 1.10. als Brigadekommandeur, jedoch in Koblenz, oder es bleibt bei Hammelburg, allerdings erst ab dem 1. April des nächsten Jahres." Ich zögerte keine Sekunde und entschied mich für Koblenz, jenen Ort, in dem ich zur Schule gegangen war, meinen Wehrdienst begonnen und auch beim III. Korps gedient hatte – ein wahrlich willkommenes Heimspiel.

Nachdem die Entscheidung getroffen war, wurde ich die restlichen Wochen bis zum 1. Oktober in den Planungsstab kommandiert. Für mich war das eine günstige Gelegenheit, mich hinsichtlich der jüngsten Entwicklungen in der Bundeswehr und in der Sicherheitspolitik auf den neuesten Stand zu bringen.

Vor dem Aufbruch nach Koblenz ließ ich mir einen Termin beim Inspekteur des Heeres, General von Sandrart, geben, um mich für die Übernahme der Brigade nach Koblenz abzumelden. Aus dem kurzen Abschiedsbesuch entwickelte sich ein fast einstündiges Gespräch, in dem der Inspekteur mit aller Offenheit eine Vielzahl von Problemen rund um das Heer ansprach. „Das sind allerdings Probleme", sagte er am Ende unserer Unterhaltung, „die wir hier im Ministerium lösen müssen. Sie müssen sich darauf verlassen, dass sie hier in guten Händen sind. Und Sie gehen nach Koblenz und gestalten die Gegenwart." Begleitet von diesen Worten, die ich später selbst immer wieder verwendet habe, reiste ich nach Koblenz und übernahm von meinem Vorgänger, einem Lehrgangskameraden – dem späteren Viersternegeneral Stöckmann – das Kommando über die Panzerbrigade 15, einer von drei Brigaden der in Diez stationierten 5. Panzerdivision, die ich ja von meinen Verwendungen als S1-Offizier des Artillerieregiments 5 bereits gut kannte.

Zwischenspiel in Koblenz

Ausgerechnet in der Lahnsteiner Deines-Bruchmüller-Kaserne, in der ich bereits als Batteriechef tätig gewesen war, fand die offizielle Übergabe statt. Zum letzten Mal waren beide Eltern bei einer solchen Feierlichkeit anwesend. Besonders bewegend war die Teilnahme des hochbetagten ehemaligen Kommandierenden Generals des III. Korps, General Gaedcke.

Die Panzerbrigade 15 führte den Beinamen Westerwaldbrigade. Sie hatte ihre Verbände in Koblenz und dem Westerwald, ein Bataillon im Knüllgebirge nahe der innerdeutschen Grenze in Schwarzenborn. Da mein Erfahrungsschatz mit dem Hauptwaffensystem, dem Kampfpanzer Leopard 2, eher begrenzt war, bat ich den Bataillonskommandeur des Panzerbataillons 153, das in derselben Kaserne stationiert war wie mein Stab, mir einen guten Kompaniechef zu benennen, der mich zum Richtschützen auf dem Kampfpanzer ausbilden sollte.

Ich wollte das von der Pike auf lernen. So geschah es auch: Ich wurde eingewiesen und ausgebildet, fuhr bei der einen oder anderen kleinen Übung mit, übte im Simulator und beteiligte mich bei einer Übung als Richtschütze. Den ganzen Aufwand betrachtete ich auch als ein deutliches Signal an die Brigade, die sehen sollte, dass mir die Aufgabe absolut ernst war.

Das System „Brigade" war mir natürlich vertraut. Nicht erst an der Führungsakademie, sondern schon als junger Artillerieoffizier und vor allem als Batteriechef und Bataillonskommandeur musste man sich damit auseinandersetzen.

Der Großverband Brigade ist mit seinen Waffensystemen fähig, das Gefecht der verbundenen Waffen zu führen. Die Brigade verfügte über zwei Panzerbataillone mit Kampfpanzern Leopard 2, ein Panzergrenadierbataillon mit „Marder" Schützenpanzern sowie ein Artilleriebataillon mit Panzerhaubitzen M109. Zu den Brigadeeinheiten gehörten eine Panzerpionierkompanie, eine Instandsetzungskompanie, eine Nachschubkompanie, eine Sanitätskompanie und die Stabskompanie, die auch für die Fernmeldeverbindungen zuständig war. Die Brigade verfügte über einen kleinen, aber ungemein leistungsfähigen Stab.

Eine ereignisreiche, zugleich auch seltsame Zeit sollte nun in Koblenz auf mich warten. Einerseits war die Brigade auszubilden und zu führen. Andererseits entwickelte sich die politische Lage in rasender Geschwindigkeit, und umso anachronistischer muteten im Nachgang manche Ereignisse an, mit denen wir uns in dieser Phase beschäftigten. So begannen wir kurz vor der Maueröffnung mit der Entwicklung einer neuen Verteidigungsplanung, die kurz nach Öffnung der Mauer wieder hinfällig wurde. Dazu setzten wir uns intensiv mit der bevorstehenden Wehrpflichtverlängerung auf achtzehn Monate auseinander – so wie es ursprünglich geplant war. Doch dann holte uns die Weltgeschichte ein, und statt einer Verlängerung war bald die Verkürzung der Wehrdienstzeit auf zwölf Monate beschlossene Sache.

Die Brigade befand sich in einem guten Zustand, die Bataillone und Kompanien wurden von erfahrenen und leistungsstarken Offizieren geführt. Allerdings bestimmten allzu häufig Randthemen – wie beispielsweise Fragen zum Dienstzeitausgleich – die Arbeit vor Ort. Die Brigadeführung musste mit einer gewissen Strenge für eine einheitliche und vernünftige Handhabung sorgen.

Gleichzeitig forderten die Entwicklungen in der DDR unsere Aufmerksamkeit. Diese Entwicklungen beeinflussten auch zunehmend unsere tägliche Arbeit, insbesondere nach der Grenzöffnung in Ungarn. Tausende von Flüchtlingen kamen in die Bundesrepublik, für deren Betreuung und Unterkunft gesorgt werden musste. Dabei leistete die Bundeswehr eine beträchtliche Hilfe. Schon bald mussten wir in Schwarzenborn und Westerburg die ersten Ankömmlinge, die über die ungarische Grenze gekommen waren, aufnehmen. In unseren Kasernen und Übungsplatzunterkünften waren zeitweise mehrere Hundert Menschen, darunter auch viele Familien, provisorisch untergebracht. Sie wurden von Soldaten betreut und versorgt. Viele sind nach wenigen Tagen, nachdem ihnen Papiere ausgehändigt worden waren, zu Verwandten weitergereist oder haben andere Unterkünfte ausgesucht. Es kamen aber immer wieder neue hinzu. Die Betreuung wurde zu einer Daueraufgabe.

Ich sah meine Verantwortung darin, allen deutlich zu machen, dass sich für eine gewisse Zeit die Schwerpunkte unserer Tätigkeit ändern müssten. Es war im besten Interesse unseres Landes, sich dieser neuen Aufgabe – der Aufnahme und Betreuung unserer Landsleute – zu stellen.

In den Monaten Oktober und November spitzte sich die Situation zu: Fast alle Übungsplatzunterkünfte in Schwarzenborn mussten innerhalb kürzester Zeit durch Flüchtlinge belegt werden. Übungen wurden abgesagt; stattdessen galt es, für die Flüchtlinge Unterkunftsblöcke vorzubereiten. Die Schwarzenborner Soldaten sorgten für Verpflegung, Unterbringung und Betreuung. Nicht jeder hatte hierfür Verständnis, doch der Schwarzenborner Bataillonskommandeur und sein Bataillon leisteten hervorragende Arbeit. Wir waren uns einig, dass die Bewältigung einer nationalen Aufgabe zu dieser Zeit eine höhere Bedeutung hatte als jede geplante Übung.

Am Morgen des 9. November 1989 entschloss ich mich dazu, nach Schwarzenborn zu fahren. Den ganzen Tag über ging ich von Zimmer zu Zimmer, unterhielt mich mit den Geflohenen und ließ mir ihre Beweggründe für ihre Flucht erklären. Ich hörte erschütternde Geschichten, Fotoalben wurden mir gezeigt, manch unerträgliche Situation geschildert.

Dabei spielte sich auch folgende Geschichte ab: Ein kleiner Junge hatte sich krank gefühlt und war vom Truppenarzt versorgt worden. Als er mit seiner Mutter das Revier verließ, wurde ihm ein Stück Schokolade mitgegeben. „Und det solln unsere Feinde sein", meinte daraufhin der Junge.

An diesem Tag sprach ich mit vielen Soldaten, fragte sie nach ihren Erfahrungen und sagte ihnen, wie wichtig ihre Arbeit sei, wie viel Dankbarkeit mir von den Flüchtlingen entgegenkam und welche Bedeutung ihre Mithilfe hätte.

Abends fuhr ich nach Koblenz zurück, mit einem alten Opel als Dienstwagen. Auf der Heimfahrt bekam ich nicht mit, was sich an diesem Abend in der DDR ereignete. Kurz vor Mitternacht erreichte ich meine Wohnung in Koblenz. Erst jetzt durfte ich am Fernseher miterleben, was sich Historisches an den deutsch-deutschen Grenzübergängen ereignete. Es dauerte eine Weile, bis ich begriff, was vor sich ging. Zunächst war ich der Auffassung, ich sei Zuschauer eines Science-Fiction-Films. Es kam mir alles unwirklich vor, und ich brauchte eine Weile, um einordnen zu können, was da gerade passierte.

Am nächsten Tag wurden schließlich fast alle Dienstpläne geändert. Die Folgen, welche die Ereignisse für die Bundeswehr haben würden, waren zu diesem Zeitpunkt unabsehbar. Offensichtlich war lediglich, dass die neue Verteidigungsplanung von nun an obsolet war. Zwar wurden die Arbeiten abgeschlossen, doch am Ende wurde daraus ein interessantes Dokument für das Militärarchiv.

Natürlich musste auch in Zeiten jener Umbruchphase die Westerwaldbrigade geführt und weiter in optimaler Qualität ausgebildet werden. So war ich viel zur Dienstaufsicht unterwegs, wo sich der Eindruck verfestigte, dass die Brigade insgesamt in einem guten Zustand war.

Geschlossene Übungsplatzaufenthalte der Bataillone oder der Brigade gab es zu dieser Zeit nicht. Im Mittelpunkt standen Ausbildung und Übungen der einzelnen Kompanien und Batterien. Die Brigade war bei den Übungsplatzaufenthalten der Kompanien im Wesentlichen koordinierend gefragt, und der Stab war oft nur mit einem kleinen Element vor Ort vertreten.

Als Brigadekommandeur ließ ich mich allerdings sehr häufig auf den Übungsplätzen blicken, um mich über den aktuellen Ausbildungsstand zu informieren und entsprechenden Einfluss auf Ausbildung und Übungen zu nehmen.

Auch unter den Bedingungen der Wendeperiode versuchte ich meinen eigenen Führungsstil beizubehalten. Dazu gehörte vor allem der intensive Kontakt nicht nur mit den Kommandeuren, sondern ebenfalls mit möglichst vielen Soldaten. Dies erforderte eine möglichst hohe Präsenz vor Ort – manchmal auch zur Überraschung der Truppe.

Als eine Panzerkompanie ihre Übungsplatzunterkünfte am frühen Morgen verließ, um auf einer Schießbahn zu üben, empfing ich die Soldaten bereits beim Eintreffen auf der Bahn, blieb den ganzen Tag bei der Kompanie und nahm am Abend noch an der Besprechung des Chefs mit den Unterführern teil. Bei dieser Gelegenheit berichtete ich, was mir aus Sicht des Brigadekommandeurs aufgefallen war. Im Anschluss ging ich durch die Unterkünfte und unterhielt mich mit den überraschten Soldaten. Hin und wieder brach ich sehr früh auf, um zu Dienstbeginn in Westerburg, Rennerod oder Schwarzenborn vor Ort zu sein.

Wenn man etwas über einen Verband erfahren will, darf man nicht nur Berichte lesen oder lange geplante Vorführungen besuchen. Man muss den unmittelbaren Kontakt zu den Menschen suchen – und sich Zeit für sie nehmen. Als Führer gilt es zu bedenken, dass vieles, was man tut, sich herumspricht, man handelt also auch exemplarisch. Dabei beherzigte ich den Rat eines meiner ehemaligen Divisionskom-

mandeure, General Lichel, den ich nach einem Unfall im Krankenhaus besuchte und der mir auf den Weg gab: „Gehen Sie bewusst
auch dahin, wo Sie wissen, da ist alles in Ordnung, nicht nur dorthin,
wo Sie Unrat vermuten. Sonst ist das Bild unvollkommen."

Mit den mir unterstellten Soldaten zu sprechen führte immer wieder
zu Erkenntnissen, die man nur auf diese Weise bekommen konnte.
Probleme werden einem schließlich nicht automatisch zugetragen —
man muss sie sich abholen.

Bei der Dienstaufsicht eines Panzerbataillons kam ich mit einigen
Unteroffiziersanwärtern ins Gespräch. Ich fragte einen der vier Gefreiten, wann er denn Unteroffizier werden könne. Darauf antwortete
der junge Mann: „Die Bedingungen erfülle ich schon lange, nur sind
zurzeit keine Stellen beim Bataillon frei." Dann wurde klar, dass die
Aussage für alle vier Soldaten gleichermaßen galt. Ich fragte beim Bataillonskommandeur nach, der bestätigte, keine freien Stellen zur
Verfügung zu haben. Ich entgegnete: „Aber in der Brigade haben wir
mit Sicherheit noch vier freie Stellen. Und befristet ließen sie sich garantiert für das Bataillon verwenden." Gleich darauf rief ich den S1,
den Personalstabsoffizier an und fragte ihn, ob in der Brigade noch
vier freie Unteroffiziersstellen verfügbar wären. Er antwortete: „Klar,
und bei Bedarf auch noch einige mehr." Die Stellen wurden dem Bataillon umgehend zur Verfügung gestellt. Die Unteroffiziersanwärter
mussten noch am gleichen Tag befördert werden. Die Freude der
jungen Leute hatte ich lange im Gedächtnis.

Gleichzeitig mussten wir dafür sorgen, dass in solchen Fällen die
Bataillone sich meldeten. Es gab häufig Lösungswege, sofern man einen übergeordneten Blick behielt. Das lässt sich auch anhand einer
weiteren Anekdote belegen:

Meine Vorzimmerdame erschien eines Tages in meinem Dienstzimmer und teilte mir mit, ein Gefreiter sei im großen Dienstanzug im
Vorzimmer und wollte mich sprechen. Der Gefreite hatte keinen
Termin und auch keinen beantragt, die Sache machte mich aber neugierig. Ich meinte, wenn er schon da sei, dann solle er eintreten. Der
Gefreite kam in mein Büro und meldete sich bei mir in betont straf-
fer Form mit einem dienstlichen Anliegen. „Na dann", entgegnete
ich, „setzen Sie sich hin und erzählen Sie." Er wolle sich beschweren,
meinte der Gefreite. „Ich habe eine Weiterverpflichtung beantragt,
doch vom Bataillon ist sie abgelehnt worden." Im Ablehnungsbe-
scheid stehe, dass er dagegen schriftlich oder mündlich Beschwerde
beim Kommandeur der Panzerbrigade 15, also bei mir einlegen könne. Da die Anfertigung von Schriftsätzen nicht so seine Sache sei, ha-

be er halt einen Tag Urlaub genommen und sei schließlich zu mir gefahren. Ich musterte meinen Besucher aufmerksam und fragte dann,
welchen Grund er denn für die Ablehnung einer Weiterverpflichtung
erfahren hätte. „Mangelndes Selbstbewusstsein", lautete seine Antwort. Eine Rückfrage beim Panzergrenadierbataillon, aus dem der
Soldat kam, brachte hierzu keine neuen Erkenntnisse. Ich griff zum
Telefon, wählte die Nummer des Personalstabsoffiziers und fragte
ihn: „Haben wir eine Stelle in der Stabsbatterie frei?" Er bejahte dies.
Ich legte auf und wendete mich wieder an den Gefreiten: „Wenn
Ihnen egal ist, ob Sie in Schwarzenborn oder Koblenz Dienst ma-
chen werden, geht Ihre Weiterverpflichtung in Ordnung. Angesichts
Ihres Auftretens kann man Ihnen sicher kein mangelndes Selbstbe-
wusstsein unterstellen." Der Gefreite verließ sichtlich erleichtert mein
Büro, wohingegen sich der zuständige Bataillonskommandeur, der
den jungen Mann mittlerweile gerne behalten hätte, anhören musste,
dass man auf die erlebte Art und Weise keineswegs mit dem knappen
Nachwuchs umgehen durfte. So war dem Soldaten geholfen, und die
Stabskompanie bekam einen zusätzlichen Zeitsoldaten, der sich in
der Folge gut bewährte.

Die Entwicklungen in Deutschland beschäftigten uns rund um die
Uhr. Nachdem ich schon kurz nach der Jahreswende auf dem Land-
weg eine Pfadfinderveranstaltung in Berlin besucht und dabei auch
einen Tag in Potsdam verbracht hatte, nahm ich mir im Mai einige
Tage Urlaub und fuhr mit einem Kameraden nach Dresden. Ich
wollte Gräber meiner Vorfahren aufsuchen, bei Verwandten vorbei-
schauen und für meinen Vater, einen gebürtigen Dresdener, einige
Fotos machen.

Als wir in Dresden ankamen, besuchten wir zunächst das Militär-
museum der NVA. Allerdings war der Teil des Museums, der die
NVA behandelte, hermetisch abgeriegelt. Es gab kein Durchkom-
men, obwohl ich mich bis zum stellvertretenden Museumsleiter
durchfragte. Dieser war ausgesprochen nett zu mir, aber er blieb
standhaft und verweigerte auch dem Oberst von Kirchbach den Zutritt zur NVA-Ausstellung. Er berief sich auf Bauarbeiten. Nicht ohne Ironie bemerkte ich, dass ich das Vorgehen verstehen könnte –
schließlich sei dieser Bereich vermutlich noch sehr „Honecker-lastig"
und das Museum momentan dabei, diesen Eindruck zu korrigieren.
Der Beamte kam nicht umhin, meine Einschätzung schmunzelnd zu
bestätigen. Anschließend fragte ich ihn nach dem Standort der in
Dresden stationierten Panzerdivision der NVA. Er antwortete, dass
das Quartier lediglich ein paar Hundert Meter entfernt sei.

Kurzentschlossen machten mein Kamerad und ich uns gemeinsam zur Wache, oder vielmehr zum „Kontrolldurchlass", wie das bei der NVA genannt wurde. Ich meldete uns beim Wachposten an: „Ich bin der Oberst von Kirchbach, Bundeswehr, Kommandeur der Westerwaldbrigade. Ich mache hier Urlaub und würde Ihrem Kommandeur gerne einen Höflichkeitsbesuch abstatten." Mit einer solchen Aufwartung hatte wohl niemand gerechnet; man konnte den Eindruck gewinnen, ein Schmetterling sei in einen Ameisenhaufen geflogen. Die Posten liefen aufgeregt durcheinander, besprachen sich und telefonierten fieberhaft. Nach einigen Minuten rief ich den wachhabenden Unteroffizier zu mir und meinte: „Wenn bei der Bundeswehr so etwas passieren würde und man kann es nicht selbst regeln, ruft man einfach seinen Vorgesetzten an. In der Bundeswehr ist dies der Offizier vom Dienst. Irgend so etwas habt ihr doch auch", meinte ich amüsiert. „Also ruft doch dort mal an." Gesagt, getan – nach kurzer Zeit kehrte der Wachhabende zurück. Er sagte mir, dass bei der Division schon Dienstschluss sei und fragte mich, ob ich am nächsten Tag wiederkommen könne. Da würde mich der Kommandeur möglicherweise empfangen.

Am nächsten Vormittag kehrten wir zur Kaserne zurück und wurden zunächst in einen kleinen Raum neben der Wache geführt. Dann erschien ein Oberstleutnant, den ich einige Jahre später als Offizier der Bundeswehr wieder treffen sollte. Er führte uns zum stellvertretenden Kommandeur. Der Kommandeur selbst war wegen der Hochzeit seiner Tochter verhindert. Wir führten fast eineinhalb Stunden lang ein höfliches, wenngleich distanziertes Gespräch. Schnell waren wir uns darin einig, dass wir – auch wenn wir verschiedene Meinungen zu nahezu allen politischen Fragen hatten –, nun eine gemeinsame Aufgabe hätten, nämlich unsere jungen Leute baldmöglichst zusammenzubringen. Mit einem Geschenk verließ ich das Dienstzimmer. Das Treffen hatte sich in der Kaserne schnell herumgesprochen, und so war ich jenseits der Wache bald von einem Pulk von Soldaten umgeben, die mich zu den Inhalten unseres Austauschs befragen wollten und viele Fragen zum Dienst in der Bundeswehr stellten.

Ich gab ein leichtfertiges Versprechen: Ich sagte den Neugierigen, wir würden sie nach Koblenz einladen, irgendwie würde ich das schon regeln können. Nur wenige Tage später erhielt ich einen Brief mit den Namen der Soldaten, die an einer Einladung interessiert waren.

Mittlerweile war es viel leichter geworden, Kontakte zur NVA aufzunehmen. So rief ich den Divisionskommandeur der 7. Panzerdivision der NVA, Oberst Bednara, in Dresden an. Es war das erste Mal, dass meine überraschte Vorzimmerdame ein Gespräch in die DDR herstellte. Auch mein Partner in Dresden war von dem Anruf überrascht. Ich erzählte ihm vom besagten Brief und bat ihn, einen solchen Besuch zu ermöglichen. Er war sofort einverstanden, unter der Bedingung der Gegenseitigkeit.

Wir trafen eine Vereinbarung und stellten eine Gruppe junger Offiziere und Unteroffiziere jeweils aus Ost und West zusammen. Die sollten dann gemeinsam einige Tage in Dresden und Koblenz verbringen und dabei sich untereinander, ihre Standorte, Lebensbedingungen und Ausbildung kennenlernen. Einige Wochen später fand der Austausch tatsächlich statt.

Die Angelegenheit entwickelte sich dann allerdings noch weiter: Noch Wochen vor dem verabredeten Besuch rief mich der Dresdener Divisionskommandeur an, um mir eine Bitte zu übermitteln. Auf einer Tagung von Stabsoffizieren der Division in Dresden sollten ein Referat und eine Diskussion über „Innere Führung" ins Programm aufgenommen werden, und der Kommandeur fragte mich nach einem Referenten. Ich erkundigte mich bei ihm, ob er einverstanden sei, wenn ich das selbst übernähme, dann könnte das gleich mit dem Besuch der Veranstaltung unserer jungen Leute verbunden werden. Oberst Bednara stimmte zu, und so konnte ich die Reise planen.

In Begleitung von Oberstleutnant Vogt, dem S1-Stabsoffizier der Brigade und dem Fahrer, dem Obergefreiten Brähler, fuhren wir los. In Uniform standen wir vor dem Zwinger, neugierig beäugt von den Passanten. „Sie haben sich wohl verloofen", meinte eine Frau zu uns. In Dresden und anderen Standorten durfte ich vier Tage lang die 7. Panzerdivision der NVA kennenlernen – ein fast unwirkliches Erlebnis.

Niemals hatte ich mir vorstellen können, jenen Ort, an dem mein Vater geboren war und das Land, aus dem unsere Familie stammte, überhaupt besuchen zu können. Nun war ich hier und wurde eher wie ein Vorgesetzter als ein Besucher empfangen. Ich stellte fest, dass der gesamte militärische Körper der NVA noch vorhanden war, alles sich jedoch in einer Art Leerlauf bewegte. Überall fehlte es an Personal. Nur ganz wenige wehrpflichtige Soldaten waren vor Ort. Wurde etwas vorgeführt, kamen die Unteroffiziere zum Einsatz.

Das Gefühl einer raumumfassenden Unsicherheit war unter den ehemaligen Soldaten der Volksarmee mit Händen zu greifen. Nach

139

meinem Vortrag lud mich der Kommandeur zu einem Abendessen mit allen Stabsoffizieren des Divisionsstabes ein. In dem langen Gespräch, das ich mit ihnen führte, brach sich eine zutiefst deprimierende Stimmung Bahn. Die Soldaten merkten, dass alles, wofür sie gelebt, gearbeitet und gekämpft hatten, wegzuschwimmen drohte. „War mein ganzes Leben vergeblich?" Diese Frage bewegte viele der Offiziere. Es war leicht, dafür Verständnis zu entwickeln: Änderungen hingen in der Luft, viele Gerüchte schwirrten umher, aber noch war nicht entschieden, was kommen sollte. In der Bundeswehr zu dienen, das konnte sich jedoch kaum einer der älteren Stabsoffiziere vorstellen. Es war ein zutiefst deprimierender Abend voller menschlicher Schicksale, die auch uns nicht kalt ließen. Nach dieser Gesprächsrunde saßen wir noch lange bei dem einen oder anderen Bier zusammen.

Da war der Besuch der gemeinsamen Gruppe von jungen Offizieren und Unteroffizieren aus Brigade West und Division Ost schon deutlich weniger belastend. Die jungen Leute schauten vielmehr in die Zukunft – und hatten die DDR-Vergangenheit gedanklich bereits zum Großteil überwunden.

Den Kontakt zu Oberst Bednara hatte ich lange Zeit verloren. Etwa zwanzig Jahre nach meiner Pensionierung war ich auf dem sächsischen Schloss Lauterbach – von einem meiner Vorfahren erbaut – zu einem Podiumsgespräch zu Gast. Dort traf ich Herrn Bednara wieder, der von meinem Auftritt gehört hatte. Wir nutzten die Gelegenheit zu einem rundum freundlichen Gespräch.

In den bewegten Zeiten während des Sommers 1990 wurden im politischen Bereich viele intensive Diskussionen um die Zukunft der Bundeswehr geführt. Vor allem musste entschieden werden, was aus der NVA werden sollte. In vielen Zeitungsartikeln kursierten Spekulationen. „Auflösen ohne Rest" war eine oft gehörte Auffassung. Schließlich wurde entschieden, dass es in einem Staat nur eine Armee geben könnte und diese Armee die Bundeswehr sein würde. Die Bundeswehr sollte die „Armee der Einheit" sein, in Ost und West stationiert. Einem Teil des Führungspersonals der NVA sollte die Chance gegeben werden, sich an dieser Armee der Einheit zu beteiligen.

Es gab im Frühsommer des Jahres 1990 zwei wichtige Kommandeurtagungen, die fast zeitgleich stattfanden: Eine Tagung mit dem wichtigsten Führungspersonal der NVA wurde vom Minister für Abrüstung und Verteidigung, Rainer Eppelmann, geleitet. Fast gleichzeitig gab es eine Kommandeurtagung der Bundeswehr in Fellbach, die der Verteidigungsminister Gerhard Stoltenberg einberufen hatte. Die

140

Botschaften, die von beiden Tagungen ausgingen, waren grundverschieden: Während die Bundeswehr-Kommandeure schon relativ genau informiert wurden, wie man sich die Zukunft der Bundeswehr und der NVA vorstellte, ging von der Tagung der NVA das Signal aus, dass für eine begrenzte Zeit ein weiteres Bestehen der NVA ein durchaus realistisches Szenario wäre. Das war jedoch nicht der Fall, was dazu führte, dass viele Offiziere der NVA das Gefühl hatten, betrogen worden zu sein.

Die Tagung in Fellbach ist mir gut in Erinnerung geblieben. Einer der Vortragenden war der außenpolitische Berater des Bundeskanzlers, Horst Teltschik, der eindringlich und konkret über die politische Lage und den Weg zur Einheit referierte. Minister Stoltenberg informierte schon recht deutlich darüber, wie eine Übernahme von Soldaten der NVA in die Bundeswehr aussehen könnte.

In diesen Wochen war ich zu einer Routinebesprechung bei der Personalabteilung in Bonn. Bei solchen etwa einmal im Jahr stattfindenden Besprechungen hatte man Gelegenheit, seine Eindrücke über die unterstellten Offiziere zu schildern. Dabei ließ ich durchblicken, dass ich gerne für die Herausforderungen rund um die Neustrukturierung der Bundeswehr zur Verfügung stehen und mir eine Versetzung in den Osten gut vorstellen könnte. Dies war zwar zunächst noch kein Thema. Ich hoffte aber, dass diese Bereitschaft zu einem späteren Zeitpunkt aufgegriffen werden könnte.

Dann ging alles sehr schnell: Generalleutnant Schönbohm, der Leiter des Planungsstabes des Ministers, wurde ausgewählt, als Kommandeur eines neu aufgestellten Bundeswehrkommandos Ost in Strausberg, dem Sitz des DDR-Ministeriums für Abrüstung und Verteidigung, die Auflösung der NVA und den zeitgleichen Aufbau der Bundeswehr in den neuen Ländern zentral zu steuern. Das Bundeswehrkommando Ost führte die Truppenteile aller Teilstreitkräfte – durchaus eine Neuheit in der Bundeswehr. Dieses Kommando bestand neun Monate. Nach Ablauf dieser Übergangszeit sollten die neu aufgestellten Verbände in die „normale" Bundeswehrstruktur überführt werden.

General Schönbohm war der richtige Mann für diese Aufgabe. Mit viel Herz, Verstand und Hingabe ging er an die Arbeit. „Wir kommen nicht als Sieger zu Besiegten, sondern als Deutsche zu Deutschen." Dieses Leitwort galt in seinem Kommando und erwies sich als wichtiger Schlüssel zum Erfolg. Sein Stellvertreter war Generalleutnant von Scheven, der spätere Kommandierende General des IV. Korps in Potsdam, der mit viel persönlicher Empathie, Einfühlungs-

141

vermögen und Blick für das Wesentliche große Verdienste um das Heer in den neuen Ländern erworben hatte. Beide Generale führten sehr direkt, waren häufig vor Ort und für die nachgeordneten Führer völlig unkompliziert ansprechbar.

Bald verdichteten sich die Hinweise, dass ich tatsächlich für eine Verwendung im Osten vorgesehen war. Die Bestätigung hierfür bekam ich schließlich kurz vor der Abfahrt nach Dresden zu dem schon geschilderten Treffen mit den Stabsoffizieren der NVA. Auf der Heimfahrt informierte ich den Personalstabsoffizier, Oberstleutnant Vogt, darüber, dass ich vermutlich am Tag der Deutschen Einheit eine Verwendung in den neuen Ländern erhalten würde. „Aber Sie gehen bitte nicht ohne mich", antwortete er daraufhin, und auf einmal rief auch der Fahrer, der Obergefreite Brähler, dazwischen: „Ohne mich auch nicht!"

Zu einem späteren Zeitpunkt schlug ich beide für die Verwendung in den neuen Ländern vor. Schließlich begleiteten sie mich in mein Kommando in Eggesin, auch wenn die Mitnahme von Mannschaftsdienstgraden (wie mein Fahrer) eigentlich nicht vorgesehen war.

Bis Anfang September 1990 war zwar klar geworden, dass ich dazu berufen werden sollte, eine der sechs Divisionen der NVA als Kommandeur zu übernehmen. Offen blieb jedoch erst mal, wo ich meinen Dienst antreten sollte. Zunächst standen Dresden oder Halle zur Debatte. Vorsichtig wies ich darauf hin, dass ich Angehöriger einer alten sächsischen Familie sei und diese Tatsache möglicherweise bei der Entscheidungsfindung berücksichtigt werden sollte. Letztlich blieb mir aber nichts weiter zu tun, als abzuwarten.

Mittlerweile war eine Gruppe von Soldaten zusammengestellt worden, die mich begleiten und nach einem im Verteidigungsministerium entwickelten Konzept verschiedene Funktionen in dem zu übernehmenden Divisionsstab übernehmen sollten. Viele Angehörige des Stabes der Westerwaldbrigade meldeten sich hierzu freiwillig – weitaus mehr, als berücksichtigt werden konnten. Dazu gehörte neben dem Personalstabsoffizier auch der G3-Offizier der Brigade. Seiner Kommandierung konnte die Personalführung verständlicherweise nicht zustimmen, da bei der Panzerbrigade 15, die zunächst durch den stellvertretenden Brigadekommandeur weitergeführt werden sollte, der Kern des Stabes erhalten bleiben musste.

So stellte sich bei mir Oberstleutnant Meyers vor, der eigentlich gerade seinen Dienst als G3 der Panzergrenadierbrigade 13 antreten sollte. Seine Leistungsfähigkeit, Offenheit und Konsequenz lernte ich schnell kennen und schätzen. Als ich 1998 erfahren hatte, dass ich als

142

Generalinspekteur vorgesehen war, bat ich darum, ihn mir als Adjutanten zur Seite zu stellen. Er war ein treuer Weggefährte in wesentlichen Stationen meines militärischen Lebens.

Ein Zugführer, Oberleutnant Wasgindt aus dem Artilleriebataillon 155, begleitete mich zunächst als unermüdlicher, zupackender Adjutant und wurde später dort Batteriechef.

Die Unsicherheit über den künftigen Standort traf natürlich auch die Soldaten meines Kommandos, die mich begleiten sollten und wollten. Zunächst wurde mir eröffnet, dass meine Versetzung nach Halle vorgesehen sei. So informierte ich darüber auch die Soldaten des Kommandos. Schließlich wurde ich nur wenige Tage später zu einem Telefongespräch mit dem Divisionskommandeur an den Apparat gerufen. Zu meiner Überraschung eröffnete er mir, dass ich die Führung der 9. Panzerdivision in Eggesin in Vorpommern, nahe der polnischen Grenze, übernehmen sollte. Die Überraschung war eindeutig gelungen: Von diesem Standort war bisher noch keine Rede gewesen. Kurzfristig war zwischen den beiden für Halle und Eggesin vorgesehenen Kommandeuren ein Tausch vorgenommen worden.

Wie ich von den NVA-Soldaten des Koblenzer Seminars erfuhr, war dieser Standort in der NVA berüchtigt. Er lag inmitten eines riesigen Übungsplatzes, große Teile der Landkreise Ueckermünde und Pasewalk waren als militärisches Übungsgelände ausgewiesen und durften durch die Bevölkerung nicht betreten werden. Als Problem stellte sich die Tatsache dar, dass nun die Soldaten meiner Begleitung nach Halle sollten, während sich jene Soldaten, für die sich mein – ursprünglich für Eggesin vorgesehener – Kamerad entschieden hatte, meinem Kommando anschließen sollten. Mit dieser Lösung waren wir nicht einverstanden. Die Personalabteilung folgte daraufhin unserer Bitte, das dem entsprechenden Kommandeur zugewiesene Personal zum neuen Standort mitnehmen zu dürfen, bestand jedoch darauf, dass jeder Soldat dieser Entscheidung auch zustimmen müsste. Und so fragte ich alle meine Kameraden, ob sie bereit wären, mir nach Eggesin zu folgen, statt nach Halle zu gehen. Keiner weigerte sich.

Als der andere Kommandeur ebenfalls die hundertprozentige Zustimmung seines Teams bekam, wurde klar, dass es bei den ursprünglich vorgesehenen Zusammenstellungen bleiben konnte. So durfte jeder Kommandeur seinen Dienst in dieser kritischen Lage mit Soldaten antreten, die ihm bekannt waren und denen er vertraute.

Von den Soldaten der NVA, mit denen ich gerade ein Seminar über Menschenführung durchführte, erfuhr ich kollektives Mitgefühl, als ihnen zu Ohren kam, ich würde in Kürze nach Eggesin wechseln. Doch ich sah dies sehr nüchtern: Für mich stand die Aufgabe im Mittelpunkt.

In Eggesin ging es nun darum, aus den Resten einer Division der NVA eine Brigade der Bundeswehr aufzustellen. Zur Unterstützung waren Patenschaften eingerichtet worden. Eine Division aus dem Westen übernahm eine „Patenschaft" für einen Ostverband. Der (noch existierenden) 9. Panzerdivision in Eggesin wurde die 3. Panzerdivision in Buxtehude als Patenverband zugewiesen, auf deren kräftige Unterstützung stets Verlass war.

In Buxtehude gab es – einige Tage vor der Übergabe der NVA – eine Einweisung für alle Kompaniechefs der 9. Panzerdivision der NVA, die in dem Zuge mit der Grundausbildung der Bundeswehr vertraut gemacht werden sollte. Die am 1. September 1990 noch zur NVA eingezogenen wehrpflichtigen Soldaten sollten ab dem 3. Oktober sofort nach den Regeln und Vorschriften der Bundeswehr ausgebildet werden. Diese Regeln klar zu verdeutlichen, war Ziel des Lehrgangs für die als Kompaniechefs in der Grundausbildung vorgesehenen Offiziere. Zu meiner Überraschung wurden die Hauptleute vom noch amtierenden Divisionskommandeur Oberst Marschner begleitet.

Ich beschloss, dem Lehrgang einen Besuch abzustatten und traf bei der Gelegenheit auf jenen Kommandeur, mit dem ich – etwas unerwartet – eine interessante Unterredung über die aktuelle Stimmungslage in der NVA hatte. Es konnte wohl kaum verwundern, dass diese von großer Betroffenheit und Unsicherheit geprägt war. Bei dem Gespräch mit Oberst Marschner und den Hauptleuten erfuhr ich viele Einzelheiten vom Standort, die ich schnell weitergeben konnte. Er selbst wollte sich für einen Verbleib in der Bundeswehr bewerben und blieb schließlich noch zwei Jahre. Er hatte es sich zur Aufgabe gemacht, die Reste der Division geordnet an mich zu übergeben, was ihm auch gelungen war.

Wenige Tage vor der Einheit wurden alle Heeresoffiziere aus dem Westen, die nun in den Osten gehen sollten, vom Inspekteur des Heeres in Hannover zusammengezogen. Nach meinem Eindruck war dies eine nicht sehr gelungene Veranstaltung – von einer zuvor erhofften Aufbruchstimmung war noch wenig zu spüren. Dazu trug auch bei, dass viele Fragen, vor allem die Rahmenbedingungen des Einsatzes, ungeklärt waren. Mir schien aber auch, dass nicht alle Teilnehmer verstanden hatten, dass wir weithin ins Ungewisse aufbrachen, dass es für die Aufgabe keine Blaupause gab und darauf ankam,

144

mit einem Höchstmaß eigener Initiative die Herausforderung anzugehen.

Zum ersten Mal traf ich hier in Hannover nun alle achtzig Soldaten, die als Führungs- und Unterstützungsgruppen in die mir unterstellten Verbände der Division kommandiert werden sollten. Auf deren Auswahl hatte ich keinen Einfluss gehabt. Ich bemerkte aber schnell, dass nahezu alle ihrer Aufgabe gewachsen und von der Wichtigkeit dieser zutiefst überzeugt waren.

Gegen Ende der Tagung versuchte ich in meinem eigenen Team, bestehend aus etwa achtzig Offizieren und Unteroffizieren, die Wogen zu glätten. Ich berichtete ausführlich über den Standort Eggesin und stellte mich den kritischen Rückfragen. Dabei machte ich auch deutlich, dass alleine die Aufgabe nun im Mittelpunkt stehen und Fragen nach der persönlichen Befindlichkeit oder Bequemlichkeit vollständig in den Hintergrund treten müssten. Als mich ein Offizier nach der Anwendung der Dienstzeitausgleichsregelung fragte, antwortete ich ihm, dass Anträge auf zeitlichen Ausgleich von mehrgeleisteten Stunden mit Sicherheit genehmigt würden. Mit der Genehmigung gäbe es allerdings zugleich die Rückfahrkarte. Die Frage, ob ich die Bestimmungen außer Kraft setzen wollte, beantwortete ich mit der Feststellung, ich wolle sie sinngemäß anwenden. Befreiendes Lachen machte klar, dass man mich verstanden hatte.

Direkt von der Tagung aus reisten die Soldaten in ihre vorgesehenen Standorte und traten ihren Dienst an. Während das Vorkommando bereits eine Woche früher Quartier bezogen hatte, erfolgte meine Ankunft in Eggesin erst am Abend des 3. Oktober.

Zuvor war meine Teilnahme an der feierlichen Übergabe der NVA an die Bundeswehr am 3. Oktober in Strausberg eingeplant. Dies ermöglichte mir die Nacht davor zusammen mit meinem Bruder in Berlin zu verbringen und gemeinsam mit einer großen und begeisterten Menschenmenge die Feierlichkeiten mitzuerleben.

Die Zeremonie in Strausberg sah Reden des ehemaligen Ministers für Abrüstung und Verteidigung, Eppelmann, und des nunmehr für alle Soldaten (auch der ehemaligen NVA) zuständigen Bundesministers der Verteidigung, Stoltenberg, vor. Alle Soldaten der ehemaligen NVA trugen schon den Feldanzug der Bundeswehr – und somit auch bei dieser Zeremonie. Als Maßnahme der Solidarität hatte der Befehlshaber, General Schönbohm, veranlasst, dass auch die aus dem Westen kommenden Soldaten den Feldanzug zu tragen hatten, bis einige Monate später alle ehemaligen NVA-Soldaten ebenfalls mit dem grauen Dienstanzug ausgerüstet werden konnten.

Als ich nach Eggesin ging, war ich formal noch immer Kommandeur der Westerwaldbrigade, die tatsächlich vom stellvertretenden Brigadekommandeur geführt wurde. Nach Ablauf eines halben Jahres fuhr ich noch einmal zur Kommandoübergabe der Brigade 15 an meinen Nachfolger Oberst Bürgener nach Koblenz. Ich hatte mich hier als auch bei der Westerwaldbrigade sehr wohlgefühlt. Aber ich war dankbar, nun an der Gestaltung der Einheit in der Bundeswehr mitwirken zu können. Meine nächste Zukunft hieß jetzt endgültig Eggesin.

Eggesin

Kein Zweifel, die Wiedervereinigung hatte entscheidende Auswirkungen auf mein privates und berufliches Leben. Lange Jahre war ich als Soldat an die innerdeutsche Grenze gebunden und konnte diese nicht überqueren. Auf einmal war alles anders: Nun wurden kurz nach dem Mauerfall die ersten Erkundungsvorstöße gemacht – zunächst nach Ost-Berlin und Potsdam, dann nach Magdeburg, Erfurt und Dresden. Und jetzt, am Tag der Deutschen Einheit, wurde ich nach Mecklenburg-Vorpommern versetzt, ganz in die Nähe der polnischen Grenze.

Hier traf ich auf einige Tausend verunsicherte Soldaten, die einen Tag vor meiner Kommandoübernahme noch die Uniformen der NVA getragen hatten und für die wir nun die Verantwortung übernehmen sollten, hier in einer kleinen, etwa 10.000 Einwohner umfassenden Stadt, unweit von Ueckermünde und Torgelow.

Die Übergabezeremonie am 4. Oktober 1990 lief schmucklos nach den Regeln der Bundeswehr ab. Abordnungen aller Verbände waren in der Eggesiner Kaserne angetreten. Die Übergabe wurde von General Haasler, dem neuen Kommandeur des Militärbezirks und der vorher die Planungsabteilung im Bundesministerium der Verteidigung geleitet hatte, durchgeführt. Aus diesem Neubrandenburger Militärbezirk sollte schließlich die 14. Panzergrenadierdivision hervorgehen. Erst einige Stunden zuvor hatte General Haasler selbst das Kommando vom stellvertretenden Befehlshaber des Bundeswehrkommandos Ost, General von Scheven, übernommen.

General Haasler entband Oberst Marschner von seinem Kommando und übertrug mir die Führung der 9. Panzerdivision. In derselben Zeremonie wurden mit wenigen Ausnahmen die alten, aus der NVA kommenden Kommandeure der unterstellten Verbände von ihrer

Aufgabe entbunden, die Offiziere aus der Bundeswehr dagegen mit der Führung dieser Verbände beauftragt. Einige ehemalige NVA-Offiziere wurden in ihrer Führungsfunktion bestätigt. Es handelte sich dabei um Verbände, die in absehbarer Zeit in der Bundeswehr keine Zukunft haben sollten. Diese Offiziere bekamen zu ihrer Unterstützung Offiziere aus dem Westen zur Seite gestellt.

Im Rahmen dieser Übergabezeremonie hatten wir Vertreter aus dem öffentlichen Leben eingeladen – die Landräte und Bürgermeister der Umgebung, die selbst erst ganz kurze Zeit im Amt waren. Einige kurze Gespräche konnten geführt werden. Zum ersten Mal konnten auch die Pfarrer der Umgebung einen Blick in die Kasernen werfen, und sie nutzten diese Chance.

Schnell wurde offenkundig, wie stark sich die NVA in den letzten Monaten im Zerfall befunden hatte. Die Unsicherheit über die Zukunft hatte den Willen, einen vernünftigen Dienstbetrieb sicherzustellen, oftmals vollständig überlagert. Viele Offiziere und einige Unteroffiziere hatten die Streitkräfte bereits verlassen oder taten dies in kurzer Zeit.

Auch die Einberufung von Wehrpflichtigen in den letzten Monaten hatte nur unzureichend funktioniert. Das führte dazu, dass die Verbände personell ausgedünnt waren. Meist fehlten vor allem die Mannschaftsdienstgrade. Das Sanitätsbataillon bestand gerade noch aus zwölf Soldaten.

Verschiedene Einheiten und Bataillone in der Struktur der Division hatten ohnehin keinen Platz in einer zukünftigen Brigade der Bundeswehr.

Wir versuchten zunächst, einen möglichst geordneten Dienstbetrieb zu organisieren. Gleichzeitig wollten wir aber auch konsequent das Versprechen einer fairen Chance für die Offiziere und Unteroffiziere der ehemaligen NVA einlösen. Dies war erforderlich, waren wir doch auf die Kooperation der früheren Soldaten der NVA angewiesen, wenn wir Erfolg haben wollten. Der Aufbau einer Brigade der Bundeswehr aus den Resten einer Division der NVA konnte nur in einer gemeinsamen Anstrengung gelingen.

Frühzeitig wurden Verbände zusammengefasst und Offiziere oder Unteroffiziere mit Führungsaufgaben im Hinblick auf die künftige Zielstruktur betraut. Angesichts des gravierenden Überhangs an Offizieren konnten Doppelt- oder Dreifachbesetzungen jedoch häufig nicht verhindert werden. Viele Offiziere und Unteroffiziere wurden zu Weiterbildungen, Lehrgängen oder Praktika in den Westen geschickt – eine sinnvolle Maßnahme, um deutlich zu machen, wie die Bundeswehr funktionierte. Andere Soldaten versuchten wir beim Weg ins Zivilleben zu unterstützen.

Das Weltbild vieler Offiziere und auch Unteroffiziere der ehemaligen NVA war gehörig durcheinandergeraten. Vom Sozialismus hatte man genug, die DDR war Vergangenheit. Man hatte zwei Eide geschworen: zum einen den Fahneneid auf die DDR, wie sie bis zur freien Wahl der Volkskammer 1990 existierte; zum anderen am 20. Juli 1990 einen Eid auf die DDR, die nunmehr eine demokratisch gewählte Regierung hatte.

Als nach der Vereinigung am 3. Oktober 1990 die Volksarmee in der Bundeswehr aufging, mussten sie einen dritten Eid ablegen – nun auf ein „neues" Vaterland, die Bundesrepublik Deutschland. Nicht wenige, vor allem ältere Offiziere fühlten sich von der Politik verraten, verweigerten sich dem Dienst am „Klassenfeind" und verließen die Streitkräfte.

Doch die meisten vertraten die nüchterne Auffassung, als Armee des Volkes dürfe man sich dessen Willen nicht entgegenstellen.

Nach der Wende: ein Neustart

Es gibt mehrere authentische Dokumente über die erste Zeit nach der Vereinigung. Am 29. April 1991 besuchte der Bundespräsident Richard von Weizsäcker eine Kommandeurtagung des Bundeswehrkommandos Ost in Strausberg. Hier wurden zwei Vorträge gehalten, die die Lage sowohl aus der Sicht eines ehemaligen Divisionskommandeurs der NVA als auch eines neuen, aus der Bundeswehr kommenden Divisionskommandeurs schilderten. Vortragende waren Oberstleutnant Panian – der ehemalige Dresdener Divisionskommandeur der 7. Panzerdivision der NVA war an diesem Tage sowie bis zu seiner Pensionierung ebenfalls Soldat der Bundeswehr – und ich selbst als Divisionskommandeur der 9. Panzerdivision in Eggesin und Mitglied der Bundeswehr. Vom Oberstleutnant ist folgende Rede überliefert:

„Seit dem 3. Oktober 1990 ist nichts mehr, wie es war. Wer von den Anwesenden schon einmal in Bad Frankenhausen das Bauernkriegspanorama auf dem Schlachtberg gesehen hat, der kann vielleicht folgenden Vergleich nachvollziehen: An einer Stelle über einem Berg, an dessen Fuß die Schlacht zu Ende ist, wird von einer Symbolfigur, einem Landsknecht, die Friedensbotschaft überbracht. Hinter den Männern ist die Welt noch als Scheibe, aber schon in einer blauen Kugel dargestellt. Die Kugel ist aufgerissen. Der Mann – seine Schwertspitze ist abgebrochen – ist erschrocken, und er hält sich die Ohren zu.

So oder so ähnlich würde ich die Situation der Offiziere der ehemaligen NVA um den 3. Oktober 1990 beschreiben. Ihr Weltbild war zerrissen. Von Agitation und Propaganda einer Parteiarmee, der man im Frühjahr 1990 schon entronnen glaubte, hatte man genug. (...) Als Armee war man im Frieden besiegt worden, das saß tief. Was bevorstand, war ungewiss. In Erklärungsschwierigkeiten war man ohnehin geraten, in der Familie, bei Freunden, in der Öffentlichkeit. (...) Würden uns die Offiziere der Bundeswehr akzeptieren, uns, die wir zu 95 Prozent Mitglieder der SED waren, die wir in den sowjetischen Doktrinen gelebt haben, bereit, jederzeit eine imperialistische Aggression abzuwehren und noch bis weit in die Achtzigerjahre hinein den Aggressor auf seinem eigenen Territorium vernichtend zu schlagen? Würden sie als Sieger kommen und sich als solche fühlen, alles besser wissen und uns ständig belehren wollen? Die ersten Eindrücke und das gesamte zurückliegende halbe Jahr haben die Befürchtungen der Angehörigen der ehemaligen NVA nicht bestätigt. Bei aller Differenziertheit kann man dies mit Fug und Recht behaupten."

Meine eigene Einlassung demgegenüber lautete:

„Die ersten Eindrücke waren widersprüchlich. Ich sehe Soldaten, die sich beim Tragen der neuen Uniformen sichtlich unwohl fühlen, ich bemerke Blicke, die den meinen ausweichen, ich sehe Bilder überraschender Disziplinlosigkeit, ich sehe menschenunwürdige Unterkünfte. In wenigen Tagen werden die Eindrücke klarer, aber noch widersprüchlicher. Verschiedene Soldaten treten mir sehr offen entgegen, berichten von den Erlebnissen aus dem vergangenen Jahr, andere lassen sich kaum ansprechen. (...) Ich sehe Dienstgrade, die ohne sichtbare eigene Initiative in großer Lethargie abwarten, was auf sie zukommt, und andere, die sofort bereit sind, sich mit großer Energie in eine neue Aufgabe zu stürzen. Bei einigen spüre ich Scham über das Bild einer desolaten Armee und verhaltenen, trotzigen Stolz auf vergangene militärische Leistungen. (...) Ich beobachte mich selbstkritisch. Meine Haltung zu den Menschen verändert sich. Ich merke selbst immer deutlicher, dass ich unendlich viel zu lernen habe. Wir müssen wissen, was gewesen ist, und wir müssen darüber sprechen. Nur so kann man verstehen, und nur aus Verstehen kann Vertrauen wachsen. (...) Wir erleben Kurzbesucher, die nach einem Umschauen von zwei Stunden glauben, sie könnten alles verstehen, was ge-

149

macht wird und warum. Wir nennen sie Besserwessis, und uns allen fängt diese Kategorie von Menschen an, unsympathisch zu werden. Wir finden sie im zivilen, aber auch im militärischen Bereich. Ich habe den Elendstourismus satt. (…) Wir müssen uns auf längere Zeiträume einstellen. In einem 10.000-Meter-Rennen haben wir die ersten hundert Meter in guter Zeit zurückgelegt. Jetzt kommt es auf Beharrlichkeit und Stehvermögen an."

Das waren Auszüge aus den beiden Reden auf der Tagung mit dem Bundespräsidenten, bei der er die unvergesslichen Worte sprach: „Die Einheit der Truppe fördert die Einheit der Deutschen." Es gab nichts, was wir uns mehr wünschten.

Die Aufgaben

Insgesamt waren drei Aufgaben gleichzeitig zu erledigen: Zunächst waren die Einheiten und Verbände in der Struktur der NVA zu übernehmen. Aus diesen Strukturen waren dann jene der Bundeswehr zu entwickeln, mit einem Personalanteil, der weit überwiegend aus Soldaten der ehemaligen NVA bestand. Zum Dritten war möglichst schnell mit neuem Gerät die Einsatzbereitschaft herzustellen. Im Hintergrund stand die NATO-Assignierung der neu aufgebauten Verbände. Gleichzeitig war infolge der grundsätzlich geänderten politischen Lage das Auftragsverständnis der gesamten Bundeswehr weiterzuentwickeln.

Das Bundeswehrkommando Ost hatte knapp 300.000 Tonnen Munition, ca. 15.000 Waffensysteme und 2300 Liegenschaften zu übernehmen, zu bewachen und zu konzentrieren. Sofort musste mit der Verbesserung der Lebensbedingungen begonnen werden. Unkompliziert fingen wir mit den neu entstehenden Standortverwaltungen und der Renovierung der Liegenschaften an. Die Grundwehrdienstleistenden, die im September, also einen Monat vor der Vereinigung, eingezogen worden waren, mussten nun nach den Grundsätzen der Bundeswehr ausgebildet werden.

Keine Zeit ließ die im Kaukasus vereinbarte Verkleinerung der Bundeswehr, die am Tage der Vereinigung etwa 600.000 Mann umfasste. Fortan waren es noch 370.000 Soldaten. So begann sofort das Verfahren, in dem in einem zweistufigen Auswahlprozess ca. 3500 Offiziere und 8000 Unteroffiziere in die Bundeswehr übernommen wurden. Weitere etwa 1500 Offiziere, Fähnriche und Unteroffiziere kamen in ein ziviles Arbeitsverhältnis. In einem durchdachten Ausbildungssystem wurden die Soldaten in einem längeren Prozess auf ihre Aufgaben in der Bundeswehr vorbereitet.

In diesem Zusammenhang wurde immer wieder gefragt, ob das Versprechen der fairen Chance tatsächlich eingelöst wurde. Immerhin gab es am 2. Oktober 1990 in den Streitkräften noch über 24.000 Offiziere und etwa ebenso viele Unteroffiziere der ehemaligen NVA. Davon schieden allerdings sehr viele auf eigenen Wunsch Ende des Jahres aus der Bundeswehr aus. Es gab jeweils etwa 12.000 Offiziere und Unteroffiziere, die einen Verbleib beantragten. Nicht alle waren geeignet, nicht alle wollten länger als zwei Jahre verbleiben. Entsprechend war die Bilanz keineswegs so schlecht, obwohl die zahlenmäßigen Vorgaben des Einigungsvertrags nicht erfüllt wurden. Von den übernommenen Soldaten wurden nachträglich noch viele entlassen, weil sie inoffizielle Mitarbeiter der Staatssicherheit gewesen waren. Dies konnte man jedoch nicht der Bundeswehr anlasten.

Die Tatsache, dass Entlassungen in einem erheblichen Umfang notwendig waren – ob wir dies unterstützten oder nicht –, zwang die verantwortlichen Kommandeure dazu, auch diesen Soldaten Chancen zu verschaffen. Dies geschah in einem Umfeld, in dem die Beschäftigung innerhalb weniger Monate nahezu vollständig zusammenbrach und ein leistungsfähiger Berufsförderungsdienst noch nicht zur Verfügung stand. In Eggesin riefen wir deshalb ein Berufsförderungsprogramm mit der Handwerkskammer Koblenz ins Leben. Hunderte von Soldaten und auch einige Bürger Eggesins gingen zu Orientierungslehrgängen nach Koblenz. So konnten wir Menschen in schwieriger Lage dennoch ein gewisses Maß an Hoffnung vermitteln. Der Ruf der Bundeswehr in Mecklenburg-Vorpommern war über eine lange Zeit (und ist noch heute) mit diesen Initiativen verbunden.

Die Liste der Aufgaben war damit längst nicht erfasst. Verbände waren aufzulösen und neu aufzustellen, Gerät aus dem Westen war zu übernehmen, die Ausbildungs- und Übungsbereitschaft herzustellen. Militärische Liegenschaften wurden in schneller Eile renoviert, mit unkomplizierten Verfahren, die man sich später auch manchmal gewünscht hätte.

Die Bedeutung der atlantischen Gemeinschaft sichtbar zu machen war eine Anstrengung, die am ersten Tag unseres Einsatzes beginnen musste, wenn dieser Prozess erfolgreich sein sollte. So waren wir dankbar, dass wir – ungeachtet der Vereinbarung, die es untersagte, bis 1994 NATO-Strukturen in den neuen Ländern aufzubauen – Persönlichkeiten in Eggesin empfangen durften, die die Bedeutung des

Bündnisses für Deutschland nach innen und außen verdeutlichen konnten. General Joulwan gehörte dazu. Einige pensionierte Offiziere der Bundeswehr trugen bei Abendveranstaltungen der Gesellschaft für Wehrkunde vor, deren Eggesiner Sektion mein Stellvertreter, Oberst Rössler, ins Leben gerufen hatte.

Allerdings hätten wir uns damals kaum vorstellen können, dass schon 1995 das Potsdamer IV. Korps und damit auch die Panzergrenadierbrigade 41 aus Eggesin im Rahmen einer großen Vorführung auf dem Truppenübungsplatz Klietz der NATO assigniert werden konnte.

In diese Phase des Aufbaus fielen auch die politischen Entwicklungen, die schließlich zum Golfkrieg führten.

Obgleich die Bundeswehr davon nicht direkt betroffen war, waren die Diskussionen durchaus heftig. Dabei spielte auch eine wichtige Rolle, dass es bei der Verlegung einer Luftwaffeneinheit in die Türkei (die dorthin geschickt wurde, um bei einer ungünstigen Lageentwicklung zum Schutz unseres Bündnispartners zur Verfügung zu stehen), zu Auftritten gekommen war, die mit dem soldatischen Selbstverständnis kaum vereinbar waren. Während sich unsere Bündnispartner auf die Bodenoperationen vorbereiteten, klagte der eine oder andere in die Türkei abgeordnete Soldat über die Zumutbarkeit der Unterkünfte. An Blockadeversuchen von Kasernenausfahrten des Verbands, der von der Verlegung betroffen war, beteiligten sich auch einige Abgeordneten des Deutschen Bundestags.

Umso wichtiger war es entsprechend, vor Ort eindeutig Stellung zu nehmen, soldatisches Selbstverständnis deutlich zu machen und einzufordern. Dies gelang der Bundeswehrführung relativ einfach und nachhaltig. Schnell entwickelte sich das Aufgabenverständnis fort, sowohl in den alten als auch den neuen Bundesländern.

Bei der ersten Kommandeurtagung der Bundeswehr in den neuen Bundesländern in Leipzig griff der Generalinspekteur General Naumann das Thema unseres Berufsverständnisses mit großer Eindringlichkeit auf. Das „Signal von Leipzig" war eine Aufforderung, alle Anstrengungen auf Einsatz und Einsatzbereitschaft auszurichten.

Ganz frühzeitig wurden zunächst einzelne Soldaten und ganze Verbände aus den neuen Bundesländern in die internationalen Einsätze einbezogen. In Somalia war schon 1993 das Sächsische in der Gebirgsjägerbrigade, die das zweite Kontingent stellte, ein oft gehörter Dialekt. Und das Pionierbataillon aus Storkow war der erste Verband aus dem Osten, der in Bosnien-Herzegowina einen wichtigen Beitrag zur IFOR geleistet hat.

Eine für mich erfreuliche Unterbrechung ereignete sich im Februar 1991: Ich wurde zum Brigadegeneral befördert. Am Morgen nach der Beförderung holte mich mein Fahrer in einem mit einem goldenen Stern geschmückten Trabanten ab. Vor dem Kasernentor waren zwei Kampfpanzer T-72 aufgefahren. Mit Knallkörpern und Salutfeuer wurde ich begrüßt. Die Anwohner waren zuvor gewarnt worden. Salut mit einem Kampfpanzer sowjetischer Bauart – ich dürfte der einzige Bundeswehroffizier sein, dem dies je passiert war.

Die Schatten der Vergangenheit haben uns viele Jahre nicht losgelassen, das Erbe der Staatssicherheit war allgegenwärtig. Nicht alle Mitarbeiter der ehemaligen „Verwaltung 2000" waren von der de Maiziére-Regierung entlassen worden. Einige wurden für Verwendungen in der Truppe verschoben, andere in ein ziviles Arbeitsverhältnis in den Streitkräften. Die Vorzimmerdame des Kommandeurs war Mitarbeiterin des Staatssicherheitsdienstes, die Personalakten waren sorgfältig gereinigt worden. Dennoch gelang es, vielen auf die Spur zu kommen.

Die Bundeswehr handelte konsequent, bei mir blieb allerdings ein zwiespältiges Gefühl zurück. Eine Einzelfallprüfung war nicht vorgesehen, vielleicht auch nicht möglich. Wer sich im Fragebogen offenbarte, wurde entlassen, wer sich nicht offenbarte und entdeckt wurde, in gleicher Weise. Diese Personen hatten – im Gegensatz zu anderen Bereichen des öffentlichen Dienstes – keine Möglichkeit, bei geringer persönlicher Schuld in der Bundeswehr zu verbleiben. Und das Maß von Schuld war durchaus unterschiedlich: Da gab es auch junge Leute, die sich mit siebzehn Jahren nach einem kleinen Vergehen zur Mitarbeit erpressen ließen und nun dafür büßten. Manche Diskussionen hatten etwas Pharisäerhaftes.

Mit der Bürgerrechtlerin Bärbel Bohley hatten wir 1995 intensiv über dieses Thema diskutiert. Ihre Haltung war eindeutig: Auch wer im Dschungel lebt, muss kein Kannibale werden. Sie durfte eine solche Meinung haben und in bewiesener eigener Standhaftigkeit vertreten. Wer in diesen Zeiten im sicheren Hafen auf der Zuschauertribüne gesessen hat, sollte allerdings mit seinem Urteil deutlich vorsichtiger sein.

Gespräche

Es war tatsächlich ein kompletter Neuanfang vonnöten, um eine niedergeschlagene Armee wiederaufzurichten, schnell zu einer geregelten Ausbildung zu kommen, vielleicht sogar eine Art Aufbruchstimmung zu erzeugen. Dabei ging es verstärkt darum, Mut zu machen, Perspektiven aufzuzeigen, allerdings hin und wieder auch mithilfe des Disziplinarrechts deutliche Grenzen zu setzen. Dienstbesprechungen, die ausschließlich von westlichen Offizieren durchgeführt wurden, habe ich von Anfang an vermieden. Die einzige Ausnahme waren die Dreierrunden (Kommandeur, S1-Stabsoffizier, G3), in denen wir uns mit der Übernahme von Offizieren der NVA in die Bundeswehr befassten.

Um das gegenseitige Vertrauen zu fördern und Zuversicht zu vermitteln, nutzte ich die Möglichkeit, regelmäßig verschiedene Gruppen von Soldaten zu mir einzuladen. Junge und ältere Offiziere, Kompaniefeldwebel, Soldaten aus dem Osten und aus dem Westen gemischt, besuchten mich in meinem Haus.

Ich wohnte in einem gemieteten, sehr schlichten Gartenhaus. Der Fernmeldezug der Stabskompanie hatte eine Feldkabelleitung gelegt, sodass ich telefonisch von den Dienstapparaten aus erreichbar war. Dieses Häuschen war, wenn man das Wohnzimmer vorher ausräumte, für eine begrenzte Anzahl von Besuchern geeignet. Mit einigen Kästen Bier, ein paar Flaschen Wein und kalten Platten kam schnell eine gelöste Stimmung auf. Man unterhielt sich angeregt in einfacher Atmosphäre, tauschte Informationen aus und schaffte damit eine Vertrauensbasis, durch die der Zusammenhalt deutlich gestärkt wurde.

Gezielt traf ich mich in meinem Dienstzimmer mit wehrpflichtigen Soldaten kurz vor ihrer Entlassung. Quartal für Quartal habe ich diese jungen Leute aus verschiedenen Verbänden an ihrem Dienstzeitende zu ihren Eindrücken von der Bundeswehr befragt – mit einem sehr breiten Meinungsbild. Bei Kommandeurbesprechungen habe ich dann meine Eindrücke weitergegeben.

Bei einer Kompaniecheftagung schilderten junge Wehrpflichtige ihre Eindrücke und Erfahrungen in sehr direkter Form – der eine oder andere Kompaniechef war über das Gehörte überrascht.

154

Andere Kommandeure gingen ähnlich vor. Unsere Strategie der offenen Tür trug sichtbar Früchte, die Stimmung verbesserte sich bald spürbar.

Wenngleich unsere Kasernen im Hinblick auf Ausstattung und Komfort längst nicht mit den westlichen mithielten, konnten wir mit den gegebenen finanziellen Mitteln sowie einer guten und schnell arbeitsfähigen Standortverwaltung sichtbare Fortschritte machen. Eine gewisse Leidensfähigkeit, welche die Soldaten an den Tag legten, war hierfür durchaus hilfreich.

Da wir – mit wenigen Ausnahmen – die für uns vorgesehenen Waffensysteme noch nicht hatten, mussten wir uns zunächst auf die infanteristische Ausbildung konzentrieren. Die Waffen waren Kalaschnikows aus NVA-Beständen. Die Methoden der Schießausbildung konnten wir problemlos aus der NVA übernehmen. Mit den vorhandenen Fahrzeugen war eine ausreichende Beweglichkeit gegeben. Die Waffensysteme, die in der Bundeswehr zum Großteil keine Verwendung fanden, wurden ausgesondert und zur Verwertung übergeben. Dazu gehörten auch die Kampfpanzer T-72, mit denen wir noch eine Fahrschule durchführen mussten, um die Bahnhöfe zu erreichen, von denen sie zur Verwertung versandt wurden. Nach und nach liefen die zumeist aus Westverbänden stammenden Waffensysteme, die außer Dienst gestellt wurden, zu. Zug um Zug konnten wir auf diese Weise die Ausbildung intensivieren.

Einen besonderen Auftrag, der einige Wochen beanspruchte, bekam das Pionierbataillon. Es wurde am Abriss der Mauer in Berlin beteiligt. Gerne erzählten die Soldaten davon und zeigten Fotos.

In dieser Zeit war ich fast täglich unterwegs, um mir möglichst regelmäßig einen Eindruck von der Situation vor Ort zu verschaffen. Jeden Abend und oftmals auch am Wochenende saßen wir mit den Abteilungsleitern im Stab zusammen und besprachen den Fortgang. Abends wurden in einem sehr kleinen Kreis Eindrücke zu einzelnen Soldaten, bei denen die Stellungnahme für eine Übernahme in eine zweijährige Dienstzeit anstand, ausgetauscht. Diese Beurteilungen mussten in der Anfangszeit recht oberflächlich bleiben, weil noch nicht viele persönliche Eindrücke vorlagen. In dieser Phase vor der Übernahme in ein zweijähriges Dienstverhältnis war dies vertretbar – im Zweifelsfall votierten wir für den Bewerber. Einige Informationen lieferten zudem die Personalakten, die wir übernommen hatten.

Gelöbnisse und Tragödien

Im Dezember 1990 war die Zeit gekommen, uns zum ersten Mal der Öffentlichkeit vorzustellen. Wir planten dazu ein öffentliches Gelöbnis im Stadion von Ueckermünde. Alle Rekruten der Brigade sollten dort feierlich geloben, „der Bundesrepublik Deutschland treu zu dienen und das Recht und die Freiheit des deutschen Volkes tapfer zu verteidigen." Oberstleutnant Werren, der Kommandeur des Panzeraufklärungsbataillons, hatte die Vorbereitung übernommen.

Das Gelöbnis wurde sehr gut besucht, was zu einem erheblichen Verkehrsstau führte. Nicht nur die Anwohner waren gekommen, die Rekruten hatten auch viele Eltern und Verwandte mitgebracht. Die Truppe marschierte ein – so gut, wie man dies von Soldaten erwarten konnte, die erst wenige Wochen im Dienst waren. Nach meiner Rede traten ausgewählte Rekruten vor die Truppenfahne. Die Rekruten sprachen mit lauter Stimme das Gelöbnis nach. Das Musikkorps Neubrandenburg spielte die Nationalhymne, Eltern und Freunde liefen nach Auflösung der Aufstellung in die Stadionmitte zu „ihren" Soldaten und überreichten ihnen Nelken, eine aus der NVA übernommene Sitte. Obwohl es kalt war, blieben wir noch lange im Stadion, in dem für eine Bewirtung der Gäste gesorgt war.

Ich habe viele Gelöbnisveranstaltungen erleben dürfen, bei vielen geredet. Diese Veranstaltung in Ueckermünde – die erste in Vorpommern nach der Vereinigung – war besonders. Ich denke, keiner, der dabei war, wird sie vergessen.

Von Tragödien sind wir nicht verschont geblieben. Eine ereignete sich im Herbst an einem Abend, an dem der Chef des Stabes des III. Korps und spätere Generalinspekteur, General Bagger, uns einen Informationsbesuch abstattete. Während des gemeinsamen Abendessens platzte die Nachricht herein, dass sich ein Wehrpflichtiger zu Hause in seiner heimischen Melkerei umgebracht hätte. Möglicherweise hatte dies etwas mit Hänseleien seiner Kameraden zu tun. Umgehend verließ ich die Runde und fuhr zur Einheit des verstorbenen Soldaten. Dort begegnete ich seinen Stubenkameraden, die völlig niedergeschlagen waren und vor sich hin schwiegen. Ich versuchte die jungen Männer aufzurichten und ihnen deutlich zu machen, dass es jetzt darum gehen müsse, zu seiner Verantwortung zu stehen. Zugleich erklärte ich ihnen, wie wichtig es sei, nicht in Panik zu verfallen und keine Kurzschlussreaktionen zu begehen. Gemeinsam ließen sich solche Krisen am besten überwinden.

Einige Wochen später ereilte mich die nächste Schreckensnachricht: Ein Hauptmann, einst in der NVA Oberstleutnant, beging mit einer Pistole in seiner eigenen Garage Selbstmord. Noch wenige Tage zuvor hatte ich mich mit ihm ausführlich unterhalten und mögliche Perspektiven der Bundeswehr erörtert. Er war Bataillonskommandeur gewesen und hatte sich nach meiner Auffassung gut auf die neuen Verhältnisse eingestellt. Ein Übernahmeantrag war also nicht aussichtslos. Doch offensichtlich hatte er die Umstellung auf die neuen Verhältnisse weit weniger gut verkraftet, als wir angenommen hatten. Zudem drohte gleichzeitig auch sein familiäres Standbein wegzufallen, als ihm seine Frau ihre Trennungsabsichten mitteilte.

Mir war schließlich die Aufgabe vorbehalten, der Witwe einen Kondolenzbesuch abzustatten. Ich entsprach ihrer Bitte und hielt die Trauerrede im Rahmen einer Beerdigung und Trauerfeier ohne Kirche und Pfarrer. Einen solchen Fall erlebte ich damals zum ersten Mal.

Auch in einem solchen Einsatz war es für uns alle wichtig, den Kontakt zur eigenen Familie aufrechtzuerhalten und wenigstens von Zeit zu Zeit regelmäßige Besuche in den Heimatstandorten zu gewährleisten. Viele von uns hatten sich Zimmer oder kleine Wohnungen besorgt. Das Angebot war aber knapp und teuer, und solange eine klare Auskunft für die Dauer der Verwendung fehlte, mochte man sich auch nicht gerne binden.

Schon das Telefonieren war schwierig. Keiner von uns hatte einen privaten Telefonanschluss. Der Dienstherr kam uns dadurch entgegen, dass für gelegentliche Anrufe zu Hause das Dienstnetz der ehemaligen NVA genutzt werden durfte.

Auch die Heimfahrten waren problematisch. Viele meiner Kameraden kamen wie ich selbst aus dem Koblenzer Raum, was lange Fahrten erforderte. Die Bundeswehr hatte darauf reagiert und stellte über Hubschrauber und Flugzeuge Transporte zu verschiedenen Flughäfen, zum Beispiel nach Köln oder München, sicher. Ein Dienstwagen holte die Soldaten vor Ort ab und brachte sie nach Hause. Durch diese Flüge ging allerdings viel Zeit verloren. Bereits am Freitagmorgen musste man am Abflugort erscheinen, um noch rechtzeitig loszukommen. Der Rückflug erfolgte am darauffolgenden Montag. So sprach man in der Bundeswehr bald von den sogenannten „DiMiDo-Soldaten“. Diese gab es allerdings in meinem Umfeld nur selten: Soldaten aus dem Westen waren – worauf ich viel Wert legte und woran ich mich persönlich ebenfalls hielt – in der Regel auch an den Wochenenden zugegen. Ich versuchte dies durch Großzügigkeit bei den verbliebenen Heimflügen auszugleichen.

Die Stabsoffiziere meiner engsten Umgebung nutzten, genauso wie ich, die Heimfahrtmöglichkeiten nur gelegentlich. Für uns gab es selten ein freies Wochenende. Sowohl am Freitag als auch samstags haben wir nahezu regelmäßig und manchmal bis spät in die Nacht gearbeitet. In der ehemaligen NVA-Ferienanlage, in der wir zunächst wohnten, gab es dankenswerterweise eine Frau, die uns betreute und noch am späten Abend Essen und Getränke bereitstellte.

Für das Privatleben blieb ohnehin wenig Zeit. Ich nutzte hin und wieder den Sonntag, um einige kleine Ausflüge zu machen, erkundete das Oderhaff, besuchte Greifswald und Pasewalk, Usedom und Rügen. Ein Weihnachtskonzert führte mich zu den Sängerknaben von Pasewalk, einem beachtlichen Chor, den wir auch zu unserem Jahresempfang einluden. Außerdem durfte ich an einigen kirchlichen Veranstaltungen teilnehmen.

Bei einem Jugendtag der Pommerschen Kirche war ich als Referent angefragt worden, im Dom von Greifswald sprach ich vor einem größeren, vorwiegend jüngeren Publikum.

Über eine Lehrerin, die in der örtlichen Zeitung „Nordkurier" gelesen hatte, dass ich Pfadfinder war, kam ich in Kontakt zu mehreren jungen Leuten. Mit diesen rief ich eine Pfadfindergruppe ins Leben. Für einen jungen Mann, der aktiv mitwirkte, konnte eine ABM-Stelle besorgt werden. Mein Fahrer — wie ich einem Pfadfinderbund angehörend — beteiligte sich, und ein junger Unteroffizier fand Gefallen und machte ebenfalls mit.

Eine Pfadfindergruppe aus dem pfälzischen Frankenthal besuchte Vorpommern zu einem Sommerlager und lud junge Leute aus unserer Gegend zur Teilnahme ein. Alle wollten hinterher Pfadfinder werden. So entstand Pfadfinderleben, das sich auch nach meiner Versetzung noch einige Jahre halten konnte.

Ein Elternabend und zwei Wochenendunternehmungen werden mir in Erinnerung bleiben. Der Elternabend im Haus der Bundeswehr und zugleich ehemaligen Haus der NVA war sehr gut besucht. Viele Eltern der jungen Leute konnten es kaum fassen, was sie sahen: Ein General inmitten der Mädchen und Jungen, mit einer Gitarre die singenden Jugendlichen begleitend.

Die Wochenendunternehmungen führten uns nach Altwarp und in eine nahegelegene Jugendherberge. Viele Abende am Feuer, zahlreiche Wanderungen, tiefgehende Gespräche, also alles, was das Pfadfinderleben ausmacht, hatten wir auch in Eggesin. Zwei der älteren Pfadfinder konnten mit einer hessischen Gruppe eine Reise nach Israel unternehmen, gewürdigt vom Nordkurier mit einem ausführlichen Bericht. Viele gute Erinnerungen an diese jungen Leute bleiben.

Mein Amt als Bundesvorsitzender des Verbands Christlicher Pfadfinderinnen und Pfadfinder litt jedoch in dieser Zeit. Doch endete die Wahlperiode ohnehin Mitte 1991. Meine wunderbare Partnerin Eva Maria Pietzcker und ich hatten allerdings das aus meiner Sicht bleibende Verdienst, erste Schritte zu einer Verankerung des Pfadfindertums in den neuen Bundesländern in die Wege geleitet zu haben.

Mein erster privater Besuch galt Verwandten, die im nahegelegenen Greifswald wohnten. Ernst Kähler und seine Frau kannte ich schon; wir hatten uns bei einem Familientag getroffen, zu dem sie aus Altersgründen eine Ausreiseerlaubnis bekommen hatten. Kähler, Professor der Theologie, war viele Jahre Dekan der theologischen Fakultät der Greifswalder Universität gewesen. Seine Frau, eine geborene von Kirchbach, war eine Cousine von mir. Christoph Kähler, ein Sohn der beiden, war der spätere Landesbischof von Thüringen. Wir feierten ein fröhliches Wiedersehen.

Ernst Kähler stellte eine Verbindung zur Greifswalder Universität her, die zu einem Besuch und Vortrag des Rektors anlässlich einer Offiziersausbildung führte und zu einem Besuch von Teilen unseres Offizierskorps in der Universität. Diese Kontakte blieben noch lange erhalten. Einige Jahre später hielt ich – nach einer herzlichen Begrüßung – in der voll belegten Aula der Universität einen Vortrag.

Das Spechtberg-Syndrom

In der Nähe von Eggesin gab es eine Kaserne in Spechtberg (Torgelow), in dem das Panzerbataillon seinen Standort hatte. Die Besonderheit der Kaserne war ein großer Kinosaal, der Platz für bis zu 600 Besucher bot. Als die Richtlinien zum Übernahmeverfahren sowie das neue Beurteilungssystem feststanden, sahen wir jenen Saal als geeignete Stelle, um unsere Verbände mit den neuesten Informationen zu versorgen. Zunächst berichtete Oberstleutnant Vogt über die Anwendung des Beurteilungssystems für die Übernahme in die Bundeswehr. Danach hielt ich eine Rede, in der es vorwiegend darum ging, die Erwartungen der Führung gegenüber den Soldaten, die in die Bundeswehr übernommen werden sollten, zum Ausdruck zu bringen. Jedem sollte klar werden, dass Anstrengung und Leistung erwartet wurde. Als ich das Podium verließ, ahnte ich noch nicht, was ich mit meinem Vortrag angerichtet hatte.

Eine Woche später besuchte uns der Beauftragte für Erziehung und Ausbildung. Er war im Auftrag des Generalinspekteurs unterwegs, um für seinen Vorgesetzten Stimmungen und Probleme aufzunehmen und zu einem Lagebild der Inneren Führung in den Streitkräften beizutragen. Kurz vor seiner Rückfahrt kam er auf mich zu, um mir seine Eindrücke aus meinem Kommandobereich zu übermitteln. Darin berichtete er mir von der Reaktion der Soldaten im Anschluss an meine Rede im großen Kinosaal von Torgelow.

Offenbar fühlten sich viele durch meine Erläuterungen zu den Beurteilungsbestimmungen und Übernahmekriterien nicht belehrt, sondern geradezu eingeschüchtert. Angesichts der Schilderung eines aus ihrer Sicht weit überzogenen Forderungskatalogs war der Eindruck entstanden, ich hätte die Anwesenden darauf vorbereitet, die Bundeswehr in Kürze wieder verlassen zu müssen. Damit hatte ich allerdings nicht gerechnet. Ich war dem Beauftragten dankbar für seine offen vorgetragene Kritik und gelobte Besserung. Mir wurde sehr deutlich, dass ich bei einer solchen Tagung wie in Eggesin angesichts der schwierigen und unsicheren Lage zurückhaltender und vorsichtiger formulieren musste.

Den Begriff des Spechtberg-Syndroms, der die gesamte Angelegenheit ganz treffend zusammenfasste, gebrauchte übrigens der Beauftragte für Erziehung und Ausbildung – und traf damit den Nagel eindeutig auf den Kopf.

Kontakte zur Politik

Schnell wurden Kontakte zur Politik hergestellt und gepflegt. Zu unseren Partnern gehörten zum Beispiel die Landräte von Ueckermünde und Pasewalk sowie die Bürgermeister von Eggesin, Torgelow, Pasewalk und zahlreiche andere. Um die Brigade bemüht war aber auch der Ministerpräsident von Mecklenburg-Vorpommern, Alfred Gomolka, der selbst nach Eggesin kam, als der Brigade die Bezeichnung „Vorpommern" verliehen wurde.

Ein besonderes Ereignis für uns alle war jedoch der Besuch des Verteidigungsministers Gerhard Stoltenberg. Bei der Leipziger Kommandeurtagung hatte ich ihm einige kritische Fragen gestellt, auf die der Minister sehr sachlich und verständnisvoll geantwortet und bei dieser Gelegenheit einen Besuch in Eggesin angekündigt hatte.

Einige Wochen später erschien er tatsächlich, begleitet vom Leiter seines Planungsstabes, Generalleutnant Schade. Bei Stoltenbergs Besuch stellten wir ihm unsere Arbeit im Detail vor.

Dazu gehörten auch Dinge, die normalerweise nach den geltenden Regeln nicht vorgesehen waren. Ein Beispiel war eine Umweltschutzgruppe, die aus dem Bataillon Chemische Abwehr entstanden war. Das Bataillon hatte in der Bundeswehr keine Zukunft mehr. Wir brauchten jedoch diese Spezialisten, um die Kasernen von schädlichen Stoffen zu befreien oder Leichtflüssigkeitsabscheider zu reinigen, aber auch, um im zivilen Bereich zu helfen. Die Gruppe wurde mit Fahrzeugen und Gerät der NVA ausgerüstet und leistete einige Monate wertvolle Arbeit, an welche die Standortverwaltung anknüpfen konnte. Im Übrigen gelang es später, auch mithilfe des Befehlshabers, die meisten dieser Soldaten in die Bundeswehr zu übernehmen. Der Minister nahm solche Aktivitäten erfreut zur Kenntnis – auch die Tatsache, dass wir über die Vorschriften hinaus dem zivilen Bereich Starthilfen zukommen ließen, beispielsweise Autowracks der Entsorgung zuführten.

Von der NVA hatten wir ein kleines Schwimmbad übernommen, das auch regelmäßig von Schulklassen oder anderen Badegästen besucht wurde. Anders als ursprünglich vorgesehen, wollten wir dieses Bad zunächst erhalten und renovieren. Stoltenberg willigte hierzu ein, und das Ministerium genehmigte sehr schnell die notwendigen Mittel.

Bei einem Rundgang in einer Unterkunft kam der Minister mit einigen Soldaten in ein intensives Gespräch. In dieser Zeit galt für West-Berlin noch die Regel, dass die jungen Männer nicht zum Wehrdienst herangezogen werden konnten – eine Regel, die bald geändert wurde. „In dieser Stube", so führte ein junger Soldat aus, „wohnen nur Jungs aus Berlin, alle aus Ost-Berlin, keiner aus West-Berlin. Herr Minister, wie kommt das?" Der Minister erläuterte es und versprach, dass dies schnell geändert würde. So geschah es dann auch.

Es war ein sehr beeindruckender Besuch des Ministers, der intensive Gespräche mit Soldaten aller Dienstgrade führte und uns wissen ließ, dass wir nach seiner Auffassung auf dem richtigen Weg seien. Dennoch endete der Besuch nicht ohne Komplikationen: Weil der Hubschrauber, in dem der Minister zurückfliegen wollte, aus Wettergründen nicht starten konnte, schaffte es Stoltenberg nicht mehr rechtzeitig zu einer mit Außenminister Hans-Dietrich Genscher anberaumten Besprechung. Beim Tanken, so wurde mir erzählt, mussten seine Begleiter ihre Bargeldvorräte zusammenkratzen, um die

Tankrechnung bezahlen zu können. Auf Kreditkarten war die Tankstelle noch nicht vorbereitet.

Ebenfalls unvergesslich waren ein Besuch und Vortrag, den ich vor dem Bundeskabinett zu halten hatte.

Einmal im Jahr fand traditionsgemäß eine Kabinettssitzung auf der Bonner Hardthöhe statt, auf der regelmäßig Themen rund um die Sicherheitspolitik und die Bundeswehr besprochen wurden. Eine solche Sitzung gab es im Februar 1992 unter dem Vorsitz von Helmut Kohl. Der Kanzler plante für diese Sitzung Vorträge ein, die durch vor Ort verantwortliche Kommandeure gehalten werden sollten. Vorgesehen war dafür sowohl ein Kommandeur aus dem Westen, der seinen Verband auflösen musste, sowie ein Kommandeur aus dem Osten, der die Aufgabe hatte, einen Verband im Osten unter Rückgriff auf Personal aus der NVA aufzubauen.

Die Wahl fiel auf mich. Zu dieser Zeit war ich der einzige Brigadekommandeur, der vom Tag der Einheit bis zum Datum der Kabinettssitzung ununterbrochen im Osten gedient hatte.

Die strenge Anweisung, eine Redezeit von sieben Minuten einzuhalten, interpretierte ich eher flexibel. Der Vortrag endete mit den Sätzen: „Der Prozess der Vereinigung und die Bewältigung der Vergangenheit kosten Zeit. Ich möchte aber nicht, dass wir die heilsame Ungeduld verlieren. Mit unserem Beitrag zum Heer der Einheit leisten wir einen eigenen Beitrag zur Gemeinsamkeit der Menschen im Handeln, Verstehen und im Vertrauen."

Nach dem Vortrag entwickelte sich eine lebhafte Diskussion, die Minister schienen sichtlich beeindruckt. Dabei hatte ich auch einige Minuten Gelegenheit, mit der damaligen Bundesministerin Angela Merkel zu sprechen. Merkel sollte ich noch öfter begegnen.

Nach mir redete General Schuwirth, der Brigadekommandeur im Westen war und später, wie ich, zum Viersternegeneral aufstieg. Er berichtete über die Auflösung von Truppenteilen im Westen. Mit seiner Brigade war uns General Schuwirth partnerschaftlich verbunden, auf seine Unterstützung war Verlass.

Die Nervosität, von der wir angesichts eines Auftritts im Bundeskabinett nicht völlig frei waren, wich schnell, vor allem angesichts der positiven Reaktionen der höchsten Politprominenz unseres Staates und deren Interesse an unseren Aussagen. Auch Minister Stoltenberg signalisierte Zufriedenheit. Für einen jungen Brigadekommandeur wie mich war es eine schöne Erfahrung, als die Minister Genscher,

162

Möllemann und Stoltenberg Fragen zu meiner Rede stellten und Kohl schweigend, aber offenbar zufrieden zuhörte.

Als General Schuwirth und ich nach der Sitzung aufbrechen wollten, näherte sich Eduard Ackermann, Kohls Pressesprecher, und bat uns im Auftrag des Bundeskanzlers zur Teilnahme an einem gemeinsamen Mittagessen. Daraufhin nahmen Kohl, Stoltenberg, Schuwirth und ich an einem Vierertisch Platz. Als das Essen beendet war, kam Ackermann wieder auf mich zu und sagte, der Kanzler hätte noch zwei Fragen, die ich ihm beantworten sollte. Ich bat ihn, mir die Fragen zu geben. Sie befassten sich mit der Übernahme von Soldaten der NVA in die Bundeswehr. Ich sagte zu, die Antworten auf die Fragen nach der Rückkehr umgehend zu erarbeiten und sie per Fax ans Büro des Kanzleramts zu schicken. Ackermann blickte mich zunächst verdutzt an, dann lächelte er und meinte: „Nun, so geht das hier nicht, Herr von Kirchbach. Folgendes wird passieren: Wir fahren gemeinsam zum Kanzleramt, dort verfassen Sie die gewünschten Texte, und wenn Sie fertig sind, können Sie nach Hause fahren." Die Anweisung: klar. Der Ton: unmissverständlich. „Herr Ackermann", antworte ich daraufhin, „der Kanzler wünscht es, ich mache es. Doch ich bitte noch um einen Gefallen", fügte ich hinzu und äußerte den Wunsch, dass meinen beiden Begleitern eine Führung durch das Kanzleramt ermöglicht werden sollte. Dies wurde sofort organisiert. Nach einer guten Stunde hatte ich das Schriftstück verfasst.

Die Begegnung mit dem Bundeskanzler anlässlich der Sitzung des Bundeskabinetts war der Auftakt zu einer Reihe von Treffen, Vorträgen, Fahrten und Gesprächen mit Bundeskanzler Kohl, die auch nach meiner Dienstzeit fortgesetzt wurden. Noch bei vielen späteren Begegnungen konnte sich Kohl an das Zusammentreffen während dieser Kabinettssitzung erinnern.

Den ersten Jahrestag der Deutschen Einheit wollten wir im Rahmen einer öffentlichen Veranstaltung begehen. Dabei hatte einer unserer Offiziere eine Idee: Wir sollten versuchen, den ehemaligen Bundespräsidenten Karl Carstens einzuladen und ihn zu bitten, bei dieser Veranstaltung die Festrede zu halten. Zu unserer aller Überraschung und Freude erhielten wir eine Zusage.

Der Kinosaal in Torgelow war bis auf den letzten Platz besetzt. Die Offiziere der Brigade, zahlreiche Unteroffiziere und viele Vertreter der Bürgerschaft hatten sich eingefunden. Einige Tage zuvor hatte ich bei mehreren Offizieren ganze Überzeugungsarbeit leisten müssen: Einige waren der Ansicht, sie seien nur eine Staffage, vor welcher der Kommandeur glänzen wolle. Ich widersprach: Für die Offiziere war das eine einmalige Chance, eine der führenden Personen der alten Bundesrepublik in dieser Ecke Deutschlands treffen zu können.

Nachdem Carstens am Vormittag eingetroffen war, führten wir zunächst ein intensives Gespräch miteinander. Abends hielt er einen Vortrag, in dem er seine Sicht auf Deutschland in einfachen und klaren Worten schilderte und damit auch die letzten Skeptiker unter den Offizieren überzeugen konnte.

Militärische Vorgesetzte

Viele unserer Vorgesetzten erlebten wir vor Ort, und wir gaben uns Mühe, ihnen Erfolge und Probleme unserer Arbeit zu zeigen. Einige dieser Besuche hatten einen besonderen Charakter.

Nur kurze Zeit nach der Kommandoübernahme hatte sich der Befehlshaber, General Schönbohm, angesagt. Zum Erstaunen vieler übernommener Soldaten trafen wir keine großen Vorbereitungen und machten für diesen Besuch auch keine Übungsdurchläufe. Der Aufwand wäre zu hoch und auch nicht im Sinne des Befehlshabers gewesen. Dieser erhielt einen umfassenden Lagevortrag, in dem ihm kein Problem verschwiegen und die bereits erzielten Erfolge dargestellt wurden. Im Gelände bekam er die Grundausbildung der Rekruten zu sehen, an denen es noch manches zu beanstanden und zu korrigieren gab.

Bei einer Lageeinweisung wollte der Stationsleitende die Bezeichnung „Feind" vermeiden. Er hatte verstanden, dass die Bundeswehr kein konkretes Feindbild hatte und auch nicht brauchte. So wurde ein Munitionslager gegen einen „Kooperationspartner" gesichert. Hier waren dann doch noch weitere Erläuterungen nötig.

Am Abend brachten wir bei einem einfachen rustikalen Abendessen den Befehlshaber mit dem nahezu vollständigen Offizierskorps der Brigade zusammen. Man stand gemeinsam im bewegten Gespräch. Plötzlich bestieg General Schönbohm zum Erstaunen aller Anwesenden einen Stuhl: Er pfiff durch die Finger, alle schauten auf ihn. Anschließend stellte er sich den Fragen der Offiziere. Einfach, direkt und unkompliziert – auf diese Weise schaffte er Vertrauen.

Ein besonderes Vorhaben führte den Generalinspekteur General Naumann nach Eggesin.

Er erschien zu einem Weihnachtsbesuch an Heiligabend. Ich empfing ihn, und zusammen fuhren wir nach Stettin, wo er vom polnischen Generalstabschef empfangen wurde, begleitet von meinem polnischen Partner, dem Kommandeur der 12. Polnischen Division. Nach einem Gespräch fuhren wir zu einer polnischen Einheit und trafen uns mit den Soldaten einer Kompanie zum Mittagessen. Beide Generale wendeten sich an die polnischen Soldaten und dankten ihnen für ihren Dienst.

Dann fuhren wir alle nach Eggesin. Die beiden ranghöchsten polnischen und deutschen Soldaten besuchten eine deutsche Kompanie, auch ein weiteres Essen war vorgesehen. Wie in Polen wendeten sich beide Generale nun an die deutschen Soldaten und dankten auch ihnen für ihren Dienst an den Weihnachtsfeiertagen.

Es war ein bewegender Tag. Zur Erinnerung schenkten wir allen Soldaten, mit denen der Generalinspekteur zusammengekommen war, ein kleines Büchlein mit seiner Widmung. Die Initiative von General Naumann gefiel mir sehr gut. Sie hatte signalhaften Charakter auf dem Weg Polens in die NATO.

Auch den Inspekteur des Heeres, General von Ondarza, führte sein Weg nach Eggesin. Am späten Morgen kam er in Begleitung des Stabsabteilungsleiters, Brigadegeneral Stöckmann, mit einem Hubschrauber in bester Laune und bei bestem Wetter an. Auf dem Wege hatte er in der wildreichen Gegend Hirschrudel an den Waldrändern stehen sehen und sich an der Natur erfreut. Mit großem Interesse und vielen Fragen nahm er unsere Arbeit zur Kenntnis und war offensichtlich beeindruckt.

Im Anschluss an meinen Vortrag veranlasste er bei zwei Anträgen – noch von Eggesin aus – konkrete Hilfen für die Brigade. Innerhalb kürzester Zeit erhielten wir Tuchuniformen für die aus der NVA übernommenen Soldaten. Es war ein Schritt in die Normalität, der es uns möglich machte, bei den entsprechenden Anlässen nicht mehr auf den Feldanzug angewiesen zu sein. Und er unterstützte erfolgreich die kurzfristige Übernahme eines lebensälteren Offiziers in die Bundeswehr, der sich um uns hochverdient gemacht hatte und dessen Übernahme aus Altersgründen zunächst zu scheitern drohte.

Hilfreich war auch der Besuch des für die Übernahme von Personal zuständigen Generals aus der Personalabteilung, Brigadegeneral Gliemeroth. Er nutzte seinen Besuch zu zahlreichen Gesprächen, um einen persönlichen Eindruck von den Offizieren zu gewinnen, mit deren Schicksal er sich zu beschäftigen hatte.

Insgesamt empfing ich eine Vielzahl von hochrangigen militärischen Besuchern. Solche Besuche waren auch wichtig, weil damit manchem vor Ort klar wurde, worum es ging, wo die Probleme lagen und wo Lösungsansätze liegen konnten. Oftmals musste ich die Besucher jedoch um Verständnis bitten, weil ich die Betreuung in der Regel nur bei meinen direkten Vorgesetzten persönlich übernehmen konnte und dadurch mehr Zeit für meine eigentlichen Aufgaben hatte.

Verhältnis zu den Kirchen

Zu ihrer Überraschung waren die Pfarrer der Umgebung zur Kommandoübergabe eingeladen. Das war für sie durchaus ungewöhnlich. In der DDR hatten sie zu Kasernen keinen Zutritt. An unserer neuen Wirkungsstätte war es für einen Offizier oder Unteroffizier der NVA nahezu unmöglich, einer Kirche anzugehören.

Mir waren die Kontakte zu den Kirchen äußerst wichtig. Dies hat nicht nur mit meinem persönlichen Hintergrund zu tun. Mir war es ein großes Bedürfnis, einen – wenn auch nur gelegentlichen – Austausch zwischen den Soldaten der ehemaligen NVA und Kirchenvertretern in die Wege zu leiten. Eine Missionierung gehört nicht zu den Aufgaben militärischer Führer, aber es schien mir der Mühe wert, durch solche Gespräche das Eis zu brechen und vielleicht dem einen oder anderen eine kleine Hilfe zu leisten, die verloren gegangene Orientierung zurückzugewinnen.

Daher pflegte ich von Anfang an enge Kontakte mit dem örtlichen Pfarrer sowie dem Superintendenten. Für diese Geistlichen war der Austausch mit militärischen Führern eine komplett neue Erfahrung. Einladungen von Wehrpflichtigen fanden in der DDR allenfalls heimlich statt, offizielle Kontakte gab es jedoch nicht. Das war nun zum Glück vorbei. Der Einladung eines Pfarrers in das Haus der Stille nahe Greifswald folgte eine persönliche Freundschaft und eine langjährige Tätigkeit im Kuratorium dieses Hauses.

Eine weitere spannende Visite war die des damaligen Militärgeneraldekans Gramm. Da die Ostkirchen zu diesem Zeitpunkt dem Militärseelsorgevertrag nicht beigetreten waren, hatte er keine Zuständigkeit im Osten. Er war jedoch hoch interessiert. In vergangenen Verwendungen war ich ihm oft begegnet, ich schätzte seine klaren Aussagen und seine fachliche sowie menschliche Kompetenz. Mit Gramm verband mich somit eine lange und herzliche Beziehung. Obwohl er Eggesin nicht in seiner offiziellen Funktion besuchte, war er gerne bereit, zu unseren Soldaten zu sprechen und auch mit interessierten

Geistlichen zu einem Gespräch zusammenzutreffen. Überraschenderweise kamen fast alle Pfarrer der Umgebung zu dieser Veranstaltung. Sie waren neugierig auf den hohen Kirchenvertreter der Evangelischen Militärseelsorge aus dem Westen. Auch Gramms Rede und Argumente für die Militärseelsorge stießen auf positive Resonanz und halfen, die Furcht abzumildern, dass sich die Kirche mit Abschluss des Vertrags in die Hände des Staates begeben habe. Im Anschluss an die Rede gab es viele intensive Dialoge, bei denen manche Zweifel zerstreut werden konnten.

Ein skeptisch eingestellter Wegbegleiter war zunächst der Greifswalder Bischof der Pommerschen Evangelischen Kirche, Eduard Berger. Ich lernte ihn näher kennen, als ich zu einem Vortrag vor dem Konsistorium der Pommerschen Kirche eingeladen worden war. Seine Begrüßung überraschte mich: Sie war zunächst kalt und unfreundlich. Ich überlegte sogar ernsthaft, das Konsistorium wieder zu verlassen, doch ich entschied mich glücklicherweise anders: Ich stellte den Mitgliedern des Konsistoriums den Militärseelsorgevertrag vor, mit dem besonderen Hinweis auf die vertraglich gesicherte Selbstständigkeit des kirchlichen Dienstes der Kirche unter den Soldaten. Die Mitglieder waren sowohl überrascht als auch interessiert. So fand ich aufgeschlossene Partner, die unkompliziert und ohne eine vertragliche Regelung bereit waren, eine Zusammenarbeit anzubieten. Ein lebhaftes Gespräch begann, in das sich auch immer wieder der Bischof in einer positiven Art und Weise einschaltete.

Gerade zu ihm entwickelten sich bald hervorragende und sehr persönliche Kontakte: In regelmäßigen Abständen trafen wir uns in Greifswald. Dass Bischof Berger schließlich der Brigade einen mehrtägigen Besuch abstattete, Gottesdienste anbot und an zahlreichen Gesprächen teilnahm, war ungeachtet aller Vertragsdiskussionen ein durchaus bedeutsames persönliches Signal des Bischofs und damit auch der evangelischen Kirche.

Dem Besuch im Konsistorium folgten mehrere Einladungen in die Kirchengemeinden im Umkreis. Einige dieser Einladungen konnte ich persönlich wahrnehmen, andere meine Mitarbeiter.

Besonders schöne Kontakte entwickelten sich in das Haus der Stille der Pommerschen Evangelischen Kirche und zum Pfarrerehepaar Breithaupt, das dieses Haus leitete. Vielfach nahm ich dort an Veranstaltungen teil und referierte. Schließlich wurde ich für viele Jahre Mitglied des Kuratoriums des Hauses, bemühte mich um sein Wohl und war für seine Begleitung zuständig.

1991 fand der Deutsche Evangelische Kirchentag im Ruhrgebiet statt. Ein Programmpunkt, der von unserer Pommerschen Landeskirche organisiert wurde, war eine Podiumsdiskussion zu dem heiß diskutierten Thema „Militärseelsorge". Die Pommersche Kirche hatte mich gebeten, mich an dieser Podiumsdiskussion zu beteiligen. Ich sagte zu und fuhr hierfür nach Essen. Dabei machte ich auch einen Besuch bei den zahlreichen evangelischen Pfadfindern, die den Kirchentag unterstützten. Auf diesem Kirchentag erlebte ich allerdings eine feindselige Stimmung gegenüber der Bundeswehr. Dies wurde für mich schon früh deutlich. Bereits vorab äußerte ich gegenüber dem Diskussionsleiter die Vermutung, bei der Diskussion könnte es gleich zu Anfang nicht nur um die Militärseelsorge, sondern vor allem um die Bundeswehr als Instrument der Friedenssicherung gehen.

So geschah es dann auch. Die Diskussion fand in einem prall gefüllten Saal mit mehreren Hundert Zuhörern statt. Einer der Vertreter auf dem Podium versuchte, die Stimmung nicht nur gegen die Militärseelsorge, sondern auch gegen die Bundeswehr aufzuheizen und fand hierfür viel Beifall. Zum Glück befanden sich in der Halle zahlreiche Pfadfinder, die auch mir immer wieder Beifall spendeten. Als die Diskussion gerade lebhaft geführt wurde und ich das Wort hatte, erschien in der Halle eine Gruppe von Menschen, die einen offenen Sarg mit sich führte. In diesem Sarg lag ein als Leiche zurechtgeschminkter Uniformierter. Die Gruppe trat vor das Podium und forderte den an der Diskussion beteiligten Militärpfarrer auf, den „Toten" zu segnen. Ich brach meinen Beitrag ab und schwieg, der Geistliche reagierte nicht auf die Aufforderung der Sargträger. Als sie bemerkten, dass ihre Aktion gänzlich unbeantwortet blieb, verließen sie die Halle nach einigen Minuten wieder, und ich setzte meinen Satz fort. So war die Situation überstanden.

Die Regel des Kirchentags im Ruhrgebiet, dass auf solchen Veranstaltungen keine Resolutionen verabschiedet werden sollten, wurde gebrochen. Ein sorgfältig vorbereitetes Papier wurde im Saal verteilt und eine Resolution zu einer Friedenspolitik ohne Waffen abgestimmt.

Nach Abschluss der Veranstaltung verließ ich die Arena zunächst mit einem unguten Gefühl. Als mich dann jedoch viele junge Leute umdrängten, die sich mit mir in meiner Funktion als Pfadfinder austauschen wollten, konnte dies meine Laune schlagartig verbessern. In den Folgejahren habe ich viele Kirchentage besucht und an etlichen Diskussionen teilgenommen. Dabei traf ich häufig auf unterschiedliche Meinungen und wurde kritisiert – damit hatte und habe ich bis heute kein Problem. Der Kirchentag im Ruhrgebiet blieb hier eine Ausnahme und glücklicherweise der einzige, bei dem ich das Gefühl hatte, auf offene Feindseligkeit gestoßen zu sein und wo es mir kaum möglich war, zu den Teilnehmern eine kommunikative Brücke herzustellen.

Die Katholische Kirche hatte auf der Grundlage des Konkordats sehr schnell mit Dekan Hecker einen profilierten Leiter der Katholischen Militärseelsorge nach Potsdam entsandt und für den Bereich Vorpommern einen Pfarrer namhaft gemacht, der sich zügig einarbeitete und seine Aufgabe mit großem Engagement wahrnahm. Zu beiden kam ich umgehend in einen persönlichen Kontakt. Auch den Berliner Erzbischof Kardinal Sterzinsky besuchte ich für ein intensives Gespräch.

Die militärischen Nachbarn

Auf ganz besondere Weise wirkte sich die Wende auf die Beziehung zu den polnischen Nachbarn aus. Schon als das Land dem Warschauer Pakt angehörte, hatten sich die polnischen Streitkräfte ein gewisses Maß von Eigenständigkeit und nationaler Tradition bewahren können. So unterschieden sie sich nicht nur im Hinblick auf die Uniform von den anderen Armeen. Darüber hinaus unterhielten sie – wie ich erfahren hatte – als einzige Armee des Warschauer Pakts eine Katholische Militärseelsorge beim Militär. Das war eine absolute Besonderheit.

Wir selbst stellten Überlegungen an, mit der in Stettin stationierten 12. Polnischen Division Kontakt aufzunehmen – immerhin war ja nun die Grenze offen. Ich wandte mich an die aus der NVA kommenden Offiziere im Stab und fragte sie, wie bisher der Kontakt zu den Polen gehandhabt wurde. Nun, so hieß es, man sei einfach direkt an die Grenze gefahren, wo ein Aufklärungsbataillon stationiert war. Dieses hätte einen Anruf getätigt, dann sei man in Stettin empfangen worden. Wir fragten uns, ob dieses System möglicherweise noch Bestand hätte und ließen es auf einen Versuch ankommen: Ich beorderte einen Generalstabsoffizier mit zwei Offizieren aus der ehemaligen NVA an die deutsch-polnische Grenze. Die Offiziere gelangten an die Kontaktstelle, und nach einem Anruf wurden sie schließlich vom Divisionskommandeur empfangen.

Mit einer Einladung nach Stettin kehrten sie wieder in die Kaserne zurück. Dieses unverhoffte und recht spontane Angebot eines Zusammentreffens führte zu einigen internen Komplikationen, weil es für solche Begegnungen noch keine Regelungen gab und mein direkter Vorgesetzter, der Divisionskommandeur, zunächst zögerlich reagierte. Über den Adjutanten des Inspekteurs und einen Referatsleiter im Verteidigungsministerium gelangte ich an die notwendige Genehmigung.

Nur eine Woche später fuhren wir voller Erwartungen nach Stettin. Der Besuch verlief allerdings unspektakulär: Begrüßung, Vorstellung, zwei kurze Vorträge des polnischen Divisionskommandeurs und von mir, anschließend Mittagessen und eine Stadtrundfahrt durch Stettin, das war's. Doch was sich zunächst weitgehend im oberflächlichen Rahmen abspielte, war der Auftakt zu einer intensiven Beziehung nicht nur zwischen den beiden militärischen Verbänden, sondern auch den beiden Ländern auf militärischer Ebene. Einen Monat später begrüßten wir eine Abordnung der polnischen Division in Eggesin, und fortan fanden die Treffen nahezu regelmäßig statt – das Eis war gebrochen.

General Haasler, mein Divisionskommandeur, hatte große Verdienste daran, dass die beiden Armeen einen engen Kontakt zueinander hielten. In Neubrandenburg wurde unter seiner Leitung die erste polnisch-deutsche Partnerschaft der Streitkräfte feierlich besiegelt. Daran konnte ich einige Jahre später als sein Nachfolger anknüpfen.

Anders dagegen gestalteten sich die wenigen Kontakte mit den russischen Streitkräften – diese Begegnungen verliefen deutlich frostiger. Die Brigade nahm Verbindung zu einer russischen Division in Neustrelitz auf. Es blieb bei einem einmaligen Besuch, da diese Division sehr frühzeitig abgezogen wurde. Ich fuhr hin und traf mit dem Divisionskommandeur zusammen. Von großer gegenseitiger Sympathie konnte kaum die Rede sein. Die Höflichkeit wurde zwar gewahrt, ein persönlicher Funke sprang jedoch nicht über. Mein russischer Gesprächspartner konnte wenig Verständnis für die Tatsache aufbringen, dass sich ehemalige NVA-Soldaten dem – aus seiner Sicht – westlichen Feind angeschlossen hatten.

Wesentlich offener und fröhlicher ging es bei einem Besuch russischer Offiziere in Begleitung unseres Divisionskommandeurs zu. Dieser Besuch endete mit einem gemeinsamen Abend.

Als das nächste Aufeinandertreffen mit russischen Streitkräften auf einem Truppenübungsplatz in der Colbitz-Letzlinger Heide 1992 anstand, war ich bereits Stabsabteilungsleiter im Verteidigungsministerium. Ich war Mitglied einer Delegation unter Leitung des stellvertretenden Inspekteurs des Heeres, General Bagger. Zweck des Besuchs war die abschließende Beratung und Unterzeichnung eines Abkommens, das die Nutzung deutscher Übungsplätze durch russische Streitkräfte bis zum Truppenabzug 1994 vertraglich regelte. Für die russischen Befehlshaber war es sicher eine neue Erfahrung, sich im Vorfeld von Truppenbewegungen mit einer Verkehrskommandantur abstimmen zu müssen, zumal man bis dato auf den Übungsplätzen und im Gelände selbstbestimmt agieren konnte. Die zu diesem Zeitpunkt noch immer große militärische Präsenz wurde uns in einer Vorführung deutlich gemacht, an der mehrere Hundert Panzer beteiligt waren.

Eine weitere intensive Begegnung mit den russischen Streitkräften fand viel später im Zuge der Kosovo-Auseinandersetzung im Jahr 2000 statt. Zu dieser Zeit war ich Generalinspekteur der Bundeswehr. Im Kosovo führte zeitweise eine deutsche Brigade ein russisches Bataillon innerhalb eines deutschen Verantwortungsbereichs. Ich wurde freundlich empfangen sowie intensiv eingewiesen – etwas, was ich mir über viele Jahre hinweg nicht hätte vorstellen können.

Zu den Errungenschaften der untergegangenen NVA gehörte auch der Stützpunkt in Altwarp, einer kleinen Gemeinde in Vorpommern direkt am Oderhaff. Auf dem Stützpunkt gab es ein zentral gelegenes Gebäude, das mit seinen einfachen Zimmern und einer schlichten Einrichtung sowie den Blockhäusern im Umkreis gute Bedingungen für Tagungen oder die Nutzung als Ausbildungslager darbot. Bis zu fünfzig Soldaten ließen sich hier unterbringen.

Viele von uns wohnten einige Wochen oder Monate auf diesem Stützpunkt. Dienstreisende bezogen hin und wieder Quartier, zumal in der Gegend zunächst nur wenige Ausweichmöglichkeiten existierten. Diesen Stützpunkt nutzten wir ausgiebig. Viele Kompanien verbrachten hier einige Tage, um „politische Informationen" in einer angenehmen Umgebung austauschen zu können. Kommandeursbesprechungen und Kompaniecheftagungen wurden hier von uns durchgeführt. Der Ort war Schauplatz von Abendveranstaltungen. So nutzten viele Besucher wie der amtierende Verteidigungsminister oder Altpräsident Karl Carstens diesen Stützpunkt zur Übernachtung. Der Komfort war sicher bescheiden, aber die Umgebung wog vieles auf.

Manchmal war der Stützpunkt auch eine willkommene Anlaufstelle für Pfadfindergruppen.

Trotz der guten Bedingungen wurde er – auch angesichts anstehender Renovierungen – für die Bundeswehr zu teuer und musste unter meinem Nachfolger aufgegeben werden.

Später – General Lutz war zu dieser Zeit Brigadekommandeur – wurde in Torgelow das erste Soldatenheim der Evangelischen Militärseelsorge im Osten eingerichtet. Dem ging ein sehr zähes Ringen voraus, schließlich war die Evangelische Militärseelsorge kurz nach der Wende und im Zuge der personellen Kürzung der Bundeswehr eher damit beschäftigt, Häuser und Einrichtungen ab- statt aufzubauen.

Der Antrag stand lange Zeit auf der Kippe, bis deutlich gemacht werden konnte, dass hier eine Gleichbehandlung des Ostens mit dem Westen nicht im Vordergrund stehen sollte. Wir wollten jedoch angesichts von 33 Soldatenheimen auf westlicher und keinem auf östlicher Seite das Missverhältnis mit dem Bau der ersten Einrichtung in Torgelow zumindest leicht korrigieren. So geschah es dann auch.

Als stellvertretender Vorsitzender des Beirats des Rats der EKD für die Militärseelsorge habe ich dies nach Kräften unterstützt. Noch heute wird das Heim in Torgelow als Begegnungsstätte von den vor Ort ansässigen Soldaten, aber auch einer breiten zivilen Gemeinschaft intensiv genutzt.

Rechte Umtriebe

Schon bald wurden die ersten Spuren einer breiten gesellschaftlichen Unzufriedenheit und eine zunehmende Radikalisierung einzelner Menschen in den neuen Bundesländern auch bei uns in der Kaserne sichtbar.

An einem Morgen wurde ich das erste Mal konkret mit dem Thema Rechtsradikalismus konfrontiert, als ich über das Feldkabeltelefon die Nachricht erhielt, in der Nacht zuvor sei ein Asylbewerberheim in der Nähe von Ueckermünde überfallen worden. Glücklicherweise war kein Soldat daran beteiligt gewesen. Um die Heimbewohner in Sicherheit bringen zu können, hatte der Bürgermeister noch in der Nacht beim zuständigen Offizier vom Dienst angerufen und gefragt, ob wir ihm einen Bus schicken könnten. Der Offizier ignorierte jedoch die Bitte und informierte mich erst am nächsten Morgen. Der Bus blieb in der Halle, und die Gemeinde musste sich anderweitig helfen.

Kurze Zeit später berichtete mir der stellvertretende Brigadekommandeur, er hätte Soldaten dabei beobachtet, wie sie mit Baseballschlägern die Kaserne verlassen hätten. Am nächsten Tag machte ich das Thema zum ersten Tagesordnungspunkt der Kommandeurbesprechung. Einige Offiziere bekundeten ihre Skepsis, ob ich nicht zu viel aus diesen Beobachtungen ableiten würde und bewerteten den Vorfall als weniger dramatisch. Dennoch war nun einiges ins Rollen gebracht worden: Der Kommandeur des Panzerbataillons veranlasste kurze Zeit nach diesen Vorfällen in seinem Bereich eine anonyme Befragung, an der man sich freiwillig beteiligen konnte. Eine Woche später, als die Ergebnisse vorlagen, kam er auf mich zu und meinte nur kurz und knapp: „Sie haben recht – es gibt ein Problem."

Wir beschlossen, ein Programm ins Leben zu rufen, mit dem Ziel, auf das Verhalten unserer jungen Soldaten Einfluss zu nehmen und dies zum Gegenstand intensiver politischer Bildung zu machen. Nach einigen Gesprächen fanden wir auch eine Kompanie, die sich um die Betreuung des betroffenen sowie eines weiteren Asylbewerberheims kümmerte. Selbstverständlich mussten wir davon ausgehen, dass gesellschaftliche Erscheinungen vor einer Wehrpflichtarmee nicht haltmachen. Für uns war aber klar: Wir wollten und mussten Einfluss auf unsere Soldaten ausüben und taten dies auf intensive Weise. Politische Bildung, Gespräche, persönliche Kontakte zu Asylbewerbern und ein Besuch von Gedenkstätten waren aus unserer Sicht die geeigneten Methoden.

Dass wir das Problem richtig verstanden hatten, wurde auch deutlich, als eine Pfadfindergruppe, die eine Fahrt in dieser Gegend machte, übel beschimpft wurde, weil einige der Jungen lange Haare trugen. Auch hier – in einigen Orten rund um unsere Kaserne – wurde der Einfluss rechter Gruppierungen sichtbar.

Die Frage nach dem richtigen Umgang mit Extremismus in der Bundeswehr beschäftigte mich noch viele Jahre. Nach den Ereignissen von Rostock-Lichtenhagen im August 1992 schrieb ich für den Inspekteur des Heeres einen Kommandeurbrief, mit dem General Hansen die Kommandeure dazu aufrief, mit geeigneten Maßnahmen gegen möglichen Extremismus in unseren Reihen vorzugehen. Es wurde ein konkretes Programm entworfen, die Umsetzung war einige Male Thema im Führungskreis des Heeres. Ich selbst verfasste einen viel beachteten Beitrag für die Wochenzeitung „Bundeswehr aktuell".

Als einige Jahre später – 1997/98 – mehrere Skandale die Bundeswehr erschütterten, erinnerte sich der Generalinspekteur Bagger an meine damaligen Aktivitäten und setzte mich als Führer einer Arbeitsgruppe ein, die von allen relevanten Abteilungen des Ministeriums mit Informationen versorgt wurde. Der Chef des MAD und der Präsident des Verfassungsschutzes machten uns mit den Fakten intensiv vertraut. Schließlich legten wir ein Programm vor, das die Zustimmung des Generalinspekteurs und des Ministers fand und für die ganze Bundeswehr in Kraft gesetzt wurde.

Zum Abschluss meiner Amtszeit in Eggesin wollte ich auf deutlich sichtbare Weise den Übergang zur Normalität signalisieren. Ein geschlossener Übungsplatzaufenthalt der Brigade schien mir dafür am besten geeignet. Wir konnten erreichen, dass uns im Februar 1992 für fast zwei Wochen der gesamte Truppenübungsplatz Bergen zugewiesen wurde.

So setzten sich eines Tages abenteuerlich aussehende Fahrzeugkolonnen in Bewegung.

Wir nutzten immer noch zahlreiche von der NVA übernommene Fahrzeuge, sodass in den Kolonnen auch ein Trabant sowie ein Ural-Lkw mitfuhren und diese für ein großes Staunen auf dem Übungsplatz sorgten. Auch der Anblick der Schützenpanzer BMP-1 war auf einem westlichen Übungsplatz ungewohnt. Da dem Artilleriebataillon noch die Panzerhaubitzen fehlten, wurden übergangsweise gezogene Feldhaubitzen 105 mm genutzt. Das Panzerbataillon hatte vor Kurzem bereits die Kampfpanzer Leopard erhalten.

Wir übten hauptsächlich im Rahmen von Kompanien und Batterien. Das Panzerbataillon nutzte die Chance, eine erste Übung auf der Ebene des Bataillons durchzuführen.

Allen Bedenken zum Trotz: Der Aufenthalt war ein voller Erfolg, die Zwischenepisode weitgehend beendet – der Übergang zur Normalität hatte begonnen.

Von Eggesin ins Ministerium

Es war bereits früh klar, dass Eggesin nur eine Verwendung für kurze Zeit sein sollte. Schließlich war es schon mein zweiter Einsatz als Brigadekommandeur. Ich legte jedoch höchsten Wert darauf, wenigstens bis zum Frühjahr 1992 in Eggesin zu bleiben. Mir ging es vor allem darum sicherzustellen, dass in der Phase der Beurteilungen für die ehemaligen Offiziere der NVA (diese Beurteilungen hatten eine ausschlaggebende Bedeutung für deren Übernahme in die Bundeswehr) derselbe Vorgesetzte zuständig war. General Schönbohm unterstützte glücklicherweise diesen Standpunkt – so setzte die Personalabteilung den 1. April 1992 als Dienstantritt für meine nächste Verwendung fest. Mit großer Dankbarkeit gegenüber den Soldaten und die zivilen Mitarbeiterinnen und Mitarbeiter der Division – allesamt meine engsten Weggefährten – verließ ich Eggesin.

Diesmal ging es in den Führungsstab des Heeres: Ich sollte Stabsabteilungsleiter der Stabsabteilung I werden. In deren Zuständigkeit gehörten die Gebiete „Grundsätze der Personalführung" und „Personalplanung, Innere Führung und Ausbildung", hier sowohl die Truppen- als auch die Führerausbildung. Dies waren Themen, die mir von meiner früheren Tätigkeit im Planungsstab sehr vertraut waren. Von der Kaserne im provinziellen Eggesin ganz im Osten der Republik ging es also nun in den tiefsten Westen nach Bonn, ins Verteidigungsministerium.

Mit einem militärischen Appell wurde ich in der Vorpommernkaserne in Eggesin unter reger Beteiligung der Bevölkerung und vieler geladener Gäste aus dem zivilen Umfeld verabschiedet. Gleichzeitig wurde mein Nachfolger, Oberst Widder, ins Amt eingeführt. Widder war mit seiner Gemahlin bereits zuvor aus seiner letzten Verwendung in London angereist und von mir empfangen worden. Auf ihn wartete ohne Zweifel eine ganz schwierige Umstellung: von der Weltstadt in die Provinz, von der diplomatischen Tätigkeit zum harten Truppenalltag. Dies bereitete ihm aber keinerlei Probleme.

Auf dem Appellplatz sprach der Divisionskommandeur schließlich die Worte: „Ich entbinde Sie vom Kommando über die Heimatschutzbrigade 41."

Beim anschließenden Empfang wurde ich mit zahlreichen Grußworten geehrt, darunter auch vom Innenminister des Bundeslandes Mecklenburg-Vorpommern, Rudi Geil. Die Pfadfinder sangen das Pfadfinderabschiedslied, dazu wurde eine große Menge von Geschenken verladen. Das ganze Lob konnte jedoch nicht verhindern, dass mich eine gewisse Traurigkeit übermannte, ging doch an diesem Tag ein wichtiger Abschnitt meiner eigenen Geschichte zu Ende.

Heiterkeit kam dafür kurze Zeit später auf, als ich mit einem Fahrzeug, das durch einen Umbau einer übergroßen Zigarre ähnelte, zu meiner Wohnung gebracht wurde. Angesichts der zum Großteil schon leer geräumten Zimmer freute ich mich darüber, dass ich von einem der Pfadfinder, zusammen mit einigen anderen Freunden, in dessen Wohnung zu einem Abschiedstrunk eingeladen wurde.

Stabsabteilungsleiter im Bundesministerium der Verteidigung

Schon am nächsten Tag verließ ich Eggesin mit dem Auto in Richtung Bonn – zweifellos froh darüber, dass ich wieder einmal für einige Zeit mein Häuschen in der Eifel bewohnen konnte. Mit einem kleinen Appell führte mich der Chef des Führungsstabes des Heeres, Generalmajor Weick, in mein neues Amt ein.

Auch dieses neue Amt war mit einer hohen Verantwortung verbunden. Wieder hatte ich jedoch das Glück, erfahrene und qualifizierte Referatsleiter und Referenten vorzufinden, sodass mit der Übernahme der neuen Verantwortung eine menschlich und dienstlich erfreuliche Zeit folgte. Hervorragende Unterstützung erhielt ich durch Oberstleutnant Fell, der mir direkt zuarbeitete und den ich später als hervorragenden Regimentskommandeur des Artillerieregiments 14 in Eggesin wiedertreffen sollte.

Nun also ging es um Fragen der Personalstruktur, der Personalführung und Personalsteuerung, um Fragen der Ausbildung, der Truppenübungsplätze sowie der Inneren Führung. Die Vorbereitung von Einzelpersonalentscheidungen war einem Referat vorbehalten, das direkt dem Inspekteur des Heeres unterstand.

Hinsichtlich der Übernahmen von Soldaten der ehemaligen Nationalen Volksarmee hatten wir uns an die Vorgaben des Einigungsvertrags zu halten. Insgesamt übernahmen wir allerdings weniger Offiziere in die Bundeswehr, als im Einigungsvertrag ursprünglich vorgesehen war.

Grundsätze der Führerausbildung wurden innerhalb der Stabsabteilung, aber auch mit dem Heeresamt heftig diskutiert. Dabei ging es vor allem um den Ablauf der Ausbildung vor dem Studium. Wo erfahren die Offiziersanwärter ihre Prägung? Wo sollen sie ausgebildet werden? Wie lange erfolgt die Ausbildung in einer Soldatengemeinschaft? Wie sinnvoll sind geschlossene Verbände mit Offiziersanwärtern? Diese Fragen diskutierten wir ausführlich.

Wir waren uns in der Stabsabteilung bald darüber einig, dass es sinnvoll sei, die Grundausbildung für alle Soldaten gemeinsam durchzuführen und den Offiziersanwärtern ein weiteres Truppenpraktikum in einer Gruppenführerrolle zukommen zu lassen. Der Inspekteur des Heeres teilte diese Ansicht. Ich glaube noch heute, dass wir damals richtig lagen, mochten dennoch später andere Entscheidungen gefallen sein.

Unsere Aufgaben umfassten natürlich auch die konkrete Gestaltung der Ausbildung in den Ausbildungseinrichtungen des Heeres. Es waren die ersten Schritte zur Einrichtung eines späteren Gefechtsübungszentrums.

Ein Dauerthema war die Einberufung von wehrpflichtigen Soldaten sowie die Steuerung der Personalstärke, sodass sowohl die Belange der Truppe als auch die des Haushalts gewahrt wurden.

Diskussionen gab es um Fragen der Tradition, zum Beispiel um Kasernennamen oder um die Frage, wie die NVA als Teil deutscher Militärgeschichte künftig berücksichtigt werden sollte.

Im Referat für die Truppenausbildung und damit auch in der Stabsabteilung waren nach der Vereinigung ganz handfeste Fragen zu lösen: Welche Truppenübungsplätze der NVA werden übernommen, welche in zivile Hände zurückgegeben? Welche Übungsplätze brauchen wir, wie lässt sich unser Bedarf errechnen und begründen? Wie weit können wir den Wünschen der Bevölkerung oder der Landesregierungen entgegenkommen? Vor allem letzterer Aspekt hat mich als späterer Kommandeur eines großen Teils der ostdeutschen Heeresverbände auch in den darauffolgenden Jahren nicht losgelassen.

Im Ministerium bemühten wir uns darum, die zivilen Belange stark zu berücksichtigen, soweit dies aus militärischer Perspektive ermöglicht werden konnte. Der zuständige Referatsleiter war viel unterwegs, um entsprechende Absprachen zu treffen. Ich selbst nahm an der einen oder anderen Diskussion teil. Auch Minister Rühe stellte sich immer wieder persönlich solchen Auseinandersetzungen. Dabei ging es vor allem um zwei Übungsplätze: den Platz Colbitz-Letzlinger Heide, wo ein Gefechtsübungszentrum des Heeres geplant war, sowie den Platz Wittstock, wo die Luftwaffe einen Abwurfplatz für Übungsbomben einrichten sollte. Die Diskussionen um Wittstock zogen sich Jahre hin, Gerichte wurden eingeschaltet, bis letztlich nach einer entsprechenden Gerichtsentscheidung die Bundeswehr auf diesen Platz verzichten musste.

Der Platz Colbitz-Letzlinger Heide (heute der Truppenübungsplatz Altmark) wurde von der Bundeswehr dauerhaft übernommen. Die Proteste legten sich, das Gefechtsübungszentrum wurde eröffnet und erwies sich für das Heer als ganz wichtiger Stützpunkt für die Ausbildung.

Das Ringen um die Übungsplätze brachte mich bei einer Fernsehsendung in Kontakt mit Pfarrer Friedrich Schorlemmer, der in der Wendezeit durch sein furchtloses, engagiertes Auftreten große Bekanntheit erlangt hatte. Wir vertraten bei dieser Fernsehsendung unterschiedliche Standpunkte, kamen aber nach der Sendung in ein gutes Gespräch. Einige Jahre später lud der Pfarrer mich nach Wittenberg ein. In einer öffentlichen Veranstaltung an der Akademie ließ ich mich von ihm und danach auch vom Publikum befragen. Zuvor hatte mir Schorlemmer in einem längeren Rundgang seine Stadt gezeigt. Wir trafen uns wieder zu einem Podiumsgespräch im Johanniter-Haus anlässlich des Reformationsjubiläums.

Außerhalb meines eigentlichen Verantwortungsbereichs lag das Gebiet der Militärseelsorge. Allerdings war ich von der EKD als stellvertretender Vorsitzender ihres Beirats Militärseelsorge berufen worden und so direkt mit allen Problemen der Evangelischen Militärseelsorge befasst. Auch für die Katholische Militärseelsorge war ich ein gesuchter Ansprechpartner. Während die Katholische Kirche mit einem Militärdekan an der Spitze schon von Anfang an in den neuen Bundesländern tätig war und entsprechende Pfarrstellen eingerichtet hatte, gab es in der Evangelischen Kirche sehr unterschiedliche Vorstellungen, wie sie die Militärseelsorge im Osten Deutschlands handhaben wollte.

In den Landeskirchen wurden heftige Debatten darüber geführt. Verschiedene Modelle wurden entwickelt, es gab sogar Zweifel am Weiterbestehen der Militärseelsorge. Dabei war nicht nur aus meiner Sicht sehr fragwürdig, wie die Kirche das Thema diskutieren wollte, ohne sich selbst die Meinungen der Betroffenen, also der Soldaten, einzuholen. Für eine kleine Gruppe – bestehend aus vier Soldaten, zu denen auch ich gehörte – war dies Anlass genug, die Aktion „Pro Militärseelsorge" ins Leben zu rufen. Das Ziel der Aktion war es, für gleiche Bedingungen der Militärseelsorge in Ost und West einzutreten, ohne uns in innerkirchliche Angelegenheiten einzumischen.

Wir fanden große Resonanz in der Bundeswehr. Schließlich starteten wir eine Unterschriftenaktion zugunsten einer Angleichung der Evangelischen Militärseelsorge in Ost und West. Unser Ziel war es, 10.000 Unterschriften für unser Anliegen zu gewinnen – wir sammelten über 30.000. Im Auftrag unserer Gruppe übergab ich die Liste dem damaligen Ratsvorsitzenden, Bischof Klaus Engelhardt. Kurze Zeit später bekamen ich und ein weiterer Offizier aus dem Beirat Militärseelsorge die Gelegenheit, vor dem Rat der EKG unsere Sorgen vorzutragen und die Initiative zu verteidigen. Zwei Stunden lang wurde intensiv diskutiert. Wir argumentierten hauptsächlich damit, dass in einer Armee eine gleiche oder mindestens vergleichbare Militärseelsorge unabdingbar sei.

Und nicht zuletzt konnten wir auf 30.000 Unterschriften verweisen, die dieser Ansicht Gewicht verliehen. Das Gespräch mit dem Rat der EKD verlief gut, uns und unseren Argumenten wurde viel Verständnis entgegengebracht.

Im Laufe der weiteren Jahre entwickelten sich die Gespräche zwischen der evangelischen Kirche und dem Verteidigungsministerium stetig weiter.

Mit Hartmut Löwe hatte ein neuer Militärbischof sein Amt angetreten. Er war ein hervorragender Diplomat, der in einer guten Mischung aus Festigkeit und Geschmeidigkeit agierte und argumentierte. Sein Partner auf der Seite des Verteidigungsministeriums war Staatssekretär Dr. Peter Wichert, dem man getrost dieselben Attribute zuschreiben konnte. Die Grenzen des Handelns hatte jedoch Bundeskanzler Kohl aufgezeigt: Auf die Bestrebungen einiger Landeskirchen, den Militärseelsorgevertrag zu ändern, soll er in seiner zumeist unmissverständlichen Art geäußert haben: „Das könne man sich getrost abschminken." Sein Satz hallte noch lange nach, und schließlich – nach einigen Zugeständnissen an die östlichen Landeskirchen, die jedoch den Kern einer weitgehend einheitlichen Militärseelsorge nicht berührten – wurde eine einvernehmliche Lösung im Rahmen des geltenden Vertrags gefunden.

Die ersten Auslandseinsätze

Nach und nach erweiterte sich das Verantwortungsspektrum der Bundeswehr. Unsere alliierten Partner erwarteten ein stärkeres Engagement Deutschlands zur Bewältigung internationaler Krisen auch im militärischen Bereich, und die Bundesregierung war gewillt, dem nachzukommen. Nach der deutschen Vereinigung gab es letztlich keinen Grund mehr für eine grundsätzliche deutsche Sonderrolle. Allerdings bot erst ein Grundsatzurteil des Bundesverfassungsgerichts im Jahre 1994 Rechtssicherheit, unter welchen Bedingungen sich Deutschland an solchen bewaffneten Einsätzen beteiligen konnte. Erforderlich, so entschied das höchste Verfassungsorgan, war immer eine Zustimmung des Deutschen Bundestags.

Dennoch zeichneten sich bereits 1992 die ersten konkreten Auslandseinsätze der Bundeswehr ab. Sorgfältig hatte dies der damalige Bundesminister Volker Rühe Schritt für Schritt vorbereitet.

Zum Beispiel in Kambodscha: Hier hatte die Bundeswehr nach einem Bürgerkrieg im Rahmen eines Kontingents der Vereinten Nationen 1992 zunächst ein Feldlazarett betrieben. Einige Monate später führten die politischen Überlegungen zu dem Entschluss, sich an einer Operation der Vereinten Nationen in Somalia zu beteiligen (UNOSOM II). Dies war ein schwieriger Entschluss, da die Verfassungslage zu diesem Zeitpunkt noch unklar und der Einsatz politisch umstritten war. Nach innenpolitischen Diskussionen betrieb die Bundeswehr eine Luftbrücke zwischen Kenia und Somalia und schickte einen Logistikverband in den Norden Somalias, der sich an der Befriedung der Region beteiligen sollte. Für diesen Verband war vorgesehen, logistische Aufgaben für eine dort zu stationierende indische Brigade zu übernehmen. Der Stationierungsort war Beledweyne im Norden Somalias. Das Kontingent war zur Selbstverteidigung befähigt, der Einsatz von Waffen aber auf diesen Zweck beschränkt. Insgesamt bestand der deutsche Beitrag aus ca. 1700 Soldaten des Heeres, 600 Soldaten der Marine und 120 Soldaten der Luftwaffe, die ihre Aufgaben in Dschibuti und Mombasa wahrnahmen. Schnell zeichnete sich ab, dass der Heeresverband seine eigentliche Aufgabe, für die indische Brigade einen Versorgungsverband zu stellen, nicht erfüllen konnte, da diese nie in Somalia eintraf.

Im deutschen Bereich war die Lage allgemein recht ruhig. Die Kapazitäten des Verbands wurden genutzt, um humanitäre Hilfe für die Bevölkerung zu leisten. Ich selbst war mit der Operation nicht befasst, sie wurde von einer anderen Stabsabteilung geplant und begleitet.

Dennoch kam ich mit dem Verband in Somalia auch mehrfach in Berührung. Bei einer Besprechung unter Leitung von Bundesminister Rühe hatte ich den Vorschlag des Inspekteurs zu vertreten, den Kommandeur der Luftlandedivision mit der Führung des Vorkommandos für den Bundeswehreinsatz zu betrauen. Jener Kommandeur war Generalmajor Bernhardt – der Leitung des Hauses wäre eine im Dienstgrad weniger auffällige Besetzung allerdings lieber gewesen. Er war jedoch der für diese Aufgabe am besten geeignete Offizier und hatte das uneingeschränkte Vertrauen des Inspekteurs. Zudem sollte bei diesem ersten Einsatz auf keinen Fall etwas schiefgehen. Der Minister billigte diese Überlegungen. Der General führte das Vorkommando schließlich mit gutem Erfolg.

Das erste Bundeswehrkontingent bestand im Kern aus Soldaten der Luftlandetruppe, das zweite aus Gebirgsjägern.

Weihnachten 1993 entschloss sich der Inspekteur des Heeres, General Hansen, zu einem Besuch im Lager in Somalia. Ich drängte darauf, den Inspekteur gemeinsam mit zwei weiteren Stabsabteilungsleitern begleiten zu können und wurde Mitglied der Delegation. In einem Kurzprogramm empfingen wir eine Vielzahl notwendiger Impfungen.

Dem Inspekteur ging es darum, im Gespräch mit der Kontingents-
führung und den Soldaten herauszuhören, wo Probleme lagen und
wie der Führungsstab des Heeres bei deren Lösung helfen konnte. Er
wollte auch mit dem Kontingentsleiter erörtern, auf welche Weise ein
möglicher Abzug am besten zu organisieren sei.

Ein Problem, das die Soldaten des Kontingents außerordentlich belastete, war die politisch festgelegte Einschränkung, Waffen nur zur
Selbstverteidigung einsetzen zu dürfen. Dies bedeutete für manche
Aufträge, auf den Schutz einer anderen Nation zurückgreifen zu
müssen, obwohl man durchaus selbst dazu in der Lage war.

Kurz vor Weihnachten flogen wir los und besuchten zunächst das
UNO-Hauptquartier in Mogadischu.

Eine Fahrt durch die Stadt zu Beginn des Besuchs offenbarte dabei
eine unsichtbare Linie: Auf der einen Seite dieser Linie hatten die
Truppen der Vereinten Nationen die Kontrolle, die andere Seite wurde von einer Bürgerkriegsgruppe beherrscht und war für die UNO
absolutes Sperrgebiet. Mit Schutzwesten in einem finnischen Schützenpanzer verschafften wir uns einen Eindruck von der Stadt:

Zerstörte oder von Gewehrschüssen durchlöcherte Gebäude prägten das Bild von Mogadischu. Es war fast surreal, dass dennoch reges
Treiben zu sehen war und die Märkte von zahlreichen Menschen besucht wurden. Die überall herrschenden Gefahren waren auf den ersten Blick nicht sichtbar, als wir uns durch die Innenstadt bewegten.

Am Nachmittag fand eine Besprechung mit dem Inspekteur des
Heeres im UNO-Hauptquartier statt. Dabei traf ich Oberstleutnant
Färber, einen Offizier, der als hervorragender Bataillonskommandeur
in Eggesin gedient hatte. Er gehörte der Gruppe für zivil-militärische
Zusammenarbeit an, die von einem indischen General geleitet wurde.
Dessen Hauptquartier befand sich in einem Haus in Mogadischu.
Der Offizier schlug mir vor, das Haus zu besuchen, und so fuhren
wir mit einem gepanzerten Jeep zum Sitz des Generals. Es sollte die
letzte Gelegenheit für einen Besuch bleiben, denn nur zwei Tage später wurde der Jeep, in dem der Offizier saß, beschossen. Glücklicherweise wurde er dabei nicht verletzt, das Fahrzeug jedoch stark beschädigt. Kurz darauf beschloss die UNO, dieses Quartier in Mogadischu aufzugeben und die zivil-militärische Zusammenarbeit vom
gut gesicherten Hauptquartier aus durchzuführen.

Von Mogadischu aus flogen wir zum deutschen Kontingent nach
Beledweyne. Hier trafen wir auf einen gut organisierten militärischen
Betrieb. Es gab kaum besondere Vorkommnisse, der Leerlauf war je-

doch unübersehbar. Da die vorgesehene Partnerbrigade weggeblieben war, hatte das Kontingent keinen direkten militärischen Auftrag. So wurden die vorhandenen Kapazitäten hauptsächlich für Hilfeleistungen für die Bevölkerung vor Ort genutzt.

Sinnvoll, wichtig und erfolgreich waren die Gespräche des Kontingentführers Oberst Kammerhoff mit dem Inspekteur des Heeres: Es ging um Überlegungen zu einem kontrollierten und möglichst sicheren Abzug der Truppen durch gefährliches Gebiet, unmittelbar nach Beendigung der UNO-Operation. Verstanden wurde auch das Signal, dass der Inspekteur mit seiner Begleitung den größten Teil der Weihnachtsfeiertage bei der in Somalia eingesetzten Truppe verbrachte.

Zusammenfassend musste man feststellen: Die Operation der Vereinten Nationen war insgesamt ein weitgehender Fehlschlag, eine Befriedung Somalias sollte und konnte nicht gelingen. So wurde, nachdem sich die USA für den Abzug ihres Kontingents entschieden hatten, im Verteidigungsministerium verfügt, das deutsche Kontingent ebenfalls zurückzuführen. Für die Bundeswehr war der Einsatz in Somalia dennoch ein wichtiges Lernfeld: für das Ministerium, für die Truppe und für die Logistik.

Um den Wünschen des Inspekteurs, mehr direkten Kontakt ins Heer zu gewinnen, zu entsprechen, schlug ich ihm vor, sich in regelmäßigen Abständen mit Bataillonskommandeuren, Kompaniechefs und Kompaniefeldwebeln im Rahmen von kurzen Tagungen zu treffen. Sie sollten Gelegenheit haben, die Absichten des Inspekteurs von ihm zu hören und ihre Probleme bei ihm direkt ansprechen zu können. Diese Tagungen, denen jeweils ein kleiner Vorlauf unter meiner Leitung vorausging, verliefen immer spannend. Die Offiziere und Unteroffiziere nutzten ihre Chance, frei und offen sprachen sie ihre Probleme an.

Viele von ihnen fühlten sich gegängelt, hätten gerne mehr Handlungsfreiheit gehabt. Eine Unzahl von geforderten Meldungen und Statistiken fesselte sie an den Schreibtisch. Die Zahl der Prüfungen und Inspektionen, denen sie ausgesetzt waren, erschien ihnen bei Weitem zu hoch. Wir versuchten dies aufzugreifen und zu ändern. Die Anstrengungen mündeten in einem Befehl zur Verbesserung der inneren Lage. Mit einiger Konsequenz wurden vor allem fast alle Wettbewerbe (Rommelpreis der Infanterie, Boeselager-Wettkampf der Panzeraufklärer, Canadian Army Trophy der Panzertruppe), die in der Vorbereitung viele Kräfte banden, abgeschafft. Befohlene Meldungen wurden reduziert oder vereinfacht. Einen durchschlagenden Erfolg hatten wir damit allerdings nicht.

Einige Jahre später, als ich Minister Scharping zu ähnlichen Tagungen begleitete, wurden wir mit den gleichen Klagen und Problemen konfrontiert – wesentlich geändert hatte sich nichts.

Divisionskommandeur in Neubrandenburg

Im Oktober 1994 wartete eine neue Herausforderung auf mich. Ich gehörte zu einer Gruppe von Generalen, für die eine Verwendung als Divisionskommandeur vorgesehen war. Recht ungewöhnlich war dabei die Tatsache, dass vor der Personalkonferenz, auf der Minister Rühe die Entscheidungen treffen wollte, alle vorgeschlagenen Kandidaten für die Position des Divisionskommandeurs persönlich bei ihm vorsprechen sollten.

Ich verbrachte etwa eine Stunde in seinem Büro, deutlich länger als die ursprünglich veranschlagte Zeit. Den Minister interessierten fast alle Details meiner Laufbahn, insbesondere aber meine Verwendung in Eggesin. In der Personalkonferenz entschied er schließlich, mich zur 14. Division nach Neubrandenburg zu versetzen.

Wieder einmal hieß es, Abschied von Bonn zu nehmen – von einer Stabsabteilung, in der ich gerne gearbeitet und von Menschen, mit denen ich mich gut verstanden hatte. Dennoch freute ich mich sehr über die Entscheidung, als Divisionskommandeur zurück in die Truppe und nach Neubrandenburg zu kommen – immerhin war mir der Großteil des Kommandobereichs überaus vertraut.

Bei einem Urlaubsaufenthalt an der Müritz stimmte ich mich auf die neue Aufgabe ein. Sofort ging ich auf die Suche nach einer Wohnung. Ich wollte vor Ort sein und war glücklich, mitten in Neubrandenburg direkt am Marktplatz in einem Mehrfamilienhaus eine Wohnung zu finden. Noch vor dem Dienstantritt konnte ich umziehen. Ich war der einzige Mieter, der aus dem Westen kam, verstand mich aber mit den Mitbewohnern sehr gut. Bei den Kindern vor Ort blieb es natürlich nicht unbemerkt, wenn ich morgens mit einem Dienstfahrzeug abgeholt wurde.

Mit der Versetzung nach Neubrandenburg endete auch meine aktive Zeit mit Führungsaufgaben im Verband Christlicher Pfadfinderinnen und Pfadfinder. Pfingsten 1995 leitete ich noch einmal ein Landeslager des Landesverbands Rheinland-Pfalz/Saar, gemeinsam mit meinem Nachfolger, Peter von Unruh, dem heutigen Direktor des Hessischen Landtags. Beteiligt waren etwa 1500 Pfadfinderinnen und Pfadfinder. In einem großen Zelt wurde ich verabschiedet.

Einmal Pfadfinder, immer Pfadfinder: Die Pfadfinderei ließ mich noch immer nicht los. In meinem Wohnzimmer wurde zusammen mit einigen engagierten Freunden der VCP Mecklenburg-Vorpommern ins Leben gerufen. Dieser ist auch heute noch aktiv.

Abordnungen aller Truppenteile waren angetreten, als der Kommandierende General, General von Scheven, General Haasler von seinem Kommando entband und mir die Führung der 14. Panzergrenadierdivision übertrug. Mit einer Pferdekutsche wurde mein Vorgänger vom Appellplatz gefahren und in den Ruhestand verabschiedet. Dann trat ich mein Kommando an. Einige Tage später wurde ich zum Generalmajor befördert.

Die 14. Division setzte sich aus drei Brigaden und den Verbänden der Divisionstruppen zusammen. Die Brigaden lagen in Potsdam, Schwerin und eben in Eggesin. Der Wehrbereich VIII, den ich als Befehlshaber in Personalunion zu führen hatte, war der flächenmäßig größte, den es damals in der Bundeswehr gab. Als Befehlshaber hatte ich die Verantwortung für die zivil-militärische Zusammenarbeit in insgesamt vier Bundesländern, nämlich Mecklenburg-Vorpommern, Brandenburg, Sachsen-Anhalt und Berlin, zu tragen. Entsprechend wichtig war eine intensive Zusammenarbeit mit den jeweiligen Landesregierungen ungeachtet ihrer politischen Zusammensetzung.

Den Ministerpräsidenten von Mecklenburg-Vorpommern, Dr. Berndt Seite, kannte ich bereits seit Längerem. Mehrfach besuchte er die Bundeswehr und sprach zu einem feierlichen Gelöbnis auf dem Marktplatz von Neubrandenburg.

Auch mit Brandenburgs Ministerpräsidenten Manfred Stolpe hatte ich frühzeitig intensiven Kontakt. Zu Beginn meiner Amtszeit schloss die Bundeswehr mit dem Land Brandenburg ein Abkommen über die zivil-militärische Zusammenarbeit, auf das wir später bei der Bewältigung der Oderflut aufbauen konnten. Auf meine Bitte hin besuchte Stolpe kurz nach meiner Ernennung zum Divisionskommandeur die Bundeswehr bei einem feierlichen Gelöbnis und hielt eine Rede bei der Offiziersweiterbildung.

Dazu kamen der Regierende Bürgermeister von Berlin, Eberhard Diepgen, und der Ministerpräsident von Sachsen-Anhalt, Reinhard Höppner, zu denen schnell ein Vertrauensverhältnis aufgebaut werden konnte.

Höppner sprach bei einem feierlichen Gelöbnis in Magdeburg. Ich freute mich sehr, ihn später, als ich schon Präsident der Johanniter-

Unfall-Hilfe war, als Präsidenten des Evangelischen Kirchentags 2007 in Köln aufsuchen zu können.

Meine Arbeit wurde durch den Stab der Division und des Wehrbereichskommandos unter Leitung des Chefs des Stabes, Oberst Trull, unterstützt. Ihn ersetzte nach einem guten Jahr Oberst Berger, dessen Nachfolger wiederum Oberst Freers wurde. Generell hatte ich das Glück, äußerst leistungsfähige Offiziere, auch auf der Ebene der Abteilungsleiter, an meiner Seite zu wissen.

Mir direkt war ein Adjutant zugeordnet, zunächst Hauptmann Neumann, der davor Jugendoffizier gewesen war, danach Hauptmann Rudolph, der diese Stelle nach seiner Zeit als Batteriechef einer Raketenartilleriebatterie einnahm. Beide Offiziere waren ausgesprochen tüchtig und leistungsstark. Meine Bedenken, ich würde sie mit sehr langen Dienstzeiten und häufigen Abwesenheiten allzu oft von ihren Familien fernhalten, teilten sie nicht.

Zwei Offiziere im Generalsrang vertraten mich – einer als stellvertretender Kommandeur der Division (erst Brigadegeneral Toussaint, später Brigadegeneral Sammet), als stellvertretender Befehlshaber im Wehrbereich war es Flottillenadmiral von Hößlin, später Brigadegeneral Wittig. Auch zu diesen Offizieren entstand schnell ein gutes Vertrauensverhältnis. Dem stellvertretenden Divisionskommandeur unterstanden die Divisionstruppen, zum Beispiel das Artillerieregiment. Dem stellvertretenden Befehlshaber wiederum waren die dem Wehrbereich zugeordneten Truppenteile, wie beispielsweise das Führungsunterstützungsregiment, angeschlossen.

Auf jeden Fall war ich wieder einmal in einem sehr großen Kommandobereich unterwegs. Allerdings profitierte ich davon, auf eine der Division zugeordnete Hubschrauberstaffel mit Verbindungshubschraubern zurückgreifen zu können, sodass ich häufig fliegen konnte.

Oft sah ich den Stab nur einen Tag in der Woche. Der Chef des Stabes organisierte die Arbeit auf jene Weise, dass Besprechungen und Lagevorträge – insbesondere solche, die Grundlage für Entscheidungen waren – auf diese Tage konzentriert wurden.

Mit Antritt meiner neuen Funktion war ich zunächst damit beschäftigt, die Truppenteile der Division kennenzulernen. Ich nahm nacheinander Kontakt zu den jeweiligen Verbänden auf und verschaffte mir einen Eindruck davon, wie sie ausbildeten und übten. Dabei suchte ich das Gespräch mit den Kommandeuren, mit den Offiziers- und Unteroffizierskorps und auch mit den Mannschaften.

In aller Regel traf ich – nach einer nur ganz kurzfristigen Vorwarnung von etwa einer Stunde – bei den jeweiligen Verbänden ein, um langwierige Vorbereitungen zu verhindern und – nach einem kurzen Lagevortrag durch den jeweiligen Kommandeur – die Truppe dort aufzusuchen, wo sie gerade war: bei der Ausbildung, bei Übungen und beim technischen Dienst. So bekam ich schnell ein weitgehend ungefärbtes Bild.

Dabei blieb mir ein Abend in besonderer Erinnerung: Ich machte einen Überraschungsbesuch bei einer separat untergebrachten Rekrutenkompanie. Nach und nach füllte sich die Stube, in der ich mich mit einigen Rekruten unterhielt, und die jungen Leute machten aus ihren Herzen keine Mördergrube, erzählten und stellten Fragen. Der Unteroffizier vom Dienst kochte Kaffee, die Stimmung war gut, und frohgemut fuhr ich anschließend wieder nach Neubrandenburg.

Kurze Zeit nach meiner Amtsübernahme hatten wir unsere erste Divisionsrahmenübung mit Gefechtsständen der Brigaden und Divisionstruppen. Der Erfolg der Übung war bescheiden: Wir waren in unseren Reaktionen und mit unserem Gefechtsstand zu behäbig und unbeweglich, die Kritik an unserer Leistung war dementsprechend deutlich – da gab es viel zu tun. Wir gingen die Defizite energisch an und schnitten bei Folgeübungen so ab, wie sich dies für einen Großverband des deutschen Heeres gehörte.

Übungsplätze

In meiner Funktion als Befehlshaber im Wehrbereich holten mich einige Probleme meiner letzten Verwendung wieder ein. Ging es in Bonn um ein Konzept für die Übernahme von Truppenübungsplätzen der NVA oder der russischen Streitkräfte für die Bundeswehr, so hatte ich jetzt vor Ort im Sinne des Ministeriums zu handeln. Vor allem musste ich Entscheidungen, die in Bonn fielen oder gefallen waren, vertreten und begleiten, allerdings auch hin und wieder das Ministerium auf mögliche Probleme aufmerksam machen.

Zwei Übungsplätze standen auf besondere Weise im Fokus: Einmal ging es um einen Übungsplatz in Sachsen-Anhalt in der Colbitz-Letzlinger Heide, dem einst größten russischen Übungsplatz in Ost-Deutschland. Die Übernahme jenes Übungsplatzes, der früher bereits von der Wehrmacht genutzt wurde, war in der Öffentlichkeit heftig umstritten – der Platz war für die Bundeswehr jedoch ungemein wertvoll und vorgesehen zur Nutzung als Gefechtsübungszentrum des Heeres. Die Truppen sollten hier mithilfe computergestützter Simulatoren ihre Einsätze besonders nah an der Realität trainieren. Mit scharfer Munition geschossen wurde dabei nicht. Natürlich sollte die Übernahme des Platzes möglichst im Einvernehmen mit der Landesregierung erfolgen.

Die Landesregierung von Sachsen-Anhalt hatte klare Vorstellungen davon, welche Zugeständnisse die Bundeswehr leisten sollte, um dem Land die Zustimmung zu erleichtern. So sollten einige Teile in zivile Nutzung abgegeben werden, in einigen Randgebieten waren Wegerechte für die Bevölkerung vorgesehen. Als der Ministerpräsident mich eines Tages anrief und bat, nach Magdeburg zu kommen, um über die Angelegenheit zu sprechen, oblag mir in gewisser Weise die Rolle des Maklers.

Bevor ich den Ministerpräsidenten aufsuchte, ließ ich mich im Ministerium unterrichten. Ich wollte schließlich vorbereitet sein und keine falschen Hoffnungen wecken. Der Ministerpräsident erläuterte mir seinen Standpunkt und seine Wünsche, über die ich unmittelbar anschließend den verantwortlichen Staatssekretär Dr. Peter Wichert unterrichtete. Dieser zeigte sich gesprächsbereit. Nachdem es auch noch ein Gespräch des Ministerpräsidenten Höppner mit Verteidigungsminister Rühe gegeben hatte, wurden sich die Landesregierung in Sachsen-Anhalt und das Ministerium einig.

Symbolisch hierfür wurde ein von der Bundeswehr freigegebener Wanderweg im Randbereich des Übungsplatzes („Jägersteig") eingeweiht. Im Rahmen dieses feierlichen Aktes liefen der Staatssekretär mit einer Delegation des Ministeriums von der einen Seite des neuen Weges, der Ministerpräsident mit einigen Begleitern aus Sachsen-Anhalt von der anderen Wegseite aufeinander zu. Beide Gruppen trafen sich schließlich in der Mitte, wo in einer kleinen Zeremonie der Jägersteig für die Öffentlichkeit freigegeben wurde. Nach einigem Überlegen entschied ich mich dafür, auf der Seite der Sachsen-Anhaltiner mitzulaufen.

Anders lief es bei dem weiteren infrage stehenden Übungsplatz Wittstock. Hier wollte die Luftwaffe einen Bombenabwurfplatz, allerdings nur für Übungsbomben, einrichten. Umfangreiche Kompensationsmaßnahmen zur Belebung der örtlichen Wirtschaft waren geplant, zum Beispiel die Verlegung eines Ausbildungsbataillons der Luftwaffe an diesen Standort. Es kam zu heftigen gerichtlichen Auseinandersetzungen. Schließlich verzichtete im Jahr 2009 die Bundeswehr auf die Nutzung dieses Platzes.

Wiekhausrunde

In unserer Garnisonstadt Neubrandenburg, die früher ein wichtiger Militärbezirk der NVA war, pflegten wir eine sogenannte Wiekhaus-Runde. Neubrandenburg besaß eine geschlossene Stadtmauer, in die Wehrtürme – dazu gehörten Wiekhäuser und Teile der Stadtbefestigung – eingelassen waren. Eines jener Häuser hatte die Bundeswehr von der NVA übernommen. Hier traf sich nun regelmäßig eine Runde von Menschen aus Politik, Wirtschaft, Medien und Militär. Dazu gehörten unter anderem der Oberbürgermeister, zwei Fraktionsvorsitzende, der Leiter der Rundfunkstation, der Landessuperintendent, der Chefredakteur und der Geschäftsführer der lokalen Tageszeitung sowie einige Geschäftsleute. Die Bundeswehr war neben mir auch durch den Kommandeur des Neubrandenburger Verteidigungsbezirkskommandos vertreten. Es war eine kleine exquisite Runde von Persönlichkeiten, die sich über aktuelle Entwicklungen austauschte und die Zusammenarbeit über die jeweiligen Verantwortungsbereiche hinaus organisierte.

Im Jahr 1995, fünf Jahre nach der Wiedergewinnung der deutschen Einheit, organisierte diese Runde eine Vortragsreihe und gewann hierzu Vortragende, die aktiv an der Wende beteiligt waren und nun über ihre Erlebnisse sprechen wollten.

Hunderte Zuhörer nahmen teil, prominente Referenten wie Bärbel Bohley, Lothar de Maizière oder Jörg Schönbohm hielten Vorträge. Für Bohley und de Maizière war aufgrund des großen Andrangs ein Umzug in die Kirche notwendig. Nach den Vorträgen diskutierten wir im kleineren Kreis oft bis spät in die Nacht weiter.

„Das Geheimnis der Freiheit heißt Erinnerung" – unter dieses von Landessuperintendent Kurt Winkelmann vorgeschlagene Leitwort hatten wir die Vortragsreihe gestellt, die auch überregionale Beachtung fand. Für mich persönlich gehörte diese Reihe zu den Höhepunkten jener Zeit. Wir diskutierten gesellschaftliche Fragen und hatten alle selbst die Verantwortung, zur Lösung der Probleme beizutragen.

Verbindungen zu den polnischen Streitkräften

Nachdem bereits unter meinem Vorgänger eine binationale Patenschaft mit unseren polnischen Nachbarn begründet worden war, oblag es nun meiner Führung, diese Entwicklung weiterzutreiben. So arbeiteten wir daran, die Kontakte zu unseren polnischen Nachbarn kontinuierlich auszubauen.

Den Heiligen Abend 1995 verbrachten der Landtagspräsident Rainer Prachtl und ich gemeinsam. Wir fuhren zu Soldaten eines Verbands der 12. Polnischen Division und genossen dort zusammen mit der Führung der 12. Division ein Weihnachtsessen. An der Grenze besuchten wir die Beamten des Bundesgrenzschutzes, die an diesem Abend Dienst hatten, und feierten anschließend Weihnachten auf deutscher Seite mit Soldaten des Eggesiner Artillerieregiments.

Gut in Erinnerung ist mir ein Besuch der Feierlichkeiten zum fünfzigsten Bestehen der 12. Division in Stettin. Ich war als einziger nicht-polnischer Vertreter eingeladen worden. Unter den Anwesenden waren auch viele ehemalige Divisionskommandeure aus der kommunistischen Zeit. Einer von ihnen war der heftig umstrittene Marschall Jaruselski, der an jenem Tag allerdings nicht anwesend war. Noch wenige Jahre zuvor hatte er das Kriegsrecht in Polen eingeführt und war polnischer Staatschef sowie politischer Gegenspieler von Lech Wałęsa gewesen.

Zunächst galt es also, die schon bestehenden Verbindungen zur polnischen Division zu vertiefen und die gegenseitigen Besuche zur Regel werden zu lassen. Dabei hielten nicht nur die Kommandeure, sondern auch die Abteilungsleiter im Stab guten Kontakt.

Die besondere Bedeutung der polnisch-deutschen Kontakte sollte nach dem Willen der beiden Verteidigungsminister durch einen symbolischen Akt der Öffentlichkeit deutlich gemacht werden: Hierzu diente der symbolische Brückenschlag, der zugleich ein „echter" zwischen Deutschland und Polen werden sollte. Konkret hieß es, eine Schwimmbrücke über der Oder zu bauen und somit besagten Brückenschlag auch tatsächlich zu vollziehen. Deutsche wie polnische Pioniere sollten gemeinsam an dem Projekt arbeiten, jeweils von ihrer Länderseite aus. Am Ende waren es zwei Kompanien, eine polnische und eine deutsche, die hauptsächlich am Bau beteiligt waren. Wir nahmen es zum Anlass, beide Kompanien in einem gemeinsamen Biwak unterzubringen. Im Rahmen der Vorbereitung besuchte ich diese zusammen mit meinem polnischen Kameraden. Der Tag endete mit einem Lagerfeuer und zahlreichen Erinnerungsfotos, um die wir von den polnischen und deutschen Soldaten gebeten wurden.

Im November 1996 war der Brückenschlag vorbereitet, und die Brücke konnte im Rahmen einer abschließenden Inszenierung effektvoll geschlossen werden. Zur Einweihung betrat der deutsche Verteidigungsminister die Brücke von der deutschen, der polnische jene von der entgegengesetzten Seite aus. Am Ende trafen sich beide Politiker in der Mitte zum Handschlag, beide Divisionskommandeure folgten im angemessenen Abstand. Weit über die Kooperation der beiden Stäbe in der Vorbereitung hinaus verfestigte sich die Freundschaft auch dadurch, dass die Soldaten in der Woche des Brückenbaus in einem Feldlager zusammenlebten und sich dadurch kennenlernen konnten. Dankbar registrierten die Soldaten beider Nationen, dass ich eine Nacht in deren Feldlager verbrachte und mit den jungen Leuten intensiv ins Gespräch kam. Auf diese Art füllten die Truppen den Willen der Politik einer schnellen Annäherung direkt mit Leben.

Eine kleine Besonderheit rund um die Kontakte nach Polen kam durch den Anruf Bischof Hirschlers, dem Vorsitzenden des Beirats der Militärseelsorge der EKD (dessen stellvertretender Vorsitzender ich war) zustande. Er teilte mir mit, dass es in Stettin ein Dietrich-Bonhoeffer-Haus gäbe, in dem sich regelmäßig die evangelische Gemeinde träfe. Er bat mich, dort einmal hinzufahren und mit dem Pfarrer in Kontakt zu treten. Eine schlichte Stippvisite wurde das jedoch nicht: Als höherer Militär aus dem Ausland bekam ich einen Konvoi mit Blaulicht und Feldjägern zugewiesen, fuhr also mit einem ganzen Tross auf das Gelände des Bonhoeffer-Hauses. Ich bat den Pfarrer für das enorme Aufgebot um Entschuldigung, worauf er entgegnete, dass dies nicht schlimm sei, so nähme man im Umkreis immerhin Notiz von ihm und der evangelischen Gemeinde. Bei unserem Zusammentreffen erfuhr ich, dass zu den Gottesdiensten viele evangelische Christen aus der ferneren Umgebung anreisten. Auf meine Bitte wurde der Leiter des Hauses immer wieder zu offiziellen Veranstaltungen eingeladen, was ihm bis dahin meistens verwehrt geblieben war.

Dann gab es – angestoßen durch Minister Rühe – eine neue Entwicklung: Die binationale polnisch-deutsche sollte zu einer trinationalen Patenschaft der Ostseeanrainer Deutschland, Polen und Dänemark ausgebaut werden.

In Rendsburg war ein relativ kleines NATO-Oberkommando (COMLANDJUT) stationiert, das im Kriegsfall mit den ihm unterstellten dänischen und deutschen Truppen für die Verteidigung der Ostseezugänge zuständig war und dessen Bedeutung natürlich mit der deutschen Vereinigung und dem bevorstehenden NATO-Beitritt Polens deutlich sank. Inwieweit schon zu diesem Zeitpunkt die Idee geboren war, auf weitere Sicht das NATO-Kommando in Rendsburg aufzugeben und durch ein neues Korpskommando in Stettin zu ersetzen, weiß ich nicht. Die trinationale Patenschaft erwies sich auf diese Weise als zukunftsträchtiges Unternehmen, dessen Entwicklung Minister Rühe besonders wichtig war. Dies äußerte sich auch darin, dass er das persönliche Gespräch mit mir suchte und den Auftrag gab, die trinationale Patenschaft in Abstimmung mit den Kommandeuren der 12. Polnischen Division und der Dänischen Division voranzutreiben.

Die Vorbereitung der trinationalen Patenschaft erforderte zahlreiche Absprachen und Treffen der Divisionsführungen. Schon bei unserem ersten Treffen beschlossen wir, alle Befehle und Informationen ohne Übersetzung nur in Englisch zu gestalten. Dies war gerade für unsere polnischen Kameraden eine größere Herausforderung als für uns.

Noch unter den Regeln des „Partnership for Peace"-Programms führten wir eine gemeinsame Übung durch, die auf einem Übungsplatz der polnischen Streitkräfte stattfand. Der Schwerpunkt hierbei lag auf der Übung von Operationen unterhalb der Schwelle klassischer Kriegsführung. Für uns war das eine besondere Bewährungsprobe, eine Übung – wenngleich sie im Ablauf auch nicht besonders anspruchsvoll war – mit einem Leitungsstab und Übungsstäben aus unterschiedlichen Nationen durchzuführen und dabei auch unsere polnischen Kameraden zu integrieren. Diese waren schließlich mit den NATO-Verfahren, nach denen wir übten, noch nicht vertraut.

Zu den besonderen Höhepunkten der Übung gehörte die Anwesenheit des neuen polnischen Staatspräsidenten Aleksander Kwaśniewski, der diese Übung zu einem ersten Besuch bei den polnischen Streitkräften nutzte. Alle drei Divisionskommandeure – so auch ich als Übungsleitender – mussten ihm vortragen. Ich war der Erste in der Reihe, nach mir folgten der polnische und am Ende der dänische Kommandeur. In meinem Schlusswort wünschte ich den Polen in polnischer Sprache viel Glück auf dem Weg in die NATO – sehr zur Freude des polnischen Staatspräsidenten, der mich zu sich bat und sich bei mir ausdrücklich für die Wünsche bedankte. Am Nachmittag suchte der Präsident eine der Garnisonen anlässlich eines Programms der polnischen Streitkräfte auf. Auch dabei durfte ich ihn begleiten.

Noch vor der offiziellen Begründung der trinationalen Patenschaft traf sich Bundesminister Rühe mit seinen dänischen und polnischen Kollegen auf der Insel Rügen. Zu meiner Überraschung wurden auf Initiative unseres Ministers die drei Divisionskommandeure zum gesellschaftlichen Teil dieses Treffens eingeladen. Im Vorfeld des Treffens hatte ich die Aufgabe, in einem längeren Gespräch den Minister über den Stand der Vorbereitungen zu informieren. Der Minister war ausgesprochen zufrieden und trug mir auf, am Abend die Tischrede zu halten. Gegenstand des Gesprächs war auch die Frage, wo eine öffentliche Veranstaltung zur Gründung dieser Patenschaft stattfinden sollte. Ich schlug Greifswald vor, da der Marktplatz mit dem historischen Rathaus eine wunderbare Kulisse bot. Dazu war nicht mit Störungen zu rechnen, und ich pflegte zum Oberbürgermeister sowie zur Stadtverwaltung schon äußerst gute Kontakte. Die drei Minister folgten meinem Vorschlag, und so hatten wir einige Monate später, am 27. Oktober 1997, eine Feier mit Ehrenabordnungen der drei Divisionen mit ihren Truppenfahnen, mit Musikkorps der drei Nationen und mit den vor der Öffentlichkeit geleisteten Unterschriften der Politiker.

Zahlreiche Greifswalder Zuschauer säumten den Marktplatz. An jener Stelle kündigten die drei Minister auch die Absicht an, ein multinationales Korps Nordost in Stettin zu begründen, zu dem die trinationale Patenschaft ein logischer erster Schritt sein sollte. Das Treffen auf Rügen endete mit einer Rundfahrt um die Insel auf einem Schnellboot.

Ich empfand es als großes Privileg, in verschiedenen Stationen meiner Laufbahn den Weg der Polen in die NATO intensiv begleiten zu können. Unsere Bemühungen um unsere polnischen Kameraden hatten außerdem für mich noch ein schönes Nachspiel: Kurz nach meiner Verabschiedung aus dem aktiven Dienst wurde ich in die polnische Botschaft gebeten. Im Auftrag des Staatspräsidenten überreichte mir der Botschafter das Kommandeurkreuz des polnischen Verdienstordens mit Stern. Noch als Divisionskommandeur war mir die Sobieski-Medaille verliehen worden, dazu wurde ich zum Ehrensoldaten der 12. Polnischen Division gekürt.

Bosnien-Herzegowina

In den folgenden Jahren bestimmte der Bürgerkrieg im ehemaligen Jugoslawien auch in der Bundeswehr mehr und mehr die Tagesordnung. 1992 kam es zum Ausbruch des Bosnienkriegs in Folge der Unabhängigkeitserklärung Bosnien-Herzegowinas. Begonnen hat der Krieg mit der letztlich fast vier Jahre andauernden Belagerung von Sarajevo durch die bosnischen Serben. Die Kämpfe sollten jahrelang andauern, etwa 10.000 Menschen das Leben kosten und Sarajevo weitestgehend zerstört hinterlassen. Die internationale Gemeinschaft reagierte 1992 durch die Entsendung einer Truppe zur Überwachung eines zwischen den Kriegsparteien vereinbarten Waffenstillstands (United Nations Protection Force, kurz: UNPROFOR). Die Truppe stand aber mit unzureichendem Mandat und ungenügender Ausstattung auf verlorenem Posten.

Besonders traurig war die Tatsache, dass es nicht gelang, Gebiete zu schützen, die die Vereinten Nationen zuvor als Schutzgebiete ausgewiesen hatten. Im Juli 1995 kam es schließlich in Srebrenica zu einem beispiellosen Massaker, bei dem etwa 8000 männliche Bosniaken von serbischen Truppen ermordet wurden – direkt unter den Augen von Truppen der Vereinten Nationen, die aufgrund fehlender Luftunterstützung hilflos waren.

Das Massaker von Srebrenica, die weitgehende Zerstörung von Städten wie Mostar oder Sarajevo – all dies war Zeugnis einer insgesamt gescheiterten Strategie der Vereinten Nationen, gekennzeichnet durch ein unzureichendes Mandat ihrer Streitkräfte und allzu begrenzter Mittel. Immerhin war innerhalb kurzer Zeit die Luftversorgung Sarajevos gewährleistet, mit Unterstützung der Bundeswehr. Auch an der letzten Phase der UNO-Operation beteiligte sich die Bundeswehr, die ein deutsch-französisches Feldlazarett, Aufklärungs- und Transportflugzeuge sowie mehrere Marineeinheiten beisteuerte.

Die im Jahre 1993 beginnende Operation „Deny Flight" der NATO zur Durchsetzung des von den Vereinten Nationen bereits 1992 beschlossenen Flugverbots konnte die immer wieder aufflammenden Kämpfe nicht verhindern. Mit einer Luftbrücke ließ sich wenigstens die Versorgung Sarajevos sicherstellen. Dazu leistete auch die deutsche Luftwaffe einen wichtigen Beitrag.

Nach dem Massaker von Srebrenica und einem Granatenbeschuss des Marktplatzes jener Stadt begann am 30. August 1995 die Luftoperation „Deliberate Force" in Abstimmung zwischen den Vereinten Nationen und der NATO: So wurden massive Luftschläge gegen Einrichtungen der bosnisch-serbischen Streitkräfte geflogen. Die deutsche Luftwaffe war mit Tornado-Flugzeugen an dieser Operation beteiligt.

Die Erfolge dieser Operation, die bis zum 21. September andauerte, waren schließlich eine wichtige Voraussetzung für den Friedensvertrag von Dayton im November 1995, der die Auseinandersetzungen der Volksgruppen des auseinanderfallenden Jugoslawiens in Bosnien-Herzegowina zunächst beenden sollte.

Die Initiative für diese Verhandlungen ging von der amerikanischen Außenministerin Madelaine Albright aus. Drei Wochen lang verhandelten die drei Präsidenten Slobodan Miloševic (Serbien), Franjo Trudman (Kroatien) und Alija Izetbegović (Bosnien-Herzegowina) miteinander – unter hartem Druck der amerikanischen Regierung. Sie führten schließlich zum Daytoner Friedensabkommen, das den künftigen Status von Bosnien-Herzegowina festschrieb.

Die NATO und zahlreiche im Programm „Partnership for Peace" verbündete Nationen bildeten im Auftrag der Vereinten Nationen eine Truppe zur Durchsetzung des Abkommens (IFOR), die später durch die Stabilisation Force (SFOR) abgelöst wurde. Die Bundeswehr hatte hieran erheblichen Anteil – und so kam dann auch meine Division ins Spiel.

Ein wesentlicher Teil des deutschen Beitrags zu IFOR war ein Pionierverband, der mit Beginn im April 1996 den Auftrag hatte, im früheren Kampfgebiet Straßen und Brücken wiederherzurichten oder neu zu bauen. Dieser Auftrag oblag für einige Monate einem Verband aus dem brandenburgischen Storkow, der mir unterstand. Der Verband war in Kroatien stationiert und erfüllte von dort aus seine Aufträge in Bosnien-Herzegowina – in der „Box", wie das Einsatzgebiet von den Soldaten genannt wurde. Die Pioniere mussten beispielsweise eine Straße aus dem Korridor von Goražde bauen, damit die bosnische Minderheit nach Sarajevo gelangen konnte, ohne das Gebiet der serbischen Bevölkerung durchqueren zu müssen. Ich nutzte zusammen mit dem Kommandeur des Pionierregiments die Möglichkeit, den Verband vor Ort zu besuchen und meldete mich auch beim NATO-Hauptquartier in Sarajevo.

Eine Besonderheit für das deutsche Kontingent war zu dieser Zeit, dass es aus politischen und rechtlichen Gründen zunächst nicht dauerhaft in Bosnien-Herzegowina stationiert werden durfte. So waren die deutschen Soldaten im Einsatzgebiet in provisorischen Unterkünften untergebracht. Die Zelte wurden nur für einige Tage aufgebaut, die Kompanien lösten sich gegenseitig ab. Dass dies zu Reibungsverlusten führen musste, ließ sich nicht vermeiden.

Ich selbst führte viele Gespräche mit den Soldaten, die es ganz offensichtlich belastete, aufgrund der zunächst noch bestehenden politischen Restriktionen nicht wie ihre alliierten Kameraden direkt im Einsatzgebiet dauerhaft ihren Auftrag erfüllen zu können.

Da ich einige Tage Zeit hatte, wurde ich schnell als Teil des Verbands anerkannt, respektiert und intensiv in die Kommunikation einbezogen. So begleitete ich die Soldaten bei ihrer schweren Arbeit, freute mich mit ihnen über die Anerkennung der Bevölkerung, nahm die illegalen Straßensperren zur Kenntnis, die immer schnell beseitigt wurden, wenn ein Fahrzeug der IFOR oder SFOR sich näherte. Positiv war zudem, dass der Verband viele Kontakte zur lokalen Bevölkerung geknüpft hatte und die Einwohner der ehemaligen Schutzzone von Goražde sich wieder sicher fühlen konnten, bedingt durch die Anwesenheit von NATO-Soldaten. Besondere Anerkennung fanden die Pioniere, weil sie einige Brücken, die zerstört waren, wieder für den Verkehr herrichten konnten.

Mit einem guten Gefühl flog ich zurück. Die Storkower Pioniere verstanden ihr Handwerk; sie leisteten, was von ihnen erwartet wurde und noch etwas mehr. Sie waren als Teil der IFOR respektiert und anerkannt.

Noch einmal besuchte ich Soldaten meiner Division in Bosnien. Gegen Ende des Jahres 1997 stellte die Division etwa die Hälfte des insgesamt etwa 1500 Soldaten starken 4. Kontingents des deutschen IFOR-Beitrags.

Soldaten des Panzergrenadierbataillons aus Hagenow und Panzeraufklärer aus Eutin bildeten den Kern des Beitrags, den gepanzerten Einsatzverband. Die Soldaten wurden im Rahmen der deutsch-französischen Brigade eingesetzt, die neben dem deutschen auch einen französischen Einsatzverband führte, sowie einen gemischten Unterstützungsverband und ein ukrainisches Bataillon. Stationiert war der Verband nunmehr im Feldlager Rajlovac.

Am 29. Dezember flogen mein designierter Nachfolger, General Riechmann, mein Adjutant, Hauptmann Rudolph, und ich von Landberg aus mit einer Transall-Maschine der Luftwaffe nach Sarajevo. Dort wurden wir vom nationalen Befehlshaber, meinem Neubrandenburger Stellvertreter, Brigadegeneral Sammet, begrüßt. Wir übernachteten im Feldlager und blieben mehrere Tage. Regelmäßig suchten wir die Truppe auf, wo sie im Einsatz war, wir erhielten Lagevorträge und ließen uns von der Brigadeführung sowie den Kommandeuren in die Aufgabenerfüllung einweisen.

Wenn beim letzten Besuch noch äußerste Vorsicht geboten war, konnten wir uns jetzt fast frei bewegen. So kamen wir nach Sarajevo, besuchten Mostar und machten auch einen Abstecher nach Pale, dem Zentrum des serbischen Teils der Föderation.

Mostar bot wahrlich einen traurigen Anblick. Die alte Brücke, das Wahrzeichen der Stadt, war bei den Kampfhandlungen zerstört worden. Eine Behelfsbrücke, die von SFOR-Soldaten gebaut worden war, führte nun über die Neretva.

Eine unsichtbare Grenze verlief zwischen dem serbischen und bosnischen Teil der Föderation. Taxis überquerten diese Grenze nicht, die Autos hatten verschieden beschriftete Nummernschilder.

Wir flogen nach Goražde und durch das Drinatal. Dort sahen wir verlassene Relikte von Skiliften und Überbleibsel von Einrichtungen des Fremdenverkehrs. Wir bemerkten aber auch, dass an vielen Stellen, insbesondere in Sarajevo, sich neues Leben entwickelt hatte. Der Einsatz der internationalen Gemeinschaft, wie vor allem der ISAF, begann Früchte zu tragen.

Die normale Routine der Aufgabenerfüllung wurde im Feldlager natürlich auch am Silvesterabend nicht unterbrochen. Entsprechend waren (und vielleicht sogar besonders) in der Silvesternacht gemischte Züge mit Panzeraufklärern und Panzergrenadieren zu Patrouillenfahrten im Einsatz. General Riechmann und ich begleiteten eine Patrouille und fuhren auf je einem Aufklärungspanzer „Luchs" als Richtschützen mit – in der großen Hoffnung, in dieser Funktion nicht gebraucht zu werden.

Der Zug wurde von einem Oberleutnant geführt. Ruhig, kurz und bestimmt gab er seine Befehle. Es war auch nicht nötig, viel zu sagen, man kannte und vertraute sich. In kurzer Zeit wurden wir, der Oberleutnant und ich, als Teil des Ganzen betrachtet und anerkannt. Wir fuhren zu einem Depot, das von der SFOR ständig überwacht wurde, um zu verhindern, dass dort verbotenes Material gelagert wurde.

Es lag Schnee, Schneeketten mussten aufgezogen werden. Das Ziel der Patrouille war eine kleine Ortschaft. Wir stiegen aus und machten Rast in einem kleinen Café. Einer der Soldaten, der einen Teil seiner Jugend in Bosnien verbracht hatte, übernahm die Aufgabe des Übersetzers.

Dann fuhren wir über den Berg Igman. Diesen Namen hatte man in Erinnerung – von diesem Berg aus war Sarajevo beschossen worden. Nun war er unter Kontrolle der SFOR-Truppen.

Plötzlich lag die Nebeldecke unter uns. Über uns war ein klarer Sternenhimmel zu sehen, das Sternbild des Orion, des großen Jägers, war zu erkennen. Hell leuchteten die Gürtelsterne.

Überall wurde geschossen. Garben von Leuchtgeschossen durchdrangen die Nebeldecke und wurden sichtbar.

Kurz vor Mitternacht erreichten wir einen Aussichtspunkt, wir stiegen aus. Einige Soldaten hatten ein kleines Feuer vorbereitet. Wir tauschten gute Wünsche zum neuen Jahr aus. General Sammet war gekommen, um diesen besonderen Jahreswechsel mit uns zu teilen.

Wir waren tief in das Geschehen dieser Patrouille einbezogen, in die soldatische Kameradschaft, die keine Dienstgradgrenzen kannte.

Gegen vier Uhr am Neujahrsmorgen waren wir im Lager zurück. Eine Jahreswende im Einsatzgebiet.

Kohls Besuch

Im Inland stand unterdessen schon kurz nach meiner Kommando-übernahme ein Besuch des Kanzlers Helmut Kohl anlässlich des vierzigjährigen Bestehens der Bundeswehr an. Für seinen Besuch hatte sich der Kanzler meine Division ausgesucht. Ich hatte hierfür Eggesin vorgeschlagen, womit Kohl einverstanden war. Gemeinsam mit dem damaligen Inspekteur des Heeres und späteren Generalinspekteur, General Bagger, durfte ich ihn empfangen und einen Tag lang begleiten.

Dem Besuch war eine umfangreiche und nicht immer einfache Abstimmung des Besuchsprogramms mit dem Kanzleramt vorausgegangen. Alles wurde bestens vorbereitet. Die Spontaneität und Aufgeschlossenheit des Bundeskanzlers gaben dem Besuch zudem eine besondere Note, an der die Soldaten ihre Freude hatten.

Mit dem Hubschrauber kam Kohl in Torgelow an. Im dortigen Soldatenheim wurde der Kanzler in einem kurzen Lagevortrag unterrichtet. Unmittelbar nach dem Vortrag besuchte er eine Kompanie beim staatsbürgerlichen Unterricht. Der Chef der Kompanie wollte gerade mit der Unterrichtsstunde beginnen, als Kohl sich aus der ersten Reihe heraus meldete: „Wir ändern jetzt einmal spontan das Thema in ‚Besuch des Bundeskanzlers'", sagte er vor den staunenden Soldaten.

Nun bekamen diese die Gelegenheit, dem Kanzler Fragen zu stellen. Allerdings hatte ich im Vorfeld bereits eine Ahnung, dass es so verlaufen könnte. Aus diesem Grund hatte ich noch am Vorabend die Soldaten der Kompanie in ihren Stuben persönlich aufgesucht und ihnen geraten, sich vorab einige Fragen für den Kanzler zu überlegen. Es war schließlich absehbar, dass Kohl weniger Interesse am Unterricht als am Kontakt mit den Soldaten haben würde. So geschah es dann auch. Einige der Soldaten hatten sich ihre Fragen auf Zetteln aufgeschrieben. Nahezu die gesamte Bandbreite der aktuellen politischen Herausforderungen wurden bei der Fragerunde abgedeckt – von Fragen der Deutschen Einheit über die Wehrpflicht bis zum Thema Arbeitslosigkeit.

Es war letztlich vor allem ein fröhliches und lebhaftes Gespräch. Während Kohl bei diesem Besuch recht unverblümt eine Distanz zu den von ihm offensichtlich ungeliebten Journalisten pflegte, verspürte er eine große Freude an Debatten und Gesprächen mit den sogenannten „einfachen" Leuten.

Anschließend machten wir eine Tour zum Übungsplatz. Hier stand eine Übung im Gefecht der verbundenen Waffen auf dem Programm. Von der Ladefläche eines Lkw aus verfolgte der Kanzler die Übung, an der Panzer, Panzergrenadiere, Pioniere und Artilleristen mit ihrem Großgerät und auch Kampfflugzeuge der Luftwaffe beteiligt waren. Damit war das Programm jedoch noch nicht erschöpft: Ein kleiner Rundgang über einige Stationen mit Soldaten bei der Ausbildung gab dem Kanzler zusätzliche Möglichkeiten, mit vielen Leuten ins Gespräch zu kommen.

Bis zum Nachmittag hielt sich der Kanzler in Eggesin auf. Anschließend gab er eine Pressekonferenz. Das Echo aus dem Kanzleramt nach dem Besuch war überwältigend positiv.

Nach dem Vortrag im Kabinett 1992 war dies meine zweite ausführliche Begegnung mit dem Bundeskanzler. Weitere sollten folgen: an der Oder, bei seinen Treffen mit Generalen, aber auch mehrfach nach dem Ende meiner Dienstzeit als Soldat.

NATO-Assignierung

Ab Januar 1995 wurde das IV. Korps in die NATO eingegliedert. Dies sollte im Rahmen einer großen Vorführung in Anwesenheit des NATO-Rats unter Führung des NATO-Generalsekretärs auf dem Truppenübungsplatz Klietz feierlich besiegelt werden. Der Kommandierende General, Generalleutnant Spiering, beauftragte die 14. Division mit der Vorbereitung und Durchführung dieser Veranstaltung. Im Einzelnen waren eine dynamische Waffenschau, eine Gefechtsübung im scharfen Schuss und eine Fahnenzeremonie mit Ansprachen des Bundesministers der Verteidigung Volker Rühe sowie des NATO-Generalsekretärs Willy Claes vorgesehen.

Diese Aufgabe eignete sich vorzüglich, um den Leistungsstand der Bundeswehr im Osten vor der gesamten Bündnisspitze zu demonstrieren. Mehrere Tage bereiteten wir uns in Klietz auf das Ereignis vor. Wir wollten zeigen, dass es hinsichtlich der Fähigkeiten der Truppenteile keine Unterschiede mehr zwischen Ost und West gab.

An einem kalten und windigen Tag trugen wir auf dem Platz dem Kommandierenden General unsere Absicht vor.

Es war schon interessant, dass nun auf derselben Tribüne, auf der noch vor wenigen Jahren die Führung des Warschauer Pakts die Übungen beobachtet hatte, feierlich verkündet wurde, dass die ostdeutschen Verbände als Teil der Armee nun der Einheit der NATO unterstellt wurden. Wieder einmal zeigte sich, dass der rein militärische Teil der einfachere war. Die Betreuung der Besucher sowie der zahlreichen anwesenden Journalisten waren weitaus schwieriger zu organisieren. Wir mussten dazu Zelte anmieten, da der eigene Bestand nicht ausreichte. Die Vorführung wurde unter der Leitung des Brigadekommandeurs, Brigadegeneral Lather, hervorragend vorbereitet.

Ich war bei der Vorbereitung vor Ort und konnte so aktiv auf die Gestaltung der Vorführung Einfluss nehmen. Darüber hinaus war es möglich, auch außerhalb der Übungszeiten an den Abenden unsere Truppe in den Unterkünften aufzusuchen. Mit den jeweiligen Chefs ging ich durch die eine oder andere Stube und freute mich wieder einmal, mit welch innerer Bereitschaft die Soldaten dabei waren und problemlos die Vorbereitungen bewältigten.

Glück hatten wir auch mit dem Wetter: kein Nebel, milde Temperaturen, Sonnenschein – für den Februar eine eher ungewohnte Wetterlage.

Am späten Vormittag begann die Veranstaltung: Musikkorps und Fahnenabordnungen mit den Fahnen aller NATO-Staaten marschierten ein. In einer kurzen Zeremonie wurde die Anwesenheit der Vertreter der verschiedenen Nationen auch musikalisch deutlich gemacht. Dann sprachen Bundesminister Rühe und NATO-Generalsekretär Claes, die beide die Bedeutung jener Stunde betonten. Bei der dynamischen Waffenschau rollten und feuerten alle Waffensysteme, mit denen die Bundeswehr im Osten ausgerüstet war: die Kampfpanzer Leopard 1 und 2, die Schützenpanzer Marder, die Aufklärungspanzer Luchs, die Panzerhaubitzen M109, die Raketenwerfer LARS und MARS, Panzerabwehrhubschrauber, Spürpanzer Fuchs, Aufklärungssysteme – wie zum Beispiel Drohnen – sowie Einsatzfahrzeuge aller Truppengattungen. Die Vorführung verlief äußerst präzise.

Höhepunkt der Veranstaltung war die Gefechtsvorführung im scharfen Schuss. In großer Präzision wurde der Ablauf der Verzögerung, die Aufnahme, die Verteidigung eines Raumes und ein Gegenangriff in die tiefe Flanke des entsprechenden Angreifers vorgeführt. Die Trefferergebnisse der Panzersoldaten, der Panzergrenadiere, der

Artillerie und der Panzerjäger waren ausgezeichnet. Das Artilleriefeuer wurde äußerst realistisch abgebildet. Zweifelsfrei: Die Pioniere übertrafen sich selbst.

Leiter des Pioniereinsatzes war ein Oberleutnant als Vertreter seines Chefs, der auf einem Lehrgang anwesend war. Der junge Offizier hatte alle Register seines Könnens gezogen. Kurze Zeit später wurde er selbst Kompaniechef und machte seine Sache genauso gut.

Nach der Veranstaltung erhielten wir viel Lob, zumal sowohl der organisatorische als auch der logistische Teil ausgezeichnet funktioniert hatten. Das IV. Korps war nun Teil der NATO. Damit zeichneten sich viele neue wichtige Aufgaben ab.

Die Oderflut

Juli 1997. Als Befehlshaber des Wehrbereichs VIII war ich auch zuständig für die zivil-militärische Zusammenarbeit mit dem Land Brandenburg. Dazu gehörte die Hilfeleistung im Falle von Naturkatastrophen. So waren durch das Oder-Hochwasser 1997 unser Kommando und auch ich persönlich unmittelbar betroffen.

Lang anhaltende und intensive Regenfälle sorgten dafür, dass der Fluss im Juli 1997 in kürzester Zeit deutlich anschwoll, zunächst allerdings noch außerhalb Brandenburgs. In Polen trat die Oder aber bereits in den ersten Tagen über die Ufer, mit verheerenden Folgen für die Bevölkerung. Allen Entscheidungsträgern in Brandenburg war bald klar, dass sich etwas Gefährliches zusammenbrauen würde.

Ich war zu Beginn dieser Zeit in Nijmegen, beteiligte mich an den Internationalen Vier-Tage-Märschen und war mir nicht annähernd der zunehmenden Dramatik bewusst, als mich die ersten Meldungen der nahenden Hochwassergefahr erreichten.

Wenig hatte zunächst darauf hingedeutet, dass eine der größten Naturkatastrophen in der Geschichte Brandenburgs mein Wirken und Handeln in den nächsten Tagen und Wochen bestimmen würde.

Nach Nijmegen fuhr ich nach Hause in die Eifel, dort sollten acht Tage Urlaub auf mich warten. Zu Hause angekommen informierte mich mein Stab, dass nunmehr bis zu 300 Soldaten zur Hilfeleistung an der Oder eingesetzt waren, unter der Führung des Kommandeurs des Verteidigungsbezirkskommandos.

Der Kommandierende General des IV. Korps war der erste, der das drohende Unglück realistisch einschätzte. Zu dieser Zeit, Mitte Juli, hatte schon mein Stellvertreter, Brigadegeneral Wittig, in Frankfurt (Oder) die Führung vor Ort inne. Er veranlasste die Verlegung des Divisionsstabes dorthin.

Die Zahl der Soldaten musste in kurzer Zeit massiv erhöht werden, und noch bevor ich aus meinem Urlaub an der Oder eintraf, hatte der Bundeskanzler uns einen ersten Besuch abgestattet. Die Landesregierung, die zunächst nur zögerlich Hilfe anforderte, tat dies schließlich schnell und konsequent. Dazu hatte sicher auch die Zusage des Bundesministers Rühe beigetragen, auf die Erstattung der Kosten verzichten zu wollen.

Ich brach also meinen Urlaub ab und fuhr zunächst nach Potsdam, um mich vom Stab des IV. Korps in die Lage einweisen zu lassen. Unterdessen machte sich mein Adjutant auf den Weg zu meiner Wohnung in Neubrandenburg und besorgte dort Uniformen sowie persönliche Ausrüstung für die darauffolgenden Tage. Allerdings wurde bald ersichtlich, dass es sich weniger um Tage als vielmehr einige Wochen handeln würde.

Mit dem Hubschrauber ging es weiter nach Frankfurt, wo ich unmittelbar nach meiner Ankunft durch den Stab detailliert in die Lage vor Ort eingewiesen wurde. Zu dieser Zeit waren dann schon fast 3000 Soldaten im Einsatz.

Gleich in der ersten Nacht beauftragte ich meinen Stab, einen Plan zu erstellen, wie der Schutz der Deiche kurz- und mittelfristig gewährleistet werden konnte. Der Stab unter seinem neuen Chef Oberst Freers arbeitete schnell und exakt. Bereits am nächsten Morgen konnte ich einen detaillierten Operationsplan zur Kenntnis nehmen und billigen, der – zumindest in den Grundzügen – bis zum Ende Bestand hatte. Uns war klar, dass der Bundeswehr mit ihrem Personal, ihrer Technik und ihrem Führungssystem eine Schlüsselrolle zufallen musste, wenn es gelingen sollte, die Deiche zu verteidigen und das Oderbruch sowie seine Bevölkerung zu schützen.

Noch in derselben Nacht wurde für den nächsten Morgen ein Treffen mit dem Ministerpräsidenten Manfred Stolpe, dem Innenminister Alwin Ziel und mir in Frankfurt (Oder) anberaumt. In meinem Vortrag, den ich in Frankfurt hielt, unterstrich ich die Notwendigkeit einer führenden Rolle der Bundeswehr in diesem Katastrophenfall, weil sie zu dieser Zeit als einzige jene Erfahrung mitbrachte, in großen Räumen zu operieren, alle Verbindungen sicherzustellen und die Gesamtlage mit ihrem Führungssystem zu beherrschen. Dazu war sie fähig, viele einzelne Anstrengungen zu einer Gesamtoperation zusammenzufassen. Der Ministerpräsident, der durch ein nächtliches

Telefongespräch mit Helmut Schmidt bestens vorbereitet war, stimmte dieser Beurteilung zu.

Gemeinsam mit Stolpe stellte ich am selben Tag dem Landeskabinett, das in Frankfurt (Oder) tagte, unsere Strategie zur Bewältigung der Krise vor. Ungeachtet der führenden Rolle der Bundeswehr bei der Operationsführung und beim Kräfteeinsatz blieben natürlich grundlegende Entscheidungen der politischen Führung des Landes vorbehalten. So kam der Bereitschaft zur Kooperation, der gegenseitigen Offenheit sowie der vertrauensvollen Zusammenarbeit in den nächsten Wochen eine überragende Bedeutung zu.

Aus der Landesregierung waren zwei Minister ständig vor Ort, mit denen ich fortan laufend engen Kontakt hielt: Innenminister Alwin Ziel und Umweltminister Matthias Platzeck. In den nächsten Tagen entwickelte sich ein vertrautes Verhältnis innerhalb dieses Dreiergespanns. Bald trafen wir uns regelmäßig.

Der Innenminister hatte sich bei uns ein eigenes Arbeitszimmer eingerichtet. Seine persönliche Referentin hielt engen Kontakt mit den Potsdamer Ministerien und dem Krisenstab des Innenministeriums. Dort gab es auch einen erfahrenen Verbindungsoffizier zur Landesregierung. Tag für Tag nahm der Innenminister an unseren Lagen teil und versorgte uns mit den Informationen aus Potsdam.

Der Umweltminister besetzte seinen Arbeitsplatz im Umweltamt, das auch als sein Krisenstab diente. Er bewahrte den Kontakt zur Bevölkerung, informierte, warnte und erklärte. Der Präsident des Landesumweltamts, Professor Matthias Freude, hielt uns jederzeit auf dem Laufenden und war Tag und Nacht für uns erreichbar. Dabei ging es uns vor allem darum, frühzeitig über mögliche Gefahrenpunkte informiert zu werden, um möglichst schon präventiv an der Stabilisierung der Deiche arbeiten zu können.

Wie bei jeder militärischen Operation üblich, erhielten nachgeordnete Kommandeure mit ihren Stäben Verantwortung über Gefechtsstreifen. Insgesamt 165 Kilometer Deich hatten wir zu verteidigen. In der Mitte lag das Oderbruch mit etwa 65 Kilometern Deich, nach Norden und Süden erstreckten sich die beiden Flanken. Die beiden Brigaden, die Panzerbrigade 42 und die Panzergrenadierbrigade 41, erhielten jeweils einen eigenen Verantwortungsbereich zugewiesen; später, als das Hochwasser auch im Norden stieg, kam noch das Flugabwehrregiment mit einem eigenen Verantwortungsbereich in Richtung Schwedt dazu. Alle Anstrengungen mussten darauf gerichtet sein, das Oderbruch zu halten. Hier fanden etwa 20.000 Menschen ihre Lebensgrundlage, hier war ein guter Teil der landwirtschaftlichen Basis des Landes Brandenburg beheimatet. Sollte dies nicht gelingen, und davon hatten wir – wie auch fast alle Fachleute – auszugehen, mussten die Schäden zumindest in Grenzen gehalten werden.

Meine Auflage an die Brigaden war, bei deren Schwerpunktbildung jeweils die Masse der Kräfte auf dem rechten und linken Flügel, das heißt im Oderbruch zu konzentrieren. Damit konnte erreicht werden, dass im kritischsten Bereich auch die Masse der Kräfte im Einsatz waren. Hinter den Brigaden waren zusätzliche Truppenteile als Reserven stationiert. Nun ging es darum, Soldaten, zivile Helfer, Spezialisten, Deichläufer, Pioniertechnik, Hubschrauber, Baumaschinen und ihre Bediener, Lkw und Schwenklader zu einer koordinierten Operation zusammenzufügen. Jeder Meter wurde an den entscheidenden Tagen ständig überwacht, um frühzeitig Schadstellen und Gefahrenpunkte zu erkennen.

Ich war fast durchgehend unterwegs. Mit dem Hubschrauber versuchte ich überall vor Ort zu sein, wo sich eine Krise anbahnte oder anbahnen konnte, und regelmäßig an allen Schwerpunkten sowie kritischen Stellen aufzutauchen. Schnell mussten wir auch die Frage beantworten, was denn geschehen sollte, wenn es dennoch zu einem Deichbruch käme.

Da gab es im Hinterland sogenannte Schlafdeiche, die vor etwa 200 Jahren gebaut worden waren und sich in unterschiedlicher Höhe und mit zahlreichen Öffnungen durch das Land zogen. Unsere Pioniere und mein Stellvertreter, Brigadegeneral Gülich, hatten die hervorragende Idee, diese Schlafdeiche als zweite Linie auszubauen. Mit diesem Ausbau konnten auch im schlimmsten Fall eines Deichbruchs immer noch große Teile des Oderbruchs geschützt werden. In der Bevölkerung war das Projekt jedoch umstritten: Die Bewohner der Dörfer zwischen Deich und Schlafdeich fürchteten, dass wir den Hauptdeich, der ihre Dörfer schützte, zu früh aufgeben oder Kräfte abziehen könnten, die vorne gebraucht würden. Jegliche Aufklärung vor Ort nützte nichts, das Misstrauen war allgegenwärtig. Die Landesregierung blieb aber standhaft.

Der Ausbau jener Schlafdeiche war auch ein großes Thema bei einem Besuch des Bundeskanzlers in Altreetz mitten im Höhepunkt der Krise. Die Stimmung an jenem Tag war aufgeheizt. Es gab wütende Reaktionen seitens der knapp 300 Einwohner, die sich auf dem zentralen Marktplatz versammelt hatten. Um sich mehr Gehör zu verschaffen, stieg der Kanzler auf die Ladefläche eines Lastwagens und bat mich nach einigen Worten um eine Stellungnahme, in der ich die Strategie der Bundeswehr im Einzelnen erläutern sollte. Dabei ging es vor allem darum, der Bevölkerung klarzumachen, dass wir nicht daran dachten, unsere Arbeit an den vorderen Deichen einzuschränken. Nachdem ich fertig war, betrat der Innenminister die Bühne und erläuterte die Haltung der Landesregierung.

Es nützte wenig, die Stimmung blieb äußerst angespannt. Anschließend ergriff Kohl erneut das Mikrofon und meinte: „Hier habt ihr es vom General und vom Minister erklärt bekommen, nun müsst ihr es auch einmal glauben, was euch gesagt wird." Daraufhin fragte der Kanzler nach dem Feuerwehrchef. Als sich dieser meldete, wandte sich der Kanzler wiederholt an die aufgeregte Menge und rief: „Der Chef der Feuerwehr begleitet mich jetzt zum Deich, und er soll euch umgehend darüber Bericht erstatten, was wir mit den Soldaten oben besprochen haben." Dank dieses geschickten Vorgehens konnte Kohl schließlich viele Altreetzer deutlich milder stimmen und für Beruhigung sorgen.

Als ich einige Wochen nach der Flut auf dem Weg zum Kanzleramt war, hatte ich zahlreiche Aufsätze und Bilder von Schülern und Lehrern der Altreetzer Schule im Handgepäck, dazu auch etliche Briefe der Eltern. All dies übergab ich dem Kanzler während meines Besuchs. Zugleich bat ich ihn um ein Porträt von ihm, das mit seiner Widmung versehen und in der Schule aufgehängt werden sollte.

Kurz vor der feierlichen Veranstaltung anlässlich der Orgeleinweihung, die mich zurück nach Altreetz führte, hatte mir das Kanzleramt besagtes Porträt mit Widmung zukommen lassen. Nach dem Festakt in der Kirche ging es weiter zum Marktplatz, auf dem ich das Kohl-Porträt der Rektorin der Schule übergab, begleitet von lang anhaltendem und höflichem Beifall der anwesenden Altreetzer Bevölkerung. Somit hatte die Oderbruch-Episode hier zu einem glücklichen Ende geführt, vor allem jedoch zu einem erfolgreichen Brückenschlag zwischen jenem Ortsteil der Gemeinde Oderaue und dem Kanzler der Bundesrepublik Deutschland.

Zum Dorf Altreetz entstand fortan eine besonders freundliche Beziehung. Noch einige Male habe ich das Dorf – auch viele Jahre nach der Flut – besucht und bin stets freundlich empfangen worden.

Erkenntnisse

Was waren die Gründe dafür, dass unser Einsatz an der Oder schließlich zu einem großen Erfolg wurde? An der Oder war besonders die Führung „von vorn" gefragt: Kommandeure verbrachten einen großen Teil ihrer Zeit nicht an Lagekarten, sondern eben vorn, im Mittelpunkt der Krisengebiete. Jeder Soldat wusste, dass sich niemand schonen durfte, auch der Befehlshaber nicht.

Die wichtigste Aufgabe der Kommandeure war die Organisation der Arbeit vor Ort. Hier galt es die Deichverantwortlichen, das THW, die Feuerwehr, zivile Helfer, die Leute des Forstes, die Lkw-Fahrer der Baufirmen, die den Kies transportierten, die Pioniere, die Hubschrauberpiloten sowie die eigenen Kompanien zu einem einheitlichen und koordinierten Zusammenarbeiten zu bewegen.

Die Chefs leiteten die Arbeit ihrer Kompanien, die Zugführer standen mit in der Reihe und warfen sich wie alle anderen die Sandsäcke zu. Die Qualität der Kompaniechefs war immer schnell erkennbar. Die meisten bewährten sich, motivierten ihre Soldaten, waren aktiv dabei, organisierten die Versorgung und Ruhepausen und kehrten schließlich mit ihren Soldaten – erschöpft und am Ende ihrer körperlichen Kräfte – in die Ruheräume zurück. Nur selten musste man einem erklären, wo in dieser Situation sein Platz war.

Der Aufklärung kam in dieser kritischen Lage besondere Bedeutung zu. Hier hieß es, über den Zustand der Deiche so gut wie möglich Bescheid zu wissen. Die wichtigsten Informationen lieferte die zivil betriebene Deichläuferorganisation, zu der enge Verbindung gehalten wurde. Jeder Riss musste genau beobachtet werden. Bei neuen Rissen und Sickerstellen waren die notwendigen Gegenmaßnahmen einzuleiten. Markierte Stöckchen halfen, Veränderungen an den Rissen festzustellen. Die Pegelstände wurden dabei genau verfolgt.

In einem normalen Gefecht geht es darum, möglichst schnell selbst die Initiative zu gewinnen, aus dem Reagieren herauszukommen und dem Gegner das Gesetz des Handelns aufzuzwingen. Die Frage war nun jedoch: Wie ergreift man die Initiative gegenüber einem Fluss? Diese Frage bewegte mich von Anfang an und wurde auch in meinem Stab diskutiert. Und über allem stand das Ziel, möglichst in kürzester Zeit und mit möglichst geringen Schäden aus der akuten Krise herauszukommen.

Zur Vorbereitung schauten wir uns die historische Karte an, die alle Deichbrüche der letzten 200 Jahre aufzeigte. Auf den meisten Karten tauchten die Orte Reitwein und Hohenwutzen auf – auch bei dieser Oder-Katastrophe gerieten die Orte ins Zentrum des Geschehens.

Wir waren uns einig, dass wir dann die Kontrolle gewinnen würden, wenn es uns gelänge, zu einer geordneten vorbeugenden Stabilisierung zu kommen. Zu Beginn konnte davon keine Rede sein, doch ab Anfang August gewannen wir zunehmend die Kontrolle über das Geschehen zurück. Überraschungen blieben dabei dennoch nicht aus: Nach einer Lage informierte uns der Leiter des Umweltamts über einen kleinen Abriss in Reitwein. Die erste Beurteilung führte zu der Annahme, dass es notwendig wäre, ca. fünfzig Soldaten für etwa einen halben Tag einzusetzen. Tatsächlich war dies der früheste Hinweis auf eine sehr kritische Phase. Wir brauchten 1000 Soldaten und drei Tage, bis wir aufatmen konnten, weil die größte Gefahr gebannt war.

Von großer Bedeutung war auch eine Verbindungsorganisation, die der Kommandeur des Frankfurter Verteidigungskommandos zu allen Landkreisen eingerichtet hatte. Mit dieser Organisation hatten wir stets einen kompletten Überblick, auch über die Lage in den Landkreisen und Kommunen.

Dass wir diese riesige organisatorische Aufgabe so erfolgreich und letztlich souverän bewältigen konnten, war vor allem dem erfolgreichen Zusammenspiel unserer Truppen mit der Feuerwehr, den Hilfsorganisationen und den zivilen Kräften zu verdanken. Alles ging buchstäblich Hand in Hand. Insbesondere der Einsatz der Feuerwehr war mit starken Kräften und sinnvollem Gerät von großem Wert für das Gelingen unserer Mission. Die Feuerwehr war es auch, die in der Nacht fähig war, die Einsatzstellen auszuleuchten. Hilfsorganisationen wie das DRK oder die Johanniter unterstützten uns. Sie sorgten auch für die Verpflegung der zivilen Helfer vor Ort. Zusätzlich hatten sie Sanitätsstützpunkte aufgebaut. Vom Bundeslager eines großen Pfadfinderverbands kamen Teilnehmer angereist und arbeiteten mit.

Zu den weiteren Herausforderungen gehörte für uns auch der Umgang mit der Presse. Wir mussten einen Weg finden, die Journalisten einerseits ihre Arbeit machen zu lassen, andererseits jedoch unsere Soldaten vor Spontan-Interviews ausreichend zu schützen, wenn dies nicht gewünscht wurde. Es gab genügend Situationen, die einen solchen Schutz dringend notwendig machten.

So forderte ein Fernsehteam des ZDF Zugang zu einem abgesperrten Bereich, in dem Soldaten unter Gefahr arbeiteten. Als sie von Feldjägern abgewiesen wurden, begann ein – ansonsten sachlicher und wohlwollender – Fernsehbericht mit den Worten, die Feldjäger würden sich hier wie in einem „besetzten Gebiet" aufführen. Dass diese jedoch nur ihrer Pflicht nachgingen, nämlich Personen aus gefährlichen Gebieten fernzuhalten, fand keine Erwähnung. Binnen weniger Stunden hatte ich nahezu die gesamte Kette meiner Vorgesetzten am Telefon. Die betroffenen Feldjäger nahm ich in Schutz, und ich fand schnell auch das Verständnis meiner Befehlsgeber.

Spätestens jetzt hatte ich aber zu lernen, dass die Presse die Möglichkeit bekommen musste, ihre Berichterstattung so uneingeschränkt wie irgend möglich durchführen zu können. Mit Hubschraubern wurden die Medienvertreter nun hin und wieder zu Brennpunkten geflogen. Außerhalb von Gefahrenzonen konnten uneingeschränkt Interviews geführt werden, wenn die betroffenen Soldaten dem zustimmten. Da im Lagezentrum die Medien keinen Zutritt hatten, statteten wir die Informationszelle des Hauptquartiers so aus, dass dort dieselben Informationen abgreifbar waren wie im Lagezentrum selbst, wo ungestört gearbeitet werden musste.

Alltag, Krisen und Nachwehen

Mein Tag begann jeden Morgen um sieben Uhr mit einer ersten Lagebesprechung. In dieser Besprechung wurden die Ereignisse der vergangenen Nacht analysiert, die wichtigsten anstehenden Aufgaben diskutiert und die Planungen vorangetrieben. Dazu wurde darüber entschieden, was wir in den nächsten Tagen noch beschaffen mussten: Sandsäcke, technisches Gerät, Baumaterial und Maschinen. Nach dem Frühstück brach ich zu einer ersten Kontrolle mit dem Hubschrauber in die aktuellen Krisengebiete auf. Gegen vierzehn Uhr kehrte ich zurück, anschließend trug der Stab zur weiteren Planung vor. Abends fand eine zweite Lage statt, diesmal zusammen mit den unterstellten Kommandeuren und zivilen Fachleuten. An dieser Lage nahm auch fast immer der Innenminister des Landes teil, und sie endete Tag für Tag mit den Weisungen für die Fortsetzung der Operationen.

Gegen 22 Uhr stieg ich erneut in den Hubschrauber und flog alle Krisenpunkte an. Zwischendurch landeten wir; ich sprach mit den Soldaten und traf die zivilen Deichverantwortlichen. Mit einer Nachtsichtbrille konnte ich mir recht gut einen Eindruck von der Hochwasserlage in den einzelnen Deichabschnitten und vom Ablauf der Abwehrmaßnahmen machen. In der Regel standen mir drei bis vier Stunden Schlaf zur Verfügung – dann wiederholte sich der Tagesablauf.

Am 28. Juli 1997 spitzte sich die Lage zu. Das Zentrum: Hohenwutzen. Es war der Tag nach Kohls Besuch. Irgendwann am Nachmittag geschah es: Ich stand auf einem Stück Deich, als sich dieser tatsächlich in Bewegung setzte. Die Lage drohte uns zu entgleiten. Nicht nur ich, sondern auch alle Sachverständigen rechneten mit einem unmittelbar bevorstehenden Deichbruch. Von einem zivilen Deichverantwortlichen erhielten wir den Hinweis, dass der Deich möglicherweise noch einmal zur Ruhe kommen könnte. In jenem Fall musste er von Land her mit viel Gewicht stabilisiert werden. Jeder Hubschrauber, der uns zur Verfügung stand, wurde nun mobilisiert. Minute um Minute wurden Sandsäcke in Netzen zur Stabilisierung an der Landseite des Deichs abgeladen. Eine Bergung der Netze war nicht möglich; die Soldaten mussten zunächst aus den am meisten gefährdeten Gebieten abgezogen werden. Jetzt bewährte sich, dass wir rechtzeitig Reserven an gefüllten Sandsäcken und Netzen gebildet hatten.

Mitten in der Nacht war der Deich jedoch noch einmal in höchster Gefahr. Kurzerhand stimmten Platzeck, Ziel und ich uns telefonisch ab, was im Falle eines Deichbruchs geschehen sollte. Wir waren uns darin einig, dass wir dann nur gemeinsam vor die Presse treten würden, um gegebenenfalls ein Scheitern unserer Rettungsmaßnahmen einzugestehen. Auf keinen Fall wollten wir uns von Journalisten auseinanderdividieren lassen und uns gegenseitig die Schuld zuweisen. Gemeinsam gewinnen, gemeinsam verlieren – es herrschte ein einzigartiges Vertrauensverhältnis zwischen uns, und wir waren sicher, uns jederzeit auf den anderen verlassen zu können. Die Maßnahmen brachten schließlich Erfolg: Die Deiche ließen sich stabilisieren, die Lage in Hohenwutzen war vorläufig bewältigt.

Nun galt es, den Erfolg dauerhaft zu sichern: Dazu setzten umfangreiche Baumaßnahmen ein. Da bald die meisten Zugangswege nicht mehr zu benutzen waren, ließen wir neue Zuwege bauen. Mit Förderbändern wurde Sand an die kritischen Stellen des Deichverlaufs transportiert.

Der Krise in Hohenwutzen folgten weitere Krisen in Reitwein und Zollbrücke, die wir ebenfalls meistern konnten. Am 3. August, dem Tag meines Geburtstags, hatte ich erstmals das Gefühl, die ganze Operation würde sich zum Positiven entwickeln.

Eine besondere Herausforderung ganz anderer Art erwartete den Divisionsarzt, Oberstarzt Dr. Roßlau: Im Wasser der Oder wurden gesundheitsgefährdende Keime festgestellt. Es erschien ratsam, die am Deich eingesetzten Soldaten zu impfen. Dies war allerdings nicht unkompliziert, da die Soldaten nach der Spritze einige Stunden Ruhe benötigten und nicht sofort wieder eingesetzt werden konnten. Doch es gelang, die Impfung mit den Einsatzzeiten der Soldaten genau abzustimmen.

Einer der ersten, die sich von unserem medizinischen Personal impfen ließen, war Umweltminister Matthias Platzeck. Er gab damit ein sichtbares Beispiel für die Bevölkerung ab, der seitens der Gesundheitsbehörden ebenfalls zur Impfung angeraten wurde.

Am späten Vormittag des 3. August statteten Berlins Regierender Bürgermeister Eberhard Diepgen und Ministerpräsident Manfred Stolpe unserem Gefechtsstand einen Besuch ab, gratulierten zum Geburtstag und ließen sich in die aktuelle Lage einweisen. Nach dem Lagevortrag sowie im Rahmen eines anschließenden kleinen Sektempfangs kam Stolpe auf mich zu und sagte zu mir im vertraulichen Tonfall: „Ich kenne Sie, ich weiß es zu schätzen, dass Sie sehr vorsichtig argumentiert haben. Aber Sie meinten, wenn wir keinen Fehler mehr machen, haben wir gewonnen. Stimmt das?" Ich zögerte mit meiner Antwort, dann meinte ich: „Ja, das stimmt."

Ich war ein wenig über Stolpes klare Einschätzung überrascht, da ich vermeiden wollte, zu früh eine Entwarnung auszusprechen. Noch immer war die Lage äußerst dramatisch, und bei jeder Pressekonferenz betonte ich stets aufs Neue die große Gefahr, der wir nach wie vor ausgesetzt waren. Doch es war augenscheinlich, dass im gesamten Deichverlauf die kritischsten Situationen überwunden waren. Und die politischen Entscheidungsträger drängten nun verständlicherweise darauf, Erfolgsmeldungen zu verkünden.

Zwei Tage später erschien Minister Rühe. Zunächst besuchten wir Truppenteile am Deich, danach wurde eine gemeinsame Pressekonferenz anberaumt. Noch im Fahrzeug brachte ich den Verteidigungsminister auf den neuesten Stand und machte Andeutungen, dass mit einem baldigen Ende der Krisensituation zu rechnen sei. „Aber, Herr Minister", fügte ich hinzu, „seien Sie mit Ihren Aussagen bitte noch vorsichtig." Es sollte gerade einmal eine Stunde dauern, als der Minister seine Pressekonferenz mit den Worten begann: „Im Übrigen habe ich noch eine frohe Botschaft: General von Kirchbach berichtete mir gerade, dass wir das Schlimmste überstanden haben und alles gut gehen wird. Und ich kann mich nicht daran erinnern", fügte er mit einem Lächeln hinzu, „dass der General mir jemals etwas Falsches gesagt hätte."

Damit war die Nachricht in der Welt. Dabei war noch immer Vorsicht angeraten.

An unseren Aufgaben änderte sich zunächst nichts. Die Soldaten blieben weiter vor Ort, die Baumaßnahmen wurden fortgesetzt, die Kommandeure überwachten weiterhin alle relevanten Abschnitte. Erst mit der Entwarnung und Aufhebung des Katastrophenzustands durch die Landesregierung endete die heiße Phase des Einsatzes.

Im Rahmen eines Appells wurde der Verband, der an den Deichen zuletzt zum Einsatz gekommen war, verabschiedet. Dazu wurde ein Verband feierlich empfangen, der als Unterstützung beim Aufräumen angerückt war. Hier entstand auch ein Bild, das bald darauf in vielen Zeitungen erscheinen sollte: Ein Mädchen rannte quer über den Appellplatz und überreichte mir mit vielen Worten des Dankes sowie unter großem Beifall einen Blumenstrauß.

Der Restverband, der bei den Aufräumarbeiten helfen sollte, bestand aus etwa 500 Soldaten, die nun nach Abrücken meines Stabes vom Verteidigungsbezirkskommando in Frankfurt geführt wurden. Wir hatten uns früh mit dem Ministerium darauf verständigt, den gesamten Einsatz langsam auslaufen zu lassen, vorerst aber für die weitere Hilfeleistung vor Ort präsent zu bleiben. Mit Flugblättern informierten wir die Menschen in den Dörfern, dass man unsere Truppen jederzeit ansprechen könne, wenn man Hilfe benötigte. Davon wurde rege Gebrauch gemacht.

Für mich war der Einsatz jedoch auch nach der öffentlichen Verkündung ihres Abschlusses noch nicht zu Ende. Die Erholung zu Hause währte nur kurz – denn direkt am nächsten Tag erreichte mich ein Anruf des Ministerpräsidenten. Er wies mich darauf hin, dass es an einer Stelle eines Deichs noch Probleme gäbe. Da existiere eine Lücke, die jedoch mit einem Pionierpanzer geschlossen werden könnte. Es sei allerdings ratsam, dass Umweltminister und militärischer Einsatzleiter noch mal gemeinsam hinfahren würden, um ein Zeichen zu setzen. Wir sollten mit unserer Präsenz signalisieren, dass nun keine Gefahr mehr drohte und die Bevölkerung allmählich zur Normalität übergehen könne. Und so sollte es geschehen: Minister Platzeck und ich machten uns noch einmal gemeinsam auf den Weg.

Im Rampenlicht

Noch vor dem Abschluss des Einsatzes und dem Rückzug der Soldaten aus den Krisengebieten stürmten innerhalb kürzester Zeit Presseanfragen und Einladungen zu diversen Veranstaltungen sowie TV-Sendungen auf mich ein. Nachdem ich bereits in der Talkshow von

„Jürgen Fliege" aufgetreten war, besuchte ich „RTL aktuell" sowie verschiedene Sendungen des ZDF und der ARD. Schließlich landete ich bei „Musik für Millionen" mit Dieter Thomas Heck.

Eingeladen wurde ich zu dieser Sendung, weil in der Show Spenden für die Opfer der Oderbruch-Katastrophe gesammelt wurden. Dabei erhielt ich die Gelegenheit, ein paar weitere Leute mitzubringen. Ich griff auf einige Bundespolizisten, Piloten sowie Soldaten, die in Hohenwutzen für die Einweisung der Hubschrauber zuständig waren, zurück. Im Vorgespräch mit Heck fragte mich der Showmaster, ob ich im Feldanzug auftreten werde, was ich bejahte. Immerhin war ich der Ansicht, dass uns die Leute genau so kennen würden und es richtig wäre, in der Dienstkleidung zu erscheinen. Am Ende der Sendung sagte Heck die feierlichen Worte: „Die Bundeswehrsoldaten kamen im Tarnanzug, aber die Bundeswehr braucht keinen Tarnanzug. Sie kann sich sehen lassen." Jahre später, als ich Heck wiedertraf, konnte er sich an diese Moderation noch erinnern – für ihn war das die emotionalste Szene dieser Sendung.

Zweifellos bekam ich Einblicke in eine für mich völlig fremde, gar irritierende Welt. Ich machte Bekanntschaft mit Musikstars wie Lys Assia, Chris de Burgh oder Bernd Clüver, der von seiner Zeit als Obergefreiter erzählte. Nach dem Ende des offiziellen Empfangs im Anschluss der Sendung lud Heck uns Soldaten in sein Hotel ein, um einige Stunden mit den Künstlern zu verbringen. Wir saßen dort bis spät in die Nacht zusammen. Gegen halb drei Uhr nachts ging ich auf mein Zimmer.

An viel Schlaf war jedoch nicht zu denken, denn nur drei Stunden später musste ich mit dem Flugzeug weiter nach Bonn: Für neun Uhr war ein Vortrag vor dem Führungskreis des Heeres angesetzt. Der Adjutant hatte vorsorglich drei Wecker gestellt, sodass wir rechtzeitig den Flughafen erreichten. Übermüdet und mutmaßlich noch leicht alkoholisiert berichtete ich dem Führungskreis des Heeres über den Einsatz.

Der Inspekteur des Heeres, General Willmann, brachte danach seinen Respekt vor der Leistung der Soldaten zum Ausdruck und überreichte mir als Wertschätzung die „Goldene Uhr" des Heeres.

Für die Bundeswehr wurde mir auch die „Goldene Henne", ein im Osten bekannter und beliebter Medienpreis, verliehen. Wegen eines Flugunfalls bei der Bundeswehr konnte ich an der Veranstaltung jedoch nicht teilnehmen. Stattdessen wurde ich aus Neubrandenburg zugeschaltet und konnte am Fernsehgerät die Laudatio von Minister Platzeck verfolgen.

Es waren Tage, an denen ich immer wieder mit großer Dankbarkeit konfrontiert wurde – wie zum Beispiel einmal im Dom am Oderbruch, einer riesigen Kirche unweit der Oder. Dort fand eine Veranstaltung mit etwa 600 Gästen statt, das Gotteshaus war prall gefüllt. Als Gäste waren auch Ministerpräsident Stolpe und ich anwesend. Um vor Anbruch der Dunkelheit rechtzeitig meinen Hubschrauber zu erreichen, verabschiedete ich mich vorzeitig vom Ministerpräsidenten. Ich stand auf und ging zum Ausgang, als alle Gäste gleichzeitig aufstanden und mir geradezu frenetisch Beifall klatschten. Ähnliches vollzog sich auch bei einem Flughafenfest in Neuhardenberg. Als wäre Popsänger Robbie Williams erschienen, wurde ich nach meiner Landung von einer Traube von Menschen umringt, die sich auf Postkarten und Büstenhaltern Autogramme von mir geben lassen wollten. Besonders gerührt hatte mich jedoch die Begegnung mit einem jungen Mädchen, das mir während eines Spaziergangs an der Oder Monate später unvermittelt entgegenlief und eine Rose überreichte.

Die enorme Wertschätzung, die mir in jenen Tagen entgegenschlug, war mir zuweilen unangenehm, galt der Dank doch vor allem den knapp 30.000 Soldaten, die Tag und Nacht an den Deichen gearbeitet hatten. Doch wie so viele andere Katastrophen-Geschichten brauchte wohl auch diese einen Protagonisten, auf den sich Medien und Öffentlichkeit stürzen konnten. Und letztlich war ich der Einsatzverantwortliche, weil sich die Katastrophe in meinem Verantwortungsbereich ereignet hatte. Bei jedem Interview betonte ich, dass ich jede Anerkennung für mich zugleich als Anerkennung für alle beteiligten Helfer verstand.

Auch in Altreetz, dem bereits erwähnten Oderauer Ortsteil, wurde ich immer wieder gerne empfangen. Im dortigen Oderbruchzoo hatte die Bundeswehr bei der Evakuierung und Wiedereinrichtung tatkräftig mitgeholfen. Später machten wir dort bei einer Wanderung mit unserem Verteidigungsminister Rühe Rast.

Und in der Altreetzer Kirche, in der die Einweihung einer neuen Orgel feierlich begangen wurde, brandete Beifall auf, als ich den Kirchenraum betrat. Dabei war eine derart euphorische Begrüßung an diesem Ort nach den Vorkommnissen zuvor keineswegs eine Selbstverständlichkeit: Altreetz lag schließlich gerade in dem Bereich, der überschwemmt worden wäre, wenn wir nach einem möglichen Deichbruch an den Schlafdeichen hätten verteidigen müssen.

Eine weitere Dankesveranstaltung aus jener Zeit habe ich ebenfalls im Gedächtnis behalten. Sie fand ein knappes Jahr nach der Flut in

Ziltendorf statt, einer kleinen Gemeinde im Südosten Brandenburgs. Sie befand sich in einem Bereich, der als einziger zu einem Großteil von der Oder überschwemmt worden war. Das Dorf hatte eine Einladung an den Kanzler Kohl rausgeschickt – im Herbst, wenige Wochen vor der Bundestagswahl 1998, die das Ende von Kohls Kanzlerschaft bedeuten sollte. Zur allgemeinen Überraschung des Bürgermeisters von Ziltendorf traf bald darauf eine Zusage des Bundeskanzlers ein. Augenblicklich war klar, dass aus einer ursprünglich für bis zu 200 Gästen konzipierten Veranstaltung ein riesiges Event mit womöglich mehr als 1000 Leuten werden würde, inklusive Journalisten und Sicherheitspersonal. Man hatte den Beschluss gefasst, die Bundeswehr hierfür einzuschalten, um Hilfestellung bei der Vorbereitung und Durchführung zu leisten.

Ich hatte zunächst abgesagt, der Zeitpunkt für die Veranstaltung war schließlich denkbar ungünstig: Noch am Tag zuvor fand in Nijmegen ein abschließender, fünfzig Kilometer langer Marsch statt, und ich plante, am nächsten Morgen – zumal auch noch am Wochenende – verdientermaßen auszuschlafen. Doch daran war nicht zu denken.

Auf meine schriftliche Absage folgte unmittelbar darauf ein Anruf aus dem Kanzleramt, und die Botschaft war eindeutig: In Ziltendorf nicht zu erscheinen war nur eine theoretisch denkbare Option, und der Kanzler freue sich im Übrigen darauf, dass ich ihn bei seiner Landung empfangen würde. So stieg ich im Anschluss an meine 160 absolvierten Kilometer in einen Hubschrauber und flog von Nijmegen nach Eisenhüttenstadt, wo ich den stellvertretenden Inspekteur des Heeres über den Ablauf der Ereignisse unterrichtete. Nur mühsam konnte ich mich während des Gottesdienstes in Ziltendorf meiner Müdigkeit erwehren – doch offensichtlich erging es nicht nur mir so, wie sich bald herausstellen sollte.

Ich saß in der ersten Reihe direkt neben dem Kanzler, der sich mit kräftiger Stimme am Singen der Kirchenlieder beteiligte. Zuvor hatte er zufrieden feststellen dürfen, dass schöne alte Lieder gesungen werden sollten, „nicht dieser moderne Quatsch". Nach dem Gottesdienst trat zunächst der als Gast geladene polnische Woiwode ans Rednerpult und begann mit seiner Rede. Kohl war offensichtlich kein geduldiger Zuhörer langer Vorträge, und jener des Woiwoden wollte partout kein Ende nehmen.

Bald merkte ich, wie der Kanzler auf seinem Platz unruhig hin- und herrückte, bis er sich mir schließlich zuwandte und flüsterte: „Können wir den nicht einfach vom Pult ziehen?" Schmunzelnd antwortete ich ihm: „Ich glaube, Herr Bundeskanzler, darauf sollten wir besser verzichten, das könnte zu internationalen Verwicklungen führen."

Noch vor dem Abflug hatte der Bundeskanzler mit Minister Platzeck eine Wette um den Ausgang der bevorstehenden Bundestagswahl abgeschlossen – der Sieger würde eine Kiste Wein erhalten, hieß es. Die Wette sollte Platzeck gewinnen. Die Frage, ob es schließlich jemals zu einer Wetteinlösung kam, lässt sich bis heute nicht beantworten.

Einige Monate nach dem Odereinsatz erhielt ich einen Anruf des Verteidigungsministers. Helmut Schmidt, so Minister Rühe, habe ihn gebeten, über den Bundeswehreinsatz informiert zu werden. Ich solle dies übernehmen. So ließ ich mir einen Termin beim früheren Kanzler geben und fuhr mit den wichtigsten Unterlagen und begleitet von meinem Adjutanten nach Hamburg, um Schmidt in seinem Büro bei der „Zeit" aufzusuchen.

Der Altkanzler, Menthol-Zigaretten rauchend, zeigte sich vor allem an der zivil-militärischen Zusammenarbeit interessiert und fragte intensiv nach. Er wollte wissen, wie wir den Einsatz am Deich organisiert hatten, wie die Abstimmung mit der Landesregierung funktionierte und auf welche Weise die Landräte ihre Aufgaben erfüllten. Ich gab ihm nach bestem Wissen die erbetenen Auskünfte.

Dann geriet ich auf die Zuhörerbank, worüber ich sehr dankbar war. Schmidt erzählte und beschränkte sich dabei nicht auf Flut und Hochwasser. Ganz offen lobte oder kritisierte er auch die im Amt befindlichen Politiker. Auf Volker Rühe hielt er große Stücke. Er könnte Kanzler werden, so Schmidt, aber vorher wären noch einige Jahre als Finanzminister hilfreich. Es war interessant und spannend, aus dem Mund des Altkanzlers zu erfahren, wie sehr sich die beiden Hamburger ungeachtet ihrer unterschiedlichen Parteizugehörigkeit schätzten. Ich war von Dankbarkeit erfüllt, an jenem Nachmittag diesen bedeutenden Mann ganz nah und im Gespräch erleben zu dürfen.

Kommandoübernahme in Eggesin 1

Kommandoübernahme in Eggesin 2

Begegnung mit dem NVA-Divisionskommandeur

Bei der NVA in Dresden

Mit Kanzler Kohl an der Oder

Als Generalinspekteur in Bosnien-Herzegowina

Als Generalinspekteur im Kosovo

Gefeiert in Prizren

218

Ein umstrittenes Gelöbnis

Für das Jahr 1998 – und damit ein Jahr nach der Flut – war ein Gelöbnis geplant, das in Frankfurt (Oder) stattfinden sollte. Bundesminister Rühe wollte dort sprechen. Nach einem Anruf beim Oberbürgermeister folgte auch zunächst eine schnelle Zusage. Doch nur kurze Zeit später rief mich der Bürgermeister erneut an und teilte mir mit, der zuständige Ausschuss des Gemeinderats lehne die Gelöbnisfeier ab. „Herr Oberbürgermeister", sagte ich ihm am Telefon, „ich betrachte dies jetzt noch nicht als endgültige Antwort. Ich gebe Ihnen ein bisschen Bedenkzeit. Gerne bin ich auch bereit, nach Frankfurt zu kommen und mit dem Stadtrat darüber zu sprechen. Ich kann die Absage leicht aushalten. Aber ob Sie den öffentlichen Sturm
meistern können, das weiß ich nicht." Er schien unbeeindruckt. Nur wenige Tage später rief er mich an und bekräftigte die Absage seitens der Stadt Frankfurt (Oder).

So suchte ich nach einer kurzfristigen Alternative und wurde auf Empfehlung eines Landesministers fündig: Es wurde Wriezen im Landkreis Märkisch-Oderland. Wriezen bezeichnet sich selbst als Hauptstadt des Oderbruchs und gehört zu den größten Städten in diesem Radius.

Der Bürgermeister reagierte auf die Anfrage fast euphorisch. Ich fragte ihn, wann ich die Botschaft der Öffentlichkeit verkünden könne. Er antwortete: „Am Dienstag um achtzehn Uhr zwei." Ich fragte, warum genau zu dieser Zeit. Er meinte: „Um achtzehn Uhr beginnt die Stadtratssitzung. Das Thema Gelöbnis wird ein kurzer Tagesordnungspunkt sein, und ich gehe davon aus, dass wir das einstimmig beschließen werden." Ich erwiderte: „Dann empfehle ich, dass wir am Dienstagabend nochmals telefonieren und am Mittwoch die Entscheidung bekannt geben." Natürlich freute ich mich über die Schnelligkeit der Entscheidungsfindung, allerdings auch nicht ganz ohne Eigennutz: Auf mich wartete ein längerer Urlaubsaufenthalt, den ich möglichst bald antreten wollte.

Zugleich trat hinsichtlich des Vorschlages für Frankfurt (Oder) jener Fall ein, den ich bereits vermutet hatte: Die Presse griff das Thema auf, Oberbürgermeister und Stadtverwaltung gerieten unter enormen Druck. Ich vermied jegliche Kommentare, doch das Kind war schon längst in den Brunnen gefallen. Der Frankfurter Oberbürgermeister musste sich kritische Fragen anhören, vereinzelt wurde sogar sein Rücktritt gefordert.

Die nun plötzlich hektisch eingereichte Empfehlung, die Veranstaltung in Frankfurt (Oder) durchzuführen, lehnte ich ab. Ich bot jedoch einen Termin für das darauffolgende Jahr an.

Am Ende lösten sich die Irritationen auf. Das Gelöbnis auf dem Marktplatz in Wriezen gelang auf optimale Weise. Die Stadt hatte uns geholfen, wo sie nur konnte, der Marktplatz war voll, die Stimmung gut.

Im Jahr 1999 fand dann das Gelöbnis – wie zugesagt – in Frankfurt (Oder) statt, mit Rudolf Scharping als neuen Bundesminister der Verteidigung und mir als Generalinspekteur der Bundeswehr. Auch diese Veranstaltung nahm einen guten Verlauf.

2007 wurde ich anlässlich des zehnten Jahrestags der Oderkatastrophe vom neuen Oberbürgermeister nach Frankfurt (Oder) zu einer Stadtratssitzung eingeladen und durfte mich ins Goldene Buch der Stadt eintragen.

Rechtsradikalismus

Im Juli 1997 strahlte der Sender Sat.1 Videos aus, die von Schneeberger Soldaten in Hammelburg gedreht worden waren und menschenverachtende Szenen zeigten. Dabei ging es unter anderem um Scheinerschießungen oder eine simulierte Vergewaltigung. Dieses und einige andere Vorkommnisse – wie die Einladung eines bekannten Rechtsextremisten zu einem Vortrag an der Führungsakademie – veranlassten den Generalinspekteur General Bagger, eine Arbeitsgruppe einzusetzen. Sie sollte einen Maßnahmenkatalog entwickeln, mit dem wir präventiv tätig werden konnten. Der Generalinspekteur hatte mich mit der Leitung dieser Arbeitsgruppe beauftragt. In dieser Gruppe waren alle Teilstreitkräfte, also das Heer, die Luftwaffe, die Marine und der Sanitätsdienst, aber auch die zivilen Abteilungen des Ministeriums hochrangig vertreten. Wir gingen sehr systematisch vor und ließen uns zunächst vom Präsidenten des Bundesnachrichtendienstes und vom Präsidenten des MAD über die generelle Problemlage rund um das Thema Rechtsradikalismus unterrichten. Anschließend beschäftigten wir uns mit der Frage, wie man solche Ereignisse im Vorfeld verhindern konnte.

Etwa ein halbes Jahr später hatten wir ein umfangreiches Arbeitsprogramm auf den Weg gebracht. Das Programm führte zum einen zu einer Intensivierung der Personalüberprüfungen vor der Einstellung; zum anderen wurde ein besonderer Schwerpunkt auf die Ausbildung der Mannschaften, Offiziere und Unteroffiziere gelegt. Dazu gehörte auch die Verstärkung der politischen Bildung, die Vermittlung von Informationen über den Nationalsozialismus oder der Besuch von Ausstellungen und Konzentrationslagern. Die Aufsicht in den Unterkünften nach der Dienstzeit sollte verstärkt werden. Außerdem wurden vermehrt Gespräche mit Soldaten und Offizieren mit Migrationshintergrund geführt, deren Erfahrungen wir auswerteten.

Ich persönlich hatte auf einer Rundreise durch die Verbände meiner Division mit vielen Soldaten gesprochen, um selbst möglichst viele persönliche Eindrücke zu gewinnen. Schwerpunkt dieser Reise waren Verbände in Schleswig-Holstein. Infolge einer Strukturänderung war die Potsdamer Panzerbrigade 42 der 13. Panzergrenadierdivision in Leipzig unterstellt worden, meine Division führte stattdessen die Panzerbrigade 18 aus Neumünster. Brigadekommandeur dieser Brigade war ein alter Vertrauter, mein ehemaliger Chef des Stabes Brigadegeneral Trull. Zahlreiche andere Truppenteile wechselten durch Strukturänderungen die Unterstellung.

Meine Reise erregte Aufsehen. Die „Tagesthemen" der ARD berichteten ausführlich, obwohl ich meine intensiven Gespräche mit den Soldaten strikt ohne Journalisten führte. Das öffentliche Interesse hatte sich zusätzlich erhöht, als die Ergebnisse der Arbeitsgruppe „Rechtsextremismus" durch den Generalinspekteur vorgestellt worden waren.

Die meisten Soldaten beeindruckten mich durch ihre Offenheit, angesprochene Probleme erschienen lösbar. Besonders Soldaten mit Migrationshintergrund fühlten sich auf- und angenommen. Heute denke ich, dass wir auf dem richtigen Weg waren.

Insgesamt wurden viele der durch unsere Arbeitsgruppe vorgeschlagenen Maßnahmen konsequent umgesetzt und in der Truppe gut aufgenommen. Mit einer Maßnahme schossen wir jedoch über das Ziel hinaus: Wir dachten, es sei sinnvoll, die Sicherheitsüberprüfung im Abstand von einigen Jahren zu wiederholen. Dies wurde von den Inspekteuren allerdings als Dokumentation des Misstrauens angefochten und letztlich aus dem Katalog wieder gestrichen. Im Nachhinein konnte ich die Gegenwehr durchaus nachvollziehen. Schließlich war nicht einzusehen, warum Soldaten eine andere Behandlung widerfahren sollten als die vielen anderen, die im öffentlichen Dienst tätig waren. Mit Ausnahme dieser umstrittenen Regelung wurden alle Punkte des Programms übernommen und verabschiedet. Für mich war es vor allem eine positive Erfahrung, immerhin hatte ich ein gutes und ausschließlich erfolgsorientiertes Zusammenspiel aller beteiligten Abteilungen im Ministerium erleben dürfen.

Inwiefern das Programm tatsächlich erfolgreich war, ließ sich nur schwer anhand von Zahlen bemessen. Ohne Frage war uns allen klar, dass die Bundeswehr auch in Zukunft nicht von „Ausreißern" verschont bleiben würde, die den Ruf der deutschen Streitkräfte beschädigen könnten. Dieses Wissen befreit jedoch – bis heute! – keineswegs von der Verpflichtung, identifizierten Missständen präventiv zu begegnen und wachsam zu bleiben.

Im Zusammenhang mit diesen Vorkommnissen war es auch zu einigen fragwürdigen Personalentscheidungen gekommen. Wie viele andere habe ich dies bedauert. Insbesondere die vorzeitige Versetzung des Leipziger Divisionskommandeurs, meines Freundes Michael von Scotti, bewegte mich und viele seiner Weggefährten. Mit der Teilnahme an seiner Verabschiedung versuchten wir, ein sichtbares Zeichen zu setzen.

Die Strategie, systematisch Wege zu suchen, mit denen man sich mit solchen Ereignissen vorbeugend auseinandersetzen konnte, schien der deutlich bessere zu sein, und ich war dankbar, daran mitwirken zu dürfen.

Noch vor dem Ende meiner Zeit als Divisionskommandeur, die mit dreieinhalb Jahren solange dauerte wie ansonsten keine meiner Verwendungen, gab es mich selbst betreffend eine neue Entwicklung: Zunächst war ich im Spätherbst im Anschluss einer Personalkonferenz informiert worden, dass ich am 1. April 1998 General Spiering als Kommandierender General des IV. Korps in Potsdam folgen sollte.

Diese neue Perspektive war für mich aus mehreren Gründen äußerst attraktiv: Zum einen sollte mir mit dem IV. Korps in Potsdam ein geografischer Bereich anvertraut werden, den ich bereits aus früheren Tagen sehr gut kannte. Zum anderen wartete ein Kommandobereich, der sich im Vergleich zu meiner Zeit als Kommandeur der 14. Panzergrenadierdivision noch weitläufiger vom Osten bis in den Westen der Republik erstrecken würde. Und nicht zuletzt war ich mit vielen verantwortlichen Menschen in Potsdam bestens vernetzt. Ich wurde zudem als Nachfolger eines Kommandierenden Generals benannt, mit dem ich befreundet war – ungeachtet dessen, dass wir hin und wieder unterschiedliche Auffassungen von Führung vertraten.

Die Voraussetzungen für eine Übernahme dieser neuen Aufgabe hätten insofern kaum günstiger sein können. Zunächst galt es jedoch, in Potsdam eine Wohnung zu finden, wobei mich das Finanzministerium des Landes Brandenburg unterstützte und mir die Besichtigung mehrerer Wohnungen ermöglichte.

Matthias Platzeck, zu jenem Zeitpunkt Oberbürgermeister, lud mich für ein Wochenende zu sich ein und zeigte mir „sein" Potsdam. Von Anfang an fühlte ich mich in der brandenburgischen Hauptstadt äußerst wohl.

Schließlich entschied ich mich für eine Wohnung in der Weinbergstraße unweit des Parks Sanssouci, und noch vor dem Versetzungstermin zog ich in diese Wohnung ein. Die letzten Tage meines Dienstes in Neubrandenburg verbrachte ich in einer Offiziersunterkunft.

Im Februar 1998 sollte jedoch eine Entwicklung eintreten, mit der ich überhaupt nicht gerechnet hatte. Und sie war insofern überraschend, weil ich die Entscheidung, mir die Führung des IV. Korps anzuvertrauen, als ein wunderbares Ende meiner Laufbahn ansah – und auf keinen Fall ahnte, dass sich noch mal alles ändern würde. Doch genau das war der Fall, es sollte sich alles ändern – inmitten meines Urlaubs im Allgäu bei meinen Eltern, wo ich mich zum Skifahren aufhielt.

Es war ein Freitagvormittag, an dem mich der Adjutant von Bundesminister Rühe anrief. Der Minister wolle in einer dringenden Angelegenheit mit mir sprechen, ich müsse hierfür meinen Urlaub unterbrechen und nach Bonn kommen. Für Montag war ein Termin beim Minister angesetzt. Auf meine Rückfrage hin deutete er an, dass es um meine Person gehen könnte.

Am Sonntag, einen Tag vor dem festgesetzten Termin, fuhr ich von Obermaiselstein in meine Eifelwohnung. Am nächsten Tag meldete ich mich schließlich bei Minister Rühe. Der Minister kam direkt zur Sache und teilte mir mit, ich sei ein aussichtsreicher Kandidat, im April 1999 Generalinspekteur der Bundeswehr und damit Nachfolger von General Bagger, der altersgemäß in den Ruhestand treten sollte, zu werden.

Ich war nun doch überrascht. Immerhin fehlten mir Erfahrungen, vor allem auf dem militärpolitischen Gebiet, was ich dem Minister recht offen mitteilte. Ihm sei dies durchaus bewusst, meinte der Minister daraufhin. Die fehlenden Erfahrungen auf militärpolitischer Ebene müsse ich in der Praxis erwerben. Im Übrigen, fügte Rühe hinzu, gäbe es für diese Verwendung vermutlich keinen einzigen General, der nicht in einem der zu bewältigenden Aufgabengebiete über

Erfahrungsdefizite verfügen würde. Doch diese könne man beheben. Vor allem jedoch wolle er die Position bewusst mit einem General besetzen, dessen Nähe zur Truppe allgemein bekannt sei.

Abschließend fragte er mich, ob er mit meiner Zustimmung rechnen dürfe, sollte er sich für mich entscheiden. Ich zögerte nicht mit meiner positiven Antwort. Daraufhin erklärte der Minister, dass ich innerhalb der nächsten drei Monate, also bis April, mit der Bekanntgabe seiner Entscheidung rechnen könne. Er würde mich zuvor noch einmal anrufen.

Schon zwei Tage später – ich hatte meinen Urlaub immer noch nicht beendet – erhielt ich von Rühe erneut einen Anruf, in dem er mir mitteilte, er wolle gleich am nächsten Tag im Rahmen einer Pressemitteilung meine Berufung zum Generalinspekteur bekannt geben. Ob er weiterhin mit meiner Zustimmung rechnen könne? Ich war vollkommen verdutzt, bejahte die Frage jedoch. Daraufhin bat ich den Minister vor der öffentlichen Bekanntgabe die militärische Führung und vor allem den amtierenden Generalinspekteur über diese Entscheidung zu informieren. Das geschah auch und war vermutlich ohnehin vorgesehen. Mir lag besonders am Herzen, dass die Generale durch die Bekanntgabe nicht überrascht werden sollten.

Am Schluss des Gesprächs fragte ich den Minister, was ihn denn zu solch einer schnellen Entscheidungsfindung und Bekanntgabe veranlasst hätte. Darauf antwortete Rühe, dass die Presse bereits sehr intensiv recherchiert habe und er gezwungen sei, schnell zu handeln, um aufkommenden Gerüchten und Mutmaßungen in den Medien vorwegzugreifen und das Gesetz des Handelns selbst zu bestimmen.

Am Abend war der „Tagesschau" die Berufung eine ausführliche Meldung wert. Ich verfolgte die Nachrichten gemeinsam mit meinen Eltern in deren Wohnung im Allgäu.

Neben vieler positiven Reaktionen gab es vereinzelt auch Kritik an der Entscheidung. So mutmaßten einige Presseorgane, der Verteidigungsminister nutze die Popularität eines Generals aus, um die Frage rund um die Besetzung dieses Postens möglichst schnell vom Tisch zu haben. Auch auf meine mangelnde Erfahrung im internationalen Bereich wurde verwiesen. Kritisiert wurde zudem der Zeitpunkt der Bekanntgabe – immerhin fand wenige Monate später die nächste Bundestagswahl statt.

Der spätere Bundesminister Scharping signalisierte mir bei einem Gespräch anlässlich eines Empfangs, dass er weniger mit meiner Wahl als vielmehr mit dem Zeitpunkt der Entscheidung ein Problem

224

hätte. Ich selbst wurde nun immer wieder von der Presse mit Interviewanfragen bombardiert, lehnte allerdings jegliche Stellungnahme zu meiner Wahl oder zu aktuellen Themen ab, die nicht meinen augenblicklichen Verantwortungsbereich betrafen.

Ich hatte schließlich genug zu tun.

Unter diesen Vorzeichen fand die Kommandoübergabe in Neubrandenburg statt. Zu meiner Verabschiedung hielt der Ministerpräsident Dr. Berndt Seite eine sehr wohlwollende Rede. Nur kurz nach dem offiziellen Teil der Verabschiedung musste ich weiter: Noch am Abend des Abschieds von meiner Division flog ich – von Hauptmann Rudolph begleitet – nach Wiesbaden, um dort einen Vortrag zum Thema „Change Management" zu halten.

Von Wiesbaden ging es am nächsten Morgen weiter nach Potsdam, wo ich vom Kommando empfangen wurde und einige Tage später die Kommandoübergabe an mich als neuen Kommandierenden General sowie die Verabschiedung von General Spiering stattfand. Ministerpräsident Stolpe verabschiedete meinen Vorgänger und hieß mich in Potsdam willkommen. Zahlreiche Mitglieder meiner Familie waren dabei anwesend. Einige Tage später wurde ich zum Generalleutnant befördert.

April 1998: Kommandierender General in Potsdam

Mein neuer Verantwortungsbereich, den ich mit Dienstantritt im April 1998 als Kommandierender General und Generalleutnant hatte, war deutlich größer geworden. Mir unterstanden zwei Divisionen, die Leipziger 13. und die Neubrandenburger 14. Panzergrenadierdivision sowie das Wehrbereichskommando I „Küste" in Kiel. Dazu unterstand mir auch das Standortkommando Berlin mit dem unterstellten Jägerbataillon 1.

Ich traf in Potsdam auf einen hervorragenden Stab. Stellvertretender Kommandierender General war zunächst Generalmajor Ulrich, ihm folgten Generalmajor Dr. Olshausen, ausgezeichnete Offiziere und gute Kameraden.

An jedem Morgen, den ich in Potsdam war, begannen wir mit einer kurzen Morgenlage, stimmten uns ab und informierten uns gegenseitig.

Chef des Stabes war Brigadegeneral Budde, der später zum Inspekteur des Heeres aufsteigen sollte und mit dem mich bis heute eine Freundschaft verbindet. Als Adjutant unterstützte mich Hauptmann von Butler, ein ungemein fähiger junger Offizier, der eine hervorragende Laufbahn vor sich hatte.

Nur kurz nach der Amtsübernahme stand eine große Übung bevor. Das Korps war mit der 13. und 14. Division als übende Stäbe beteiligt. Außerdem waren uns polnische und dänische Verbände unterstellt, die mit Rahmenleitungsgruppen teilnahmen. Die Übung wurde vom NATO-Korpsstab LANDJUT in Rendsburg geleitet, der Keimzelle für das spätere multinationale Korps in Stettin, und sie war Teil einer Serie, in der sich das Korps LANDJUT und das IV. Korps als Übungs- und Leitungsstäbe jeweils abwechselten.

Da die gesamte Übung als Stabsrahmenübung computergestützt ablief, waren keine Gefechtsfahrzeuge im Einsatz. Es war jedoch eine operativ komplizierte Lage zu bewältigen, die uns alle vor große Herausforderungen stellte. Erstmalig wurde bei dieser Übung – lange vor der konkreten Einführung des Waffensystems – ein mit dem Kampfhubschrauber Tiger ausgerüsteter Verband in das Übungsgeschehen einbezogen. Wir erfuhren sehr viel positive Resonanz aus der Heeresführung, und es half dabei, die Zusammenarbeit mit den polnischen und dänischen Verbänden weiter zu vertiefen. Auch im Hinblick auf das Ziel, Polen auf dem Weg in die NATO militärisch zu begleiten, war die Übung von großem Wert.

Im Zuge dieser vertieften militärischen Zusammenarbeit erhielt ich eine Einladung zu einem Besuch des Militärbezirks Schlesien. Dieser Besuch war von unseren polnischen Gastgebern sehr aufmerksam vorbereitet worden: Wir besuchten Truppen bei der Ausbildung und bei Gefechtsübungen. Gleichzeitig gaben uns unsere Gastgeber die Gelegenheit, mehrere frühere deutsche Städte in Schlesien zu besichtigen, beispielsweise Schweidnitz und Breslau. Zu den emotionalen Höhepunkten gehörte für mich persönlich der Besuch der Heiligkreuz-Kirche in Hirschberg, der ehemaligen evangelischen Gnadenkirche, in der ich vor über fünfzig Jahren getauft worden war. Nun stand ich gut ein halbes Jahrhundert später wieder neben dem Taufstein und hörte aus dem Mund eines katholischen Priesters von der Geschichte jener Kirche, die ich später noch öfter aufsuchen sollte. Es war schon bemerkenswert, dass unsere polnischen Gastgeber uns an diese Orte geführt haben.

Bei dieser Gelegenheit versuchte ich mit einem alten Stadtplan in Hirschberg die frühere Wohnung meiner Eltern zu finden – jedoch leider ohne Erfolg.

Auch in meiner neuen Position behielt ich bewährte Methoden konsequent bei, zum Beispiel meine Art der Dienstaufsicht, die ich wahlweise mit geringer oder komplett ohne jede Vorwarnzeit absolvierte. Dabei konzentrierte ich mich im Wesentlichen auf die Truppenteile der 13. Panzergrenadierdivision und der Korpstruppen, die ich aus meiner Vorverwendung als Divisionskommandeur noch nicht kannte. Stets ging es mir darum, einen authentischen Blick auf die tägliche Arbeit der Truppe zu erhalten. Leben mit der Truppe als Teil derselben, so habe ich meine Dienstaufsicht immer aufgefasst. Anleitung und Hilfe, wo es möglich war, Korrektur, wo es notwendig wurde – all dies war natürlich eingeschlossen.

Schon bald war jedoch absehbar, dass die Ausbildung verschiedener Verbände auf einen möglichen Einsatz im Kosovo ausgerichtet sein würde.

Kosovo Teil 1

Im Kosovo hatte sich inzwischen eine explosive Lage entwickelt, die auch mein dienstliches Leben bis zum Eintritt in den Ruhestand weitgehend bestimmen sollte.

Serbische Kräfte begannen Anfang 1998 mit einer systematischen Drangsalierung und Vertreibung der albanischen Bevölkerung aus dem Kosovo. Die Lage führte zu einer Beratung im Weltsicherheitsrat, der in der Resolution 1199 vom 23. September 1998 den „exzessiven Gebrauch von Gewalt" durch serbische Sicherheitskräfte verurteilte, ihn als Bedrohung des Friedens bezeichnete und die serbische Führung aufforderte, die Vertreibungen zu beenden. Zugleich wurde allerdings auch die Führung der Kosovo-Albaner aufgefordert, alle terroristischen Handlungen zu unterlassen und die Ziele ausschließlich mit friedlichen Mitteln zu verfolgen.

Die NATO drohte als Konsequenz dieser Resolution Luftangriffe an und ermächtigte den Generalsekretär zu militärischen Aktionen gegen Jugoslawien (Activation Order vom 1. Oktober 1998). Zu dieser Zeit waren bereits über 300.000 Kosovo-Albaner auf der Flucht. Diese Zahl schwoll bis Juni 2000 auf über eine Million an.

Durch Diplomatie und militärischen Druck wurde Ende Oktober die serbische Führung dazu bewegt, einem Waffenstillstand zuzustimmen, der UNO-Resolution Folge zu leisten und den Abzug schwerer Waffen sowie eines großen Teils der paramilitärischen Polizeikräfte in die Wege zu leiten. Die Flüchtlinge sollten nun zurückkehren können und die Vereinbarung durch bis zu 2000 unbewaffnete Beobachter der OSZE überwacht werden, die Zug um Zug stationiert wurden. Zur Sicherheit der Beobachter wurde eine etwa 2000 Soldaten umfassende sogenannte Extraction-Force unter französischer Führung aufgestellt und im angrenzenden Mazedonien stationiert. Hieran sollte sich auch Deutschland beteiligen. Das Abkommen wurde aus der Luft über jugoslawischem Boden mit unbewaffneten Flugzeugen oder Drohnen überwacht. Deutschland beteiligte sich ebenfalls an dieser Überwachung mit einer Drohnenbatterie, die – wie die Kräfte der Extraction Force – in Tetovo (Mazedonien) stationiert wurde. Ungeachtet des Abkommens flammten die Kämpfe im Januar 1999 wieder auf, die Vertreibung ging weiter, die Kräfte des jugoslawischen Kosovo-Korps wurden erneut verstärkt. Flüchtlinge überschwemmten Mazedonien und Albanien. Unter ungeklärten Umständen wurden am 16. Januar in dem Dorf Račak vierzig Kosovo-Albaner getötet.

Am 19. Januar führte ein Besuch der höchsten Militärs des Bündnisses, General Clark und General Naumann, beim serbischen Staatsführer Milošević nicht zum Erfolg. Der Besuch war gedacht als letzte deutliche Warnung des Staatschefs vor konkreten militärischen Maßnahmen. Am 30. Januar ermächtigte der NATO-Rat den Generalsekretär, begrenzte Luftschläge gegen Jugoslawien anzuordnen. Am 6. Februar begannen unter Vermittlung der NATO noch einmal Friedensgespräche in Rambouillet. Erneut wurde verhandelt. Aber auch diese Verhandlungen in Rambouillet waren erfolglos. Während die Vertreter der Kosovo-Albaner das Ergebnis akzeptierten, wurde es von der jugoslawischen Delegation abgelehnt, vor allem dessen militärische Bestandteile. Vorgesehen war eine weitgehende Autonomie des Kosovo im Rahmen des jugoslawischen Staatenverbundes, die Entwaffnung der UÇK, die Stationierung einer Friedenstruppe im Kosovo unter Nutzung der Infrastruktur in Jugoslawien sowie die Logistik dieser Truppe ebenfalls über jugoslawisches Hoheitsgebiet.

Schon während dieser Verhandlungen eskalierte die Gewalt wiederholt und in verstärktem Maße. Am 20. März wurden schließlich die OSZE-Beobachter abgezogen. Letzte Versuche des US-Unterhändlers Richard Holbrooke am 22. und 23. März, die Serben zum Einlenken zu bewegen, scheiterten. Am 24. März begann die NATO mit Luftangriffen.

Während die beschriebenen diplomatischen Anstrengungen liefen, wurden die militärischen Planungen intensiv fortgeführt. Mit diesen Planungen wurden mehrere strategische Ziele gleichzeitig verfolgt: Die Luftoperation musste so vorbereitet werden, dass eine Eskalation möglich war und das politische Ziel, die serbische Staatsführung zum Einlenken zu bewegen, auf schnellstem Wege erreicht werden konnte. Dazu musste eine Destabilisierung der Nachbarländer Mazedonien und Albanien verhindert werden. Darüber hinaus war es erforderlich, sich um die zahlreichen Flüchtlinge zu kümmern, was auch für die Streitkräfte eine enorme Herausforderung darstellte. Ein Kräfteaufwuchs der Landstreitkräfte musste eingeleitet werden, um für den Fall eines Einlenkens Serbiens schnell reaktionsfähig zu sein. Dies bedeutete, dass die Kräfte der Extraction Force in kürzester Zeit von 2000 auf etwa 30.000 Soldaten verstärkt werden mussten, und das mit einer Kampfkraft, die für einen Einmarsch mit Zustimmung Jugoslawiens sowie die folgenden Aufträge ausreichen sollte.

Besonders wichtig war es auch, die eigenen Kräfte in Mazedonien und Albanien, aber ebenso in Bosnien-Herzegowina zu schützen. Im Hintergrund schwang bald die Frage mit, was denn geschehen könnte oder zu planen sei, falls die Luftoperationen nicht zum Erfolg führen sollten. Diskutiert wurde dieses Szenario jedoch intensiv erst ab Mai. Beim NATO-Gipfel in Washington am 23./24. April, an dem ich schon als Generalinspekteur teilnahm, wurde das Thema des Einsatzes von Landstreitkräften in den offiziellen Sitzungen noch weitgehend ausgespart. Allen war aber klar, dass die NATO diese Auseinandersetzung nicht verlieren durfte.

Dies alles verfolgte ich intensiv von Potsdam aus. Hierfür wurde ich auch mehrfach von General Bagger, dem amtierenden Generalinspekteur, in die militärischen Planungen des Bündnisses und der Bundeswehr eingewiesen. Eigene Verantwortung hatte ich noch nicht, musste jedoch darauf eingestellt sein, ohne weitere Vorbereitung die anstehenden Aufgaben des Generalinspekteurs übernehmen zu können.

Gleichzeitig mussten wir darauf achten, dass die vom IV. Korps für die Extraction Force vorgesehenen Kräfte gut ausgebildet und vorbereitet in den Einsatz gehen konnten.

Routine

Ungeachtet der aktuellen Überlegungen zum Kosovo ging die Routine weiter. So gab es Anfang 1999 eine weitere Große Übung, geleitet vom Inspekteur des Heeres mit umfassender internationaler Beteiligung, an der ich als Kommandierender General mitwirkte.

Eine willkommene Auflockerung war eine Einladung des Superintendenten Werner Krätschell, der nun unserem Kommando zugeordnet war. Gemeinsam unternahmen wir eine Fahrt quer durch Brandenburg und begaben uns auf Fontanes Spuren. Diese Reise vertiefte unsere Zuneigung zu diesem Bundesland um ein großes Stück weiter. Krätschell war zunächst Beauftragter der EKD für die Militärseelsorge in den neuen Bundesländern. Zuvor arbeitete er als Superintendent in Pankow und genoss hohe Anerkennung in der evangelischen Kirche auch wegen seiner Rolle während der Friedlichen Revolution 1989/1990.

Jener Krätschell war es auch, der mir die Chance eröffnete, zu einem Rundgespräch mit der bekannten Schriftstellerin Christa Wolf zusammenzutreffen. Mit ihr und anderen Gesprächsteilnehmern diskutierten Oberstleutnant i. G. Hartmann aus der G1-Abteilung unseres Korps über Fragen der Bundeswehr und der Friedenssicherung. Die Auffassungen blieben unterschiedlich, aber wir sprachen mit gegenseitigem Respekt miteinander.

In diesem Jahr meiner Potsdamer Dienstzeit war für mich besonders entscheidend, dass ich gegenüber dem Korps glaubwürdig war und die wichtige Aufgabe des Kommandierenden Generals ohne Abstriche erfüllte, wie das Korps es erwarten durfte. Vor allem wollte ich vermeiden, zu früh allzu viele Gedanken darin zu investieren, was mir bald bevorstehen sollte.

Neben Dienstaufsicht, Übungen, Kommandeurbesprechungen und Führungskreisen bestimmten viele weitere Aufgaben das Geschehen.

Eine wichtige Tradition war das Gedenken an den Wehrmachtsoffizier und Widerstandskämpfer Henning von Tresckow, dem Namensgeber unserer Kaserne. Er galt als Herz und Seele des Widerstands gegen Hitler und verübte den Freitod, nachdem das Attentat am 20. Juli 1944 gescheitert war.

Dieses jährliche Gedenken war schon vom ersten Kommandierenden General von Scheven ins Leben gerufen und von General Spiering fortgesetzt worden. Jedes Jahr luden wir um den 20. Juli herum Angehörige der Familie von Tresckow, Angehörige weiterer Widerstandskämpfer, hochrangige Militärs und Vertreter der Zivilgesellschaft in unser Kommando ein. Es gab eine Andacht, eine Grundsatzrede, eine Kranzniederlegung sowie einen Empfang.

Henning von Tresckow hatte im Potsdamer Infanterieregiment 9 gedient und wichtige Stationen seines Lebens hier verbracht. Es war ein bedeutendes Zeichen, die Kaserne nach ihm zu benennen und seiner in Anwesenheit der Angehörigen regelmäßig zu gedenken.

Im Jahre 1998 hatten wir die Freude, Ewald von Kleist empfangen zu dürfen, der selbst zu den letzten noch lebenden Widerstandskämpfern gehörte. Er hatte am 20. Juli 1944 ein Pistolenattentat auf Hitler geplant. Durch eine Änderung seiner Zeitplanung konnte der Diktator dem Attentat knapp entkommen. Von Kleist, der auch durch seine Leitung der Münchner Sicherheitskonferenz bekannt war, hielt eine bewegende und äußerst emotionale Rede. Keiner sei ein Übermensch, bemerkte er in seinem Vortrag, auch die Verschwörer machten Fehler. Aber, so von Kleists entscheidende Frage: „Kann jemand mehr geben als sein Leben?"

Das IV. Korps war ebenfalls zuständig für die Vorbereitung von feierlichen Gelöbnissen, soweit sie in einem großen Rahmen in Berlin durchgeführt wurden. Der Veranstaltungsort wechselte, bis Minister Scharping im Jahr 1999 den Bendlerblock – auch im Gedenken an den militärischen Widerstand und die dort hingerichteten Widerstandskämpfer – als dauerhafte Gelöbnisstätte festlegte.

Zwei von jenen Gelöbnissen mussten unter meiner Verantwortung vorbereitet werden: eines während meiner Zeit als Divisionskommandeur am Charlottenburger Schloss mit dem ehemaligen Bundespräsidenten Roman Herzog als Redner sowie ein weiteres am Roten Rathaus, als ich Kommandierender General war. Beide Veranstaltungen fanden unter äußerst schwierigen Rahmenbedingungen statt, weil sie von erheblichen Protestkundgebungen begleitet wurden. Zutritt hatten nur geladene Gäste. Zu beiden Veranstaltungen waren Kundgebungen gegen das Gelöbnis angekündigt.

Im Zusammenhang mit dem Gelöbnis am Charlottenburger Schloss 1996 hatte das Gericht eine Protestkundgebung der Gelöbnisgegner nur etwa 500 Meter vom Gelöbnisplatz entfernt genehmigt. Der Ort des Gelöbnisses selbst durfte von den Demonstranten nicht betreten werden. Es blieb allerdings nicht bei akustischen Störungen: Viele Demonstranten ignorierten die bestehenden Auflagen und stießen in den Raum des Gelöbnisses vor. Die Berliner Polizei hatte alle Hände voll damit zu tun, sie vom Ort des Geschehens fernzuhalten. Die Lage verschärfte sich zusätzlich, als Feuerwerkskörper entzündet wurden. Ich stand mit dem Leiter des Polizeieinsatzes in der Nähe der Tribüne. Dabei gab es durchaus ernsthafte Überlegungen, die Veranstaltung abzubrechen. Die Polizei bekam die Lage jedoch gut in den Griff, und die Rede des Bundespräsidenten Herzog wurde durch keine weiteren Zwischenfälle gestört.

Dass das Gelöbnis einigermaßen glimpflich über die Bühne ging, war auch der Lautsprecheranlage zu verdanken, die ich im Vorfeld beim Staatssekretär beantragt hatte. Angesichts der Mehrkosten stockte ihm zunächst fast der Atem, aber ich bekam die Technik bewilligt. So waren sowohl die Musik als auch die Rede des Bundespräsidenten trotz des Lärms der Demonstranten gut zu verstehen. Entsprechend wählte der Bundespräsident kritische Worte zum Abschluss seiner Rede, besonders in Richtung der Demonstranten – und nicht ohne den ihm eigenen, gelegentlich etwas flapsigen Humor: „Meine Oma hat schon gesagt: Wer schreit, hat meistens unrecht."

Die Rekruten feierten anschließend mit ihren Eltern und Gästen in der Julius-Leber-Kaserne. Ich schloss mich den jungen Leuten an und erlebte einen schönen Abschluss eines aufregenden Tages.

Zwei Jahre später, beim Gelöbnis am Roten Rathaus, gab es ebenfalls eine von verschiedenen Gruppen in unmittelbarer Nähe des Veranstaltungsorts organisierte Protestkundgebung. Hauptredner war diesmal Bundesminister Volker Rühe. Er hielt eine beachtliche Rede und würdigte den Dienst der jungen Rekruten mit angemessenen Worten.

Wenig entfernt vom Roten Rathaus fand parallel die angekündigte Gegenveranstaltung statt. So war das Gelöbnis zwar im öffentlichen Raum gut abgesichert, teilnehmen konnten aber dennoch nur geladene Gäste.

Ich hielt und halte es heute noch für richtig, solche Veranstaltungen durchzuführen: Die Bundeswehr sollte den Anspruch, im öffentlichen Raum aufzutreten, nicht aufgeben.

Hauptredner bei der Protestkundgebung war Jürgen Trittin. An jenem Tag hätte ich mir den späteren Umweltminister aufgrund seines eifernden und kaum staatsmännischen Auftretens nicht als zukünftiges Regierungsmitglied vorstellen mögen.

Ein weiteres Gelöbnis, das zu einem späteren Zeitpunkt stattfand, möchte ich erwähnen. Nach seiner Amtsübernahme entschied Bundesminister Scharping, ein feierliches Rekrutengelöbnis auf einem Platz beim Berliner Bendlerblock durchzuführen. Im Bendlerblock hatte Stauffenberg gedient. Dort waren er und andere Mitverschwörer erschossen worden und dort war die Gedenkstätte Deutscher Widerstand errichtet worden. Die Bundeswehr stellte sich in die Tradition dieser Widerstandskämpfer, sodass dieses Gelöbnis auch ein wichtiges Zeichen nach außen strahlte.

Am 55. Jahrestag des Attentats, am 20. Juli 1999, fand nun das erste Gelöbnis an diesem geschichtsträchtigen Ort statt. Redner war Bundeskanzler Gerhard Schröder, den ich zu diesem Anlass begleiten durfte. Von fern waren die Rufe einiger Störer zu hören. Einigen spärlich bekleideten jungen Leuten gelang es für kurze Zeit, auf den Appellplatz vorzudringen, doch der Bundeskanzler imponierte nicht nur mit seiner Rede, sondern auch mit seiner Gelassenheit.

Rückblende: Die Bundestagswahl im September 1998 brachte eine Mehrheit für ein rot-grünes Regierungsbündnis. Mit einem Wahlsieg der SPD war zu rechnen gewesen, die Deutlichkeit aber überraschte. Gerhard Schröder wurde Bundeskanzler, Joschka Fischer Außenminister. Neuer Verteidigungsminister wurde (nach einigen Diskussionen und Verwerfungen in der SPD) der bisherige Fraktionsvorsitzende Rudolf Scharping.

So stellte sich auch für mich die Frage, wie es mit mir in einem halben Jahr weitergehen sollte. Noch Monate zuvor war ich unter anderen Umständen sowie von einer anderen Regierung für die Verwendung des Generalinspekteurs berufen worden. Für die neue Regierung wäre es sicher kein Problem gewesen, die Stelle des Generalinspekteurs neu zu besetzen.

Bereits vor der Wahl wurde ich bei einer Veranstaltung der SPD mit Kommandeuren der Bundeswehr vom Bundestagsabgeordneten Manfred Opel (vor seiner Wahl in den Bundestag Brigadegeneral der Luftwaffe) dem damaligen Fraktionsvorsitzenden Scharping persönlich vorgestellt. Er, Scharping, hätte gegen die Entscheidung nichts einzuwenden und somit auch keine Vorbehalte. Seine Bedenken beträfen – wie bereits geschildert – lediglich den Zeitpunkt der Auswahl und Bekanntgabe.

Nach der Ernennung zum Verteidigungsminister lud mich Scharping zu einem Gespräch in sein Büro ein. Es verlief freundlich und sachlich. Scharping bekräftigte, auch zukünftig an der Wehrpflicht festhalten zu wollen – für mich war diese Aussage eine wichtige Grundlage für eine künftige Zusammenarbeit.

Dabei waren in mir schon einige Zeit davor die Zweifel gewachsen. Angesichts der Unklarheit, wie der neue Verteidigungsminister meiner zukünftigen Aufgabe entgegensähe, überlegte ich, einen Brief zu verfassen. In diesem wollte ich deutlich machen, dass die neue Regierung sich frei fühlen solle, die Stelle anders zu besetzen. Nach dem Gespräch mit dem Minister sah ich jedoch keine Veranlassung mehr, diesen Brief abzusenden. Ich hatte den Eindruck gewonnen, dass eine gute Zusammenarbeit möglich sei. Heute denke ich anders darüber: Scharping hätte den Brief erhalten sollen.

So wurde General Bagger in Hamburg mit einer würdigen Veranstaltung und dem Großen Zapfenstreich in den Ruhestand verabschiedet.

Kurze Zeit später wurde ich im Rahmen einer kleinen Zeremonie, in Anwesenheit der politischen Leitung und militärischen Führung im Bonner Verteidigungsministerium, vom Minister in mein Amt eingeführt und gleichzeitig zum General befördert.

Generalinspekteur

Dann trat ich mein neues Amt an. Stellvertreter des Generalinspekteurs war Vizeadmiral Hans Frank (später Generalleutnant Hartmut Moede), Chef des Stabes des Führungsstabes der Streitkräfte Generalmajor Moede (später Konteradmiral Jörg Auer). Dies war auch der Kreis, der sich regelmäßig zur Lagebesprechung traf. Ich wurde unterstützt von einer Adjutantur mit Oberst Bentler (Heer, später Oberst Meyers), Oberstleutnant Haumann (Luftwaffe, später Oberstleutnant Gäbelein) und Fregattenkapitän Luther (Marine). Pressesprecher war Oberfeldarzt Dr. Trapp.

Die Zusammenarbeit verlief professionell, wir verstanden uns auch persönlich gut.

Die Inspekteure, mit denen ich zusammenarbeitete, waren Generalleutnant Willmann (Heer), Generalleutnant Porz (Luftwaffe), Vizeadmiral Lüssow (Marine) und Generaloberstabsarzt Dr. Demmer (Sanitätsdienst). Regelmäßig tagten wir im Militärischen Führungsrat unter meiner Leitung.

Die Übernahme des Amtes geschah in Bonn, zu dieser Zeit noch Regierungssitz. Als Berlin im Jahr 1999 dann neuer Sitz von Regierung und Parlament wurde, folgte ein großer Teil der Ministerien. Das Verteidigungsministerium behielt seinen Hauptsitz in Bonn, die Spitze des Ministeriums zog jedoch in die Hauptstadt.

Ich hatte Arbeitsplätze an beiden Standorten: in Bonn im Verteidigungsministerium auf der Hardthöhe, in Berlin in der Julius-Leber-Kaserne. Hier an der Spree ließ sich auch ein kleiner Teil des Führungsstabes der Streitkräfte frühzeitig nieder. Dazu gehörte die militärpolitische Abteilung mit ihrem Leiter, Brigadegeneral Schneiderhan, dem späteren Generalinspekteur. Der größte Teil des Stabes blieb in Bonn.

Die ohnehin anstrengende Arbeit wurde durch zahlreiche notwendige Flüge zusätzlich erschwert. Zu meiner Erleichterung gab es zuweilen die Möglichkeit, bei Routinebesprechungen auf Videokonferenzen zurückgreifen zu können.

Immerhin hatte ich das Glück, an beiden Standorten über Wohnungen zu verfügen. War ich in Berlin, wohnte ich in meiner Potsdamer Wohnung, in Bonn nutzte ich mein Haus in der Eifel.

Kosovo Teil 2

Nur wenige Stunden, nachdem ich meine neue Verwendung angetreten hatte, verlangten die Vorgänge im Zusammenhang mit dem Kosovo-Konflikt von uns allen sofort die volle Aufmerksamkeit. Die Lage hatte sich auf der Balkanhalbinsel inzwischen erheblich zugespitzt, und die NATO zog nun Luftangriffe in Erwägung. Die im Auftrag der KSZE eingesetzten Beobachter – unter ihnen viele Bundeswehroffiziere – wurden aus dem Krisengebiet abgezogen.

Verteidigungsminister Scharping lud die aus Deutschland entsandten Beobachter nach ihrer Rückkehr zu einem Gespräch in das Verteidigungsministerium nach Bonn ein, direkt am Tag meiner Amtsübernahme. Ich selbst nahm an diesen Gesprächen teil und musste eine Vielzahl schrecklicher Erlebnisberichte vernehmen: Wir hörten von Drangsalierungen und Zerstörungen bis hin zu brutalen Tötungen, die unsere unbewaffneten Offiziere hilflos mit ansehen mussten. Ein Offizier brach in Tränen aus, als er über seine Erlebnisse berichtete.

Bereits wenige Tage nach meiner Ernennung hatten wir eine weitere Krise zu bewältigen: Eine Vielzahl unserer Soldaten war in Mazedonien (FYROM) stationiert. Innerhalb kürzester Zeit forderte uns die mazedonische Regierung auf, die Betreuung der unzähligen Flüchtlinge sicherzustellen, anderenfalls sollten wir die von uns genutzten mazedonischen militärischen Objekte umgehend verlassen. In einer Nacht und unter der souveränen Stabführung von Staatssekretär Dr. Peter Wichert entwarfen wir ein Hilfsprogramm, das die mazedonischen Forderungen erfüllen und den Verbleib unserer Truppen in den Anlagen sichern sollte. Den achtzigsten Geburtstag meiner Mutter am 3. April 1999 verbrachte ich im Verteidigungsministerium.

An dieser Stelle ist es erforderlich, einen kurzen Überblick über die Verfahren der militärischen Entscheidungsfindung im Bündnis und die Mitspieler zu geben:

Insgesamt existiert ein recht kompliziertes Geflecht. Die grundlegenden politischen Entscheidungen des Bündnisses, aber auch die grundlegenden militärischen Weisungen an das MC (Military Committee der NATO) werden im NATO-Rat getroffen, welcher auf der Ebene der Staats- und Regierungschefs sowie der Verteidigungs- oder Außenminister tagen kann. Dessen normale tägliche Arbeit geschieht jedoch auf der Ebene der NATO-Botschafter, die ihre Weisungen aus den zuständigen Ministerien der Nationen erhalten. Dies war auch bei der Auseinandersetzung im Kosovo der Fall.

Die militärischen Entscheidungen – zum Beispiel die Weisungen an den NATO-Befehlshaber – werden durch das Military Committee erarbeitet, dem die Generalstabschefs der NATO-Mitgliedsstaaten angehören.

Vorsitzender des Military Committee war der im militärischen und politischen Bereich hoch angesehene deutsche General Klaus Naumann, der die Diskussionen stringent und ergebnisorientiert leitete.

Die tägliche Arbeit des Military Committee findet im Rahmen regelmäßiger Treffen auf der Ebene der militärischen Vertreter der Nationen, die von einem Stab unterstützt werden, statt. Diese militärischen Vertreter handeln weisungsgebunden. Der Vertreter aus Deutschland bei der NATO war damals Generalleutnant Wiesmann, ein profunder Kenner des Bündnisses und geübter Diplomat.

Auf der Grundlage der Weisungen des MC erarbeitet der SACEUR – zum damaligen Zeitpunkt der US-General Wesley Clark – die Operationsplanung, die dann wieder vom MC genehmigt werden muss. General Clark wurde von seinem deutschen Chef des Stabes, General Stöckmann, unterstützt, zu dem glücklicherweise ein kurzer Draht bestand. Für die tatsächliche Operationsführung war der SACEUR verantwortlich, der seinerseits an das MC berichtete, das mit weiteren Weisungen den Ablauf beeinflusste. Der britische General Michael Short war als Air Component Commander der Befehlshaber und damit für die Planung und Durchführung der Luftwaffeneinsätze zuständig.

Der Ablauf der Operationen wurde auch durch die jeweiligen Nationen beeinflusst: Je mehr Kräfte sie für die Operation abstellten, desto größer war ihr Einfluss zu entscheiden, was mit diesen Kräften zu geschehen hatte. Nationale Interessen, auch innenpolitische Besonderheiten, konkurrierten nicht selten mit den gemeinsamen Interessen des Bündnisses. Nationale „Caveats" (Beschränkungen des Befehlshabers für Maßnahmen, die die Truppen der entsprechenden

Nationen betreffen) begrenzten die Möglichkeiten des Befehlshabers und erschwerten seinen Auftrag.

Der NATO-Oberbefehlshaber war (und ist) gleichzeitig Oberbefehlshaber der US-Streitkräfte in Europa, ein „Theater Commander" der US-Streitkräfte. In dieser Funktion ist er von Weisungen seiner Regierung abhängig. Manchmal sind diese Funktionen und Abhängigkeiten in zwei Richtungen nicht einfach zu trennen.

So wurde manche NATO-Weisung zuvor im Pentagon geprüft, bevor sie im Bündnis zur Abstimmung gelangte. Klar war auch, dass es zwischen dem Oberbefehlshaber General Clark und der militärischen Führung in Washington manchmal erhebliche Meinungsunterschiede gab.

Von Zeit zu Zeit wurden Truppenstellerkonferenzen notwendig, um die Planungen auch durchführen zu können. Gelegentlich gab es dann eine deutliche Lücke zwischen dem, was angestrebt wurde und dem, was möglich war.

Da nahezu jede Operation politischen Einflüssen unterlag oder entsprechende Auswirkungen hatte, musste sich der NATO-Rat immer wieder einschalten. Dies geschah während des Kosovo-Konflikts fast täglich. Auch informelle Gespräche der Regierungschefs, der Außen- und der Verteidigungsminister sowie der Generalstabschefs hatten unmittelbare Auswirkungen auf all das, was sich auf dem Felde ereignete.

Im Military Committee der NATO hatte ich als Generalinspekteur im Sinne der deutschen Vorstellungen auf die Diskussionen und Entscheidungen Einfluss zu nehmen und mich mit den Generalstabschefs anderer Nationen möglichst eng abzustimmen. Dies geschah oft telefonisch: Der amerikanische Generalstabschef hatte für eine direkte Verbindung der Generalstabschefs der USA, des Vereinigten Königreichs, Frankreichs und Deutschlands gesorgt. Darüber hinaus waren die Operationen Thema der regelmäßigen Treffen der Generalstabschefs dieser Länder.

Auf nationaler Ebene war meine Rolle vor allem darin definiert, im ständigen Kontakt mit den Inspekteuren der Teilstreitkräfte zu bleiben und oft auch – gemeinsam mit zivilen Abteilungsleitern – den Verteidigungsminister zu beraten und seine Entscheidungen vorzubereiten. Häufig trafen wir uns in unregelmäßigen Abständen auf meine Einladung hin.

In kurzer Folge trug ich dem Verteidigungsausschuss des Bundestags die militärische Lage vor. Regelmäßig begleitete ich Minister

Scharping vor die Presse und informierte über die militärische Lage. Fast täglich und meistens unter Leitung des Ministers fand im Führungszentrum eine Lagebesprechung mit den Verantwortlichen statt. Immer wieder empfing ich Abgeordnete der Regierungsparteien oder der Opposition, um konkrete Fragen zu beantworten. Dies geschah zuweilen auch im Bundestag für einzelne Gruppen von Abgeordneten. Natürlich war der Bundesregierung daran gelegen, auch die CDU-Fraktion ins Geschehen einzubinden, was überwiegend gut gelang.

Die Operation Allied Force

Am 24. März lief die alliierte Luftoperation mit dem Namen „Allied Force" an. Als dringlichste Ziele der Luftoperation standen die Beendigung der Vertreibungen und die Verhinderung einer humanitären Katastrophe im Vordergrund. Die Operationen zielten darauf ab, dieses Ziel zu erreichen – nicht darauf, Jugoslawien militärisch niederzuringen. Die politischen Zielsetzungen, die sich in den nächsten Monaten kaum verändern sollten, lassen sich wie folgt beschreiben:

- Die Kampfhandlungen sollten eingestellt, die Vertreibungen beendet werden.
- Die militärischen und paramilitärischen Kräfte Jugoslawiens hatten den Kosovo zu verlassen.
- Die Flüchtlinge sollten zurückkehren können.
- Eine internationale Friedenstruppe, geführt von der NATO, sollte im Kosovo eingesetzt werden.
- Eine dauerhafte politische Lösung für den Kosovo sollte erreicht werden.

Nach Beginn der Luftoperation war klar, dass eine reine Rückkehr zu den Bestimmungen von Rambouillet nicht mehr möglich war. In diesem Abkommen war den serbischen Kräften im Kosovo noch eine begrenzte militärische Präsenz zugestanden worden. Doch dies hatte sich nun geändert.

Geplant war die Operation in drei Phasen, denen jeweils verschiedene Zielkategorien zugeordnet waren:

1. Herstellung der eigenen Luftüberlegenheit, das heißt: die Ausschaltung der Luftverteidigung, Bekämpfung von Kommando- und Führungseinrichtungen sowie von Truppen vor allem im Kosovo.

2. Luftschläge gegen hochwertige Ziele der serbischen Streitkräfte im gesamten Land, gegen Einrichtungen der Sicherheitspolizeikräfte und Zerstörung von Waffenlagern. Bekämpfung auch der Verbindungen, Straßen, Brücken oder Bahnen.
3. Geografische und qualitative Ausweitung aller Zielgruppen im gesamten Raum Jugoslawiens einschließlich von Zielen in Belgrad mit dem Anspruch, die Fähigkeit zu Kampfhandlungen im Kosovo zu unterbinden. Zu den Zielen zählte nun auch die zivile Infrastruktur mit militärischem Nutzen, zum Beispiel Einrichtungen der Stromversorgung oder Kommunikation.

Jeder einzelnen Phase der Luftangriffe waren konkrete Ziele zur Bekämpfung zugeordnet. Es konnten jedoch auch einzelne Ziele aufgerufen werden, die eigentlich in einer späteren Phase elementar wurden, wenn die Lage es erforderte. Die Phase 3 der Luftangriffe wurde nie formal in Kraft gesetzt. Allerdings wurden einige Ziele bekämpft, die ursprünglich dieser Phase zugeordnet waren.

Jedes vorgeplante Ziel durchlief eine Genehmigungsprozedur, die mindestens einen Tag dauerte und es am Anfang unmöglich machte, Ziele kurzfristig zu bekämpfen. Erst im späteren Verlauf der Operation wurden die Verfahren vereinfacht. In jenen Verfahren wurden die Gefahr von zivilen Opfern, die Auswirkungen auf die Streitkräfte und die Zivilbevölkerung sowie das Risiko für die eingesetzten Besatzungen und Flugzeuge bewertet und soweit wie möglich reduziert. Grundsätzlich waren die Nationen in diese Zielplanung nicht eingeschaltet, sie hatten jedoch Einfluss auf die Wahl der Zielkategorien. Die Vereinigten Staaten, aber auch Großbritannien und Frankreich waren oft unmittelbar an der konkreten Zielplanung beteiligt, soweit es den Einsatz ihrer eigenen Kräfte anging.

Neben der Auswahl der Ziele war die Wahl der geeigneten Waffen und Munition von großer Bedeutung. Eingesetzt wurden Cruise-Missiles, präzisionsgelenkte Munition, konventionelle Sprengbomben und zum ersten Mal sogenannte „Soft Bombs", die gegen Elektrizitätseinrichtungen gerichtet waren, Kurzschlüsse herbeiführen und ohne Zerstörung der Anlagen die Stromversorgung unterbrechen konnten.

Für den Einsatz standen zu Beginn der Operationen 360 Flugzeuge zur Verfügung, von denen etwa 120 mit Waffen ausgestattet waren. Diese Zahl wuchs später auf etwa 960 an, bei 350 Flugzeugen war ein Waffeneinsatz möglich. Die Zahl der täglichen Einsätze lag zunächst bei etwa 300 Missionen am Tag, im Laufe der Operationen konnten diese auf über 700 gesteigert werden. Insgesamt wurden innerhalb von 78 Tagen 37.000 Einsätze geflogen.

Die Bundesrepublik Deutschland hatte sich entschlossen, einen militärischen Beitrag zur Operation Allied Force zu leisten. Dieser Beitrag bestand neben Einheiten der Marine, geringen Heereskräften und Transportfliegern aus einem für diesen Zweck aufgestellten Luftwaffengeschwader, dem Einsatzgeschwader 1. Es verfügte über vierzehn Tornados, davon acht Tornados ECR (Elektronische Kampfführung und Aufklärung) und sechs Tornados Recce (Aufklärung). Das Einsatzgeschwader 1 wurde in der italienischen Stadt Piacenza und der italienischen Gemeinde Aviano stationiert. Im Verlauf der Operation erhöhte sich die Zahl der ECR um zwei, die Zahl der Recce wurde um zwei reduziert. Der zahlenmäßig verhältnismäßig geringe Beitrag brachte mit den Wirkungsmöglichkeiten gegen die Luftabwehr dennoch eine Schlüsselfähigkeit für den Erfolg in die Operation ein.

Oft bildeten unsere Tornados die Speerspitze der Operationen. Sie hatten die Luftabwehr zu lokalisieren, zu identifizieren, zu unterdrücken oder mit Antiradar-Raketen zu bekämpfen. Der Zweck des Einsatzes wurde oft auch dadurch erfüllt, dass die Radargeräte der serbischen Luftabwehr gar nicht eingeschaltet wurden. Die deutschen Tornados flogen insgesamt 504 Einsätze, davon 438 mit Tornados ECR. Die NATO verlor im Rahmen der Operationen nur zwei Flugzeuge.

Am 24. März begannen die Luftangriffe zunächst mit dem Einsatz zahlreicher Cruise-Missiles gegen ausgewählte Ziele, vor allem der serbischen Luftverteidigung: Kommandozentralen, Kommandobunker, Flugplätze und fliegende Systeme gehörten dazu. Die jugoslawische Armee wurde noch am gleichen Tag teilmobilisiert und der Ausnahmezustand ausgerufen. Verbände und Ausrüstung wurden soweit möglich in sichere Militärobjekte verlegt, Flugzeuge auf verschiedene Plätze verteilt. Eine zusätzliche Brigade marschierte in den Kosovo. Insgesamt waren im Kosovo etwa 50.000 Soldaten im Einsatz.

Die jugoslawischen Streitkräfte setzten mehrfach ihre wenigen Kampfflugzeuge vom Typ MiG-29 ein, von denen im Laufe der Operationen elf, das heißt fast alle abgeschossen oder so zerstört wurden, dass sie nicht mehr eingesetzt werden konnten. Drei MiG wurden bereits am 24. März, dem ersten Tag der Auseinandersetzungen, abgeschossen.

Da zunächst die jugoslawische Luftverteidigung ausgeschaltet werden sollte, waren die Kommandozentralen, aber auch die Flugplätze

240

die ersten Ziele, um einen konzentrierten Einsatz der Luftverteidigung gegen NATO-Flugzeuge zu verhindern und Jagdflugzeuge, aber auch Jagdbomber zumindest am Start zu hindern. Zwar gelang es nicht, die Luftabwehr der serbischen Streitkräfte entscheidend zu zerstören, da sie sich den Angriffen durch Inaktivität und einen sehr begrenzten Einsatz ihrer Radaranlagen zu entziehen wusste – sie konnte allerdings auf diese Weise auch keine Wirksamkeit erreichen.

Die Annahme, die Operation in kurzer Zeit beenden zu können, offenbarte sich relativ schnell als falsch. Demzufolge hat man nicht nur die Quantität, sondern auch die Qualität der Angriffe sowie der Ziele gesteigert. Als Ziele wurden nun vorwiegend logistische Einrichtungen wie Raffinerien, Betriebsstofflager und Munitionsdepots anvisiert und zerstört.

Auch Verbindungslinien wie Straßen und Brücken wurden angegriffen, um die Nachführung von Kräften in den Kosovo zu unterbinden, mindestens aber zu verlangsamen. Nach Diskussionen im MC und im NATO-Rat wurden ab Ende April Ziele der Kategorie 3 ins Visier genommen und dabei auch Objekte in Belgrad nicht ausgespart. Im Nachhinein war dieses Vorgehen von großer Bedeutung für die Entscheidung des serbischen Staatspräsidenten Milošević, Anfang Juni auf die Forderungen der NATO einzugehen.

Mit der Steigerung der Intensität der Angriffe und dem vergrößerten Risiko stieg aber auch die Gefahr unbeabsichtigter Verluste für die Zivilbevölkerung. Zu jenen „Kollateralschäden" gehörte das Gebäude der chinesischen Botschaft sowie ein Eisenbahnzug, der während eines Luftangriffs eine Brücke überqueren wollte. Nach der versehentlichen Bombardierung der Botschaft bat ich den chinesischen Militärattaché in mein Büro, um mich für dieses Versehen zu entschuldigen. Dies wurde in China sorgsam wahrgenommen und war sicher mit ausschlaggebend für zwei Einladungen nach China zu Vorträgen im Institut für Strategische Studien in Peking sowie kleinen Rundreisen nach meiner aktiven Dienstzeit.

Ob es vernünftig war, die Luftstreitkräfte gegen die Streitkräfte des Gegners am Boden oder gegen strategische Ziele einzusetzen, war ein Konflikt, der nicht offen ausgetragen wurde. Er spielte aber immer wieder eine Rolle bei den politischen und militärischen Diskussionen.

Die Art der Luftkriegsführung, die Furcht vor eigenen Verlusten und die Angriffe auf Ziele aus großer Höhe gestalteten zunächst die direkte Bekämpfung der Truppen im Kosovo schwierig, Erfolge blieben lange aus. Dennoch drängten gerade die europäischen Generalstabschefs darauf, der Bekämpfung der Streitkräfte am Boden mehr Gewicht zuzumessen, um dem Ziel, die Vertreibung zu verhindern oder zu beenden, wenigstens ein Stück näherzukommen. Die alliierte Führung der Luftstreitkräfte mit dem Air Component Commander General Short an der Spitze vertrat dagegen die Auffassung, dass die Wirksamkeit der Luftoperationen durch die Bekämpfung besonders hochwertiger strategischer Ziele am besten zu gewährleisten war. So wurde versucht, das eine zu tun, ohne das andere zu lassen. Zu einem geplanten Einsatz von Apache-Hubschraubern ist es aufgrund inner-amerikanischer Auseinandersetzungen nicht gekommen.

Gegen Ende der Operationen besserte sich das Wetter, das zunächst einen effektiven Einsatz der Luftstreitkräfte gegen die Bodentruppen stark erschwert hatte. Dazu war die UÇK (die kosovarische Befreiungsarmee) zunehmend in der Lage, die Truppen der serbischen Streitkräfte aus ihren Deckungen zu vertreiben. In der Folge wurden gegen die Truppen am Boden sichtbar bessere Erfolge erzielt.

Die diplomatischen Bemühungen wurden nie ausgesetzt. General Clark hat dies für die verschiedenen Phasen als „diplomacy backed by threat" und „diplomacy backed by force", später nach Beginn der Angriffe als „force backed by diplomacy" beschrieben. Die Luftoperationen, die militärisch durchaus erfolgreich waren, entwickelten sich zu einem Wettlauf gegen die Zeit sowie die Deutungshoheit der Ergebnisse. Je länger sie dauerten, desto mehr bröckelte die öffentliche Unterstützung, vor allem in den europäischen Staaten. Nach Abschluss dieser Phase sagte mir der Bundeskanzler bei einem Gespräch, er hätte vermutlich die Operation nicht mehr lange – er sprach von etwa vierzehn Tagen – durchhalten können, vor allem wegen der unbeabsichtigten Verluste bei der Zivilbevölkerung.

In täglichen Pressekonferenzen wurde die Öffentlichkeit durch das Bündnis über die Lage und die Erfolge der Operation informiert. Dabei wurden in den Darstellungen auch Fehler gemacht. Als dem NATO-Sprecher Jamie Shea der deutsche General Jertz an die Seite gestellt wurde, führte dies zu deutlich besseren militärischen Briefings und einer angemesseneren Sprache.

Der Druck auf die NATO nahm kontinuierlich zu, aber auch jener auf die serbische Führung, die kriegerischen Auseinandersetzungen allmählich zu beenden. Die Luftangriffe auf strategische Ziele zeigten Wirkung, ebenso die höhere Effizienz der Angriffe auf die Truppen im Kosovo. Zugleich schien die öffentliche Unterstützung für den serbischen Präsidenten Milošević deutlich nachzulassen. Wir hörten

Berichte über Desertationen, Wehrpflichtige erschienen nicht zum Dienst. Auch die Moral der Streitkräfte, die den Angriffen ausgesetzt waren, nahm erkennbar ab.

So hatte die Diplomatie ihre Chance. Am 6. Mai 1999 stimmten die G8-Nationen einem Sieben-Punkte-Friedensplan zu. Zur selben Zeit gab es auch erste Anzeichen eines Einlenkens der serbischen Führung. Am 14. Mai begann der finnische Präsident Martti Ahtisaari im Auftrag der EU mit den Verhandlungen. Eine Verhandlungstroika mit Ahtisaari, dem US-Vizeaußenminister Strobe Talbot und dem russischen Jugoslawien-Unterhändler Viktor Tschernomyrdin verhandelte schließlich am 2. und 3. Juni mit dem serbischen Staatchef auf der Grundlage der Forderungen der Staatengemeinschaft. Am 3. Juni erklärten sich das serbische Parlament und der Staatspräsident zur Erfüllung der Forderungen des Friedensplans bereit. Dem folgte die Festlegung eines Military Technical Agreements (MTA), das der britische KFOR-Befehlshaber, Lieutenant General Sir Michael Jackson, mit dem serbischen Oberkommando in Kumanovo aushandelte. Friedensplan und MTA wurden am 10. Juni vom Sicherheitsrat der VN mit der Resolution 1244 gebilligt.

Danach hatte die NATO ihre Ziele erreicht. Das MTA sah vor, dass alle serbischen – sowohl die militärischen als auch paramilitärischen – Kräfte den Kosovo verlassen mussten. Eine NATO-geführte Truppe sollte, abgestimmt mit dem serbischen Rückzug, in den Kosovo einrücken und die Flüchtlinge unter dem Schutz dieser Truppe zurückkehren. Eine Übergangsverwaltung der Vereinten Nationen sollte ihren Dienst aufnehmen, die UÇK entwaffnet werden. Bereits am 12. Juni rückte die KFOR im Rahmen der Operation „Joint Guardian" in den Kosovo ein, als Teil dieser Truppe die von Deutschland geführte Multinationale Brigade Süd unter Führung von Brigadegeneral von Korff. Nationaler Befehlshaber zu dieser Zeit war Brigadegeneral Harff, eine durchschlagskräftige Führungspersönlichkeit.

Die Vorbereitungen für den Einsatz von Landstreitkräften hatten unmittelbar nach dem Beginn der Luftangriffe begonnen. Die Grundidee des Einsatzes war von Anfang an – wie bereits erwähnt – sich so aufzustellen, dass man im Falle eines Einlenkens sofort reaktionsfähig war. Dies beinhaltete eine Aufstockung der Kräfte auf zunächst ca. 30.000 Soldaten. Sie bildeten die spätere KFOR.

Mit der Beschlussfassung begann auch sofort die Stationierung dieser Kräfte in Mazedonien. Diese waren zunächst mit völlig untypischen Aufgaben betraut. In Mazedonien und Albanien richteten Soldaten des Bündnisses zahlreiche Lager ein, um die mehreren 100.000

Flüchtlinge unterzubringen und damit auch zur Stabilität in Mazedonien und Albanien beizutragen.

Frühzeitig besuchte ich das Lager von Neprošteno, das die Bundeswehr errichtet hatte und musterhaft betrieb, bei der Sanitätsversorgung unterstützt von Johannitern.

Es waren erschütternde Gespräche, die ich dort führen musste. Die Flüchtlinge erzählten, in welch grausamer Weise sie aus ihren Dörfern vertrieben worden waren. Alle ihre Hoffnungen richteten sie auf die NATO, und ich versicherte ihnen, dass wir die Auseinandersetzung erst beenden würden, wenn ihre Rückkehr gesichert war. Bundesminister Scharping hatte dafür Sorge getragen, dass die Chefanklägerin des Internationalen Gerichtshofs mit Informationen über Kriegsverbrechen versorgt wurde.

Die KFOR war nun im Juni gerüstet, die ihr durch die VN-Resolution zufallenden Aufgaben zu lösen. Sie war verantwortlich für Aufbau und Erhalt eines sicheren Umfelds, anfangs vor allem im Hinblick auf die Aufrechterhaltung der öffentlichen Sicherheit und Ordnung. Sie hatte die Umsetzung des MTA und des Demilitarisierungsabkommens zwischen UÇK und NATO zu gewährleisten und die Übergangsverwaltung zu unterstützen.

Der Kosovo wurde in fünf Sektoren aufgeteilt, in denen die NATO-Nationen, welche die meisten Truppen stellten, die Führung übernehmen sollten. Dazu gehörten die Vereinigten Staaten, das Vereinigte Königreich, Frankreich, Italien und Deutschland. Die Beiträge der anderen Nationen und Partner wurden auf diese Sektoren aufgeteilt. Letztlich bestand die KFOR aus ca. 50.000 Soldaten aus vierzig Nationen.

Die Aufteilung und Abgrenzung der Sektoren war eine schwierige Sache, da zahlreiche nationale Interessen berücksichtigt werden mussten. Aber auch die Aufteilung in den Sektoren führte zu besonderen Problemen, die oft erst durch die Generalstabschefs gelöst werden konnten. Die neue Verwaltung des Kosovo, die United Nations Interim Administration Mission in Kosovo (UNMIK), bestand aus vier Säulen: Die zivile Verwaltung war direkt den Vereinten Nationen zugeordnet, die humanitäre Hilfe war Aufgabe des UNHCR, dem Flüchtlingshilfswerk der Vereinten Nationen, die Demokratisierung und der Aufbau der Institutionen war der OSZE (Organisation für Sicherheit und Zusammenarbeit in Europa) zugewiesen, und der Wiederaufbau erfolgte durch die EU. In allen Bereichen arbeitete die KFOR mit, die für ein sicheres Umfeld zu sorgen hatte.

Lange war die Rolle Russlands unklar geblieben. Russland hatte die VN-Resolution zwar mitgetragen, strebte jedoch einen eigenen Sektor im Norden an. Dem konnte die NATO nicht zustimmen, da sie befürchten musste, dass dies der erste Schritt zu einer Abspaltung des mehrheitlich von Serben bewohnten nördlichen Teils des Kosovo und letztlich zu einem Anschluss dieses Teils an Serbien führen könnte.

Am 12. Juni, kurz vor dem Einmarsch der KFOR, stießen – aus Bosnien kommend – 200 russische Fallschirmjäger überraschend auf dem Flugplatz von Pristina vor. Sie wurden unter großem Jubel empfangen. Ich wurde darüber in der Nacht zum 12. Juni vom deutschen Chef des Stabes, General Stöckmann, in Kenntnis gesetzt und informierte anschließend meinerseits den Verteidigungsminister. Die russischen Kräfte erwarteten Verstärkung durch 2000 Fallschirmjäger, die zum Transport bereitgestellt waren, denen jedoch Ungarn, Rumänien und Bulgarien die Überflugrechte verweigerten.

Noch in derselben Nacht kam es zu heftigen Auseinandersetzungen zwischen dem SACEUR und KFOR-Befehlshaber General Jackson, der sich weigerte, das Flugfeld mit US-Kräften zu besetzen, weil er eine militärische Konfrontation befürchtete. Die von General Jackson an General Clark gerichteten Worte „Ich werde Ihretwegen nicht den dritten Weltkrieg anfangen" wurden auch vom SACEUR bestätigt und belegten die Anspannung während dieser kritischen Stunden. Die NATO-Verbände riegelten den Flughafen ab und gaben so zu verstehen, dass die russischen Soldaten völlig isoliert waren.

Die Entscheidung, eine Konfrontation unter allen Umständen zu vermeiden, war schließlich auf der höchsten politischen Ebene getroffen worden. In dieser Nacht war ich fast ständig am (verschlüsselten) Telefon, um vom Chef des Stabes, General Stöckmann, die notwendigen Informationen zu erlangen und meinerseits den Bundesminister zu informieren.

Die NATO billigte in den folgenden Verhandlungen Russland schließlich die Teilnahme an der KFOR, nicht jedoch den angestrebten eigenen Sektor zu. Die russischen Verbände wurden in vier von fünf Sektoren mit einer dafür konstruierten Befehlskette eingesetzt, die schon in Bosnien Anwendung gefunden hatte. Statt zunächst 10.000 vorgesehene russische Soldaten waren nur noch 3600 im Einsatz. Damit war die Einheitlichkeit des Kommandos und die Führung durch die NATO gewährleistet. Bei der konkreten Umsetzung des Auftrags ergaben sich kaum Probleme, wenn man davon absieht, dass russische Soldaten von der kosovo-albanischen Bevölkerung – wie zum Beispiel im deutschen Sektor – nicht gerne gesehen waren.

Dass ich als Generalinspekteur einmal ein russisches Kontingent besuchen würde, das in einem gemeinsamen Auftrag in einem deutschen Sektor eingesetzt war, hätte ich mir einige Jahre zuvor nicht vorstellen können. Ich wurde vom russischen Kommandeur angemessen freundlich empfangen und detailliert in die Lage und Operationsführung des Verbands eingewiesen.

Was wäre jedoch geschehen, wenn die Serben nicht eingelenkt hätten? Im NATO-Gipfel vom 23. April wurde bereits deutlich gemacht, dass die NATO diesen Einsatz konsequent fortführen wollte, unter allen Umständen und bis zum Erfolg. So gab es zunächst informelle Gespräche, dann aber auch grobe Planungen zu einer Bodenoffensive.

Eine Entscheidung war am 10. Juni, dem Ende der Luftoperationen, noch nicht gefallen. Der SACEUR hatte jedoch deutlich gemacht, dass eine solche Offensive ca. sechs Divisionen in einer Gesamtstärke von bis zu 150.000 Soldaten benötigen würde. Die Briten waren dagegen überzeugt, eine solche Operation mit erheblich weniger Kräften durchführen zu können.

Es bleibt offen, ob wir Deutsche uns an einer solchen Operation beteiligt hätten. Das Zeitfenster für die Durchführung war sehr eng, vor allem im Hinblick auf das Ziel, die Offensive noch vor dem Winter durchführen und beenden zu wollen. Für die Bereitstellung und Verlegung der Kräfte veranschlagte der SACEUR 75 Tage. Die Entscheidung hätte also Mitte Juni fallen und die Stationierung unmittelbar danach beginnen müssen.

Glücklicherweise kam es nicht zu einem solchen Einsatz: Die NATO hatte sich mit den Luftoperationen vollständig durchgesetzt.

Als ich einige Wochen später den Bundeskanzler begleiten durfte, habe ich die Dankbarkeit von Tausenden von Menschen persönlich erleben dürfen. Bis heute bin ich der vollen Überzeugung, dass allen Problemen und berechtigten Fragen zum Trotz, die Entscheidung, die Operation Allied Force auch ohne VN-Mandat durchzuführen, richtig war.

Warum hat Milošević eingelenkt? Aus meiner Sicht waren dafür eine Reihe von Gründen maßgeblich. Sicher haben die Luftangriffe ihre Wirkung nicht verfehlt, egal, wie viele Panzer oder Geschütze letztlich getroffen wurden. Der Kräfteaufbau in Mazedonien ließ für Milošević eine Landoperation mit dem Zerschlagen seiner militärischen Macht, auf die er seine Herrschaft stützte, befürchten. Eine Unterstützung von außerhalb war nicht zu erwarten, selbst Russland hatte sich abgewandt. Serbien hatte keine Freunde an seiner Seite. Es ging darum, den Willen der serbischen Führung zu brechen. Das war zweifelsfrei gelungen.

Milošević konnte sich in der Folge nur noch einige Monate an der Macht halten. Innerhalb kurzer Zeit ermöglichte die KFOR die Stabilisierung der zivilen Ordnung – auch, weil die Truppe übergangsweise Aufgaben übernommen hatte, die sonst nicht unbedingt üblich waren. So habe ich in Prizren ein Gefängnis aufgesucht, das von deutschen Feldjägern betrieben wurde, die froh waren, als sie diese Aufgabe an die Polizei übergeben konnten. Die Feldjäger waren auch für die kriminalistische Aufklärungsarbeit zuständig und bemühten sich, Verbrechern auf die Spur zu kommen. Dies geschah in einer Übergangszeit, bevor es Hilfe aus dem zivilen Bereich gab, also Polizei und Justizbehörden, die die VN-Verwaltung einrichtete, arbeitsfähig waren.

Meine ständige Aufgabe blieb es, in Ergänzung zu den Ausführungen des Ministers als Generalinspekteur im Verteidigungsausschuss des Bundestags eine Bewertung der militärischen Lage vorzunehmen. Vor allem ging es darum, das Vorgehen der NATO und der Bundeswehr zu erläutern.

Die Abgeordneten nahmen ihre Aufgaben sehr ernst. Dabei habe ich nie erlebt, dass sie sich Entscheidungen, die den Einsatz betrafen, leicht gemacht hätten. Sie fragten detailliert nach und diskutierten leidenschaftlich. Oft vereinbarte ich Einzelgespräche, um Sachverhalte intensiver zu erläutern. Hauptansprechpartner waren der Ausschussvorsitzende Helmut Wieczorek von der SPD, der Obmann der Arbeitsgruppe Verteidigung der CDU/CSU, Paul Breuer, und Angelika Beer, die bei den Bündnis 90/Die Grünen für Verteidigung zuständig war.

Sorgfältig prüften wir im Ministerium Optionen, stimmten uns ab und erarbeiteten für den Bundesminister Empfehlungen für sein Handeln und seine Maßnahmen. Das Führungszentrum leistete hier Tag für Tag wertvolle Arbeit. Wir hielten auch ständigen Kontakt ins Einsatzgebiet, was vor allem in jener Zeit leicht fiel, als der deutsche General Dr. Reinhardt den Einsatz führte und sich hohe Anerkennung erwarb. Fast täglich gab es Lagebesprechungen unter Leitung von Minister Scharping, der direkt im Anschluss und in meiner Begleitung die Presse informierte. Die Bundesregierung arbeitete nach meiner Auffassung – ungeachtet der pazifistischen Ausrichtung eines

Teils der Grünen – konzentriert und gut zusammen. Die Äußerungen des Bundeskanzlers Schröder, der Minister Fischer und Scharping sowie ihre Initiativen fanden im Bündnis Gehör.

Siebenmal habe ich die Einsatzgebiete im Kosovo und in Bosnien-Herzegowina besucht. Einige Male hatte ich wichtige Besucher zu begleiten, unter anderem den Bundespräsidenten, den Bundeskanzler sowie den Verteidigungsminister. Die Besuche der ranghöchsten Politiker unseres Staates machten die Wichtigkeit unseres Einsatzes deutlich und unterstrichen zudem das ehrliche Interesse am Schicksal unserer Soldaten.

Und sie hatten einen sehr unterschiedlichen Charakter: Verband der Kanzler Gerhard Schröder die Reisen vor allem mit politischen Gesprächen in Tirana, so ging es dem Bundespräsidenten Johannes Rau, begleitet von seiner Frau Gemahlin, nahezu ausschließlich um persönliche Kontakte zu den Soldaten im Einsatz.

Nachdem er in die Lage eingewiesen worden war, nahm sich der Bundespräsident viel Zeit für das Gespräch mit den Soldaten, ließ sich ausfragen, fragte selbst, errang Vertrauen, wo er es nicht ohnehin schon hatte. Die Soldaten waren von seinem Besuch sehr angetan.

Auf dem Rückflug stellte sich der Bundespräsident im Flugzeug den Fragen der ihn begleitenden Journalisten. Für Unverständnis sorgte bei mir der Umstand, dass sich die Pressevertreter nach einigen wenigen Fragen zum Ablauf des Besuchs plötzlich fast ausschließlich auf Themen konzentrierten, die mit dem eigentlichen Anlass der Dienstreise nichts mehr zu tun hatten. Dabei ging es um Vorwürfe rund um die umstrittene Nutzung des Dienstfahrzeugs für Parteitermine.

Ich konnte davon ausgehen, dass der Bundespräsident mir dankbar war, als ich vorschlug, die Pressekonferenz zu beenden.

Ebenso beeindruckend verlief der Besuch des Bundeskanzlers Schröder. Auch er nahm sich viel Zeit für Gespräche mit den Soldaten und beantwortete zahlreiche Fragen. Dazu nutzte er den Flug für Gespräche mit der politischen Führung in Tirana. In der Stadt Prizren, in die das Leben allmählich zurückkehrte, unternahm er einen ausführlichen Rundgang. Tausende Menschen drängten sich in den Straßen – für seine Sicherheitsbeamten der reinste Albtraum. Die Menschen dankten ihm für den deutschen Einsatz sowie jenem der NATO und feierten ihn.

Auch ich durfte bei mancher Gelegenheit ein großes Maß an Dankbarkeit und Zuneigung erfahren. Mich erinnerte dies an die Erlebnisse während und nach der Oder-Katastrophe: Menschen umdrängten mich und übergaben mir Blumen, ich schüttelte Hände und nahm Kinder in den Arm.

Das Leben in Prizren war allerdings nur auf den ersten Blick normal. Das Stadtviertel, in dem vor der Krise serbisch-stämmige Menschen gelebt hatten, war hermetisch abgeriegelt und von Stacheldraht umgeben. Nur wenige Menschen wohnten noch dort und mussten mit hohem Aufwand geschützt werden. Auch die Kathedrale stand unter besonderer Beobachtung. Einige Jahre später zeigte sich, dass dieser Schutz nicht immer ausreichend war.

Trotz aller Vorkehrungen der KFOR wurden regelmäßig Häuser angezündet. Die Hoffnung, die verschiedenen Ethnien könnten kurzfristig wieder friedlich zusammenleben, erwies sich als trügerisch.

Die Silvesternacht 1999/2000 verbrachte ich bei den Soldaten einer Jägerkompanie im Kosovo, die am Morina-Pass – an der Grenze zwischen Albanien und dem Kosovo – stationiert war. Die Kompanie war dort für die Grenzsicherung zuständig. Dass dies meine letzte „Silvesterfeier" als aktiver Soldat werden würde, konnte ich zu diesem Zeitpunkt noch nicht ahnen.

Am späten Silvesternachmittag fuhr ich mit einem Schützenpanzer im Rahmen einer Patrouille zu jenem Morina-Pass. Es war kalt, und der Boden war durch eine meterhohe Schneedecke bedeckt. Wir begannen meinen Besuch mit der Andacht eines Militärpfarrers, der seine kurze Predigt anhand einer Schutzweste illustrierte. Dann stapfte ich mit dem Kompaniechef durch die Stellungen und wünschte den Soldaten ein gutes neues Jahr. Vom Grenzübergang her waren Schüsse zu hören und Leuchtspurmunition zu sehen. Von Zeit zu Zeit wurde die Landschaft mit Artilleriegeschossen der Niederländer taghell erleuchtet. Besondere Vorkommnisse gab es jedoch nicht.

Es war eine bewegende Silvesternacht, in einer intensiven Gemeinschaft mit den Soldaten der Jägerkompanie. Ich übernachtete zusammen mit einigen anderen Soldaten in einem Container. Ein Leutnant hatte mir hierfür seine Liege überlassen. Am nächsten Morgen machte ich mich direkt nach dem Frühstück auf den Weg nach Bosnien-Herzegowina, um mit den dort stationierten Soldaten den Neujahrstag zu verbringen. Das war der letzte und zugleich eindringlichste Besuch in den Einsatzgebieten. Der Kompaniechef, Hauptmann Stonjeck, nahm einige Monate später an meiner Verabschiedung teil. Viele Jahre darauf traf ich ihn wieder. Er organisierte eine Kompaniecheftagung der 1. Panzerdivision, zu der mich der Kommandeur, Generalmajor von Sandrart, als Redner eingeladen hatte. Wir nutzten die Chance zu einem ausgiebigen Gespräch.

NATO-Gipfel 1999

So intensiv die Kosovo-Auseinandersetzung diese Tage und Wochen bestimmte, waren neben dem alltäglichen Dienst auch andere wichtige Themen zu bewältigen. Kurz nach meiner Amtsübernahme am 24. und 25. April 1999 versammelten sich die Staats- und Regierungschefs der NATO in Washington anlässlich des fünfzigjährigen Bestehens des Bündnisses zu einem Gipfel. Die deutsche Delegation wurde von Bundeskanzler Schröder geführt, mit ihm vertraten der Außenminister Fischer und der Verteidigungsminister Scharping die Bundesrepublik Deutschland.

Ich war zusammen mit Staatssekretär Dr. Walther Stützle, dem Leiter des Planungsstabes, Generalleutnant Kujat, und dem deutschen Botschafter bei der NATO, Joachim Bitterlich, Mitglied der deutschen Delegation. Mit einem Dienstflugzeug der Bundeswehr flogen wir nach Washington, bezogen die Unterkunft (ich war im bekannten Watergate Hotel untergebracht) und betraten kurz darauf die Tagungsstätte. Am Eingang des Tagungssaals stand der amerikanische Präsident Bill Clinton, der jeden einzelnen Teilnehmer mit Handschlag begrüßte. Clinton war es auch, der die Tagung meisterhaft leitete. Arbeitssitzungen der gesamten Delegationen wechselten sich ab mit bilateralen Treffen. Die Atmosphäre war gut, manchmal fast herzlich. Dies lag sicher auch an der souveränen Leitung und guten Vorbereitung der Konferenz. Die Teilnehmer waren entschlossen, sie zu einem Erfolg werden zu lassen.

Die Tagungsordnungspunkte wurden anhand sorgfältig vorbereiteter Unterlagen diskutiert. In Klammern standen jeweils die Abschnitte, auf die man sich in der Vorbereitung nicht hatte einigen können und die nun die Debatten bestimmten.

Die Delegationen waren nebeneinander in verschiedenen Reihen platziert. In der ersten Reihe saßen die Staats- und Regierungschefs und die Außenminister, in der zweiten Reihe die Verteidigungsminister. Neben der deutschen Delegation war die der Franzosen platziert. Dies verschaffte mir eine gute Gelegenheit, mich in Pausen mit meinem französischen Kollegen auszutauschen. Über die meisten offenen Formulierungen der Konferenzpapiere wurde schnell Einvernehmen erzielt. Ein einziges Mal unterbrach der Präsident die Sitzung, lud zum Mittagessen und bat die Außenminister, in Klausur zu gehen sowie einen abgestimmten Vorschlag zu erarbeiten, der dann nach dem Essen ohne weitere Debatte akzeptiert wurde.

Inhaltlich nahmen während der Zeit der Luftoperationen die Diskussionen um den Kosovo-Konflikt einen breiten Raum ein. Es wurde eine ausführliche Zwischenbilanz gezogen. Der Ausgang war zu diesem Zeitpunkt noch nicht absehbar. Dennoch machten die Staats- und Regierungschefs ihren Willen sehr deutlich, diese Auseinandersetzung zum Erfolg führen zu wollen.

Über die weitere Strategie des Bündnisses hatte es im Vorfeld Diskussionen gegeben, die auf dem Gipfel selbst keine große Rolle spielten. Es ging um die künftigen Aufgaben des Bündnisses, die Stellung Europas hinsichtlich der Bemühungen um eine eigene Identität auch auf dem Gebiet der Verteidigung, das Verhältnis zu Russland und Fragen der Erweiterung des Bündnisses. Polen, Ungarn und Tschechien traten dem Bündnis als neue Mitglieder bei und nahmen zum ersten Mal an einem solchen Gipfeltreffen teil.

Die wesentlichen Ergebnisse dieses Gipfels waren:
- das Festhalten an der kollektiven Verteidigung als Kernaufgabe des Bündnisses,
- das Festschreiben neuer Aufgaben im Rahmen der internationalen Krisenbewältigung ohne geographische Begrenzung,
- die Offenheit des Bündnisses für die Aufnahme neuer Mitglieder nach festgelegten Kriterien,
- der Wille, die militärischen Fähigkeiten des Bündnisses zu verbessern,
- die Absicht, die Rolle und die Fähigkeit Europas im Rahmen des Bündnisses weiterzuentwickeln und zu steigern,
- der Wille, das Programm Partnerschaft für den Frieden fortzuführen und zu stärken.

Mit dem abschließenden Ergebnis konnten alle Teilnehmer zufrieden sein. Die Diskussionen um die Rolle Europas in der NATO und die Zusammenarbeit halten allerdings bis heute an. Die in Washington verabschiedete neue Bündnisstrategie löste jene des Jahres 1991 ab und galt dann immerhin bis 2010. Die Konferenz endete schließlich mit der Bekanntgabe einer sogenannten „Washingtoner Erklärung".

Bei einem bilateralen Treffen des deutschen Verteidigungsministers Scharping und des US-Verteidigungsministers Cohen lud Scharping seinen amerikanischen Kollegen ein, als Gast bei der Kommandeurtagung der Bundeswehr im November zu sprechen. Zu unserer großen Freude nahm er diese Einladung an. Ein gesellschaftlicher Höhepunkt war eine Einladung aller Delegationen ins Weiße Haus zu einem festlichen Abendessen. Der dem Essen vorausgehende Empfang fand in verschiedenen Räumlichkeiten statt, das Essen selbst im Garten, in dem hierfür ein riesiges Zelt aufgebaut worden war.

Reisen

USA: Eine Vielzahl von Reisen aufgrund zahlreicher dienstlicher Anlässe gehört unwiderruflich zur Tätigkeit eines Generalinspekteurs. Die protokollarisch notwendigen Antrittsbesuche in London und Paris waren – bedingt durch die fortdauernde Kosovo-Auseinandersetzung – als Arbeitsvisiten gestaltet, in Paris allerdings mit Erweisung der militärischen Ehren für mich als Besucher. Gespräche mit den Gastgebern und Einweisungen in deren Führungsstäbe waren wichtige Bestandteile dieser Treffen, bei denen ich auch vom jeweiligen Militärattaché begleitet wurde. Ein Abendessen rundete den Besuch ab.

Für meinen USA-Besuch war eine etwas längere Reise inklusive der Besichtigung einiger Einrichtungen der US-Streitkräfte vorgesehen. Im Pentagon wurde ich mit militärischen Ehren empfangen und schritt eine Ehrenformation aller Truppengattungen ab. Die Nationalhymnen wurden gespielt und Salut geschossen.

Auf dem Friedhof in Arlington, Virginia, legte ich für die Bundeswehr einen Kranz nieder – für mich ein bis heute unvergesslicher Moment. Gespräche mit General Shelton, dem Chairman der Joint Chiefs of Staff, eine Einladung in sein Haus, ein Besuch bei der CIA (für ein Briefing über Tschetschenien) sowie ein Empfang durch einen der Staatssekretäre vervollständigten das Programm in Washington.

Unsere Delegation besuchte außerdem das Kommando der Special Forces in Fort Bragg in North Carolina, deren Kommandeur General Shelton einst gewesen war. Ausführlich wurden wir über Strukturen, Auftrag und grob über die Einsätze dieses Kommandos und seiner berühmten „Green Berets" informiert.

Als wir abreisen wollten, fiel plötzlich Schnee, und zwar so viel, dass an eine Abreise zunächst nicht zu denken war – solche Schneemengen waren für die Gegend und die Jahreszeit völlig ungewöhnlich. So verbrachten wir eine zusätzliche Nacht in Fort Bragg. Unsere Gastgeber gaben sich alle Mühe, uns mit weiteren Informationen rund um die Kommandostrukturen zu versorgen und die zusätzliche Zeit zu füllen.

Treffen der Generalstabschefs: Besonders bemerkenswert waren die Treffen mit den Generalstabschefs der USA (General Hugh Shelton), des Vereinigten Königreichs (General Sir Charles Guthrie) und Frankreichs (General Jean-Pierre Kelche). Diese Treffen fanden halbjährlich statt und waren die Fortsetzung einer schon mehrjährigen Tradition. Wir trafen uns während meiner Amtszeit zweimal an einem verlängerten Wochenende, um uns informell auszusprechen, unsere Haltung zu allen gemeinsamen Problemen zu diskutieren und uns soweit möglich abzustimmen. Verabredet war, dass jeweils nur ein Offizier als Begleitung dabei war. Protokolle wurden nicht geführt, Beschlüsse gab es nicht. Den Ort festzulegen war Sache des jeweiligen Gastgebers. Man traf sich am späten Freitagnachmittag und organisierte ein kleines Abendprogramm, der Samstag diente dem dienstlichen Gespräch. Abends fand eine gesellschaftliche Veranstaltung statt, am Sonntag ging das Treffen zu Ende.

An zwei dieser Treffen – in Frankreich und in den USA – nahm ich selber teil, jeweils begleitet vom Oberst Meyers, meinem Adjutanten. Die Vorbereitung eines nächsten Treffens in Deutschland wäre eigentlich in meiner Verantwortung gewesen. Hierzu hatten wir uns sehr bewusst für Dresden entschieden. Doch die Durchführung oblag meinem Nachfolger, General Kujat.

Bei beiden Treffen, an denen ich mitwirkte, standen Fragen des Kosovo-Konflikts im Mittelpunkt der Aussprache. Dabei ging es um die Gestaltung der Luftoperationen und eine möglicherweise notwendige Ausweitung der gesamten Operationen. Einigkeit herrschte darüber, dass die NATO in diesem Konflikt nicht unterliegen durfte.

Als wir uns in den USA trafen, waren die Luftoperationen bereits beendet, dafür traten Fragen zur Befriedung des Kosovo und zur Zusammenarbeit der zivilen und militärischen Akteure in den Vordergrund. Intensiv und auf eine sehr offene Art und Weise wurde aber auch die zukünftige Entwicklung unseres NATO-Bündnisses diskutiert. Ein wichtiges Ergebnis des ersten Treffens war die Einrichtung einer Hotline zwischen den vier Generalen, sodass ein gegenseitiger Austausch auf kurzem Wege, abhörsicher und ohne große Vorbereitung möglich werden konnte. Diese Hotline wurde durch den US-Generalstabschef zur Verfügung gestellt und bald auch rege genutzt.

Das Begleitprogramm dieser Tagungen wurde vom jeweiligen Gastgeber mit großer Aufmerksamkeit zusammengestellt. Beim Treffen in

Bordeaux führte uns unser Gastgeber, General Kelche, zur Weinbruderschaft Pomerol, in die wir im Rahmen einer Weinprobe als Ehrenmitglieder aufgenommen wurden. Das Treffen in den USA brachte uns mit dem Dienstflugzeug von General Shelton über Washington D. C. nach Key West. Außerdienstlicher Höhepunkt war eine Bootsfahrt mit einem gemeinsamen Abendessen, beleuchtet von der untergehenden Sonne.

Wir verstanden uns menschlich hervorragend – eine gute Voraussetzung für die weiteren Verhandlungen zwischen uns. Meine Partner waren starke Persönlichkeiten mit einem klaren Kompass und einem großen Maß an Erfahrungen aus Einsätzen ihrer Streitkräfte in verschiedenen Verwendungen. Zwei von ihnen, Guthrie und Kelche, hatten einige Zeit in Deutschland gedient. Mein französischer Kollege sprach zudem ausgezeichnet deutsch. Zweifellos wurde die Bundeswehr wegen ihrer Leistungsfähigkeit geachtet. „Ihr habt euch bewährt und werdet dies auch tun, wenn die Anforderungen noch härter werden", war die übereinstimmende Auffassung meiner Kameraden, die ich uneingeschränkt teilte.

Dabei wurden diese Treffen von den anderen NATO-Partnern durchaus mit einer gewissen Skepsis betrachtet. Umso wichtiger war es uns, den Gesprächsfaden zu möglichst allen Partnern nicht abreißen zu lassen.

Norwegen: Der norwegische Generalstabschef hatte mich zu Gesprächen nach Oslo eingeladen, denen der Besuch einer Übung am Polarkreis folgen sollte. Jedoch begannen wir auf Einladung meines Kameraden mit einer Visite bei den Biathlon-Weltmeisterschaften am Holmenkollen, nordwestlich der Hauptstadt. Am Sonntag verfolgten wir das Staffelrennen der Herren – mit ernüchterndem Ausgang: Das Rennen musste wegen Nebels abgebrochen werden, als die deutsche Mannschaft bereits weit in Führung lag.

Da sie im selben Hotel untergebracht war wie meine kleine Delegation, lud ich Mannschaften und Trainer zu einer Kaffeetafel ein und verbrachte mit den Sportlerinnen und Sportlern (viele von ihnen waren auch Soldaten) eine interessante Zeit. Die meisten kannte ich schon von einem Besuch des Weltcups in Oberhof.

Später begaben wir uns auf einen Übungsplatz am Polarkreis. Meterhoch lag der Schnee. Unsere Winterbekleidung war der Kälte kaum gewachsen. Übernachtet wurde in der sogenannten „Kings Cabin", einem schlicht eingerichteten Blockhaus. Wärme spendete ein offenes Feuer, das die ganze Nacht brannte. Hin und wieder erschien ein Soldat und legte Holz nach. An verschiedenen Stationen zeigten uns unsere Gastgeber in beeindruckender Weise ihre Ausbildung für den Winterkampf. Dazu gehörte auch der Vortrag eines Angehörigen des norwegischen Zweigs meiner Familie – dieser diente als Oberleutnant in den norwegischen Streitkräften.

Rumänien: Auch nach Rumänien führte mich eine mehrtägige Reise. Diese war wichtig, weil Rumänien eine Mitgliedschaft in der NATO anstrebte. So wurde ich auch beim Sicherheitsberater des Präsidenten vorstellig, der sich beklagte, dass die Signale und Unterstützung seitens der NATO-Staaten unzureichend seien und die NATO-freundliche Regierung dadurch in Schwierigkeiten kommen könnte – ein Eindruck, den ich nach meiner Rückkehr dem Minister weitergab. Es sollte jedoch nicht mehr viel Zeit vergehen, bis Rumänien – ungeachtet aller Probleme – gemeinsam mit Estland, Lettland, Litauen, Bulgarien, Slowakei und Slowenien der NATO beitrat. Die Beitrittsgespräche begannen im Jahre 2002, zwei Jahre später erfolgte die Aufnahme.

Interessant waren die Begleitumstände dieser Reise: Unsere Delegation übernachtete in Bukarest. In jenem „Appartement", das mir zugewiesen war, hatte einige Jahre zuvor der Oberbefehlshaber des Warschauer Pakts übernachtet. Es war riesig groß und hatte eine für mich nahezu unüberschaubare Zahl von einzelnen Räumen.

Außerdem besuchten wir Vertreter der deutschen Minderheit in Hermannstadt. In diesem Rahmen kam es auch zu einem Gespräch mit dem Bürgermeister und späteren Staatspräsidenten Klaus Johannis. Ein Bild dieser schönen Stadt erinnert noch heute in meiner Wohnung an diesen Besuch.

Österreich: Der Alpenrepublik stattete ich gleich zweimal einen Besuch ab. Auf Einladung meines österreichischen Kollegen, Generaltruppeninspektor Majcen, besuchte ich als Referent eine Tagung, in der ich über die Sicherheits- und Verteidigungspolitik sowie die Bundeswehr berichtete. Dem Vortrag folgte eine spannende Diskussion, in die sich auch der Außenminister und spätere Bundeskanzler Wolfgang Schüssel einschaltete. Der deutsche NATO-Botschafter Joachim Bitterlich war einer der Teilnehmer dieser anspruchsvollen Tagung. Österreich, als neutraler Staat kein Mitglied der NATO, war jedoch Mitglied des NATO-Programms „Partnerschaft für den Frieden" und beteiligte sich an der Kosovo-Mission. Außerdem waren österreichische Soldaten im Rahmen des deutschen Kontingents eingesetzt worden. Nicht nur aufgrund dieser Tatsache gab es am Rande der Tagung und auch im Anschluss genug zu besprechen.

Als Geschenk wurde mir die Kopie eines Bildes von einem meiner Vorfahren überreicht, der 1918 Stadtkommandant in Wien gewesen war.

Der Anlass des zweiten Besuchs war ein besonders angenehmer: Der Nachfolger und neue Generaltruppeninspektor, General Pleiner, hatte mich zum „Ball der Offiziere" in die Wiener Hofburg eingeladen. Zu den Gästen gehörten etwa zwanzig Fähnriche unserer Luftwaffe. Zusammen mit österreichischen Offiziersanwärtern und den ihnen zugeteilten Damen hatten sie eine Quadrille für die Balleröffnung eingeübt.

Ungewöhnlich beschwerlich war allerdings die Anreise nach Wien: Der Flug von Berlin wurde wegen schlechten Wetters nach Linz umgeleitet. Mein österreichischer Kollege hatte umgehend einen Offizier alarmiert, der sich um mich kümmerte, ein Fahrzeug besorgte und mich nach Wien bringen ließ, wo ich zum Ballbeginn gerade noch rechtzeitig eintraf. Das am Nachmittag vorgesehene dienstliche Gespräch holten wir am nächsten Tag nach.

Ein geplanter Gegenbesuch konnte erst nach meiner Amtszeit stattfinden. Grund war die Bildung einer neuen Regierung in Österreich unter dem Bundeskanzler Wolfgang Schüssel mit einer Regierungsbeteiligung der FPÖ. NATO, EU und unsere Regierung hatten verfügt, die Kontakte zur neuen Regierung sowie alle weiteren Kontakte darüber hinaus erheblich zu beschränken. Dennoch haben wir auf stille Weise mit den österreichischen Streitkräften zusammengearbeitet. Dies war auch gar nicht anders möglich, wenn wir nicht die Zusammenarbeit im Kosovo gefährden wollten.

Wenngleich ich am Sinn der Kontaktbeschränkung erhebliche Zweifel hatte, war ich selbstverständlich an die Maßnahmen unserer Regierung gebunden.

Besuch des chinesischen Generalstabschefs

Natürlich hatte auch ich Besucher zu empfangen. Bedeutsam war insbesondere der mehrtägige Aufenthalt des chinesischen Generalstabschefs Wu, formal eine Antwort auf den Besuch meines Vorgängers General Bagger in China. Es war ein sichtbares Zeichen, das die Irritationen rund um die Bombardierung der chinesischen Botschaft in Belgrad weitestgehend ausräumen konnte. So war es mir vergönnt, meinen chinesischen Kollegen mit allen zugehörigen protokollarischen Ehren zu empfangen. Im Mittelpunkt des Besuchs standen unsere persönlichen Treffen sowie jene der Delegationen. Minister Scharping empfing den Gast zu einem ausführlichen Gespräch, und auch ein Empfang beim Bundespräsidenten stand auf der Tagesordnung. Dann ließ sich General Wu das Gefechtsübungszentrum des Heeres vorführen, eine unserer modernsten Ausbildungseinrichtungen, führend im internationalen Maßstab.

General Wu war ein bereits älterer Herr und legte großen Wert auf Ruhepausen. Wir trugen Sorge dafür, dass er diese Pausen auch bekam. Zur Aufhellung des Klimas zwischen den beiden Ländern hatte dieses Treffen auf jeden Fall beigetragen.

Kommandeurtagung der Bundeswehr in Hamburg 1999

Schon kurze Zeit nach der Amtsübernahme wurde ich von einer bereits durch den Chef des Stabes eingesetzten Arbeitsgruppe mit dem Stand der Vorbereitungen für die im November 1999 anstehende Kommandeurtagung der Bundeswehr vertraut gemacht. Diese damals jährlich stattfindende Tagung wurde vom Generalinspekteur geleitet. Alle Offiziere mit Verwendungen im Generalsrang und fast alle hochrangigen Beamten aus dem Verteidigungsministerium sowie einige nachgeordnete Dienststellen nahmen an der Tagung teil.

Traditionsgemäß nutzte der Verteidigungsminister die Versammlung, um seine Absichten deutlich zu machen und diese zu begründen. Im jährlichen Wechsel wurden auch der Bundeskanzler oder der Bundespräsident eingeladen, zu den Teilnehmern zu sprechen. In diesem Jahr 1999 – so wurde das auf dem NATO-Gipfel entschieden – kam auch der US-Verteidigungsminister William Cohen, der vor den Kommandeuren sprach.

Die Tagung 1999 fand unter besonderen Umständen statt: Wir waren im intensiven Einsatz und befanden uns inmitten einer Diskussion um die Änderung unserer Strukturen. Zudem jährte sich der Mauerfall zum zehnten Mal.

Als ich das Amt übernahm, war die Vorbereitung schon sehr weit gediehen: Die Organisation stand, die Zusagen der hochrangigen Redner lagen bereits vor. Zu klären waren noch der Ablauf und das

Tagungsmotto sowie die Frage, auf welche Weise des Mauerfalls gedacht werden könnte. Als Leitwort für die Tagung legte ich das Thema „Im Einsatz bestehen" fest. Dies schien uns allen angesichts des Engagements unserer Truppe im Kosovo die wichtigste Botschaft und Forderung zu sein, die von dieser Zusammenkunft auszugehen hatte. Diese sollte – wie üblich – aus einem offenen Teil mit den Ehefrauen und Gästen sowie einem geschlossenen Teil ohne Gäste bestehen. Auch Journalisten waren zum geschlossenen Teil der Tagung nicht zugelassen.

Ein Ziel dieser Maßnahmen war es, eine breite Diskussion über die anstehenden Probleme zu ermöglichen. Anlässlich des Mauerfall-Jubiläums lud ich Lothar de Maizière ein, zu den Teilnehmern zu sprechen. Als Begleitprogramm im Rahmen eines festlichen Abends sollte die mir aus meiner Zeit in Mecklenburg-Vorpommern bekannte Tanzkompanie aus Neustrelitz auftreten. Ein Oberst der Führungsakademie befasste sich mit meiner Rede, die im Hin und Her vieler Gespräche und nach intensiven Diskussionen auch mit dem stellvertretenden Generalinspekteur, Vizeadmiral Frank, und dem Chef des Stabes, Generalmajor Moede, entstand.

Die Tagung im Hamburger Kongresszentrum nahm einen sehr guten Verlauf. Zunächst begrüßte der Hamburger Bürgermeister und Präsident des Senats, Ortwin Runde, die Teilnehmer. Dem Besuch des Bundeskanzlers ging meine Ansprache voraus – und diese sorgte am nächsten Tag für lebhafte Diskussionen. Meine Ausführung darüber, dass wir auf Dutzende von Verbänden zurückgreifen mussten, um ein einziges Kontingent für den Einsatz im Kosovo bereitzustellen, war dabei sicher genauso einleuchtend wie die Überlegungen zur Haushaltslage.

Vor der Rede des Bundeskanzlers hatte ich die Chance, mit ihm und seiner Begleitung einige Worte zu wechseln. Er nahm zur Kenntnis, dass der US-Verteidigungsminister auch Gastsprecher der Tagung sein sollte und äußerte die Hoffnung, dass er sich nicht zu sehr mit dem deutschen Verteidigungshaushalt befassen möge.

Im Anschluss sprach der Bundeskanzler eindringlich zu den Tagungsteilnehmern – auch äußerst aufmerksam verfolgt von der Presse. Der Kanzler zeigte sich mit den Leistungen der Bundeswehr zufrieden. Als er jedoch über die Haushaltslage Deutschlands sprach, wurde klar, dass etwaige Hoffnungen auf eine Aufstockung unseres Haushalts ins Leere gehen würden. Hierfür musste er das Thema nicht einmal konkret ansprechen.

Bundesminister Scharping, der erst nach dem Kanzler an der Reihe war, betonte die Bedeutung unseres Einsatzes im Kosovo und strich die Notwendigkeit zur Änderung unserer Strukturen heraus. Danach hielt Minister Cohen eine lebhafte Rede. Auch er lobte die Leistungen der Bundeswehr, die intensive Gemeinschaft sowie die Zusammenarbeit der USA und Deutschlands in der NATO. Entgegen der Hoffnungen des Bundeskanzlers, jedoch durchaus im Sinne des deutschen Verteidigungsministers, forderte Cohen eindringlich die Aufstockung des deutschen Verteidigungshaushalts.

Lothar de Maizière war der letzte Redner der Tagung. Mit dem Hinweis, wir mögen nie vergessen, dass „die schändliche Mauer von Osten her aufgestoßen wurde", begann er seine Rede und lobte die Leistungen der Bundeswehr für die deutsche Einheit über den engen militärischen Bereich hinaus. Mit großem Beifall wurde er nach seiner Rede verabschiedet.

Der interne Teil der Tagung verlief ebenfalls spannend. Ausgangspunkt waren Darstellungen der Abteilungsleiter des Führungsstabes der Streitkräfte zur Gestaltung der Zukunft. Viele Fragen wurden gestellt, nicht alle konnten jedoch zur Zufriedenheit beantwortet werden. Vermeintliche oder tatsächliche Ungereimtheiten bei der Zusammenstellung von Einsatzverbänden wurden genauso angesprochen wie vermeintliche oder tatsächliche Schwächen, die sich mit der Zukunft der Bundeswehr auseinandersetzten.

Ich war dankbar für die offene Aussprache – wo wenn nicht hier sollte sie geführt werden können, dachte ich für mich.

Nach der Tagung war ich erleichtert. Das interne Echo und das Pressebild waren insgesamt zufriedenstellend. Die Überzeugung, dass Strukturänderungen nicht nur wegen der Haushaltslage unvermeidlich waren, konnte ausreichend vermittelt werden, aber auch die Botschaft, dass die Bundeswehr die geforderten Einsätze im internationalen Vergleich gut bewältigt hatte und insofern zuversichtlich nach vorne blicken konnte.

Evangelischer Kirchentag 1999 in Stuttgart

Im Juni 1999 fand der Deutsche Evangelische Kirchentag in Stuttgart statt. Leider war mir nur ein kurzer Besuch möglich – der aber hatte es in sich.

Der wichtigste Programmpunkt war ein Besuch beim Stand der Militärseelsorge. Auf dem Weg dahin kamen wir auch an verschiedenen

Ständen und Angeboten von Vertretern der Kriegsdienstverweigerer und der Friedensbewegung vorbei. Zur Überraschung (vielleicht auch zu deren Entsetzen) meiner Begleiter ging ich auf einen dieser Stände zu und bat um einen Kaffee. Bald sammelten sich viele Menschen rund um diese ungewöhnliche Gesellschaft. Ein Stuhlkreis wurde aufgestellt, wir diskutierten intensiv und deutlich, aber auch in einer durchaus freundlichen Atmosphäre, wie es sich auf einem Kirchentag gehört (obgleich ich dies bei einem Kirchentag im Ruhrgebiet schon mal anders erleben musste).

Das Bild war sicher ungewöhnlich: Der ranghöchste Soldat der Bundeswehr vertiefte sich in lebhafte, aber stets angenehm geführte Diskussionen mit Vertretern der Friedensbewegung und Kriegsdienstverweigerern. Ebenfalls aufsehenerregend war die Tatsache, dass ich von vielen Pfadfinderinnen und Pfadfindern, die ich noch zum Großteil aus meiner Pfadfinderzeit kannte, mit großer Herzlichkeit begrüßt wurde.

Bei jedem Evangelischen Kirchentag war man stark darum bemüht, den Besuchern die Arbeit der Militärseelsorge näherzubringen und darüber hinaus ein Forum für eine Aussprache anzubieten. Die verschiedenen Verteidigungsministerinnen und -minister stellten sich dazu regelmäßig zur Verfügung, ungeachtet der Tatsache, dass mancher Auftritt von heftigen Protesten begleitet wurde. Auch mein Besuch wurde zum Anlass genommen, eine Gesprächsrunde mit mir anzubieten. Letztlich trat ich zufrieden den Rückflug an.

Zu dieser Zeit war mir noch nicht klar, dass nach meiner Dienstzeit beim Militär, dann als Präsident der Johanniter-Unfall-Hilfe, der Besuch der Evangelischen Kirchentage und vor allem die Treffen mit Hunderten von Helfern jener Organisation viele Jahre lang zu meinem Pflichtprogramm gehören würden.

Bundeswehrplanung, Weizsäcker-Kommission und Eckwertepapier

Der neben dem Kosovo-Konflikt wichtigste Themenblock meiner Dienstzeit als Generalinspekteur war die Bundeswehrplanung. Früh hatte der Verteidigungsminister deutlich gemacht, dass er eine Kommission einsetzen würde, die den Auftrag haben sollte, Vorschläge für die künftige Struktur der Bundeswehr zu unterbreiten. Dass eine solche Untersuchung angeraten war, stand außer Zweifel. Schon längere Zeit war klar, dass Reformen notwendig wurden – die aktuelle

Struktur war mit dem entsprechenden Haushalt auf die Dauer nicht finanzierbar. Der Aussicht auf einen höheren Haushalt hatte Bundeskanzler Schröder jedoch nicht erst bei der Kommandeurtagung der Bundeswehr 1999 eine Absage erteilt. Im Gegenteil: Auch für die Bundeswehr stand nun eine Reduzierung der Mittel zur Debatte.

Ebenfalls war unumstritten, dass die Änderungen der politischen Lage – der Beitritt früherer Staaten des Warschauer Pakts in die NATO, das veränderte Aufgabenspektrum und vieles mehr – solche Überlegungen notwendig machten. Dies wurde umso relevanter angesichts der ersten Einsätze der Bundeswehr außerhalb des Bündnisgebiets und der großen Änderungen in der NATO-Strategie, die den Schwerpunkt auf Konfliktprävention und Konfliktverhütung legte. Auch der Charakter der Landesverteidigung hatte sich gewandelt: Landesverteidigung, sobald sie notwendig werden sollte, würde zunächst auf dem Gebiet von Bündnispartnern stattfinden.

Eine zentrale Frage war auch jene, wie man die Aufgaben zukünftig effizienter erfüllen könnte. An einer Verkleinerung der Bundeswehr schien nun in absehbarer Zeit offenbar kein Weg vorbeizuführen. Zu prüfen war damit außerdem der Aspekt der Wehrpflicht: Schon längst konnten nicht mehr alle wehrpflichtigen jungen Männer eingezogen werden. Eine zu deutliche Verkleinerung der Truppe würde das Problem der Wehrgerechtigkeit jedoch weiter vergrößern.

Scharping hatte für die Leitung der Kommission den ehemaligen Bundespräsidenten Richard von Weizsäcker gewinnen können. Persönlichkeiten des öffentlichen Lebens und Repräsentanten verschiedener Fachgebiete einschließlich einiger pensionierter hochrangiger Generale, die bedeutende Funktionen im nationalen und internationalen Bereich ausgeübt hatten, bildeten in ihrer Gesamtheit die Kommission, die von einem Sekretariat unterstützt wurde. Die Generale Carstens, Hansen und Eisele spiegelten den militärischen Sachverstand wider. Bekannte Namen aus dem gesellschaftlichen Bereich waren unter anderem Ignaz Bubis, Jürgen Schmude, Richard Schröder, Christoph Bertram und Lothar de Maiziére. Die Kommission arbeitete unabhängig – manchmal unabhängiger, als es dem Minister lieb war. Sie wurde souverän geleitet, versammelte Meinungen zahlreicher Sachverständiger aus dem militärischen und dem zivilen Bereich und erbrachte am Ende viele erkenntnisreiche Ergebnisse. Auch ich hatte Gelegenheit, meine Vorstellungen ausführlich vorzutragen.

Fast zeitgleich mit der Kommission erhielt ich als Generalinspekteur den Auftrag, die Vorschläge der militärischen Führung in einem

Eckwertepapier niederzuschreiben. Diese Eckwerte sollten die Bundeswehr der Zukunft skizzieren. Unter meiner Leitung wurden in Zusammenarbeit mit den Teilstreitkräften prinzipiell dieselben Fragen untersucht, mit denen sich die Weizsäcker-Kommission zu befassen hatte. Die Ergebnisse der Untersuchungen waren dem Minister im Mai des Folgejahres vorzulegen – nahezu zeitgleich zum Kommissionsbericht. Der Zeitraum war kurz nach Beginn der Arbeiten im Zusammenhang mit der Haushaltsentwicklung um ein halbes Jahr verkürzt worden.

Noch komplizierter wurde die ohnehin schwierige Lage dadurch, dass innerhalb des Ministeriums auch der Planungsstab Untersuchungen durchführte und ein eigenes Konzept entwickelte. Einige Male nahm der Minister Einfluss auf die Arbeit, sprach mit der militärischen Führung und ließ sich Zwischenergebnisse vortragen. Als ein Entwurf fertiggestellt war, den ich ihm und der Leitung des Hauses in geschlossener Form vorstellte, gab es keine Diskussion. Der Minister ordnete schließlich die Fortsetzung der Arbeit anhand einzelner Untersuchungsgegenstände an. Damit war klar, dass er mit dem bis dahin Erreichten nicht einverstanden war.

Die Zusammenarbeit im Bereich der militärischen Führung erwies sich als insgesamt holprig. Das war durchaus nachvollziehbar: Schließlich kristallisierte sich schnell heraus, dass am Ende alle Teilstreitkräfte Gewohntes aufzugeben und manchen Mangel zu akzeptieren hatten. Ein echtes Verständnis hierfür zu entwickeln war nicht einfach.

Ein besonders schwieriger Diskussionspunkt war die konkrete Ausgestaltung einer Streitkräftebasis zur Wahrnehmung gemeinsamer Aufgaben mit der Bundeswehr. Dass es sinnvoll sein würde, Aufgaben, die in allen Teilstreitkräften anfallen, zusammenzufassen, war unbestritten. Wesentliche Streitpunkte waren allerdings die Fragen, welche Aufgaben es sein sollten und ob es bei der Verantwortung, die ohnehin bei einer Teilstreitkraft für alle im sogenannten Pilotdienst lag, überhaupt einer weitgehenden Neuregelung bedurfte. Über den Vorschlag für ein neu zu schaffendes Einsatzführungskommando, das alle Einsätze der Bundeswehr aus einer Hand führen sollte, wurde dagegen sehr schnell Einvernehmen erzielt. Einen schnellen Konsens fand man auch zum Verzicht auf eine Führungsebene in allen Teilstreitkräften. Dazu einigte man sich darauf, den Sanitätsdienst aller Teilstreitkräfte unter die einheitliche Leitung des Inspekteurs zu stellen.

Die Ergebnisse verschiedener, von Mitgliedern des Führungsstabes der Streitkräfte geleiteten Arbeitsgruppen wurden bei regelmäßigen Treffen und Diskussionen des militärischen Führungsrats zur Kenntnis genommen, vorangetrieben, genehmigt oder zur weiteren Überarbeitung zurückgegeben. Diese Diskussionen waren zuweilen recht umfangreich. Am Ende sollte es gelingen, ein Papier zu verfassen, das die einheitliche Meinung der militärischen Führung widerspiegelte. Das Ergebnis war in Teilen ein Kompromisspapier, ging jedoch in seiner Substanz weit über kleine Korrekturen am bisherigen Zustand hinaus. Dies kann an folgenden Beispielen demonstriert werden – so war zum Beispiel vorgesehen:

- Anpassung der Struktur an das veränderte Aufgabenspektrum
- Bereitstellung von Einsatzkräften von 157.000 Soldaten in abgestufter Verfügbarkeit
- Reduzierung des Präsenzumfangs der Streitkräfte auf ca. 290.000 Soldaten (202.000 Berufs- und Zeitsoldaten, 85.000 Wehrpflichtige)
- Neuordnung der Wehrpflicht (Verkürzung des Grundwehrdienstes auf neun Monate)
- Reduzierung der Führungsebenen
- Einsatzführung aus einer Hand
- Zusammenfassung streitkräftegemeinsamer Aufgaben in einer Streitkräftebasis
- Erhöhung der Mittelansätze für Investitionen
- Verbesserung der Nachrichtengewinnung und Aufklärung
- Schaffung eines zentralen logistischen Wirkungsverbundes und die
- Zentralisierung des Sanitätsdienstes.

Einige Elemente unserer Vorschläge wurden dann später tatsächlich verwirklicht. Wesentliche Unterschiede zwischen den Konzepten der Weizsäcker-Kommission und dem Eckwertepapier betrafen vor allem die zukünftige Stärke der Bundeswehr, die Rolle der Wehrpflicht und die Führungsorganisation.

Letztlich waren die Unterschiede zwischen beiden Konzepten – abgesehen von der Personalstärke und den unterschiedlichen Auffassungen über die Gestaltung der Wehrpflicht – weniger gravierend, als sie dann öffentlich diskutiert wurden.

Am 23. Mai 2000 stellte die Weizsäcker-Kommission dem Bundeskanzler ihre Ergebnisse vor. An selben Tag überreichte ich Minister

Scharping die im Eckwertepapier festgehaltenen Vorstellungen der militärischen Führung. Am 24. Mai, also nur einen Tag nach der Übergabe des Kommissionsberichts, ging der Minister mit seinen Vorstellungen an die Öffentlichkeit und gab bei dieser Gelegenheit bekannt, dass er dem Bundespräsidenten vorgeschlagen habe, mich auf meinen Wunsch in den einstweiligen Ruhestand zu versetzen.

Über den produktiven Prozess rund um die Erarbeitung der Vorschläge seitens der Kommission sowie der militärischen Führung hinaus war jedoch ersichtlich, dass die letzten Monate der Arbeit durch unangenehme Vorgänge um meine Person getrübt waren. Jene Vorgänge hatten mich schließlich dazu veranlasst, bereits am 8. Mai 2000 beim Minister um meine Versetzung in den einstweiligen Ruhestand zu bitten. Doch darum soll es später gehen.

Soldat unter Soldaten

Von Anfang an war ich entschlossen, mich nicht nur auf die militärpolitischen, strategischen und planerischen Aufgaben meiner neuen Dienststelle zu konzentrieren. Darüber hinaus war mir wichtig, den Kontakt zu den „richtigen" Menschen in der Bundeswehr nicht zu verlieren, stets einen Gesprächsfaden zu haben und diesen nicht abreißen zu lassen. Noch heute erfreue ich mich an dem einen oder anderen Kontakt, der in dieser Zeit entstanden ist.

Gleich nach dem Amtsantritt nutzte ich die Chance, mich bei den Teilstreitkräften zu informieren. Dies geschah nicht nur durch Lagevorträge der Inspekteure und ihrer Führungsstäbe, sondern auch durch kleine, aber eindrucksvolle Reisen und dem Besuch verschiedener Truppenteile bei Luftwaffe und Marine. Großen Wert legte ich darauf, dass ich die Möglichkeit hatte, mir durch Gespräche mit möglichst allen Dienstgradgruppen ein Bild davon zu machen, was die Soldaten bewegte. Dabei traf ich in allen Teilstreitkräften auf höchst engagierte, einsatzbereite und -willige Soldaten, die in der Regel zufrieden mit ihrem Dienst waren, zuweilen aber viel Bürokratie und langwierige Verfahren beklagten. Und sie ließen keinen Zweifel daran, dass sie bereit waren, in den Einsatz zu gehen, wenn es von ihnen verlangt wurde.

Wie hält man Kontakt zur „lebendigen" Truppe? Wie entgeht man der Gefahr, sich von ihrem Leben durch die Vielzahl der Aufgaben im Ministerium, im Military Committee, im Verteidigungsausschuss und an vielen anderen Stellen zu entfernen und zu entfremden? Diese Frage habe ich mir vor meinem Amtsantritt gestellt und eine für mich, zumindest teils befriedigende, Antwort gefunden.

Neben den Reisen ins jeweilige Einsatzgebiet – wo ich mir immer Zeit nahm, mit den Soldaten zusammenzukommen, mit ihnen zu sprechen und mir ihre Sorgen auch sehr direkt anzuhören – hatte ich mir ein Verfahren überlegt, bei den Soldaten zu Hause regelmäßig das Gespräch zu suchen. Beim ersten von mir geleiteten militärischen Führungsrat informierte ich die Inspekteure über dieses Vorhaben. Einmal pro Quartal wollte ich bei einem Verband einer Teilstreitkraft oder einer militärischen Einrichtung einen Tag verbringen. Dies sollte jeweils ein Samstag sein, der am Morgen mit einem Kurzvortrag des jeweiligen Dienststellenleiters beginnen sollte. Dann war ein Marsch zusammen mit etwa fünfzig Soldaten (oder auch Soldatinnen, soweit es den Sanitätsdienst betraf) über zwanzig bis dreißig Kilometer vorgesehen. Die Zusammensetzung der Marschgruppe sollte alle Dienstgradgruppen umfassen. Für den späten Nachmittag war ein kleiner Imbiss eingeplant. Damit endete der Tag im Rahmen eines gemütlichen Zusammenseins.

Ich versprach mir davon einen Einblick in die Stimmung der Truppe und wollte immer wieder zeigen, dass ich mich als Teil des Ganzen fühlte. Vor allem wollte ich beweisen, dass soldatische Kameradschaft vom Dienstgrad unabhängig ist.

Der erste dieser Besuche führte zur Gebirgsjägerbrigade. Dort war Brigadegeneral Berger, der zuvor in Neubrandenburg mein Chef des Stabes gewesen war, zugleich auch Brigadekommandeur. Er lud mich dazu ein, ihn mit einigen Soldaten seiner Brigade schon am Vorabend auf einer Hütte zu treffen. Dort konnten wir unsere alte Kameradschaft wieder aufleben lassen. Am nächsten Morgen marschierten wir mit einigen Dienstgraden und dem gesamten Hochgebirgszug der Brigade bergauf und bergab um den Königssee.

Es war ein wunderbarer wie anstrengender Tag. General Berger behielt mich immer im Blick. Wenn er das Gefühl hatte, dass es für mich zu anstrengend würde, befahl er eine Pause. Während wir liefen, suchten ein junger Soldat nach dem anderen den Kontakt mit mir, und alle hatten Fragen auf dem Herzen. Ich freute mich über die aufgeschlossenen jungen Leute und versuchte, so ehrlich wie möglich zu antworten. Einer der Soldaten erzählte mir, man habe sich verabredet, sodass möglichst viele die Chance bekommen sollten, mit mir zu reden. Der Tag endete damit, dass ich als Ehrenmitglied in den Hochgebirgszug aufgenommen wurde. Die meisten der jungen Leute waren Wehrpflichtige, ihr Zugführer war ein beeindruckender Hauptfeldwebel. Sie alle strahlten Begeisterung aus und fieberten einer Besteigung des Mont Blanc entgegen. Später besuchte ich die Gebirgsjägerbrigade noch einmal zur Stallweihnacht, ebenso nach meiner Pensionierung anlässlich einer Festrede beim Jahresempfang der Stadt Berchtesgaden.

Mit Soldaten der Luftwaffe, die einem fliegenden Verband angehörten, mit Logistikern und Sicherungssoldaten war ich in der Eifel unterwegs. Der Weg führte über diverse Eifelhöhen. Wir machten Pause in einem Kloster, in dem uns der Abt empfing und vom Leben dort erzählte. Für mich und für alle Teilnehmer war dies ein besonderes Erlebnis.

Der Besuch bei der Marine führte uns an die mecklenburgische Küste. Wir marschierten in Küstennähe, beobachteten Tausende von Kranichen, die dort rasteten – ein großartiges Naturschauspiel –, fuhren ein Stück mit einer Barkasse und beendeten den Tag mit vielen Gesprächen.

In Ulm traf ich Soldatinnen und Soldaten aus dem dortigen Bundeswehrkrankenhaus. Hier waren auch einige zivile Kräfte Teil der kleinen Marschgruppe. Der Chefarzt führte uns auf einen spannenden Weg in eine kleine Stadt, wo ich mich gerne in das Goldene Buch eintrug. Auch die Damen und Herren aus dem zentralen Sanitätsdienst verschafften mir nicht nur gute Einblicke in ihre Arbeit, sondern zudem das Gefühl, in ihrem Kreis und in einer engen Kameradschaft, die alle Bundeswehrangehörigen einschloss, zu Hause zu sein.

Mein letzter Marsch dieser Art führte mich zur Bundeswehruniversität nach Hamburg und hatte einen besonderen Charakter: Zu jenem Zeitpunkt hatte ich mich bereits entschlossen, den Minister um meine Versetzung in den einstweiligen Ruhestand zu bitten. So war mir klar, dass dies gleichzeitig mein letzter Aufenthalt bei der Truppe sein könnte. Dies ließ ich aber niemanden anmerken. Wir waren lange und mit Freude im Sachsenwald unterwegs. Die Veranstaltung endete in einem Biwak, wo ich mich am Feuer sitzend mit einigen Worten an die Studenten wandte und ihnen Mut machte, sich auf ihre Tätigkeit in der Truppe zu freuen. Der Tag endete mit einem Treffen einer kleinen Gruppe von Studenten auf einer Wohnebene.

Noch einmal durfte ich mit unserem Führernachwuchs zusammen sein und mich an den engagierten jungen Leuten erfreuen. Sie würden dies mindestens genauso gut machen wie wir – davon war ich überzeugt, wenn die Führung ihnen die Voraussetzungen hierfür schaffte.

Einer Idee meines Marine-Adjutanten – dem späteren Admiral Luther – folgend, flog ich an einem Abend nach Kristiansand in Norwegen, quasi direkt vom Schreibtisch aus. Hier im Süden des Landes lag ein U-Boot vor Anker, das am Abend auslaufen sollte: Es war ein Torpedoschießen mit Übungstorpedos geplant. Ich blieb die ganze Nacht auf dem Boot, nahm an den verschiedenen Übungen teil, bewegte mich unter den Soldaten in diesem kleinen Mikrokosmos, sprach und lebte mit ihnen. In der Koje des Kapitäns war mir eine kurze Ruhephase vergönnt. Am Morgen kehrten wir nach Kristiansand zurück. Hier lag ein deutscher Tender vor Anker, und ich entschloss mich zu einem Überraschungsbesuch – mit einem Vortrag und einem gemeinsamen Frühstück.

Als sich bei mir der Eindruck verfestigte, dass meine Dienstzeit womöglich vorzeitig enden könnte, besuchte ich die Standorte, an denen ich besonders gern gewesen war: In Hemau, wo ich Kommandeur des Raketenartilleriebataillons 42 war, ließ ich mich noch einmal über das Bataillon und den Standort informieren, verbrachte einen Tag bei der Truppe und den Abend mit den Spitzen des Bataillons und der Stadt, die ich fast alle noch kannte. Der Bataillonskommandeur war zu meiner Kommandeurszeit dort Batteriechef gewesen. Es war eine willkommene Gelegenheit, über gemeinsame Erlebnisse zu reden. Auch die Verbindung nach Hemau ist bis heute nicht abgerissen.

Überraschend ergab sich aufgrund eines verspäteten Hubschrauberflugs die Gelegenheit, den Standort Kempten zu besuchen – dort war ich einst Batteriechef gewesen. Mein Adjutant kündigte den Besuch mit einer halben Stunde Vorlauf an. Mittlerweile war in dieser Kaserne, in der ich meinen Führungsaufgaben im Gebirgsartilleriebataillon nachgekommen war, ein Sanitätsbataillon stationiert. Nach einem kurzen Lagevortrag des Kommandeurs ging ich zielbewusst in den Unterkunftsblock, in dem ich als Chef residiert hatte. Dort fand ich mein altes Dienstzimmer vor, in dem sich ein Oberleutnant aufhielt, der seinen Kompaniechef vertrat. Die Kompanie war bereits im Einsatz gewesen. Sie hatte sich bewährt – dies wurde mir anhand eines kleinen Vortrags und mehreren Bildern demonstriert. Froh und dankbar trat ich den Weiterflug an.

Dann ergab sich zusätzlich die Chance, Eggesin noch einmal zu besuchen. Die Zeit in Mecklenburg-Vorpommern war für mich auch aus heutiger Betrachtung der Kulminationspunkt meiner militärischen Laufbahn.

Nun, viele Jahre später, war ich als ranghöchster Soldat der Bundeswehr zurück, kurz vor meinem Ausscheiden aus dem militärischen Dienst. Bemerkenswert war vor allem der Abend: Brigadegeneral Otto, Brigadekommandeur und später Befehlshaber des Heeresführungskommandos, hatte meinen Seelenzustand richtig eingeschätzt: So waren – ungeachtet von Stellung und Funktion – nur Menschen eingeladen, von denen er wusste, dass ich sie außerordentlich schätzte oder Besonderes mit ihnen erlebt hatte. Da traf ich verschiedene enge Mitarbeiter aus dem Stab wieder, den Bürgermeister von Torgelow, dem ich stark verbunden war, den Superintendenten aus Ueckermünde, mit dem wir die ersten Gesprächsrunden vereinbart hatten – lange, bevor es ein Abkommen zur Evangelischen Militärseelsorge gab. Ich traf einige junge Leute, die gerade Soldaten oder Absolventen ihrer Berufsausbildung waren und die ich in der Pfadfindergruppe betreut hatte. Als Geschenk wurde mir eine kunstvolle Abschrift des Pommernlieds mitgegeben. General Otto tat wirklich alles, um mir den Abschied schwer zu machen.

Ungewöhnlich war sicherlich, dass ich auch als Generalinspekteur die Truppe beim Nijmegenmarsch besuchte. Den kompletten Marsch mitzumachen ließen meine Pflichten nicht zu – nur eine Stippvisite wäre mir jedoch auch zu wenig gewesen. So flog ich Donnerstagnachmittag nach Nijmegen, verbrachte den Abend bei den Soldaten und marschierte Freitag am dritten Marschtag mit. Auch hier suchten die Soldaten das Gespräch. Bei den Mannschaften anderer Nationen sprach sich meine Teilnahme herum.

Viele Jahre später, als ich schon lange pensioniert war, lud mich die Nijmegen-Delegation der Bundeswehr noch einmal zu einem Besuch ein. Diese Einladung akzeptierte ich mit großer Freude. Wieder wählte ich den dritten Marschtag, marschierte (altersgemäß) einen Teil der Strecke mit und verbrachte den Abend bei der Truppe im Camp.

Lebhafte Erinnerungen habe ich auch an meine Besuche im Bundeswehrkrankenhaus. An Heiligabend 1999 traf ich zusammen mit dem Chefarzt des Bundeswehrkrankenhauses alle Soldaten, die die Festtage nicht zu Hause verbringen konnten. Ich wünschte ihnen gute Genesung, überreichte ein kleines Geschenk und erntete Überraschung und Dankbarkeit. Gleiches erlebte ich, als ich Soldaten besuchte, die im Einsatz verwundet worden waren.

Die Nabelschnur zur lebendigen Truppe ist nie abgerissen. Dieses Gefühl konnte ich zutiefst befriedigt mit nach Hause nehmen. Die Verbindung ist mittlerweile – nach vielen Jahren – lockerer geworden, aber sie existiert heute noch, denn die soldatische Kameradschaft hört mit dem Ende der Dienstzeit nicht auf.

Der Abschied

Am 8. Mai 2000 rief ich Minister Scharping auf seinem Handy an. Er befand sich zu jenem Zeitpunkt auf dem Weg zum Dienst. Ich bat ihn gleich nach Ankunft um ein Vieraugengespräch. Kurz darauf besuchte ich ihn in seinem Büro.

Ich bat ihn, mich in den einstweiligen Ruhestand zu versetzen und begründete ausführlich meinen Antrag. Sowohl den Antrag als auch die Begründung händigte ich ihm direkt aus und fügte den Hinweis dazu, dass dieses Schriftstück von mir auf meinem eigenen Computer geschrieben worden sei und es keine Kopie außer meiner gäbe. Dies hatte ich so eingeleitet, weil ich den Minister nicht in öffentlichen Zugzwang bringen wollte – wohlwissend, dass ich auf die Versetzung in den einstweiligen Ruhestand keinen Anspruch hatte. Ich hatte auch kein Interesse daran, dass Einzelheiten der Begründung an die Presse gelangten. Dabei war ein zentrales Argument meines Rücktritts das offensichtlich gegenseitig nicht mehr vorhandene Vertrauensverhältnis. Mein Bestreben war es, auf eine anständige Weise aus dem Dienst auszuscheiden.

Der Minister zeigte sich zunächst überrascht, nahm den Antrag an sich und versprach, darüber nachzudenken sowie gegebenenfalls noch einmal ein Gespräch mit mir zu führen. Eine sachliche Diskussion ergab sich bei diesem Anlass nicht. Ich hatte sie auch nicht angestrebt. Dann hörte ich zunächst nichts mehr.

Das angekündigte Gespräch fand einige Zeit später in einem Restaurant am Potsdamer Platz statt. Es endete jedoch – für mich überraschend – ohne eine finale Entscheidung. Auf die Frage, ob ich mir auch vorstellen könnte, weiterzumachen, entgegnete ich, dass dies durchaus der Fall sei. Dies würde jedoch einen Neuanfang auf beiden Seiten voraussetzen, fügte ich hinzu.

Wieder ging einige Zeit ins Land, und der Zeitpunkt der Abgabe des Kommissionsberichts sowie des Eckwertepapiers nahte.

Ich erfüllte wie gewohnt meine Pflichten, traf sogar noch im Rahmen eines Delegationsgesprächs nach einer Sitzung des Military Committee den russischen Generalstabschef zu einem Gespräch.

Dazu hatte ich auch eine Tagung für ehemalige Generale in Sonthofen zu leiten. Solche Tagungen fanden alle zwei Jahre statt und wur den dazu genutzt, ehemalige ranghohe Soldaten mit den jüngsten Entwicklungen in der Sicherheitspolitik und in der Bundeswehr vertraut zu machen. Dass dabei auch die Kameradschaftspflege nicht zu kurz kam, lag auf der Hand.

Es war für mich eine große Freude, dass der schon damals hochbetagte ehemalige Generalinspekteur, General Ulrich de Maizière, an der Tagung teilnahm. Ich nutzte diese, um ihn über meinen mutmaßlich bevorstehenden Abschied zu informieren.

Am Vormittag des 23. Mai 2000 übergab der Vorsitzende der Kommission, Richard von Weizsäcker, den Bericht der Kommission an den Bundeskanzler. Am späten Nachmittag desselben Tages händigte ich dem Minister Scharping, von der Presse begleitet, das Eckwertepapier als Vorschlag der militärischen Führung aus. Am gleichen Abend tagte der Militärische Führungsrat. Wir befassten uns mit Einzelheiten des Logistikmodells, da wurde ich zum Minister gebeten.

Scharping teilte mir mit, dass er sich von mir trennen wolle, am besten kurz vor oder nach der parlamentarischen Sommerpause. Wenn er zu dieser Auffassung gelangt sei, entgegnete ich, gäbe es nur einen geeigneten Zeitpunkt – und der wäre sofort. Der Minister stimmte mir zu und bat mich, die Inspekteure, mit denen ich gerade zusammen war, zunächst nicht darüber zu informieren. Er wolle dies selbst übernehmen und vor der Bekanntgabe noch mit dem Bundeskanzler sowie dem Bundespräsidenten sprechen. Ich versprach ihm, die Inspekteure an diesem Abend nicht zu informieren. Als Zeitpunkt des Ausscheidens wurde einvernehmlich der 30. Juni festgelegt. Davor wollte ich noch einige Angelegenheiten zum Abschluss bringen, ein paar Tage Urlaub machen und den Nachfolger (dies sollte General Kujat, der Leiter des Planungsstabes, werden) in laufende Dinge einweisen.

Die folgende Nacht verlief spannend. Zu Hause angekommen, teilte mir der Chef des Stabes mit, der Minister habe sich vom Führungsstab der Streitkräfte die privaten Telefonnummern der Inspekteure geben lassen. Am nächsten Morgen wunderte ich mich darüber, dass sich keiner von ihnen bei mir meldete. Erst einige Stunden später löste sich das Rätsel auf: Der Minister hatte noch in derselben Nacht alle Inspekteure angerufen, um sie über meinen Abschied zu informieren. Dabei hatte er sich in den Telefonaten offensichtlich äußerst verschwommen ausgedrückt – keiner der Angerufenen hatte entschlüsseln können, worum es dem Minister eigentlich ging.

An demselben Tag, am 24. Mai, stellte sich der Minister vor die Presse. Er skizzierte seine Gedanken zur Zukunft der Bundeswehr und gab bei diesem Anlass meine Versetzung in den einstweiligen Ruhestand bekannt. Dass die Beantragung der Versetzung von mir ausgegangen war, erwähnte er nur am Rande.

Wenige Stunden, bevor der Minister an die Presse ging, informierte ich einen Kreis von engen Vertrauten über meine Pläne. Es waren vor allem Menschen, von denen ich nicht wollte, dass sie die Nachricht völlig unvorbereitet erreichten – dazu gehörten meine Eltern, Jörg Schönbohm, General Klaus Naumann und auch Angela Merkel.

Wie war es dazu gekommen? Was hatte mich dazu veranlasst, diesen Schritt zu gehen? Der Weg zum Minister Scharping war keine spontane Eingebung. Es war der Endpunkt einer längeren Entwicklung, die sich schon einige Monate angebahnt hatte, von mir jedoch anfangs nicht realisiert worden war. Bei mir hatte sich vor allem in den letzten Wochen der Eindruck verfestigt, dass der Minister das Vertrauen zu mir verloren hatte. Umgekehrt war dies allerdings ebenfalls der Fall.

Viele Faktoren ließen mich bereits vermuten, eine vorzeitige Trennung könnte bevorstehen. Dazu gehörte ein Vorstoß des Abteilungsleiters Personal, der mich unverblümt fragte, ob die Gerüchte zuträfen, ich sei amtsmüde. Auch die Frage, ob ich gesundheitliche Probleme hätte, sei bereits diskutiert worden. Die Existenz dieser Gerüchte wurde mir aus dem Stab bestätigt.

Zunächst nahm ich die Gerüchte über Amtsmüdigkeit und gesundheitliche Probleme nicht ernst. Ich glaubte auch nicht, dass man angesichts meines Arbeitspensums ernsthaft auf solche Ideen hätte kommen können. Kurzum: Ich vergaß die Sache schnell. Erst der Anruf eines mir bekannten Journalisten rief die Angelegenheit augenblicklich wieder in mein Bewusstsein zurück. Es sei irgendwas im Gange, berichtete er mir, ich solle vorsichtig sein. Woche für Woche nahm die Anspannung zu.

Heute vermute ich, dass möglicherweise schon die Art meiner Berufung den Keim dafür legte, was sich später ereignen sollte. Mir war es nicht wirklich gelungen, ein Vertrauensverhältnis zum Minister und seiner Umgebung aufzubauen, obwohl die Zusammenarbeit im Rahmen des Kosovo-Konflikts zunächst eine gute Entwicklung genommen hatte.

Natürlich hatte es Meinungsverschiedenheiten gegeben. Einige Male musste ich den Minister schriftlich auf Probleme hinweisen, nicht selten mit der Bitte verbunden, sich um Abstellung zu bemühen.

Dazu zählte beispielsweise die unterschiedliche Bezahlung der Soldaten im Osten und Westen, was aus meiner Sicht – fast zehn Jahre nach der deutschen Einheit – nicht mehr zu begründen oder nachzuvollziehen war. Dazu zählten gravierende Probleme mit dem Haushaltsetat, worauf ich in einem Brief an den Bundeskanzler – jedoch in Abstimmung mit dem Minister – hingewiesen hatte.

Und dazu zählte die von der Koalition veranlasste Kürzung der Dienstzeit für Kriegsdienstverweigerer, was nach meiner Einschätzung zu einer Benachteiligung der Wehrdienstleistenden führte. Die Dienstzeit war zwar nunmehr identisch, die Wehrdienstleistenden hatten jedoch eine Fülle von Nachteilen in Kauf zu nehmen. Der Minister gab hierzu eine Untersuchung in Auftrag, wie man eine Angleichung der Dienstverhältnisse hinsichtlich der Belastungen erreichen könnte. Die Untersuchung verlief jedoch bald im Sande.

Bei der Erarbeitung des Eckwertepapiers wurde aus meiner Sicht deutlich, dass die Vorstellungen des Ministers zu einem frühen Zeitpunkt schon sehr weit gediehen waren, ziemlich unabhängig von den Ergebnissen der Weizsäcker-Kommission oder den Eckwerten der militärischen Führung.

Ich vermute, dass auch einige politische Kontakte, die in die CDU hineinreichten und die mir bei der Kosovo-Auseinandersetzung dienlich waren, allmählich Verdacht erregten. An meiner Loyalität zur gewählten Regierung hatte ich meines Erachtens nie Zweifel aufkommen lassen. Jedoch legte ich stets Wert darauf, bei meinen militärischen Ratschlägen unabhängig zu bleiben und die Geschlossenheit der militärischen Führung soweit wie möglich zu wahren. Es mag durchaus sein, dass meine Kompromissbereitschaft an der einen oder anderen Stelle zu groß war.

Bei einem Gespräch im Bundestag machte ich dem Minister deutlich, dass ich fest mit seiner Offenheit mir gegenüber rechnete, sollte er mit meiner Amtsführung nicht einverstanden sein. Mein Misstrauen wuchs jedoch von Tag zu Tag, die Gerüchte über einen möglicherweise bevorstehenden Abschied verdichteten sich immer mehr. Inzwischen sahen sich auch Soldaten aus dem Ministerium dazu veranlasst, mich vor möglichen Absetzungsplänen zu warnen. Als Staatssekretär Dr. Wichert aus seinem Amt ausschied, verschlechterte sich auch mein Kontakt in die Leitungsebene zusehends.

In dem einen oder anderen Zeitungsartikel war bereits von Entmachtung die Rede. Ein in der „Süddeutschen Zeitung" erschienener Artikel thematisierte die vermeintliche oder tatsächliche Unzufriedenheit des Ministers, der – so vermittelte es der Bericht – bestrebt war, mich loszuwerden. Immer mehr Gerüchte, deren Herkunft für mich im Dunkeln blieben, verbreiteten sich fortan.

Bei einer Tagung des Ministers mit Vertretern der Wirtschaft, bei der auch der Bundeskanzler zugegen war, kulminierten diese Gerüchte. Es wurde kolportiert, dass mein Abschied unmittelbar bevorstünde, also noch vor dem 23. Mai. Der Pressesprecher konfrontierte mich direkt mit dem Thema, und später erhielt ich den Anruf eines Journalisten, der mir berichtete, die nächste Stufe der Eskalation sei nun im Gange.

Ich fühlte mich hilflos. Das folgende Wochenende nutzte ich dafür, eine Beurteilung der Lage anzustellen. Und diese stellte sich für mich folgendermaßen dar: Minister Scharping wollte offensichtlich einen Wechsel im Amt des Generalinspekteurs. Dies ließ sich unter anderem daraus schlussfolgern, dass er offenbar keinerlei Interesse daran hatte, die Gerüchte zu zerstreuen – er verweigerte jede Stellungnahme dazu. Ein offenes Gespräch schien für mich mit jedem Tag aussichtsloser. Ich sah für mich keine Möglichkeit, die aus meiner Sicht mit Absicht gestreuten Gerüchte aus der Welt zu räumen. Wenn ich einer Entscheidung des Ministers, mich zu entlassen, zuvorkommen wollte, musste ich möglichst zeitnah selbst um die Versetzung in den einstweiligen Ruhestand bitten.

Die Zeit für diese Entscheidung wurde jedoch immer knapper.

Am Sonntagabend des 7. Mai informierte ich meinen Stellvertreter, General Moede, zu dem ich ein gutes Vertrauensverhältnis pflegte. Bereits am darauffolgenden Tag suchte ich den Minister in dessen Büro auf. Gleichwohl mich mein Vorstoß selbst schwer belastete, verspürte ich unmittelbar nach jener Unterredung eine große Erleichterung. Die Situation war nahezu unerträglich geworden und musste bereinigt werden. Dies war aus meiner Sicht der einzig verbliebene Weg.

In dem Schreiben an den Bundespräsidenten, das ich Jahre später einsehen konnte, war von meinem Antrag nicht die Rede. Stattdessen wurde nur verklausuliert festgehalten, dass ich mit meinem Ausscheiden einverstanden sei.

Kurz darauf machte ich Urlaub in der Provence. Ich nutzte die Zeit, bereits vor dem Ausscheiden Abstand von meiner vierzigjährigen Dienstzeit zu gewinnen und mich mit meiner Abschiedsrede zu befassen. Mein Adjutant informierte mich regelmäßig über die Vorgänge im Ministerium.

Die folgende Einweisung für den Nachfolger fiel relativ kurz aus und befasste sich vor allem mit einigen Personalien, der Zusammenarbeit im Militärischen Führungsrat sowie einigen offenen Fragen im Bündnis. Über die Strukturüberlegungen brauchten wir nicht zu sprechen, schließlich hatte er sich ja als Leiter des Planungsstabes intensiv mit der Bundeswehr der Zukunft befasst. Wir wussten, in welchen Bereichen wir ähnlich dachten und wo wir unterschiedlicher Meinung waren.

Abschiedsbesuche machte ich nur wenige, eine große Abschiedstournee wäre angesichts der Kürze meiner Amtszeit auch nicht angemessen gewesen. Gerne nahm ich auf Einladung des Inspekteurs des Heeres an einem Mittagessen mit dem Führungskreis des Heeres teil. Dieses bot eine willkommene Gelegenheit, von vielen langjährigen Kameraden Abschied zu nehmen. Auch meiner engsten Umgebung und meinem Stab konnte ich in einer würdigen Form Lebewohl sagen. Dazu war ein Abschiedsbesuch bei der NATO in Brüssel notwendig, und General Kelche drängte mich dazu, noch einmal nach Paris zu kommen.

In der Potsdamer Staatskanzlei empfing mich Ministerpräsident Stolpe. Wir blieben bis zu seinem Tode eng verbunden.

Mit einem Höchstmaß an Aufmerksamkeit empfing mich der Bundespräsident Johannes Rau zu einem fast einstündigen Gespräch. Er schenkte mir ein Bild mit Dank für meinen Dienst sowie einer persönlichen Widmung. Als ich ihn später in meiner Funktion als Präsident der Johanniter-Unfall-Hilfe im Rahmen eines Empfangs wieder treffen sollte, versicherte er mir, dass ich immer Zutritt zu ihm hätte. Rau hatte ich stets als einen hervorragenden Bundespräsidenten und einen großen Menschen in Erinnerung behalten, und das tue ich bis heute.

Ein Termin beim Bundeskanzler kam dagegen nicht zustande.

Dankbar registrierte ich, dass sich die parlamentarischen Staatssekretäre, die Herren Dr. Walther Stützle und Walter Kolbow sowie Frau Brigitte Schulte, in freundlicher und angemessener Form von mir verabschiedeten.

Der Tag des endgültigen Abschieds rückte immer näher. Die Einladungen zur Abschiedszeremonie wurden sehr spät versendet; mir wurde dennoch die Gelegenheit gegeben, über das eigentlich vorgesehene Maß hinaus Verwandte, Freunde und Weggefährten einzuladen. Es war ein bewegender Tag: Auf meine Bitte hatte der evangelische Militärbischof und gute Freund von mir, Dr. Hartmut Löwe, im

Vorfeld der militärischen Zeremonie und des Empfangs zu einem Gottesdienst eingeladen und eine bemerkenswerte Predigt gehalten. Am Gottesdienst beteiligten sich auch Superintendent Werner Krätschell, der Bevollmächtigte für die Militärseelsorge in den neuen Bundesländern und der katholische Militärdekan Heinrich Hecker – allesamt liebe Weggefährten über viele Jahre hinweg. Markus Deparade, ein junger Mann aus dem Oderbruch, den ich 1997 kennengelernt hatte, war beim Gottesdienst dabei und sprach einige Worte. Meine Mutter kam aus Bayern angereist, mein Bruder war mit seiner Gattin anwesend, zahlreiche Verwandte und Freunde waren erschienen. Auch mir besonders verbundene Pfadfinderinnen und Pfadfinder nahmen am Gottesdienst teil. Dazu waren die Teilnehmer des 15. Generalstabslehrgangs nahezu vollständig erschienen. Anwesend waren zudem alle Brigadekommandeure des Heeres und eine Fülle weiterer militärischer Weggefährten. Der ehemalige Bundespräsident Richard von Weizsäcker war persönlich erschienen, genauso wie der Regierende Bürgermeister von Berlin, Eberhard Diepgen, außerdem Lothar de Maiziére und der Innenminister Brandenburgs Jörg Schönbohm, mit dem mich so viel verband, sowie eine Delegation aus dem Oderbruch.

Die militärische Zeremonie gestaltete sich kurz: Angetreten war das Wachbataillon in den Uniformen aller Teilstreitkräfte. Ich sagte einige Abschieds- und Dankesworte, verbunden mit guten Wünschen an meinen Nachfolger. Der Minister schritt mit mir die Front ab und hielt eine kurze Rede. Dann wurde ich meiner Verantwortung entbunden und General Kujat als neuer Generalinspekteur ins Amt eingeführt.

Beim Empfang sprach zunächst Minister Scharping. Der Beifall fiel äußerst spärlich aus – vielmehr herrschte fast Stillschweigen. In meiner Rede stellte ich heraus, dass ich selbst um die Versetzung in den einstweiligen Ruhestand gebeten hatte. Ich streifte wesentliche Ereignisse meiner vierzigjährigen Dienstzeit und bedankte mich vor allem bei meinen Weggefährten in den verschiedenen Phasen meiner Laufbahn. Minutenlanger starker Applaus brandete auf, als ich meine Rede beendet hatte.

Dann folgte der Große Zapfenstreich: Drei Musikstücke hatte ich, wie es der Brauch war, aussuchen können: Des Großen Kurfürsten Reitermarsch (ein besonders schöner Marsch, der mich in meiner ganzen Laufbahn begleitet hatte), das Pommernlied als Erinnerung an meine Aufgaben im Zusammenhang mit der Deutschen Einheit sowie die „Märkische Heide" als Hommage an Brandenburg – das

Land, in dem ich wohnte und wo ich auch bleiben wollte. Noch einmal gab es stürmischen Beifall, als ich das Podium verließ und vom Minister endgültig verabschiedet wurde.

Bis weit nach Mitternacht war ich mit einem engen Kreis mir verbundener Menschen zusammen und wurde schließlich ein letztes Mal von Feldjägern nach Hause gebracht.

Am nächsten späten Morgen klingelte es an meiner Haustür: Mitarbeiter des Inneren Dienstes aus dem Ministerium erschienen, um das verschlüsselte Telefon und das Faxgerät abzuholen. Damit war das Ende meiner Dienstzeit endgültig besiegelt.

Jenes Ende fiel zusammen mit der Verschlechterung des Gesundheitszustands meines Vaters. Er wohnte in einem Pflegeheim in Oberstdorf. So hatte ich jetzt eine Chance, viel Zeit bei meiner Mutter im Allgäu zu verbringen, meinen Vater in den letzten Monaten seines Lebens immer wieder zu besuchen und auch an seinen letzten Tagen im Mai 2001 – zusammen mit meiner Mutter – bei ihm zu sein. Sein letzter Anzug war seine Uniform und von der Empore der Kirche wurde bei der Trauerfeier seinem Wunsch entsprechend das Lied vom „Guten Kameraden" gespielt.

Meine Mutter lebte noch über sieben Jahre. So gab es viele Gelegenheiten, sie zu besuchen, mit ihr zu reisen, sie zu Familientagen und anderen Ereignissen zu begleiten. Mein Bruder und ich wechselten uns mit unseren Besuchen ab. Bis kurz vor ihrem Tod lebte sie selbstbestimmt in ihrer eigenen Wohnung und starb nach einem ganz kurzen Krankenhausaufenthalt im Mai 2008. In ihrer Lieblingskirche St. Katharina in Obermaiselstein nahmen wir Abschied.

Nachbetrachtung

Vierzig Jahre verbrachte ich als Soldat im Dienst unseres Landes, und der Soldatenberuf bestimmte – trotz aller neuer Aufgaben und Herausforderungen – auch mein weiteres Leben in unterschiedlicher Weise.

Es begannen Vortragsreisen. In den ersten Jahren nach dem Eintritt in den Ruhestand habe ich jährlich etwa dreißig bis vierzig Vorträge gehalten: an zahlreichen Bundeswehreinrichtungen, an der Führungsakademie, an der Offiziersschule des Heeres, an den Unteroffiziersschulen und am Zentrum Innere Führung, außerdem bei Truppenteilen aller Teilstreitkräfte, beim Reservistenverband, beim Deutschen Bundeswehrverband, bei politischen Parteien und Stiftungen, bei Studentenvereinigungen, in Schulklassen sowie bei Kirchengemeinden und Vereinen. Eine besondere Freude machten Gelöbnisansprachen, die immer wieder auch Gelegenheit gaben, mit jungen Soldaten in Kontakt zu kommen.

Schon nach kurzer Zeit habe ich es bewusst vermieden, zu aktuellen Bundeswehrthemen zu sprechen – vor allem, wenn ich das Gefühl hatte, nicht mehr im Detail informiert zu sein. Von Anfang an habe ich es mir zudem zur Regel gemacht, meine Nachfolger im Amt nicht zu kritisieren.

Die Anfragen reduzierten sich mit zunehmendem Abstand von der aktiven Dienstzeit, hielten aber bis heute an. Zu ethischen Fragen des Einsatzes von Streitkräften, zu Themen wie Führungsverhalten oder Nationalismus und Patriotismus spreche ich noch heute und versuche zeitlose Erfahrungen aus meiner Dienstzeit weiterzugeben.

Hin und wieder wurde ich zu Kanzelreden eingeladen. Bemerkenswert war mit Sicherheit eine Kanzelrede in der Stadtkirche in Wittenberg, die – zusammen mit anderen in Wittenberg gehaltenen Kanzelreden – veröffentlicht wurde.

Bis heute haben mich besonders Fragen im Zusammenhang mit der Deutschen Einheit nicht losgelassen. So bin ich weiterhin als Zeitzeuge zu diesem Thema sowie speziell zum Aufbau der Armee der Einheit gefragt. Hier ist mir besonders die Festrede in Erinnerung, die ich für die Stadt Regensburg bei der Festveranstaltung zum zehnjährigen Jubiläum der Deutschen Einheit halten durfte.

Bei einer Festansprache der Stadt Berchtesgaden, zu der ich vom Bataillonskommandeur sowie dem Oberbürgermeister eingeladen worden war, hatte ich die Chance, den ehemaligen Verteidigungsminister Georg Leber, der an der Veranstaltung teilnahm, persönlich kennenzulernen und einen Abend in seinem Haus zu verbringen. Dieser Abend wurde für die Gäste eine Lehrstunde über politisches Handeln.

Eine von mir unterstützte Initiative des Superintendenten Krätschell führte ehemalige Generale der NVA und der Bundeswehr zu einigen Gesprächsrunden zusammen. Wir tauschten unsere Biografien aus, diskutierten über das, was und wie wir so manches erlebt haben. Wir hielten fest, was wir unseren Enkeln mitgeben wollten: „Lebt Freiheit in Verantwortung, seht zu, dass ihr lebt und nicht gelebt werdet." Das war mein Ratschlag an die übernächste Generation.

Mit Admiral Theodor Hoffmann, dem letzten Verteidigungsminister der DDR in der Regierung Modrow und dem Chef der NVA in der Regierung de Maiziére, bin ich einige Male zusammengetroffen. Sein Buch „Das letzte Kommando" hat mich bewegt.

Viele Veranstaltungen konnte ich dazu nutzen, kameradschaftliche Verbindungen in die Streitkräfte zu pflegen oder neu zu knüpfen. In regelmäßigen Abständen besuchte ich die Panzergrenadierbrigade 41, deren Führung heute in Neubrandenburg stationiert ist.

Die spätere Kommissionstätigkeit für den Freistaat Sachsen und die Herausgabe des „Kirchbach-Berichts" führte zu vielen Anfragen nach Vorträgen. Nun sprach ich immer wieder bei Tagungen zum Thema Krisenbewältigung.

Eine ganz neue und überraschende Erfahrung entwickelte sich nach einem Anruf eines Mitarbeiters der Akademie für Information und Kommunikation kurz nach meiner Pensionierung. Der Mitarbeiter ermöglichte mir die Bekanntschaft mit einem amerikanischen Künstler mit dem Namen Batuz. Schnell fand ich heraus, dass ich es mit einem einst weltbekannten Mann zu tun hatte, dessen Werke in vielen bedeutenden Kunstmuseen der Welt ausgestellt waren.

Schon bei unserer ersten Begegnung haben mich seine Ideen fasziniert.

Kunst ist eine universelle Sprache, wie er mir verdeutlichte. Sie kann Menschen ungeachtet ihrer Herkunft, ihrer Stellung und ihrer Religion verbinden und zusammenführen. „Communication through Art" kann ein wichtiger Beitrag zu einer friedlicheren Welt sein.

Ich besuchte Batuz an seiner Arbeitsstätte im sächsischen Kloster Altzella. Dort traf ich Menschen aus mehreren Ländern im intensiven, begleiteten und künstlerischen Zusammenwirken. Sie hatten verschiedene Berufe, Sprachen und Konfessionen, doch dies war gleichgültig: Sie verstanden sich über die universelle Sprache der Kunst.

Überwindung von Grenzen durch Kunst, Zusammenführen von Menschen durch Kunst: Dies schien mir eine geniale Idee zu sein. Daran können und sollten sich auch Soldaten beteiligen, und so folgte ich der Bitte von Batuz, eine Verbindung zu Bundeswehrdienststellen herzustellen. Der Gedanke, dadurch Soldaten und Zivilbevölkerung in einen engeren Kontakt zu bringen, überzeugte mich zusätzlich. Bei einer Unternehmung an der Neiße zeigten Menschen auf künstlerischem Wege, dass Grenzen überwunden werden können.

Eine Aktion, die in einer Zusammenschau von Menschen, dekorierten Helmen und einem Fluss inmitten einer Grenzlandschaft mündete, schuf aussagekräftige, zugleich aber auch erst mal vergängliche Kunst.

Einige Jahre später fragte ich Batuz nach dem Verbleib dieser Helme. Sie waren jeder für sich ein kleines Kunstwerk, gestapelt in einem Lager. Ich fragte ihn, ob es nicht möglich wäre, diese Helme zu verwenden, um aus einem vergänglichen Eindruck ein unvergängliches Kunstwerk zu schaffen. Die Absicht, Kunst dafür zu nutzen, um Grenzen dauerhaft zu überwinden, könnte und sollte so exemplarisch gezeigt werden.

Einige Monate später war ein monumentales Kunstwerk entstanden. Nur gelegentlich konnte es gezeigt werden. Es ließ jedoch niemanden unbeeindruckt.

Der Grundgedanke des Kunstwerks „Helmets for Peace" war jener, dass deutsche Soldaten schon heute sich dafür einsetzen, einen wichtigen Beitrag zu einer friedlicheren Welt zu leisten. Dies sollte einer breiten Öffentlichkeit an einem geeigneten Ort demonstriert werden.

Mithilfe des Parlamentarischen Staatssekretärs im Bundesministerium für Verteidigung, Christian Schmidt, und mit Unterstützung des Museumsleiters Oberst Dr. Rogg sowie vieler seiner Mitarbeiter konnte im Militärhistorischen Museum der Bundeswehr in Dresden ein solcher Ort gefunden werden.

Das Kunstwerk wurde ausgestellt und dessen Botschaft, dass Grenzen überwindbar sind, erlebbar gemacht. So lieferte es Impulse für Diskussionen und erwies den Soldaten Respekt, die schon heute den Auftrag haben, sich für eine friedlichere Welt einzusetzen. Ein Helm, der zunächst vor allem ein Symbol des Krieges ist, kann auch ein Symbol des Friedens werden. Die Menschen, die solche Helme tragen und jene, die sie dekoriert haben, sind durch ein unsichtbares Band miteinander verknüpft. Es symbolisiert zugleich die dauerhafte wie sichtbare Verbundenheit zwischen den Soldaten und den Bürgern, für die sie in den Einsatz gehen.

Auch weitere Initiativen von Batuz habe ich gerne unterstützt. Auf einer Reise nach Afghanistan brachte er Menschen ins Gespräch, die sich sonst wenig zu sagen hatten. Was ihm vorschwebt, ist eine offene Gesellschaft, das Überwinden von Grenzen und Barrieren, die Menschen trennen. Die Kunst kann dabei helfen.

Mittlerweile ist er in die USA zurückgegangen und richtet ein eigenes Museum ein, das einer seiner Söhne nach seinen Vorstellungen gebaut hat. Ich habe ihn dort besucht, und der Gesprächsfaden zwischen uns ist nicht abgerissen.

Der Bundeswehr bin ich – und darüber bin ich glücklich – auf vielfältige Weise verbunden geblieben. Ich freue mich daran, immer wieder in die Kameradschaft ehemaliger und heute aktiver Soldaten einbezogen zu werden.

Was rund um die Bundeswehr geschieht, verfolge ich mit Interesse, manchmal jedoch nicht ohne Besorgnis. Der Grund für die Existenz der Bundeswehr ist ihre Fähigkeit und Bereitschaft zum Einsatz zur Verteidigung unseres Landes, sowohl im Rahmen des Atlantischen Bündnisses als auch für alle anderen Aufträge, die unser Staat und sein Parlament ihr geben. Für die Friedenserhaltung auch außerhalb unserer eigenen Grenzen zu sorgen, kann dazu gehören.

Von der Bundeswehr wird heute sowie mit Sicherheit in der Zukunft erwartet, ihre Beiträge im gesamten Spektrum möglicher Maßnahmen zum Erhalt des Friedens und zur Wahrung oder Wiederherstellung der Menschenrechte zu leisten. Der „Wald der Erinnerung" in Geltow bei Potsdam legt Zeugnis vom äußersten Opfer ab, das Soldaten der Bundeswehr im Einsatz für unser Land erbracht haben.

Wir alle dürfen uns nicht von der Tatsache ablenken lassen, dass Kern und Existenzbestimmung der Bundeswehr die Einsatzfähigkeit ist und bleibt. Die Fähigkeit, im Einsatz zu bestehen, sie herzustellen und dauerhaft zu erhalten, darum dreht sich alles.

Hin und wieder dürfen wir dankbar sein, dass wir Aufträge ausführen dürfen, die unserer Bevölkerung direkt zugutekommen. Ich halte es für selbstverständlich, dass wir im Inneren Hilfe leisten, wo wir helfen können, um Not abzuwenden – natürlich ohne dass Verantwortlichkeiten verwischt werden sollten. Das alles ist wichtig und gehört dazu, aber es ist nicht der Kern unseres Auftrags.

General Schwarzkopf hat seine Erinnerungen mit dem Titel „Man muss kein Held sein" tituliert, ergänzt durch den Untertitel: „um Soldaten in den Kampf zu schicken".

Das muss man nicht, aber man muss sich der Verantwortung bewusst sein, wenn man einen derartigen Entschluss fasst.

Und man muss dafür sorgen, dass die Streitkräfte so ausgerüstet sind, dass sie ihren Auftrag mit Aussicht auf Erfolg erfüllen können. Dies bleibt eine ständige Aufforderung an Regierung und Parlament. Und da gibt es noch viel zu tun.

Die Johanniter-Unfall-Hilfe – die Johanniter finden mich

Dass meine Pensionierung kommen würde, war bereits frühzeitig abzusehen. Nur der konkrete Zeitpunkt, Ende Juni 2000, war dann überraschend früher als zunächst erwartet. So hatte ich rechtzeitig mit den Überlegungen begonnen, was nach der Dienstzeit geschehen sollte, obwohl die Gegenwart nicht viel Zeit für solche Gedanken zuließ. Für einen Ruhestand ohne Aufgaben fühlte ich mich jedoch noch nicht reif.

Einige Dinge schloss ich von vornherein aus: Ich wollte kein bezahltes Arbeitsverhältnis eingehen, und auch ein in Brandenburg mögliches parteipolitisches Engagement schien mir wenig reizvoll. Eher schwebte mir eine Tätigkeit im sozialen Bereich vor, eine anspruchsvolle ehrenamtliche Aufgabe.

Bereits 1997 war ich erstmals mit den Johannitern direkt in Kontakt gekommen, die mir davor nur aus Erzählungen und recht oberflächlich bekannt waren, weil einige Mitglieder meiner Familie sich bei den Johannitern engagierten.

Der Johanniterorden, oder genauer der „Ritterliche Orden St. Johannis vom Spital zu Jerusalem", blickt – gemeinsam mit dem Malteser Orden – auf eine fast 1000-jährige Geschichte zurück. Er entstand etwa 1050 aus einer Hospitalbruderschaft in Jerusalem. Das Leitwort des damaligen Vorstehers dieses Hospitals, Bruder Gerhard, lautete: „Unsere Bruderschaft wird unvergänglich sein, weil der Boden, aus dem diese Pflanze wurzelt, das Elend dieser Welt ist und weil, so Gott will, es immer Menschen geben wird, die daran arbeiten wollen, dieses Leid geringer, dieses Elend erträglicher zu machen".

Dieser Leitsatz bestimmt das Ordensleben und das Leben der Ordenswerke bis heute.

Früh nahm die Balley Brandenburg des damaligen noch vereinten Ordens eine Sonderstellung ein. Aus ihr entstand nach der Reformation der evangelische Johanniterorden, von seiner Entstehung an eng mit dem preußischen Königshaus verbunden. An der Spitze des Ordens steht heute wie in den letzten Jahrhunderten ein vom erweiterten Kapitel gewählter Herrenmeister. Seit 1693 ist dies ununterbrochen ein Prinz des Hauses Hohenzollern, seit 1999 ist Dr. Oskar Prinz von Preußen der 37. Herrenmeister des Johanniterordens. Selbstständige Zweige des deutschen Johanniterordens sind – seit 1946 – die evangelischen Johanniterorden in Schweden und den Niederlanden.

Der Orden gliedert sich in siebzehn deutsche und fünf nichtdeutsche Kommenden und unterhält außerhalb Deutschlands Kommenden in Finnland, der Schweiz, Frankreich, Österreich und Ungarn sowie Subkommenden in Australien, Belgien, Kanada, Kolumbien, Namibia, Venezuela, Südafrika und den USA. Jeder Kommende steht ein Regierender Kommendator vor, jeweils unterstützt durch einen Konvent. Dem Orden gehören etwa 4000 Mitglieder an. Er wählt sich seine Mitglieder selbst aus. Niemand kann sich um die Aufnahme bewerben.

Das gemeinsame Zeichen ist das achtspitzige Kreuz. Die acht Spitzen symbolisieren die Seligpreisungen.

Höchstes Organ der Legislative ist das Kapitel, dem die Mitglieder der Ordensregierung, der Präsident der Johanniter-Unfall-Hilfe und die Regierenden Kommendatoren angehören. Die Ordensregierung unter Leitung des Ordenskanzlers führt als Exekutivorgan die Geschäfte des Ordens.

Karitative Aufgaben wahrzunehmen erfordert eine Struktur, die den heutigen sozialen und wirtschaftlichen Rahmenbedingungen gerecht wird. So hat der Orden Einrichtungen und Ordenswerke gegründet, die mit einem unterschiedlichen Grad von Selbstständigkeit und mit einem teilweise hohen Anteil an hauptamtlichen Mitarbeitern in seinem Auftrag tätig werden.

Das größte, 1952 gegründete Ordenswerk ist die Johanniter-Unfall-Hilfe. Sie macht den Orden für eine breite Öffentlichkeit sichtbar.

Sie ist 2020 mit etwa 25.500 hauptamtlichen und 43.000 ehrenamtlichen Mitarbeiterinnen und Mitarbeitern in vielen sozialen Bereichen tätig. Der Jahresumsatz übersteigt eine Milliarde Euro deutlich. Dies verlangt zugleich, den Spagat zwischen wirtschaftlichem Erfolg und Nächstenliebe zu schaffen – eine ständige Herausforderung.

Das Aufgabenportfolio der Johanniter-Unfall-Hilfe ist überaus vielfältig: Rettungsdienst in weit über 200 Rettungswachen, Katastrophenschutz, Erste-Hilfe-Ausbildung, Jugendarbeit in weit über 500 Kindergärten und Kindertagesstätten, schulbegleitende Ausbildung in Horten und mit Schulsanitätsdiensten, eine eigene Schule, eine Akademie, an der Berufsabschlüsse vermittelt werden, eine Hochschule, eine eigene Jugendorganisation sowie die Johanniter-Jugend mit ca. 15.000 jungen Leuten als Mitglieder. Dazu kommen zahlreiche ambulante Pflegedienste, Tagespflegen, Wohnanlagen für betreutes Wohnen, ambulante Hospizdienste und stationäre Hospize.

Die Johanniter-Unfall-Hilfe war und ist seit 2015 in der Hilfe für Flüchtlinge stark engagiert. Die Schwerpunkte haben sich dabei verlagert: Es geht inzwischen nicht mehr um die Erstaufnahme, sondern um Integration und Unterstützung beim Einstieg in eine Berufsausbildung.

Darüber hinaus erfüllt die Unfallhilfe ihre Aufgaben auch im Ausland, ist weltweit in 23 Ländern tätig: Nepal, Afghanistan, Guatemala, Kolumbien, Haiti, Kenia und Kongo sollen nur wenige Beispiele sein.

Etwa 1,2 Millionen Mitglieder unterstützen die Organisation durch regelmäßige Beiträge. Zahlreiche Kooperationen kommen dazu: Für die „Aktion Deutschland Hilft" arbeiten zehn deutsche Hilfsorganisationen eng zusammen.

Die europäischen Johanniter-Organisationen haben sich in JOIN (Johanniter International) mit Sitz der Zentrale in Brüssel zusammengeschlossen. Dort werden gemeinsame Interessen wahrgenommen, die Zusammenarbeit organisiert und zum Beispiel ein Austausch freiwilliger Helfer zwischen den Ländern organisiert. Auch gemeinsame Standards – wie für die Erste Hilfe – werden hier entwickelt.

2001 sollte ich an die Spitze dieser damals bereits großen Hilfsorganisation treten.

Vier Jahre zuvor war ich zum Rittertag der Sächsischen Genossenschaft des Johanniterordens eingeladen worden. Ich war Teilnehmer eines Podiumsgesprächs, das sich intensiv mit Fragen der deutschen Einheit sowie der Bundeswehr in den neuen Ländern befasste. An jenem Rittertag war ich begeistert von der familiären Atmosphäre, der Fröhlichkeit, die sich durch die ganze Tagung zog, war angetan vom Programm und von der klaren geistlichen Ausrichtung. Am Ende der Tagung wurde ich gefragt, ob ich Interesse hätte, dem Johanniterorden beizutreten. Eine solche Einladung ist der einzige Weg, Mitglied im Johanniterorden, also Johanniter-Ritter zu werden, somit eine kaum zu ermessende Chance. Ich zögerte trotzdem.

Es war 1997, ich war Divisionskommandeur, bis zum Rande ausgelastet in einer anspruchsvollen Verwendung, eine Folgeverwendung als Kommandierender General zeichnete sich ab. So war klar, dass ich in den nächsten Jahren keine Aufgaben im Orden würde übernehmen können, was ich beim Gespräch über eine mögliche Aufnahme auch klar zum Ausdruck brachte. Meine Gesprächspartner, der Regierende Kommendator Rudolf von Sandersleben und sein designierter Nachfolger, mein Vetter Eckart von Kirchbach, hatten damit keine Probleme. So wurde ich 1998 Mitglied des Johanniterordens.

Ich war noch nicht lange Generalinspekteur, als mich der zu diesem Zeitpunkt erst kurz im Amt befindliche Herrenmeister des Ordens, Prinz Oskar von Preußen, zu einem Gespräch bat. Das Treffen fand in der Julius-Leber-Kaserne, also in meinem Dienstsitz, statt. An diesem Gespräch nahm auch Graf Schwerin von Schwanenfeld, der amtierende Präsident der Johanniter-Unfall-Hilfe, teil. Bei dem Treffen wurde ich zum ersten Mal gefragt, ob ich mir vorstellen könnte, Präsident der Organisation zu werden. Ein zweites Gespräch, an dem dann auch der Vizepräsident Graf von Bassewitz teilnahm, folgte nur kurze Zeit darauf. Nach einigen Erkundigungen und Gesprächen sagte ich zu und freute mich über die Anfrage, die gut zu meinen Vorstellungen über ein künftiges Engagement passte.

Mein Weg zu dieser Präsidentschaft war allerdings nicht völlig unkompliziert. Nach der Satzung der Johanniter-Unfall-Hilfe ist es Sache der gewählten Delegierten, sich für eine Person als Präsident zu entscheiden, die dem Herrenmeister zur Ernennung vorgeschlagen wird. Sollte der Herrenmeister mit der vorgeschlagenen Person nicht einverstanden sein, muss ihm ein neuer Vorschlag unterbreitet werden. Letztlich ist also ein Konsens der Delegierten mit dem Herrenmeister erforderlich. Da Graf Schwerin von Schwanenfeld nach 22 Jahren im Amt nicht mehr kandidieren wollte, kam es nach Ende seiner Amtszeit zu einer Neuwahl.

Nachdem meine Amtszeit als Generalinspekteur unter einigem Pressewirbel geendet hatte, bot ich dem Herrenmeister an, von der Kandidatur zurückzutreten. Er wies das zurück und schlug mir seinerseits vor, bis zur Präsidentenwahl als Ordenswerkmeister in der Ordensregierung tätig zu werden. Damit hätte ich als Mitglied im Präsidium der Johanniter-Unfall-Hilfe und Mitglied der Ordensregierung die Chance, mich in der Organisation bekannt zu machen.

Ein Jahr war ich also zunächst als Ordenswerkmeister tätig. Jenes Amt beinhaltete die Aufgabe, die Ordenswerke, die Unfallhilfe, die Hilfsgemeinschaften sowie die Ordensschwestern zu betreuen und dort die Belange des Gesamtordens zu vertreten. Vorwiegend wollte und sollte ich mich allerdings in jenem Übergangsjahr auf die Johanniter-Unfall-Hilfe konzentrieren.

Im Rahmen dieser Verantwortung besuchte ich sämtliche Landesverbände und die entsprechenden Versammlungen, welche die Delegierten wählten. Auf diesem Weg hatte ich die Chance, viele Delegierte kennenzulernen, Einrichtungen zu sehen und nicht zuletzt mich am Leben des Präsidiums – natürlich mit der gebotenen Zurückhaltung – zu beteiligen.

Im November 2001 wurde ich seitens der Delegiertenversammlung dem Herrenmeister als Präsident (ohne Gegenstimme) vorgeschlagen und von ihm noch auf der Versammlung bestätigt. Durch das breite

Netzwerk von Bekannten, das ich mitbrachte, aber auch dank des Vertrauensvorschusses der Delegierten erlebte ich einen zunächst unkomplizierten Einstieg in meine neue Aufgabe. Besonders schön empfand ich, dass ich bei meiner ersten Teilnahme an einer Delegiertenversammlung mit Ralf Plettke einen Delegierten traf, der mir schon einmal im Flüchtlingslager Neprošteno in Mazedonien über den Einsatz der Johanniter vorgetragen hatte, als ich 1999 als Generalinspekteur dieses von der Bundeswehr errichtete Lager besuchte. Von vornherein stimmte auch die Chemie zwischen mir und der Vizepräsidentin Asta-Sibylle Schröder sowie dem Vizepräsidenten Graf von Bassewitz, den ich bereits persönlich kannte.

Zu meiner Freude stellte ich fest, dass sich an einigen Stellen aktive oder ehemalige Soldaten in der Johanniter-Unfall-Hilfe engagierten. Andererseits beschäftigte die Organisation zu dieser Zeit etwa 1500 Zivildienstleistende. Berührungsängste kannte ich nicht. Zugleich stellte ich fest, dass auch die jungen Leute mir gegenüber keinerlei Scheu an den Tag legten.

Noch als Ordenswerkmeister hatte ich Zeit und Gelegenheit gehabt, Vorstellungen von meinem neuen Amt zu entwickeln und Schwerpunkte zu definieren. Die Aufgabe erwies sich allerdings schwieriger, als ich vermutet hatte: Die Johanniter-Unfall-Hilfe ist einerseits ein Verein nach dem Vereinsrecht, andererseits in ihrer Führungsstruktur durchaus vergleichbar mit einem großen Wirtschaftsunternehmen. Bei allen Entscheidungen mussten zudem die Belange des Ehrenamts ausreichend berücksichtigt werden. Die rechtliche Verantwortung trägt ein mehrköpfiger Bundesvorstand, der vom ehrenamtlichen und von den Delegierten gewählten Präsidium bestimmt und vom Herrenmeister ernannt wird. Auch hier galt es bei jedem Wechsel frühzeitig Einvernehmen herzustellen. War eine Stelle vakant, strengten wir in der Regel – zusammen mit einem Personalberater – eine aufwendige Suche an. Der Personalausschuss sprach stets mit mehreren Kandidaten, bevor dem Präsidium ein oder mehrere Kandidaten vorgestellt wurden.

Eine Besonderheit der Johanniter-Unfall-Hilfe ist, dass auf allen Führungsebenen ehren- und hauptamtliche Führungskräfte zusammenwirken und dazu bei Landes- und Bundesvorständen die Besetzung eines Teils der Stellen – zumeist die des ehrenamtlichen Vorstands – durch Ordensritter zwingend vorgeschrieben ist. Auf diese Weise wird eine enge Verzahnung des Gesamtordens mit seinem wichtigsten Werk sichergestellt. Somit gaben wir uns bei der Suche nach ehrenamtlichen Vorstandsmitgliedern große Mühe.

Der Präsident führt den Vorsitz im Präsidium und ist gleichzeitig der oberste Repräsentant der Organisation.

Der Bundesvorstand führt die Geschäfte, von denen einige der Zustimmung des Präsidiums bedürfen. Beschlüsse zur strategischen Weiterentwicklung sind Sache des Präsidiums, die Vorschläge hierzu erarbeitet der Bundesvorstand, oft unterstützt durch organisationsübergreifende Arbeitsgruppen. Insgesamt ist ein enger Schulterschluss zwischen Vorstand und Präsidium unumgänglich, häufig sind auch Belange des Gesamtordens zu berücksichtigen.

Während meiner Amtszeit führte die Aufgabenverteilung hin und wieder zu einer Konkurrenzsituation zwischen den einzelnen Organen. Das verlangte gerade vom Präsidenten ein hohes Maß an Diplomatie, gelegentlich auch ein gehöriges Stück Durchsetzungskraft.

Da operative und strategische Entscheidungen stets in einem unauflösbaren Wechselverhältnis stehen, legte ich von Anfang an Wert darauf, in alle wichtigen Vorgänge der Organisation eingebunden zu sein. So traf ich mich an meinen Bürotagen regelmäßig mit den Mitgliedern des Bundesvorstands zu intensiven Gesprächen und suchte den Kontakt zu den Mitgliedern des Präsidiums auch außerhalb der Sitzungen.

Als Ziele hatte ich mir – über die normalen Aufgaben hinaus – vorgenommen, meinen Teil zum Zusammenhalt dieser heterogenen Organisation beizutragen, Impulse für die Weiterentwicklung zu geben und das Gesicht der Organisation nach innen und nach außen zu werden.

Die Johanniter-Unfall-Hilfe war (und ist) eine ungemein gute, leistungsfähige Organisation, deren Mitarbeiterinnen und Mitarbeiter in den meisten Fällen eine tiefe Bindung an die eigene Organisation empfinden. Viele von ihnen waren und sind bereit, sich vielfältig – auch über den Arbeitsvertrag hinaus – für die Ziele der Johanniter zu engagieren. Dies wird besonders dadurch deutlich, dass ich viele Mitarbeiterinnen und Mitarbeiter traf, die neben ihrem Hauptamt ehrenamtlich in der Johanniter-Unfall-Hilfe tätig waren. Auf jene vielen ehrenamtlichen Helferinnen und Helfer in einer Vielzahl von Tätigkeitsfeldern darf die Organisation bis heute stolz sein.

Die zentrale Aufgabe war damals und ist es heute noch, sowohl dem sozialen Anspruch gerecht zu werden als auch wirtschaftlich erfolgreich tätig zu sein. Ist die Organisation wirtschaftlich nicht gesund, kann sie ihre Aufgaben, Hilfsbedürftigen zu helfen, nur unvollkommen oder gar nicht erfüllen; verliert sie sich jedoch allein in der

Suche nach wirtschaftlichem Erfolg, lebt sie an ihrem Zweck und auch an ihrem christlichen Anspruch vorbei.

Eine wichtige Rolle spielen die fördernden Mitglieder der Johanniter-Unfall-Hilfe: Etwa 1,2 Millionen Menschen unterstützen die Organisation mit ihren Beiträgen. Darüber hinaus werden auch immer wieder sachbezogene Spenden eingeworben. Die Beiträge der Mitglieder und die Spenden sind es, die der Johanniter-Unfall-Hilfe gestatten, Projekte in Angriff zu nehmen und zu finanzieren, die sich wirtschaftlich nicht tragen, aber für die Menschen wichtig sind.

Mir lag es während meiner Präsidentschaft sehr am Herzen, den Blick immer wieder deutlich auf Vorhaben zu lenken, die aus wirtschaftlicher Perspektive nicht gewinnbringend waren, jedoch einen großen Beitrag für die Allgemeinheit darstellten. Ein Beispiel hierfür waren ambulante Hospizgruppen und stationäre Hospize, Teestuben, Unterkünfte für Drogenabhängige, Kleiderkammern und Aktivitäten für junge Leute aus schwierigen sozialen Verhältnissen. Die Beiträge unserer Fördermitglieder sollten also vor allem für Projekte ausgegeben werden, die unserem Auftrag entsprachen, aber normalerweise nicht refinanzierbar gewesen wären.

Blaulichtorganisation

Das Profil der Johanniter-Unfall-Hilfe war gemäß ihres Namens zunächst vom Rettungsdienst und Katastrophenschutz bestimmt. Gerade auf dem Gebiet des Rettungsdienstes gab es eine deutliche Konkurrenz zwischen den verschiedenen Hilfsorganisationen, die ihre Leistungen anboten.

Zuständig für Rettungsdienst und Katastrophenschutz sind die Landkreise oder kreisfreien Städte. Wenn sie diese Aufgabe nicht selbst übernehmen, werden sie diese an eine der Organisationen oder einen freien Anbieter für eine Anzahl von Jahren vergeben, meist im Rahmen einer Ausschreibung.

Oft gibt es mehrere Bewerber. Dann ist es Sache der Abgeordneten der entsprechenden Gliederung festzulegen, welche Organisation den Auftrag bekommen soll. Die Kriterien, nach denen die Aufträge ausgeschrieben und die Bewerber gewertet werden, sind jeweils unterschiedlich. Fatal ist es, wenn der Preis das weitgehend bestimmende Kriterium für die Auswahl des Dienstleisters ist. Dies kann zu Dumpingangeboten auf Kosten der Mitarbeiter führen oder zur Auslagerung der Dienstleistung in speziell für diesen Zweck gegründete Gesellschaften, um auf diese Weise eine geltende Tarifordnung der eigenen Organisation zu unterlaufen.

Wir haben diesen Weg zumeist vermeiden können, jedoch auf diese Weise zuweilen auch Anteile verloren. Auf lange Sicht fuhren wir damit auf jeden Fall besser. Dumpingangebote wollten wir nicht machen und auch nicht eine öffentliche Aufgabe der Daseinsfürsorge mit eigenen Mitteln subventionieren.

Mittlerweile ist der Rettungsdienst auf europäischer Ebene als notwendige Daseinsvorsorge anerkannt, sodass eine Ausschreibung nicht mehr zwingend erforderlich ist.

Rettungsdienst und Katastrophenschutz gehören zusammen. Alle genannten Hilfsorganisationen wie DRK, ASB, Malteser Hilfsdienst, Johanniter-Unfall-Hilfe und DLRG unterhalten Einheiten des Katastrophenschutzes, die in das insgesamt gute deutsche Gesamtsystem integriert sind. Die Ausstattung für diese eingegliederten Einheiten ist unterschiedlich und richtet sich nach den Vorschriften des jeweiligen Bundeslandes. Wir dürfen stolz sein auf ein einzigartiges System von Menschen, die sich ehrenamtlich dieser Aufgabe stellen, sich ausbilden lassen, regelmäßig üben und sich aufrufen lassen, wenn die Lage es verlangt. Bei den Hochwasserkatastrophen der letzten Jahre waren Tausende von ihnen im Einsatz, ehrenamtliche Helferinnen und Helfer beteiligen sich an der Pandemiebekämpfung oder springen ein, wenn sich Katastrophen ereignen, denen der normale Rettungsdienst nicht mehr gewachsen ist.

Vielfach habe ich Rettungsdienste und Katastrophenschützer besucht, sowohl in ihren Heimatstandorten als auch natürlich im Einsatz. Bei vielen Nachbesprechungen und Auswertungen war ich dabei. Dabei habe ich Anregungen für die Weiterentwicklung gegeben, vor allem in Richtung des Ausbaus der psycho-sozialen Betreuung und der Führungs- und Meldestruktur in der eigenen Organisation. Auch die Notfallseelsorger waren immer wieder meine Gesprächspartner.

Viele gute, aber ebenso viele belastende Erlebnisse werden mir im Gedächtnis bleiben. Die Treffen mit unseren Helferinnen und Helfern im Rahmen der Love-Parade in Berlin, als diese noch relativ unbeschwert gefeiert werden konnte, gehörte dazu. Hier traf ich einen jungen Mann als Einsatzleiter, der einen vollständigen Überblick hatte und den Einsatz der mehreren Hundert Sanitäter mustergültig leitete.

Im Jahre 2010 gab es ebenfalls ein Treffen mit den Helferinnen und Helfern der Johanniter-Unfall-Hilfe im Anschluss an die Love-Parade in Duisburg. Wir führten Gespräche über ihre schrecklichen Erlebnisse und diskutierten über Hilfsmaßnahmen der Johanniter für die vielen Helferinnen und Helfer, die dabei gewesen waren.

Auch die Fahrten zu den in mehreren Bundesländern eingesetzten Johannitern im Rahmen der Elbflut in den Jahren 2002 und 2013 bleiben in Erinnerung, ihre Arbeit bei der Evakuierung von Krankenhäusern und Altenheimen, ihre Betreuung und Versorgung von hilfsbedürftigen Mitbürgerinnen und Mitbürgern, ihre Mitarbeit in den Führungsgremien der Landkreise, ihre Belastung und manchmal der Widerstand, sich ablösen zu lassen, weil man das Gefühl hatte, gebraucht zu werden. Ich denke auch gerne an die Geschlossenheit und Dankbarkeit der Bevölkerung über die Hilfe und ihre Bereitschaft, sich gegenseitig zu helfen. Die Eindrücke, die ich vor Ort in Sachsen sammeln konnte, waren dann für mich später in meiner Funktion als Leiter der Unabhängigen Kommission der Sächsischen Staatsregierung ungemein wertvoll.

2004, wenige Tage nach dem Erdbeben im Indischen Ozean und dem folgenschweren Tsunami, das zahlreiche Küstenregionen verwüstete: Am Vorabend der Silvesternacht wartete ich zusammen mit dem Bundesvorstand Wolfram Rohleder auf dem Flughafen Köln/Bonn auf ein Bundeswehrflugzeug, das schwer verletzte Bürger aus einem der Krisengebiete nach Deutschland zurückbrachte. Wir warteten zusammen mit einem großen Pulk von Fahrzeugen der Rettungsdienste aller Hilfsorganisationen, deren Aufgabe es war, die Verletzten von der Bundeswehr zu übernehmen und in Krankenhäuser zu transportieren, in denen sie weiter behandelt werden sollten. Ärztinnen und Ärzte, Sanitäterinnen und Sanitäter, Notfallseelsorgerinnen und Notfallseelsorger waren gemeinsam vor Ort. Aufgabe der Johanniter-Unfall-Hilfe war die Steuerung dieser Operation, an der sie auch mit eigenen Kräften beteiligt war. Helfen konnte ich kaum, aber ich zollte den Menschen aller Organisationen Respekt, die sich hier für die Allgemeinheit engagierten. Am frühen Morgen war ich sicher, mit allen Sanitätern, Ärzten, Pfarrern und Fahrern einige Worte gewechselt zu haben.

Das deutsche System des Katastrophenschutzes mit seinen zahlreichen ehrenamtlichen Bestandteilen verdient es, weiterentwickelt und bewahrt zu werden. Dabei lehrt uns die Erfahrung, dass alle gebraucht werden: die Feuerwehren, das THW, die Hilfsorganisationen und zur Amtshilfe immer wieder auch die Bundeswehr. Zusammenarbeit und Organisation müssen allerdings eingeübt werden, das Bundesamt für Bevölkerungsschutz liefert hierzu gute Angebote.

Ungeachtet mancher Konkurrenz vor Ort wirkten die Hilfsorganisationen in der Spitze gut zusammen. Regelmäßig trafen sich die Vorstände, manchmal auch die Präsidenten, und stimmten ihre Haltung und ihre Forderungen an die Politik ab. Alle Innenminister — während meiner Amtszeit als Präsident waren dies Otto Schily, Thomas de Maizière und Wolfgang Schäuble — suchten das Gespräch mit den Spitzen der Hilfsorganisationen, oft zusammen mit dem THW und der Feuerwehr. Einmal im Jahr kam man zusammen. Ich empfand das als sehr befriedigend, zumal diese Treffen mit Sicherheit dazu beitrugen, das System weiterzuentwickeln.

Auch eine Initiative der Bundeswehr, die gelegentliche Treffen vorschlug sowie einen intensiveren Austausch suchte, um Schnittstellen für eine mögliche Zusammenarbeit zu erörtern, habe ich gerne unterstützt.

Der eine oder andere Vortrag, den ich hielt, erregte Aussehen. So wuchs ich — bedingt auch durch die Leitung des Odereinsatzes der Bundeswehr einige Jahre zuvor — in die Rolle eines Experten für den Katastrophenschutz und wurde vielfach für Vorträge angefragt.

Die Flutkatastrophe in Sachsen

Dafür war allerdings auch ein aufwendiger Auftrag maßgebend, den mir der Ministerpräsident des Freistaats Sachsen antrug. Im August 2002 ereignete sich, ausgehend von Sachsen und dann mehrere Bundesländer betreffend, eine Hochwasserkatastrophe, die zu Verlusten an Menschenleben und nahezu unermesslichen materiellen Schäden führte. 17 von 29 Landkreise Sachsens waren vom Hochwasser so betroffen, dass sie Katastrophenalarm auslösten. 21 Menschen fielen der Flut zum Opfer. Tausende verloren ihr Hab und Gut. Einzelne Gemeinden waren in ihrer Substanz bis ins Mark geschädigt. Die Schäden beliefen sich auf sechs bis acht Milliarden Euro. Etwa 30.000 Häuser waren den Fluten zum Opfer gefallen, genauso wie 4000 Autos und 180 Brücken. 740 Kilometer Straßen und 540 Kilometer Bahnlinien wurden zerstört. Die Flut traf 280 Schulen, dazu Kindergärten, Altenheime sowie Kulturdenkmäler, eine Fakultät der Universität Dresden, Strom-, Wasser- und Gasleitungen sowie etwa 10.000 kleine und mittlere Betriebe. Zwei Drittel der Gewässerläufe in Sachsen wurden beschädigt, 40.000 bis 50.000 Helfer aus ganz

Deutschland waren im Einsatz, etwa 45.000 Menschen mussten evakuiert werden.

Diese Zahlen machen die Einzigartigkeit des Ereignisses deutlich, unterstreichen zugleich jedoch die Schwierigkeiten der Behörden, die ohne grundlegende Erfahrungen und fast ohne Vorwarnungen zu schnellem Handeln gezwungen waren.

Während des Hochwassers, aber auch danach hatte es in Sachsen heftige Kritik am Warnsystem, an der Handlungsweise der Behörden und an den Hilfsorganisationen gegeben. Es sprach für die sächsische Staatsregierung, dass sie sich entschlossen hatte, die Untersuchung dieser Vorgänge einer unabhängigen Kommission anzuvertrauen, dieser Kommission Einblick in die entstandenen Dokumente zu gewähren und Interviews mit allen gewünschten Gesprächspartnern zu ermöglichen. Es sprach auch für die Regierung, dass an keiner Stelle versucht wurde, auf die Arbeit der Kommission Einfluss zu nehmen.

Für mich war es selbstverständlich, die Leitung dieser unabhängigen Kommission zu übernehmen und die einzelnen Abläufe zu untersuchen, nachdem hierzu eine Anfrage des Ministerpräsidenten Georg Milbradt erfolgte.

Der Kommission gehörten neben mir noch Stefan Franke, Staatssekretär im sächsischen Justizministerium, und Hartmut Biehle, Leiter des Statistischen Landesamts in Sachsen, an. Dazu stellte das Justizministerium einige hoch qualifizierte Mitarbeiterinnen und Mitarbeiter zur Verfügung. Die Kommission war zahlenmäßig klein, dafür aber ungemein wirkungsvoll besetzt.

Bei meiner Arbeit kam mir zugute, dass ich während der Flut im Katastrophengebiet unterwegs war, um mich bei den eingesetzten Johannitern auf dem Laufenden zu halten und dabei kurz nach meiner Dienstzeit auch die Chance hatte, mit einigen dort eingesetzten Einheiten der Bundeswehr zu sprechen. Dazu konnte ich in die Organisation der Katastrophenbekämpfung im Innenministerium Einblicke gewinnen.

So zog ich also im September 2002 für drei Monate bei der Offiziersschule des Heeres in Dresden ein, fuhr jeden Morgen in ein Büro im Landgericht und kam am Abend zumeist spät zurück.

Lutz Minnich, der Leiter des Präsidialbüros der Johanniter-Unfall-Hilfe, stellte die Verbindung zur Organisation sicher und befasste sich mit der Rolle der Hilfsorganisationen in der Flut. Nachdem wir in der Kommission Einvernehmen über das Vorgehen und den Zeitplan hergestellt hatten, suchten wir die Fraktionsvorsitzenden des

Landtags auf, um unsere Planungen zu erläutern, wir fanden parteiübergreifend Zustimmung.

Dann begann die Arbeit. Fast achtzig Interviews wurden geführt und umfangreiches Dokumentenmaterial der Staatsregierung, der Regierungsbezirke, der Landkreise und kreisfreien Städte ausgewertet. Wir waren den Landesregierungen von Brandenburg und Bayern dankbar, die uns als Vergleich einen Einblick in ihre Systeme gewährten.

Kurz vor Weihnachten war der Bericht fertig, der dem Ministerpräsidenten daraufhin übergeben werden konnte. Einen Versuch des „Spiegel", einen Tag vor der Übergabe des Berichts ein Gespräch mit mir zu führen, wehrte ich ab. Dennoch erschien ein Artikel am nächsten Tag – ein immerhin gut recherchierter Artikel.

Die etwa dreimonatigen Recherchen, die sich schließlich im „Kirchbach-Bericht" niederschlugen, führten zu interessanten, bundesweit beachteten Erkenntnissen. In dieser – für die sehr umfangreichen Ermittlungen doch recht kurzen – Zeit war es zwar nicht möglich, jede Einzelheit aufzuklären, die öffentlich diskutiert wurde und umstritten war. Die Recherchen gestatteten jedoch, zu gut begründeten Bewertungen des Geschehens und Empfehlungen zu kommen, deren Umsetzung, wie die folgenden Jahre bewiesen, zu einer deutlichen Verbesserung des Katastrophenschutzes in Sachsen führten.

Was waren die wesentlichen Erkenntnisse und Empfehlungen der Kommission?

Zum vorbeugenden Hochwasserschutz schlug die Kommission vor, die Bewirtschaftung der Talsperren so zu verändern, dass dem Hochwasserschutz vermehrt Rechnung getragen würde. Nachteilige Auswirkungen auf andere Formen der Nutzung, zum Beispiel für Naherholung und Tourismus, waren dafür in Kauf zu nehmen.

Notwendig erschien die Kombination weiterer Maßnahmen: Sie mussten die Gewinnung zusätzlicher Überschwemmungsgebiete genauso einschließen wie die Stabilisierung und den Neubau von Deichanlagen. Eine ständige Information der Behörden sei notwendig, um im Hochwasserfall schnelles und vorbeugendes Handeln zu ermöglichen.

Das System des Hochwassermeldedienstes hatte gravierende Schwächen erkennen lassen. Die Landkreise und die kreisfreien Städte wurden – nach Ansicht der Kommission mehr als notwendig – von der tatsächlichen Entwicklung überrascht.

Dies war sowohl auf strukturelle als auch auf inhaltliche und ablauf-organisatorische Defizite zurückzuführen. Folgerichtig schlug die Kommission vor, die Datenbasis für diese Warnmeldungen deutlich zu erweitern, Zuständigkeiten zusammenzufassen, alle Daten zusammenhängend in einer Landeshochwasserzentrale zu bewerten, die Meldewege zu straffen und so zu gestalten, dass jede Katastrophenschutzbehörde direkt und ausschließlich von einer Stelle die für sie notwendigen Informationen erhalten konnte. Die Aussagekraft der Warnmeldungen sollte verbessert werden. Und schließlich musste sichergestellt werden, dass die Katastrophenschutzbehörden jederzeit erreichbar waren, also auch am Wochenende.

Wichtig war es, die Frage nach dem Führungsverständnis und den Aufgaben der einzelnen Führungsebenen nachdrücklich zu stellen. Hier musste vor allem die oberste Behörde dazulernen. Dies betraf sowohl die schnelle Einrichtung eines leistungsfähigen Krisenstabes als auch die entschlossene Führung während der Katastrophe.

Folgende grundsätzliche Forderungen zur Bewältigung einer Katastrophe waren nach Auffassung der Kommission nur unzureichend gegeben:

- die stringente Beurteilung der Gesamtlage aus einer Hand,
- die vorausschauende Einleitung von Maßnahmen aus einer Hand,
- die Steuerung der Ressourcen, besonders der Mangelressourcen, aus einer Hand und
- die eindeutige Koordination der Zusammenarbeit mit anderen Ländern und dem Bund.

Nachgebessert werden musste auch bei der Vorbereitung auf Katastrophen durch die Katastrophenschutzbehörden. Hier ging es vor allem darum,

- für die Organisation und Vorbereitung verbindliche Standards vorzuschreiben
- Notfallpläne fortzuschreiben,
- das Übungsgeschehen zu etablieren,
- die Ausbildung zu verbessern und ausgebildete Einsatzleiter für technische Einsatzleitungen vorzuhalten sowie
- die Aufgaben der hierarchischen Ebenen zu definieren und ein einheitliches Führungsverständnis durchzusetzen.

Hinsichtlich Information und Kommunikation schlug die Kommission vor, das veraltete analoge Funknetz für Behörden mit Ordnungs- und Sicherheitsaufgaben (BOS) schnellstmöglich durch ein digitales Funknetz zu ersetzen. Sie empfahl, das Meldewesen als Zweibahnstraße zu konzipieren, Querinformationen vorzusehen und gegebenenfalls auch vom Verlautbarungsrecht Gebrauch zu machen.

Die Behörden sahen sich mit der Aufgabe konfrontiert, über 45.000 Menschen – oft sehr kurzfristig – evakuieren zu müssen.

Die Entscheidungsfindung war häufig unsicher, weil die Planungen auf die erreichte Höhe des Hochwassers nicht eingestellt waren. In manchen Fällen wurde auch zu spät evakuiert. Dies führte zu einem höheren Bedarf an Rettungsleistungen. Viele Rettungen wurden auch notwendig, weil Aufforderungen zur Evakuierung keine Folge geleistet wurde.

Objekte für die Evakuierung standen zwar zur Verfügung, waren allerdings in manchen Fällen nur schlecht für solche Ausnahmesituationen geeignet. An die Evakuierung eines Altenheims in eine Schule mit Notbetten erinnere ich mich heute noch sehr genau. Dies sollte zukünftig vermieden werden. Ein großer Teil der Evakuierten nahm die Notunterkünfte allerdings nicht in Anspruch. Dies erleichterte einerseits die Versorgung, führte andererseits zu Problemen, Personen ausfindig zu machen und Auskünfte zu erteilen.

Insgesamt gelangen die Evakuierungen jedoch recht gut. Dies galt auch für die besonders schwierigen Spezial-Evakuierungen. Einzelne Irritationen konnten diesen Eindruck nicht schmälern.

Um Rettung und Evakuierung zu verbessern, empfahl die Kommission, den Zugriff auf Hubschrauber und Boote schneller und überregional sicherzustellen, bei Spezialevakuierungen über die Landesgrenzen hinaus zu denken und die Auskunftserteilung zu verbessern. Nach Auffassung der Kommission sollte hinsichtlich des Einsatzes von Kräften der Bundeswehr das Verständnis von Subsidiarität geprüft werden. Darüber hinaus galt es, Risikoanalysen zu erstellen und danach das Kräftedispositiv zu überprüfen. Außerdem sollten die Zugriffsmöglichkeiten auf Mangelressourcen verbessert werden, zugleich ging es darum, den Grundsatz der sorgfältigen Koordination konsequent zu beachten.

Diese Darstellung umfasst nur einen kleinen Teil der Empfehlungen der Kommission. Mehrfach wurde ich in der Folge nach Dresden gebeten, um diese Dinge zu erläutern, aber auch, um mir zu demonstrieren, welche Schritte unternommen wurden, um für künftige Katastrophen besser gewappnet zu sein.

Die Flut 2013

Die Ereignisse 2002 hatten ein Nachspiel im Jahre 2013. Wieder war die Elbe über die Ufer getreten, wieder war der Freistaat Sachsen in erheblicher Weise betroffen. Allerdings funktionierte die Katastrophenbekämpfung deutlich besser als elf Jahre zuvor. Die Staatsregierung hatte unverzüglich einen ausgesprochen leistungsfähigen Krisenstab eingesetzt, der vom Staatssekretär im Innenministerium mit viel Elan geführt wurde.

Noch einmal bat mich der Ministerpräsident, nunmehr Stanislav Tillich – 2002 als Chef der Staatskanzlei als mein Partner tätig –, die Vorgänge an der Spitze einer Kommission der Staatsregierung zu untersuchen. Die Mitglieder der Kommission waren diesmal neben mir Thomas Popp, Präsident des Landesamts für Steuern und Finanzen, und Jörg Schröder, Abteilungsleiter im Staatsministerium für Steuern und Finanzen. Die Kommission wurde von Mitarbeitern aus dem Innenministerium und dem Umweltministerium sowie der Staatskanzlei unterstützt.

Noch einmal zog ich für drei Monate nach Dresden, diesmal in ein von der Staatsregierung bereitgestelltes Hotel-Appartement. Wieder studierten wir Dokumente, führten Interviews, zuweilen mit denselben Partnern wie 2002. Dafür konnten wir nun weitgehend auf die damalige Grundlagenarbeit zurückgreifen, da das System des Freistaats Sachsen in der Zwischenzeit deutlich verbessert worden war.

Die Kommission konnte feststellen, dass eine Fülle der damals gemachten Vorschläge verwirklicht worden war und sich dies auf die Bewältigung der Flut sehr positiv ausgewirkt hatte. Auch die Kommission des Jahres 2013 konnte dem Freistaat Vorschläge für weitere Verbesserungen im System vorlegen.

Hochwasserschutz ist eine ständige Aufgabe. So darf man sich auf den Erfolgen nie ausruhen. Die Kommission konnte anerkennen, dass der Freistaat Sachsen die Aufgabe mit großer Entschlossenheit und sichtbaren Erfolgen angenommen hat. Ein vollständiger Schutz wird jedoch auch künftig nicht möglich sein.

Neu war im Jahr 2013 der intensive Gebrauch sozialer Netzwerke, vor allem zur Organisation freiwilliger Hilfe, der gegenseitigen Information und der Vermittlung von Spenden. Binnen Stunden war ein eigenes soziales System entstanden, mit kurzen Wegen, hierarchiefreien Instanzen, einer großen Schnelligkeit der Interaktion und einer nahezu explosionsartigen Verbreitung. Allein die Dresdener Facebook-Angebote hatten deutlich über 100.000 Fans. Auf Bitten der Kommission untersuchte die Fachhochschule Mittweida den Gebrauch der sozialen Netzwerke in dieser Krise.

Social Media war an vielen Stellen hilfreich, zuweilen kam es jedoch auch zur Behinderung von Aktivitäten und zur Fehlleitung von Helfern. Allerdings durfte man nicht übersehen, dass mit den Möglichkeiten sozialer Netzwerke auch ein Teil der Informationshoheit des Staates verloren zu gehen drohte. Das Thema konnte von der Kommission nur angerissen werden.

Die Arbeit wurde durch die Übergabe des Berichts an den Ministerpräsidenten und eine Pressekonferenz kurz vor Weihnachten beendet. Scherzhaft sagte ich dem Ministerpräsidenten bei der Übergabe, dass dies hoffentlich meine letzte Beschäftigung mit einem Hochwasser gewesen sei. So war meine Tätigkeit für die Johanniter-Unfall-Hilfe eingerahmt durch wichtige Arbeiten für den Freistaat Sachsen. Als Mitglied einer alten sächsischen Familie wurde in mir das Gefühl erweckt, dass sich so ein Kreis geschlossen hatte.

Im Herzen der Familie

Das Gesicht der Johanniter-Unfall-Hilfe zu sein, heißt, mitten in der Familie zu stehen. So war ich viel unterwegs, zu Veranstaltungen, aber auch zu Besuchen ohne besondere Anlässe, zu Gesprächen, zum Sammeln von Eindrücken und Aufnehmen von Problemen bei Verbänden aller Gliederungen. Wenn ich Termine hatte, habe ich oft die in diesem Bereich wohnenden Präsidiumsmitglieder eingeladen, mich zu begleiten. Immer wieder waren auch die Vizepräsidentin oder der Vizepräsident mit mir zusammen. Ich verfolgte das ehrgeizige Vorhaben, jeden Landesverband und einige seiner Einrichtungen einmal im Jahr zu besuchen. So bekam ich in kurzer Zeit einen guten Überblick über die Aktivitäten der Johanniter-Unfall-Hilfe und ihre Mitarbeiterinnen und Mitarbeiter. Dies half mir besonders für die Arbeit im Präsidium und die Gespräche mit dem Bundesvorstand, weil ich in der Lage war, schriftliche Berichte durch eigene Eindrücke zu ergänzen.

Ganz am Anfang meiner Amtszeit besuchte ich eine in Bad Schussenried in Baden-Württemberg tätige ambulante Hospizgruppe.

Der übergeordnete Verband wollte einen Kongress zur Hospizarbeit veranstalten, zu dem ich mich angemeldet hatte und der dann nicht stattfinden konnte. Dennoch hielt ich an meinen Besuchsplänen fest und traf mich mit der ambulanten Hospizgruppe zu einem für mich wichtigen Gespräch. Die Hospizhelferinnen, die alle ehrenamtlich tätig waren, berichteten mir über ihre Arbeit und ihre Erfahrungen. Sie betonten den Wert ihrer Ausbildung, ihrer Gemeinschaft sowie ihrer regelmäßigen Treffen und Gespräche als persönlichen Rückhalt für ihre wichtige Arbeit. Trotz der schwierigen Aufgabe, Menschen beim Sterben zu begleiten, hatten sie auch Freude daran, helfen zu können, die Dankbarkeit der Menschen zu empfinden, die sie begleiteten und auch der Angehörigen, die sie entlasteten. Dass man diesen Dienst nicht ununterbrochen tun kann, habe ich bei diesen Treffen auch gelernt. Und dass man diesen Dienst immer mit dem Rückhalt einer guten Gemeinschaft verrichten sollte.

Der Wert einer guten Gemeinschaft ist mir immer wieder vor Augen geführt worden, nicht nur bei den vielen ambulanten Hospizgruppen, die ich besucht habe, sondern überall, wo Menschen in der Johanniter-Unfall-Hilfe gemeinsam tätig waren. Sinn und Gemeinschaft – das sind die wichtigsten Pfunde, mit denen eine Organisation wie die Johanniter-Unfall-Hilfe ihre ehrenamtlichen Helferinnen und Helfer binden kann.

In Bad Schussenried gewann ich auch Kontakt zu einer Dame, die damals schon weit über achtzig Jahre alt war und sich noch immer in dieser Gruppe betätigte, organisatorische Hilfe leistete, aus ihrer reichen Erfahrung Ratschläge gab und von Zeit zu Zeit selbst Menschen begleitete. Dieser Kontakt ist bis zu ihrem Tode immer wieder erneuert worden und nie abgerissen. Anlässlich einer Dankesveranstaltung für ehrenamtliche Helferinnen und Helfer haben wir uns erneut getroffen, bei dem die inzwischen fast Neunzigjährige über ihr Engagement berichtete. Die um Jahrzehnte jüngeren Teilnehmerinnen und Teilnehmer hingen an ihren Lippen. Sie brachte mir ein Paar handgestrickte Socken mit, die ich noch immer in Ehren halte. Sie starb hoch betagt – als ein Vorbild johanniterlichen Lebens.

Auch stationäre Hospize werden von der Johanniter-Unfall-Hilfe sowie der Johanniter GmbH unterhalten.

Gerne erinnere ich mich an die Eröffnung des stationären Hospizes in Wiehl im Oberbergischen im Jahre 2005. Jahrelange Planung und viele Spendenaufrufe waren dieser Eröffnung vorausgegangen. Mit kräftiger Unterstützung der Gebrüder Kotz, Gesellschafter und Geschäftsführer der Bergischen Achsen Kommanditgesellschaft, war es schließlich gelungen, die Finanzierung des Hospizbaus sicherzustellen. Die Eröffnung war ein großes Ereignis mit jeder Menge Prominenz vor Ort, dem Herrenmeister des Ordens an der Spitze und mit zahlreichen Reden und Musik.

„Leben bis zuletzt": Unter diesem Motto sollen Menschen dieser Einrichtung betreut und behütet den Abschluss ihres Lebenswegs gehen können. Hier in Wiehl ist die Zusammenarbeit der Schwesterorden Malteser und Johanniter auch besonders eng. Die Johanniter-Unfall-Hilfe betreibt das stationäre Hospiz. Die ambulante Hospizgruppe wird dagegen von Maltesern betrieben – ein schönes Beispiel einer Zusammenarbeit im gleichen Weinberg zum Wohle der Menschen.

Mittlerweile gibt es auch in Regensburg ein stationäres Hospiz der Johanniter-Unfall-Hilfe, dessen erste Phasen seiner Entstehung ich noch als Präsident erleben durfte.

Aktive Senioren

Mehrfach besuchte ich eine Gruppe älterer Menschen im nordrhein-westfälischen Siegburg. Hier hatten sich, gefördert und unterstützt von ihrem Regionalverband, rüstige Senioren zusammengetan, um anderen Senioren mit ihren speziellen Fähigkeiten zu helfen. Da ging es um das Ausfüllen von Anträgen, die Begleitung bei Behördengängen, Computerkurse und vieles andere. Auch ein Café wurde als gemeinsamer Treffpunkt betrieben. Was die älteren Herrschaften auf die Beine gestellt hatten, imponierte mir gewaltig. Ein eindrückliches Erlebnis hatte ich bei einer Jubiläumsfeier dieser Gruppe: Ein alter Herr im Rollstuhl erzählte mir nach der Feier, dass er sehr aktiv und – solange seine Kräfte dies hergaben – bei der Arbeit dieser Gruppe mitgeholfen hätte. Nun sei er von Herzen dankbar für die Hilfe, die er empfangen könnte. Auch dies ist ein Beispiel johanniterlichen Lebens.

Immer wieder besuchte ich auch Altenheime, die die Johanniter-Unfall-Hilfe betrieb, bis später in Zusammenarbeit mit dem Johanniterorden hierfür eine eigene Gesellschaft gegründet wurde, die sich um alle stationären Einrichtungen des Johanniter-Verbundes kümmerte. So traf ich mich mit den Leitungen und dem Pflegepersonal, sprach mit Bewohnerinnen und Bewohnern und natürlich den Kuratorinnen und Kuratoren. Auch dies waren oft zutiefst bewegende Begegnungen.

Auf welche Weise wird der christliche Geist sichtbar, der unsere Häuser auszeichnen soll? Diese Frage stellte sich immer wieder neu. Die Antworten sind unterschiedlich, doch klar ist: Der christliche Geist unserer Häuser muss sich in der Art und Weise widerspiegeln, wie man miteinander umgeht. Wir sind alle Geschöpfe Gottes und verkehren auf Augenhöhe untereinander.

Gerne habe ich an der einen oder anderen Andacht teilgenommen, die in den Häusern selbstverständlich angeboten werden. Skandale sind uns erspart geblieben, Probleme allerdings nicht. Die Aufgabe, unserem sozialen und christlichen Anspruch gerecht zu werden und in gleicher Weise wirtschaftlich erfolgreich zu sein, ist schwierig, und ich bin sehr dankbar, dass wir dieser Aufgabe in der Regel zufriedenstellend nachkommen konnten.

Die Bewohnerinnen und Bewohner suchen zumeist erst in hohem Alter eine Senioreneinrichtung auf. Die meisten wollen zu Hause bleiben, solange es geht. Dies ist für die Pflegeheime oft eine Herausforderung, und manchmal ist der Übergang vom Pflegeheim zum Hospiz fließend.

Beim Besuch einer Einrichtung des Servicewohnens in Sachsen hatte ich ein besonders nettes Erlebnis: Ich unterhielt mich mit einem Herrn, der gerade zum Essen ging. Es gefiel ihm gut in der Einrichtung und er war dankbar, dass er noch vieles selbst bewältigen konnte, aber auch die Hilfe bekam, die er hin und wieder brauchte. Kochen wollte er beispielsweise nicht mehr. Nach dem Alter gefragt stellte sich heraus, dass er das hundertste Lebensjahr schon überschritten hatte. Ähnliches erlebte ich später im Johanniter-Quartier in Potsdam. Man kann bei uns offensichtlich zufrieden und in Würde alt werden.

Früh hatte die Johanniter-Unfall-Hilfe ein Gremium eingerichtet, das sich mit großem Erfolg um die Heime kümmerte. Unsere Bundesvorstände gaben mir zu jeder Zeit ein gutes Gefühl, dass die Sorge um die von uns betreuten Senioren in guten Händen war. Dies Gefühl hat sich nach Übergang der Verantwortung in die Hände der Johanniter Seniorenhäuser GmbH nicht geändert.

Wie schön, dass Du geboren bist

Die Johanniter-Unfall-Hilfe kümmert sich vielfältig um junge Menschen. Sie betreut Kindergärten, Horte und andere Kindereinrichtungen, sie hat eine eigene Jugendorganisation, sie betreibt Schulsanitätsdienste, und viele der Helferinnen und Helfer sind auch noch der Jugend zuzurechnen.

Kindergärten zu besuchen war stets ein besonderes Erlebnis. Gerne setzte ich mich dazu, wenn die Erzieherinnen und Erzieher mit den Kindern sangen, spielten oder bastelten. Ich freute mich, wenn ich von ihnen ausgefragt wurde und verstand die Enttäuschung, weil ich im Anzug so gar nicht dem Bild eines Ritters entsprach, obwohl sie sich einen Mann in einer Rüstung vorgestellt hatten.

Schnell und unkompliziert kamen Gespräche mit den Kindern zustande, über ihre Bilderbücher, beim Basteln, beim Toben.

Viele schöne Ereignisse durfte ich miterleben, wenn der Geburtstag eines Kindes gefeiert wurde: „Wie schön, dass Du geboren bist, wir hätten Dich sonst sehr vermisst" sangen dann alle Kinder, bevor es an den Geburtstagskuchen ging.

Ein besonderes Erlebnis erwartete mich in Oberhof: Dort gab es einen deutsch-tschechischen Kindergarten, der neu gebaut worden war. Dieser Kindergarten hatte die Besonderheit, dass er von tschechischen und deutschen Kindern besucht und bilingual geleitet wurde. Da saßen nun die Honoratioren, viele hatten sich um den Neubau verdient gemacht. Da saßen jedoch auch die Kinder, gespannt und etwas aufgeregt. Der Regionalvorstand zeigte sich stolz über die Einrichtung und auf das Überwinden zahlreicher Probleme, bis der Neubau finanziert und gebaut war.

Als ich mit meiner Rede an der Reihe war, legte ich das Manuskript beiseite, ich verließ das Rednerpult und stellte mich zwischen die Kinder. Ich erzählte von meinen Erinnerungen an den Heininger Kindergarten und an Tante Anna, wünschte den Kindern, dass sie in ihrem Kindergarten genauso schöne Erlebnisse haben würden, wie ich vor vielen Jahren in Heiningen.

Ein Geistlicher hielt eine Andacht und bat um den Segen für alle, die in diesem neuen Heim aus- und eingehen würden. Dann wurde das Band durchschnitten, und der Neubau konnte bezogen werden. Wenn ich bei Veranstaltungen des Ordens gefragt wurde, wie sich das christliche Fundament der Johanniter in den Kindergärten zeigen würde, habe ich von dieser Eröffnung erzählt und darum gebeten, sich vorzustellen, wie die Eröffnung eines Kindergartens in einem der neuen Länder nur wenige Jahre vorher sich abgespielt hätte.

Tatsächlich ist die Frage nicht völlig unberechtigt. Viele Eltern und Kinder gehören keiner Religion an. Wir haben im Zuge der Übernahme von Kindergärten, die vorher als kommunale Einrichtungen geführt wurden, auch Erzieherinnen und Erzieher übernommen, die sich zu keiner Religion bekannten. Das ändert nichts daran, dass fast alle überaus engagiert und erfolgreich mit den Kindern arbeiteten und positiv zu unserem Leitbild für Kindergärten und Kindertagesstätten standen. Wir machten sie auch mit den Grundzügen unseres Glaubens bekannt. Christliche Feste wurden gefeiert, schließlich bestanden und bestehen heute noch Verbindungen zu den örtlichen Kirchengemeinden. Dies alles geschah in Abstimmung mit den Eltern.

Zum ersten Mal konnte ich mich auch in dem einen oder anderen Waldkindergarten umsehen. Nahezu alle Aktivitäten fanden im Freien statt. Nur für ganz schlechtes Wetter gab es ein Refugium. In einem Fall, an den ich mich erinnere, war dies ein Bauwagen.

Es machte Freude, mit den Kindern durch den Wald zu streifen, zu sehen, wie die natürlichen Möglichkeiten zum Spiel genutzt wurden, wie mit Ästen, Laub, Steinen, mit allem, was man am Weg fand, gebastelt wurde.

Besondere Freude machten diese Besuche, wenn der Herrenmeister dabei war. Ein Prinz – das erregte sofort die Neugier der Kinder, und er verstand es in seiner unkomplizierten Art, mit Kindern und Erzieherinnen und Erziehern zu reden, sodass alle völlig ohne Scheu den Kontakt mit ihm suchten.

An manche Kindergärten, insbesondere in Nordrhein-Westfalen, sind Familienberatungsstellen angeschlossen. Dies schien mir ein sinnvolles Konzept zu sein. Die Schwelle, ein solches Zentrum zu nutzen, ist vermutlich sehr niedrig, wenn man wegen der eigenen Kinder das Gebäude sowieso hin und wieder aufsucht.

Die Kindergärten sind nur ein Teil der Bemühungen der Johanniter-Unfall-Hilfe um junge Menschen und um deren Erziehung. Ferienprogramme gehören ebenfalls dazu, die Betreuung von Schülerinnen und Schülern nach dem Unterricht in Horten, die Übernahme von Programmen in der schulischen Ganztagsbetreuung, die Übernahme von Sozialdiensten und natürlich – dem Ursprung der Hilfsorganisation angemessen – die Ausbildung von Schulsanitätern sowie die Einrichtung von Hunderten von Schulsanitätsdiensten in Unterstützung zahlreicher Schulen in allen Bundesländern.

Gerne habe ich an Ausbildungsstunden und Übungen der Schulsanitäter teilgenommen, mit vielen Schulleitern und Lehrern gesprochen und war immer wieder froh zu hören, dass unsere Anstrengungen mit den jungen Menschen erfolgreich waren.

Ein Ferienprogramm der besonderen Art haben die bayerischen Johanniter ins Leben gerufen, mittlerweile ist es auch von anderen Verbänden übernommen worden. Der Name des Programms lautet „Li-LaLu". Wenn man es grob zusammenfassen möchte, geht es darum, dass Kinder Zirkus machen. In Workshops lernen und üben sie unter sachkundiger Anleitung Jonglieren, Akrobatik, Tanz, sie spielen Theater und gestalten so einen Teil ihrer Ferien. Am Ende wird dann meist eine Galaaufführung für Eltern und Gäste veranstaltet, immer gut besucht und immer beeindruckend.

Besonders gerne habe ich das Dominik-Brunner-Haus in München besucht, eine Einrichtung, die in einer engen Partnerschaft zwischen der Stadt München und den Johannitern entstanden ist. Hier wird Kindern und Jugendlichen aus sozial schwachen Familien Betreuung und Förderung in Ergänzung zum Schulbesuch geboten. Die Eltern zahlen einen eher symbolischen Beitrag, dafür gibt es für deren Kinder einen Ort der Geborgenheit. Die Kinder werden bei ihren Hausaufgaben unterstützt, sie finden Möglichkeiten der Freizeitbeschäftigung und feiern Feste zusammen. Dazu wird ihnen nach Schulabschluss geholfen, eine Lehrstelle zu bekommen. Ich durfte das eine oder andere Fest mit den jungen Leuten und ihren Eltern feiern und mich daran erfreuen, wie gerne die Angebote angenommen wurden. Tatsächlich musste das Haus schon nach wenigen Jahren erweitert werden. Es ist schön zu sehen, wie viel Förderung aus der unmittelbaren Umgebung dieses Haus erfahren hat.

Eine Einrichtung mit ähnlicher Zielsetzung, die „Kleine Arche", gibt es in Dessau-Roßlau. Auch hier werden Kinder nach der Schule betreut, können sie kostenlos eine Mittagsmahlzeit empfangen, werden sie unterstützt und gefördert. An vielen weiteren Initiativen dieser Art war ich beteiligt, wo immer ich konnte.

Unsere Bemühungen um junge Menschen sind ein wertvoller Beitrag zur Zukunft unseres Landes – das war und ist bis heute ein wesentliches Leitbild von mir.

Die ersten Überlegungen des Regionalverbands Südbrandenburg zum Bau und Betrieb eines speziellen Kinderhauses konnte ich noch als Präsident begleiten. In diesem Haus sollte es möglich sein, zeitweise schwerkranke Kinder zu betreuen. Den Eltern sollte einerseits die Begleitung ermöglicht werden, andererseits sollten sie auch einmal von der schwierigen Pflege Entlastung finden.

Zu meiner ganz großen Freude konnte das Projekt schließlich im Spreewald verwirklicht werden. Im Jahre 2020 öffnete das Kinderhaus „Pusteblume" seine Pforten. Ein wunderbarer Dienst an jungen Menschen und ihren Eltern wird hier aufopfernd geleistet.

Schulen

Die Johanniter-Unfall-Hilfe ist auf vielfache Weise in Schulen tätig. Sie unterhält Schulsanitätsdienste an einigen Hundert Schulen. Die jungen Schulsanitäterinnen und Schulsanitäter bekommen eine Ausbildung und sind dann für ihre jeweilige Schule im Einsatz. Sie bilden jeweils eine Gruppe und gehören meist auch der Johanniter-Jugend an. Einige von ihnen haben Dienst, das heißt, sie sind in ihren Klassen bei kleinen Unfällen oder Verletzungen abrufbereit. Wenn notwendig, informieren sie den Rettungsdienst. Bei einem Besuch des Sächsischen Landesgymnasiums Sankt Afra in Meißen wurde mir im Rahmen einer Übung, an der die ganze Schule beteiligt war, in eindrucksvoller Weise das Leistungsspektrum vor Augen geführt.

Auch Schulsozialarbeit gehört zu den Aufgaben, und wir haben in diesem Bereich eine Fülle hoch qualifizierter Mitarbeiterinnen und Mitarbeiter, die sich um Problemfälle kümmern. Dies alles wird ergänzt durch zahlreiche Horte, die in Anlehnung an die Schulen zur Nachmittagsbetreuung der Kinder betrieben werden.

So lag der Gedanke nahe, selbst die eine oder andere Schule zu betreiben. Dies fordert die Satzung nicht, sie lässt es aber zu.

In Gambach (Münzenberg) im hessischen Wetteraukreis gibt es eine Grundschule und zugleich seit vielen Jahren eine wunderbare Zusammenarbeit zwischen den Johannitern und der Schulleitung. Historische Gründe, aber auch die Zusammenarbeit vor Ort veranlassten die Schulleitung, in Übereinstimmung mit der zuständigen Schulbehörde den Antrag dafür zu stellen, der Schule den Namen „Johanniterschule" verleihen zu dürfen. Diese Genehmigung oblag dem Herrenmeister, der seine Zustimmung hierfür gerne gab.

Immer wieder haben Schülerinnen und Schüler dieser Schule Johanniter-Veranstaltungen mit Gesang und Musik bereichert. Bei einer Kapitelsitzung sangen sie in der Komturkirche in Nieder-Weisel, dem geistlichen Zentrum des Johanniterordens, eine Chorfassung der Seligpreisungen. Mehrfach habe ich diese Schule besucht, mit der Schulleitung, der Elternvertretung, den Schülerinnen und Schülern gesprochen und mich an der Kooperation erfreut. Der Name der Schule war und ist bis heute auch ein Teil ihres Programms.

In Eberswalde hat die Johanniter-Unfall-Hilfe seit 2010 die Trägerschaft über die Kinderakademie Eberswalde, die einen Kindergarten, einen Hort und eine Grundschule in einem großen Gelände vereinigt. Die Schule ist als Ersatzschule in freier Trägerschaft vom Land Brandenburg auch als Europaschule anerkannt. Sie ist eine Ganztagsschule, bietet eine Mittagsmahlzeit, Hausaufgabenbetreuung und zahlreiche Möglichkeiten der Freizeitbeschäftigung. Geringe Klassenstärken und individuelle Förderung sind ein Markenzeichen dieser Schule. An meinem siebzigsten Geburtstag sammelte ich statt Geschenke für ein neu einzurichtendes Forscherhaus. Ich freute mich über einen ansehnlichen Betrag und dass ich bei der Einweihung des Forscherhauses dabei sein durfte. Hier an dieser Schule können die Kinder unter fachkundiger Anleitung zahlreiche Experimente im naturwissenschaftlichen Bereich durchführen, und sie tun es mit großer Begeisterung. Gespräche, die ich mit den Lehrerinnen und Lehrern sowie den Klassensprechern führte, überzeugten mich immer wieder davon, welch guter Geist in dieser Schule herrschte und wie wohl sich die Schülerinnen und Schüler hier fühlten.

Als ich einmal zu Besuch war, spielte ein junger talentierter Mann auf seiner Harfe. Mit ihm habe ich später Briefe ausgetauscht. Zu meiner Freude hat er mir von ihm gefertigte Studienarbeiten zugeschickt. Mit einer Gruppe von Abiturientinnen und Abiturienten sowie deren Lehrerinnen und Lehrern habe ich mich kurz nach deren erfolgreichem Abschluss zu einem Grillnachmittag getroffen und einige wunderbare Stunden verbracht. Selbst zum Abiball wurde ich eingeladen.

Akademien und Hochschule

Einer meiner ersten Besuche in meinem Amt als Präsident der Johanniter-Unfall-Hilfe galt der Johanniter-Akademie in Münster. Die Akademie war zunächst als Schule für Zivildienstleistende gegründet worden, die dort die vom Gesetzgeber geforderte Schulung und Ausbildung erfuhren. Auch andere Ausbildungsgänge, die in der Johanniter-Unfall-Hilfe gebraucht wurden – zum Beispiel die Ausbildung zum Rettungssanitäter – konnten dort absolviert werden.

Zu den vielen weiteren Ausbildungsgängen und Angeboten (wie unter anderem die Ausbildung zur Pflegerin oder zum Pfleger) kamen eine Vielzahl von Ausbildungsstätten dazu. Hannover, Berlin und Leipzig gehörten dazu, um nur einige zu nennen.

Mittlerweile ist eine nach einheitlichen Regeln gesteuerte, große und beeindruckende Bildungslandschaft entstanden, in der eine Vielzahl von Aus- und Weiterbildungsmaßnahmen angeboten und die von einer Vielzahl von Menschen besucht werden, die beileibe nicht alle der Johanniter-Unfall-Hilfe angehören.

Die Bildungsabschlüsse, die in den dortigen Ausbildungseinrichtungen erworben werden können, sind in aller Regel staatlich anerkannt. So leisten die Johanniter mit ihren Bildungsangeboten auch einen wichtigen Beitrag für das Bildungswesen in unserem Land.

Viele Erlebnisse verbinden sich für mich mit eben diesen Bildungsangeboten der Johanniter-Unfall-Hilfe. Dies fing an mit Gesprächen, die ich in Münster mit Zivildienstleistenden geführt habe, beiderseits ohne jede Vorbehalte. Wir waren sehr dankbar, und dies habe ich immer zum Ausdruck gebracht, dass so viele junge Männer den Weg zu uns gefunden hatten und viele von ihnen eine längere Zeit bei uns geblieben sind oder sich bei uns beworben haben, weil sie hier eine Arbeitsstelle finden wollten. Manch heutige Führungskraft hat den Weg zu den Johannitern über den Zivildienst gefunden.

Den Zivildienst selbst gibt es nicht mehr. Mit jeder Verkürzung des Wehr- und damit auch des Zivildienstes war der Einsatz dieser jungen Leute für die Organisation unattraktiver geworden, da das Verhältnis von Ausbildungs- zu Einsatzzeit immer schlechter geworden war. Aber immer noch bewerben sich viele Interessierte – auch beiderlei Geschlechts – und leisten ihr Freiwilliges Soziales Jahr oder den Bundesfreiwilligendienst bei den Johannitern ab. Darüber können wir froh und dankbar sein.

Bei mehreren Besuchen in Münster und Leipzig, die über viele Jahre hinweg stattfanden, ergaben sich gelegentlich auch Berührungspunkte zwischen meiner alten Tätigkeit als Soldat und der neuen als Johanniter. In mehreren Zyklen wurden bei den Johannitern im Rahmen der zivilberuflichen Ausbildung der Bundeswehr Soldaten zu Rettungssanitätern ausgebildet, die ihre Prüfungen ablegten. Auch da suchte ich das Gespräch und freute mich, wenn die Soldatinnen und Soldaten mir versicherten, eine gute Ausbildung zu erfahren. Für die jungen Leute war es vermutlich auch ein Erlebnis, einen ranghohen Soldaten – wenngleich pensioniert – nun in einer anderen Rolle erleben zu können.

Mit der zunehmenden bundesweiten Akademisierung verschiedener Ausbildungsgänge entstand eine neue Idee: Der Bundesvorstand schlug dem Präsidium vor, eine Hochschule zu gründen. Die Idee war, Studiengänge anzubieten, die für Aufgaben in der eigenen Orga-

305

nisation gebraucht wurden. Ein Konzept wurde entwickelt und dem Land Berlin zur Genehmigung vorgelegt. Nach einiger Zeit der Vorbereitung ging die Hochschule dann im Jahr 2009 tatsächlich in Betrieb. Sie erhielt den Namen „Akkon Hochschule für Humanwissenschaften".

Die ersten angebotenen Studiengänge befassten sich mit humanitärer Hilfe und Bevölkerungsschutz und wurden als duale Studiengänge angeboten. Nicht ohne Stolz habe ich an der Abschlussfeier der Studentinnen und Studenten des 1. Studienjahrgangs teilgenommen, die sich erfolgreich den Bachelorgrad erworben hatten.

Das Angebot der Hochschule wurde Schritt für Schritt erweitert. Mittlerweile hat die Hochschule einen festen Platz in der Berliner Hochschullandschaft und inzwischen nicht nur in Berlin einen sehr guten Ruf. Natürlich: Probleme blieben nicht aus und sind auch noch nicht vollständig überwunden. Dennoch: Das Bildungsangebot der Johanniter-Unfall-Hilfe ist beeindruckend, und ich bin überaus dankbar, dass in meiner Amtszeit große Schritte nach vorne gemacht werden konnten.

Die Johanniter-Jugend

Schon kurz nach der Übernahme meines Amtes traf ich mich mit der Bundesjugendleitung der Johanniter-Jugend und den für die Jugendarbeit angestellten Referenten im Bund und den Landesverbänden zu einem ausführlichen und guten Gespräch. Prächtige junge Leute standen und stehen an der Spitze der Johanniter-Jugend. Die Mitglieder der Bundesleitung werden von Delegierten auf einer Bundesjugendversammlung gewählt.

Die Jugendarbeit ist in einem hohen Maße selbstbestimmt.

Im Mittelpunkt steht der Wertekanon der Johanniter, das Helfen. Dieses Helfen geschieht aus der Geborgenheit und dem Zusammenleben in einer guten Gemeinschaft. Die Freude am Helfen, am Abenteuer und an der Gemeinschaft gehören zusammen.

Mir kam es darauf an, die Jugend und ihre Bedeutung für die Sicherung der Zukunft stets deutlicher in den Vordergrund unserer Organisation zu rücken. Möglichst alle Verbände sollten sich verpflichtet fühlen, Jugendarbeit zu betreiben und zu unterstützen. Bei meinen Besuchen bei den Landesverbänden stand deshalb auch immer ein Gespräch mit der jeweiligen Landesjugendleitung auf dem Programm.

Besonders gerne nahm ich an Veranstaltungen der Jugend teil. Alle zwei Jahre trafen sich knapp tausend Kinder und Jugendliche zu einem Bundeslager, um über die Pfingsttage miteinander zu spielen, zu lernen und Abenteuer zu erleben. Ein wichtiger Höhepunkt war dabei der Gottesdienst am Pfingstsonntag, zu dem sich die Pfarrer – zunächst Stefan Bergner, später August Dahl – immer etwas Besonderes einfallen ließen.

Gerne habe ich diese Lager besucht, reiste am Samstagmittag an, nahm am Mittags- und Abendprogramm teil sowie Sonntagmorgen am Gottesdienst. Bei einem Rundgang mit der Lagerleitung ging ich von Zelt zu Zelt, um mit den jungen Leuten zu reden. Dem offiziellen Abendprogramm folgten manchmal noch mehrere Stunden an einem Lagerfeuer, gemeinsam mit einigen älteren Teilnehmern. Das unterschied sich kaum von meiner Pfadfinderzeit.

Dabei habe ich auch immer versucht, mein Credo für Jugendarbeit mit Ziel und Perspektive deutlich zu machen: Sucht das Abenteuer, pflegt eure Gemeinschaft, tut etwas für die Allgemeinheit, seid euch bewusst, auf welch tiefem Grund die Jugendarbeit der Johanniter steht.

Viele begeisterte Menschen, ein Familienfest der Johanniter, dominiert von der Johanniter-Jugend: In jedem zweiten Jahr trafen sich die besten Mannschaften der Landesverbände in den jeweiligen Altersgruppen zu einem Wettkampf in Erster Hilfe.

In den Jahren zwischen den Bundeswettkämpfen wurden in den Landesverbänden die Mannschaften ermittelt, die ihr Land dann beim Bundeswettkampf vertreten durften. Dem eigentlichen Wettkampf ging ein Gottesdienst voraus. Schon dieser Gottesdienst war ein großes Erlebnis. Es ist ja durchaus selten, tausend fröhliche junge Leute zu einem begeistert gefeierten Gottesdienst zu treffen. Meine Aufgabe war es dann, einige Worte zu sagen, den Wettkampf in aller Form zu eröffnen und die Wettkämpfer zu entlassen, die anschließend vergnügt zu ihren Stationen stürmten.

Der Wettkampf selbst hatte einiges zu bieten: Mithilfe von entsprechend geschminkten Darstellern wurden realgetreue Szenen nachgestellt, beispielsweise ein Unfall im Haus, ein Autounfall, ein Unfall in der Schule, die Wiederbelebung eines Menschen, der Einsatz von Defibrillatoren und Weiteres mehr.

Von den Mannschaften wurde nun verlangt, das Richtige zu tun. Kompetente Rettungssanitäter und Ärzte erarbeiteten die Aufgaben und bewerteten die Leistungen. Alle Mannschaften wurden von

Schlachtenbummlern begleitet. So wurde der Wettkampf zu einem großen Familienfest in fröhlicher Stimmung. Die Siegerehrung bildete den Höhepunkt der Veranstaltung:

Vom letzten Platz beginnend wurden die Mannschaften einzeln aufgerufen, sie kamen auf die Bühne und wurden bejubelt. Dann begann jugendgerecht der gesellige Teil, immer mit Musik, laut und fröhlich, manchmal mit einer Band oder einem Discjockey, während wir als Gäste älteren Semesters einen stilleren Platz suchten, wo wir uns austauschen konnten.

Der Zufall wollte es, dass der Bundeswettkampf 2001 in Dortmund stattfand, genau an dem Samstag des letzten Heimspiels des BVB, des neuen Deutschen Fußballmeisters. Der Wettkampf fand in der Dortmunder Innenstadt statt, sodass Schwarz-Gelb und das Johanniter-Rot an jenem Abend das Bild der Innenstadt bestimmten. Die Dortmunder Fans und die Schlachtenbummler der Johanniter verstanden sich auf das Beste, die Siegerehrung wurde auch von den Gesängen der Fußballanhänger begleitet.

Eine Leidenschaft meiner späten Jahre hatte ebenfalls mit der Freude an der Johanniter-Jugend zu tun: Schon lange hatte ich darüber nachgedacht, einmal den Jakobsweg von Frankreich aus nach Santiago de Compostela zu gehen. Allerdings sollte ich dafür zunächst nie den Schwung finden, diese Idee auch zu verwirklichen. Bei einem Besuch in Kiel traf ich die Landesjugendleitung und erzählte von jenem lang gehegten Wunsch. Einige Tage darauf, als ich wieder zu Hause war, bekam ich eine E-Mail: „Lieber Herr von Kirchbach", stand darin. „Sie haben von Ihrem Traum, den Jakobsweg zu gehen, erzählt. Wenn Sie dies wollen, tun Sie es doch einfach. Ich hätte Lust, mitzugehen, vielleicht andere auch. Herzliche Grüße, Ihr ..."

Der junge Mann hat recht, dachte ich, und ließ nachfragen, ob noch jemand der jungen Leute Interesse hätte. Wir waren dann schließlich zu acht, als wir im Jahre 2005 aufbrachen, um eine Etappe des Jakobswegs von Saint-Jean-Pied-de-Port bis Estrella – insgesamt etwa 200 Kilometer – miteinander zu gehen.

In den nächsten Jahren setzten wir den Weg fort, jedes Jahr in etwas veränderter Zusammensetzung. Wir schliefen in Herbergen, erlebten Hitze und Regen, hielten Andachten und besuchten Pilgergottesdienste. Drei Jahre später, im Jahre 2008, legten wir die letzte Etappe zusammen zurück, erreichten schließlich Santiago de Compostela und verbrachten dort sowie in Finistère noch einige Tage miteinander. Für mich war es wunderbar, noch einmal so intensiv mit jungen Menschen zusammen ein solches Erlebnis teilen zu dürfen.

Das Pilgern hat mich danach nicht mehr losgelassen. Fast jedes Jahr war ich seither auf unterschiedlichen Jakobswegen unterwegs, oft von meinem Bruder begleitet, der meine Leidenschaft teilt. Im Jahr 2011 ging ich dann – anlässlich meines siebzigsten Geburtstags – tatsächlich eine Strecke von 800 Kilometer. Zu meiner großen Freude begleiteten mich erneut zwei junge Leute 200 Kilometer über die Pyrenäen hinweg sowie im Anschluss mein Bruder bis zur Stadt Burgos.

In den letzten Jahren zog es mich immer wieder auf den portugiesischen Jakobsweg von Porto nach Santiago de Compostela. Dieser Abschnitt ist sehr gut zu gehen, mit vielen interessanten Sehenswürdigkeiten und etwa 240 Kilometer lang – eine durchaus seniorengerechte Entfernung.

Verabschiedung als Generalinspekteur

Pfadfinder als Gäste bei der Verabschiedung aus der Bundeswehr

Als Präsident der Johanniter-Unfall-Hilfe mit Bundeskanzlerin Merkel

Mit dem eh. Innenminister Brandenburgs Jörg Schönbohm

Besuch des Dalai Lama

Versammlung der sächsischen Johanniter-Ritter vor dem Gottesdienst
in der Frauenkirche

Besuch in Namibia 2004

Mit der Johanniter-Jugend auf dem Jakobsweg

Kirchentage

Die Johanniter sind Dienstleister des Kirchentags, leisten den Sanitätsdienst, betreiben Sanitätsstationen, behandeln dort Patienten oder bringen sie in nahegelegene Krankenhäuser. Sie bestreifen mit Sanitätern Gelände und Veranstaltungsorte, leisten Erste Hilfe und stellen Fahrdienste. Häufig werden sie auch durch Kräfte anderer Hilfsorganisationen unterstützt. Bei den jungen Leuten ist die Zusammenarbeit mit der Malteser Jugend beim Evangelischen Kirchentag, aber auch beim Katholikentag geübte Praxis.

Alle Johanniter-Werke stellten ihre Arbeit auf einem Stand im „Markt der Möglichkeiten" dar. Die Jugend hatte ihren eigenen Bereich. Die jungen Menschen übernahmen die Kinderbetreuung für Kinder der Kirchentagsbesucher – eine Dienstleistung, die gerne angenommen wurde. Sie begleiteten Menschen mit Behinderungen, holten sie ab, schoben Rollstühle, brachten sie zu den Veranstaltungsorten und betreuten sie dort. Manche Freundschaft ist dabei entstanden. Auch ein Bistro für alle auf dem Kirchentag arbeitenden Johanniter wurde betrieben.

Die Unterbringung der Mitarbeiterinnen und Mitarbeiter sowie der jugendlichen Helferinnen und Helfer erfolgte normalerweise in Schulen, wo man es sich auf Isomatten und mit Schlafsäcken so bequem wie möglich machte. Aus einem Lagezentrum, unterstützt mit Material und oft auch Personal des THW, wurde der Einsatz der 600 bis 700 Helfer und der 200 bis 300 jungen Leute professionell geleitet. Die Arbeitsweise ähnelte der eines Lagezentrums der Bundeswehr. Johanniter waren auch in der Leitungsorganisation des Kirchentags vertreten, genauso, wie dort viele Pfadfinderinnen und Pfadfinder Dienst taten.

Normalerweise blieb ich mehrere Tage beim Kirchentag. In einem Rundgang, zu dem sich fast immer auch der Herrenmeister einfand, besuchten wir die Helferinnen und Helfer auf ihren Stationen, sprachen mit ihnen und bedankten uns. Gerne verbrachte ich dann mindestens einen Abend im Johanniter Bistro, wo man alle treffen konnte, die nicht zum Dienst bei einer Abendveranstaltung eingeteilt waren. Zum Abschluss des Kirchentags gab es stets eine Abendandacht, die von einer Gruppe der Johanniter-Jugend in Verbindung mit einem oder zwei Geistlichen Tag für Tag intensiv vorbereitet wurde. Da saßen wir Älteren dann mitten unter mindestens hundert jungen Menschen, sangen mit ihnen, sahen die Bilder und versammelten uns um ein geistliches Wort. Wie die Gottesdienste auf den Pfingstlagern war dies für mich immer ein inspirierendes Beispiel dafür, wie unsere Mitglieder ihre eigene Form entwickelten, ihren Glauben zu leben und uns Ältere dabei selbstverständlich integrierten.

Der Dienst der Johanniter wurde von den Kirchentagsleitungen hochgeschätzt. So folgten die jeweiligen Präsidentinnen oder Präsidenten der Kirchentage gerne dem Vorschlag, die Johanniter zu besuchen. Bei meinem ersten Kirchentags-Besuch als Präsident der Johanniter-Unfall-Hilfe traf ich zu meiner Freude meine Cousine Friederike, die zu dieser Zeit Generalsekretärin des Kirchentags war.

Zwei Jahre später war der ehemalige Ministerpräsident des Landes Sachsen-Anhalt, Reinhard Höppner, Präsident des Kirchentags. Mit ihm hatte ich in meiner Bundeswehrzeit als Kommandeur in Neubrandenburg stets gut zusammengearbeitet. Ich freute mich, ihn in nunmehr anderer Rolle zu treffen und war der Überzeugung, dass die Freude auf Gegenseitigkeit beruhte.

Die Besucher wurden von mir in der Regel in der Johanniter-Kinderbetreuung empfangen. So konnten sie zugleich ein gutes Bild von der Arbeit unserer Jugend gewinnen. Den Besuch von Katrin Göring-Eckardt habe ich in besonders guter Erinnerung: Sie schaute sich alles an, spielte mit den Kindern, fühlte sich sichtbar wohl, vielleicht auch mit ihrem Besuch für eine kurze Zeit der Hektik ihres Amtes entronnen zu sein. Die Besuche der Kirchentagsleitungen gaben zudem Gelegenheit, Wünsche zu äußern oder Schwierigkeiten auszuräumen.

Bei manchen Kirchentagsbesuchen war ich auch noch in meiner alten Funktion als Soldat der Bundeswehr gefragt. In Frankfurt diskutierte ich bei einer Veranstaltung des Martin-Niemöller-Forums über Fragen der Friedenssicherung, unter anderem mit Bundesministerin Heidemarie Wieczorek-Zeul. Wir wurden uns allerdings nicht einig: Ich musste sie daran erinnern, dass sie dem Bundeshaushalt, den sie heftig kritisierte, im Bundeskabinett zugestimmt hatte.

Bei anderer Gelegenheit war Peter Gauweiler mein Diskussionspartner: Bei vielen Gesprächen ging es vor allem um die Bewältigung von Katastrophen und den Einsatz der Bundeswehr im Inneren. Im Rahmen solcher Foren hat man es als Soldat oft nicht leicht, was auch nicht zwingend geboten ist. Ich war jedenfalls dankbar, immer wieder – nicht nur auf Kirchentagen, sondern auf unzähligen Veranstaltungen, in Kirchen und in Schulklassen – über die wichtigen Fragen der Sicherung des Friedens sprechen zu können und zu wissen, dass die Kirche und auch der Kirchentag verschiedene Positionen aushalten können.

Die freundliche, zugewandte Atmosphäre der meisten Kirchentage hat mich regelmäßig begeistert und schwierige Diskussionen erleichtert. Die feindselige Stimmung, die auf einem früheren Kirchentag im Ruhrgebiet 1991 vorgeherrscht hatte, habe ich persönlich später nie mehr erlebt.

Nach meinem ersten Kirchentagsbesuch dachte ich mir, dass die Johanniter in ihrer Art, ihren Glauben und ihre karitative Arbeit als eine große Einheit zu sehen, auch inhaltlich einen wertvollen Beitrag zum Programm des Kirchentags leisten könnten.

In Pfarrer Fischer fand ich einen Mitstreiter, der in unserer Bundesgeschäftsstelle tätig war und mit mir zusammen Ideen entwickelte, wie wir einen eigenen Beitrag im Programm des Kirchentags platzieren konnten. Gemeinsam verhandelten wir erfolgreich mit den Programmgestaltern der Kirchentage. So stellten wir vor einigen Hundert Zuhörern unsere Auslandsarbeit vor, veranstalteten Podiumsgespräche über Pflege, über Wohnen im Alter, über Jugendarbeit sowie über Probleme und Vorzüge ehrenamtlicher Tätigkeiten. Mit Erfolg versuchten wir im jeweiligen Thema erfahrene Menschen außerhalb unserer eigenen Organisation zu gewinnen, die bei diesen Podiumsgesprächen mitwirken sollten. Henning Scherf, Bischof Meister oder Karl Lauterbach gehörten zu jenen Mitwirkenden. Einen großen Beitrag bei unseren Veranstaltungen leisteten die „Wise Guys", eine A-Cappella-Band, die vor allem die jüngeren Kirchentagsteilnehmer begeisterte.

Beim Ökumenischen Kirchentag stellten sich der Präsident des Malteser Hilfsdienstes, Constantin von Brandenstein-Zeppelin, und ich gemeinsam einigen Hundert Zuhörern zu einem Gespräch über wichtige Aspekte ehrenamtlicher Tätigkeit. Wir versuchten aber nicht nur durch diesen Auftritt ökumenische Fragestellungen sichtbar werden zu lassen; gegenseitige Besuche beim Evangelischen Kirchentag sowie beim Katholikentag wurden bald die Regel, wir halfen uns gegenseitig aus, wo es nötig und möglich war.

Bei meinen Kirchentagsbesuchen war es mir stets wichtig, mit möglichst vielen unserer Helferinnen und Helfer persönlich in Kontakt zu kommen und mich bei ihnen zu bedanken. Dass ich auch den Kontakt zur Militärseelsorge und zu den christlichen Pfadfindern suchte, war ebenfalls selbstverständlich.

Im Ausland: Inseln der Hoffnung

Die Johanniter leisten nicht nur in Deutschland, sondern auch im Ausland Hilfe. Dies geschieht bei unvorhergesehenen Katastrophen als Soforthilfe. Wir betreiben aber auch in vielen Ländern, auf fast allen Kontinenten, mittel- und langfristige Hilfsprojekte.

Bei meinem Amtsantritt waren unsere Möglichkeiten, im Katastrophenfall Soforthilfe zu leisten, eingeschränkt. Für mich wurde dies bei dem Erdbeben im Iran 2003 sichtbar, wo einige unserer Helfer vor Ort nicht wirklich effektiv tätig werden konnten.

Nach meiner Auffassung musste unser Konzept der Soforthilfe von Grund auf neugestaltet werden, wenn wir uns daran auch in Zukunft mit Erfolg beteiligen wollten. Da traf es sich, dass Friedrich Riechmann, Befehlshaber des Einsatzführungskommandos der Bundeswehr in Potsdam, kurz davor war, seinen militärischen Dienst zu beenden und in den Ruhestand zu treten. Zusammen mit dem Bundesvorstand der Johanniter-Unfall-Hilfe, Thomas Doerr, trafen wir uns zu einem Mittagessen. Bei dieser Gelegenheit fragte ich ihn, ob er sich vorstellen könnte, als ehrenamtlicher Beauftragter für die Auslandshilfe nach seinem Eintritt in den Ruhestand tätig zu werden und einen Beitrag dazu zu leisten, unsere Auslandshilfe (vor allem unser Konzept der Soforthilfe) professioneller zu gestalten. Riechmann sagte zu und fand in uns begeisterte Mitstreiter.

Nach einigen Monaten der Arbeit und der auch manchmal kontroversen Diskussionen stand das neue Konzept.

Es sah vor allem eine konsequente Gewinnung, Ausbildung und Ausstattung der Soforthelferinnen und -helfer vor. Ziel war es, über einen Pool von Menschen verfügen zu können, die bei einer Katastrophe schnell und professionell einsetzbar sein sollten. Dabei ging es um medizinisches Personal, Ärzte und Sanitäter genauso wie um Spezialisten für Kommunikation und Logistik. Wir fingen schnell damit an, Soforthelferinnen und -helfer für die Auslandhilfe zu werben und in den verschiedenen Sparten konsequent dafür auszubilden. Englische Sprachkenntnisse und eine erfolgreiche abgeschlossene Ausbildung waren unbedingte Voraussetzung für den Einsatz. So verschaffte sich die Johanniter-Unfall-Hilfe innerhalb eines Jahres einen Pool ausgebildeter, ausgerüsteter (und geimpfter) Helfer, aus denen man im Bedarfsfall schnell ein Team zusammenstellen konnte. Dieser Pool wurde regelmäßig ergänzt.

Jahr für Jahr trafen sich die Helferinnen und Helfer auf Field Camps, um ihren Ausbildungsstand zu prüfen und zu verbessern. Dabei wurde häufig die Zusammenarbeit mit dem THW oder der Bundeswehr gesucht. Die Bundeswehr stellte regelmäßig das Übungsgelände, hin und wieder aber auch Hilfspersonal, das von der Ausbildung selbst profitierte. Gerne habe ich diese Field Camps besucht, mich vom Ausbildungsstand überzeugt und hin und wieder Tipps zur Gestaltung mancher Übungen gegeben.

Ein Lagezentrum wurde mit der entsprechenden Computerausstattung eingerichtet, die Führung eines Einsatztagebuchs im Einsatzfall vorbereitet und in der Form geregelt. In Aktion nahm das – auch zu normalen Zeiten in einer kleinen Besetzung arbeitsfähige – Lagezentrum eine Stabsgliederung ein. Darüber hinaus wurden die Verfahren neu geregelt. Wurde nach einer Katastrophe die Johanniter-Unfall-Hilfe im Ausland gebraucht, erklärte der Bundesvorstand den Einsatzfall: Dann wurden Mittel freigegeben, ein Team ehrenamtlicher Soforthelfer wurde lagebezogen zusammengestellt und ein Erkundungskommando mit Hilfsgütern binnen weniger Tage entsandt. Parallel beteiligten wir uns an den Koordinierungsrunden im Auswärtigen Amt, zusammen mit den anderen Hilfsorganisationen. Den Erkundern folgte dann für ein bis zwei Wochen ein Einsatzteam, das nach der Dringlichkeit der Hilfe zusammengestellt worden war.

Von Anfang an ging es darum zu untersuchen, ob die Nothilfe in mittel- oder langfristige Projektarbeit überführt werden sollte. Dann mussten Partner vor Ort gesucht werden, um sicherzustellen, dass die Hilfe sachgerecht die Empfänger erreichte und die örtlichen Bedingungen beachtet wurden.

Es blieb nicht lange bei Trockenübungen: Einige Naturkatastrophen erforderten von uns schnelles und entschlossenes Handeln und zeigten, dass wir auf der richtigen Spur waren. Mir kam es immer wieder darauf an, den Stellenwert unserer Auslandsarbeit deutlich zu machen. So war mein Ziel, einmal im Jahr und ohne großen Aufwand, mich gemeinsam mit einer ganz kleinen Delegation in das eine oder andere Projekt einweisen zu lassen, eigene Eindrücke zu gewinnen und den für uns tätigen Menschen den Respekt der Johanniter-Unfall-Hilfe persönlich zu zeigen. Von jede dieser Reisen kehrte ich mit neuen Erkenntnissen zurück, die ich in unseren Stab einfließen ließ. Jede Reise hatte meine Achtung vor den Menschen, die für uns vor Ort tätig waren, noch verstärkt. Bei den jährlichen Treffen für die hauptamtlich im Ausland tätigen Damen und Herren war ich häufig dabei und konnte meinen Respekt auch direkt zum Ausdruck bringen.

Hier einige ausgewählte Beispiele meiner Reisen:

Afghanistan 2008:

Bei einem Gespräch mit dem damaligen Staatssekretär im Verteidigungsministerium, Dr. Peter Wichert, erzählte ich diesem von unseren Projekten in Afghanistan. Er bot Friedrich Riechmann und mir an, als Mitglieder einer vom Befehlshaber des Heeresführungskommandos, Generalleutnant Otto, geführten Delegation nach Afghanistan zu fliegen, das Programm mitzumachen und dabei die Chance zu haben, uns über die Arbeit der Johanniter vor Ort zu informieren.

Wir waren beide aus vielerlei Gründen hochinteressiert. Aufgrund unserer gemeinsamen Erfahrungen fühlten wir uns mit unseren Kameradinnen und Kameraden in der Bundeswehr nach wie vor tief verbunden und waren natürlich sehr daran interessiert, direkt von der Quelle der dort eingesetzten Truppe und den verantwortlichen Vertretern des Auswärtigen Amts etwas zum Einsatz der Bundeswehr in der Region zu erfahren.

Wir waren auch von Herzen dankbar, die Chance wahrnehmen zu können, mit unserem Johanniter-Stationsleiter zusammenzutreffen, uns vor Ort zu informieren und nach unserer Rückkehr den einen oder anderen Vorschlag für die Fortsetzung unserer Arbeit machen zu können. Mit einem Bundeswehr-Airbus flogen wir vom militärischen Teil des Flughafens Köln-Wahn nach Usbekistan und von dort am Folgetag mit einer Transall-Maschine weiter nach Masar-e Sharif im Norden Afghanistans.

Vor Ort im Feldlager bezogen wir einen großen Container, in dem die Delegation Platz fand. Kommandeur im Nordbereich war zu dieser Zeit General Weigt, der uns in beeindruckender Weise die Inhalte sowie damit verbundene Probleme seines Auftrags erläuterte. Später traf ich ihn erneut bei einem Vortrag im Zentrum Innere Führung. Auch hier war ich beeindruckt, mit welcher Gründlichkeit und Umsicht er sich seinen Aufträgen widmete.

Dem Delegationsleiter waren vor allem die Begegnungen mit den Soldatinnen und Soldaten wichtig, wodurch wir schnell in engen Kontakt mit der Truppe kamen. Besonders in Erinnerung blieb mir ein Abend mit Fallschirmjägern. Alle waren schon mal direkt in kriegerische Auseinandersetzungen verwickelt gewesen. Einige berichteten davon, dass Kameraden im Gefecht gefallen waren – in erschreckenden Details erzählten sie von ihren Erlebnissen.

Lange Friedenszeiten führen häufig dazu, den Ernst unseres Berufs zu vergessen. Dennoch sollten wir uns stets dessen bewusst sein, was wir einer Truppe schuldig sind, die wir in den Einsatz schicken. Verantwortung wahrzunehmen als Politiker oder als militärischer Führer heißt, für die bestmögliche Ausbildung und die bestmögliche Ausrüstung Sorge zu tragen. Dankbar stellten Friedrich Riechmann und ich fest, dass wir noch immer in die Kameradschaft einbezogen wurden. Auch in Afghanistan erlebte ich regelmäßig, dass mich Soldaten auf ihren Einsatz an der Oder – mehr als zehn Jahre zuvor – angesprochen haben.

Wir flogen nach Kundus, Faizabad und Taloqan, wo deutsche Soldaten und Entwicklungshelfer sich um den Wiederaufbau unter militärischem Schutz bemühten. Die Lager waren gut bewacht und gesichert. Von hohen Beobachtungstürmen aus wurde in weiter Umgebung aufgeklärt.

Immer wieder wurden die Lager mit Raketen beschossen. Viel Schaden entstand dabei nicht, aber ein Gefühl der Unsicherheit begleitete die Truppe ständig.

In einem der Stützpunkte wurde uns ein Film gezeigt, der von einem Beobachtungsturm aufgenommen wurde und auf dem zu sehen war, wie ein kleiner Trupp von Afghanen sich dem Lager näherte und ein einfaches Abschussgestell ausgrub. Wir konnten zudem erleben, wie das Lager mit Raketen beschossen wurde – keine seltenen Ereignisse, auch während unseres Aufenthalts. In solchen Fällen wurde die „Quick Reaction Force" alarmiert, die aber in aller Regel zu spät kam, um noch jemanden stellen zu können.

Der Truppe fehlte es an weitreichend wirksamen Mitteln, vor allem an Mörsern oder Artilleriegeschützen – ein Missstand, dem erst einige Zeit später durch Minister Karl-Theodor zu Guttenberg abgeholfen wurde.

Ungeachtet der alltäglichen Gefahren hatten wir die Möglichkeit, die eine oder andere Patrouille mitzufahren – und es fühlte sich kaum anders an als einige Jahre zuvor in Somalia: Auf den ersten Blick erschien uns Afghanistan als ein wunderschönes Land mit Bergen, Ebenen, Wüsten und vielen landwirtschaftlichen Flächen. Wir wussten um die lauernden Gefahren, erlebten bei der Fahrt über das Land und in den Dörfern zugleich völlig normales Leben. Menschen bestellten ihre Felder, es gab ein reges Treiben auf den Märkten, man passierte einen Pferdewagen. Doch die Lage war brisant: Der Feind war nahezu unsichtbar, überall konnten Sprengfallen lauern oder Schüsse aus dem Hinterhalt fallen. Umso erforderlicher waren Umsicht und Aufmerksamkeit, um der vermeintlichen Ruhe zu trotzen und keinen Leichtsinn walten zu lassen.

Die Zusammenarbeit zwischen den Soldaten und den Vertretern des Auswärtigen Amts war ausgezeichnet. Es gab auch Begegnungen mit Bundespolizisten, deren Aufgabe es war, afghanische Polizisten auszubilden. Allerdings war die Einheit personell unterbesetzt, sodass der Erfolg trotz des vorbildlichen Einsatzes eher begrenzt war.

Anfangs war auch ein Besuch der Delegation in Kabul eingeplant. Weil der ursprünglich vorgesehene Gesprächspartner aus zwingenden Gründen nicht mehr zur Verfügung stehen konnte, entschied der Delegationsleiter, auf den Besuch zu verzichten. Dies brachten Riechmann und mich in eine schwierige Lage: Unser Wunsch war es, den Aufenthalt in Kabul zu einem Besuch und Gespräch mit dem Leiter der Johanniter-Unfall-Hilfe-Station, Sarder Jahangir, zu nutzen. Dieser sollte uns über die aktuellen Projekte informieren.

Das ISAF-Hauptquartier war aber bereit, Jahangir nach Masar-E Sharif zu bringen. Einen Tag später traf er bei uns ein, sodass wir ein bisschen Zeit miteinander verbringen konnten.

Herr Jahangir informierte uns über die Aktivitäten der Johanniter in und um Kabul. Dabei erzählte er uns, dass wir Binnenflüchtlinge, die vor allem in Kabul Zuflucht gesucht hatten, im Gesundheitsbereich unterstützten. Wir kümmerten uns um Wasserversorgung und Winterhilfe, sorgten für Trinkwasser und sanitäre Anlagen. Ein besonderes Projekt war die Ausbildung von Hebammen, die bis heute durchgeführt wird.

Im Nachgang zu unserem Aufenthalt, bei dem wir – unabhängig von der Delegation – ein Krankenhaus besuchten, beteiligte sich die Johanniter-Unfall-Hilfe an der Finanzierung der Operationsausstattung dieses Krankenhauses und noch einige Zeit später mit einem erheblichen Betrag an der Ausstattung eines Kinderhospitals mit einer Solarheizung (ein in seiner Gesamtheit vom Rotary Club Oberstaufen-Immenstadt betriebenes Projekt). Bis diese Heizung eingebaut wurde, konnte das Hospital nur im Sommer betrieben werden.

Mit vielen neuen Erlebnissen und beeindruckt von den Leistungen der Bundeswehr, der Mitarbeiterinnen und Mitarbeiter des Auswärtigen Amts, den Aufbauleistungen der Gesellschaft für Internationale

Zusammenarbeit und natürlich unserer Johanniter flogen wir nach Deutschland zurück.

Amazing Grace:

Zweimal besuchte ich Projekte in Afrika. Der Kontinent ist auch heute noch ein Schwerpunkt des Engagements der Johanniter-Unfall-Hilfe im Ausland, und diese Hilfe wird manchmal unter schwierigen Bedingungen geleistet.

2009 reiste ich in den Kongo. Dort leisteten wir Hilfe in einem Waisenhaus in Goma und unterstützten einige Krankenhäuser in Nord-Kivu, einem Gebiet, das ständig durch Bürgerkrieg bedroht war. Goma war einige Jahre zuvor von einem Erdbeben heimgesucht worden und ein unsicheres Pflaster. Unsere Station war – wie die anderer Organisationen – in einem streng bewachten Gebäude untergebracht, wo unsere Mitarbeiterinnen und Mitarbeiter übernachteten, soweit sie nicht bereits in Goma wohnten und sich täglich dort zu ihrem Dienst einfanden.

Mit großer Freude empfing mich der für diesen Raum verantwortliche Kommandeur der UN-Friedenstruppen und erläuterte mir die militärische Lage sowie die Probleme seines Auftrags. Ein Gespräch mit dem zivilen Beauftragten der Vereinten Nationen, einem Deutschen, schloss sich an. Wir besuchten das Waisenhaus, das wir unterstützten, und brachten einige kleine Geschenke mit.

Für mich war ein Treffen mit Verantwortlichen einer Ausbildungsstätte der Organisation Don Bosco besonders beeindruckend. In dieser Einrichtung wurde auch versucht, ehemaligen Kindersoldaten, die dort Zuflucht gesucht hatten, eine Perspektive für die Rückkehr in ein „normales" Leben zu eröffnen.

Um zu den Krankenhäusern zu gelangen, mussten wir uns bei einer Dienststelle der Vereinten Nationen abmelden. Dazu waren wir auch gehalten, auf der mehrstündigen Fahrt mit den Vereinten Nationen Kontakt aufzunehmen, sodass immer bekannt war, wo wir uns gerade aufhielten.

In den zwei Krankenhäusern, die wir besuchten, wurden wir mit großer Freude empfangen und begrüßt. Unsere Hilfe bestand vor allem aus der Beschaffung von Medikamenten und medizinischem Gerät. Dazu hatten wir auch regelmäßig zu prüfen, ob alles sachgemäß gelagert und gebrauchsfähig war. Die Krankenhäuser waren nach unseren Vorstellungen recht spartanisch eingerichtet. Alles erschien aber sauber und gepflegt; man spürte, dass die Krankenhausleitung und Mitarbeiter bemüht waren, das Beste für ihre Patienten zu leisten. Das Geld schien hier gut angelegt. In jedem Krankenzimmer waren mehrere Personen untergebracht, und fast alle Patienten hatten Angehörige vor Ort, die sich um sie kümmerten.

Wir wurden von der Krankenhausleitung in einem Privathaus zum Essen eingeladen. Insgesamt war die Stimmung der Gastgeber und der Besucher fröhlich und ausgelassen. Ein großer Wunsch der Belegschaft eines Krankenhauses war die Unterstützung für die Einrichtung einer neuen Geburtsstation. Entsprechend froh war ich, dass wir dies einige Zeit später (und nicht nur in diesem Krankenhaus) realisieren konnten.

Der von uns angestellte Arzt war ein Kongolese, der mit seiner Familie in Goma wohnte. Er war Christ und lud uns ein, mit ihm – zum Ende unseres Besuchs – einen Gottesdienst seiner Gemeinde zu besuchen. Einige Hundert Menschen waren in einer großen Halle versammelt. Wir waren die einzigen fremden Besucher, wurden überaus herzlich begrüßt und freuten uns sowohl an den vielen Liedern, die fröhlich gesungen wurden als auch an der geistlichen Gemeinschaft weit von zu Hause entfernt.

Der zweite Afrika-Besuch führte mich 2012 nach Kenia. Der wichtigste Teil des Besuchs war die Besichtigung einer neuen, von der Johanniter-Unfall-Hilfe eingerichteten Orthopädiestation. Im Beisein der deutschen Botschafterin übergab ich neue Geräte.

Das eindringlichste Erlebnis war jedoch der Besuch einer Augenklinik. Unsere Organisation unterstützte in Kenia weiträumig Maßnahmen zur Prävention von Augenkrankheiten und beteiligte sich an der Finanzierung von Augenoperationen. Zahlreichen Patienten konnte auf diese Weise geholfen werden, ihre Sehkraft wiederzuerlangen.

„Amazing Grace" sangen Schwestern und Pfleger des Krankenhauses, als wir eintrafen – tief bewegt hörten wir zu. „I was blind and now I see" bekam noch einmal eine ganz direkte Bedeutung.

Auf allen Stationen in Kenia, die wir besuchten, wurde auch das sechzigjährige Bestehen der Johanniter-Unfall-Hilfe gefeiert – für mich gleichermaßen überraschend wie wunderschön.

Haiti 2010:

Schon kurz nach dem Erdbeben in Haiti entschloss ich mich – zusammen mit Dr. Arnold von Rümker, dem ehrenamtlichen Bundesvorstand und meinem späteren Nachfolger als Präsident – nach Haiti zu fliegen. Dort hatten wir nach dem beschriebenen Verfahren die

Nothilfe aufgenommen, medizinische Hilfsgüter verteilt und regelmäßige ärztliche Sprechstunden angeboten. Ein Johanniter-Arzt besuchte täglich mehrere Dörfer und bot kostenlose Untersuchungen an, was von vielen Menschen akzeptiert wurde. Gleichzeitig richteten Mitarbeiter eine Orthopädiewerkstatt ein, in der Menschen behandelt und künftige Helfer ausgebildet werden sollten.

Unsere Crew übernachtete vorübergehend in Zelten, Container sollten später folgen. Wenige Meter von unserer Unterkunft entfernt hatte eine kubanische Organisation eine Geburtsstation eingerichtet, die Tag und Nacht in Betrieb war. In unserem Zelt war dies nicht zu überhören. So hatte ich den Eindruck, von meinem schlechten Gehörsinn zu profitieren: Für meinen sicheren Schlaf musste ich lediglich mein Hörgerät ausschalten.

Wir verfolgten mehrere Ziele in Haiti: Zum einen ging es uns darum, die Mitarbeiterinnen und Mitarbeiter unseres Respekts zu versichern, zum anderen die Verbindung mit der deutschen Botschaft aufzunehmen. Darüber hinaus wollten wir einen Eindruck von den Verhältnissen im Land gewinnen, mit anderen deutschen Hilfsorganisationen in Kontakt treten, um Möglichkeiten der Zusammenarbeit auszutarieren und potenzielle Partner vor Ort aufzusuchen. Mit der TUI, die uns den Flug zur Verfügung stellte und auch Hilfsgüter kostenfrei transportierte, flogen wir nach Santo Domingo. Von dort ging es weiter mit einem Hubschrauber der Vereinten Nationen nach Port-au-Prince, der Hauptstadt des Inselstaates. Wir waren zu dritt und übernachteten in einer kleinen Zeltstadt, die das THW als Anlaufpunkt für alle deutschen Hilfsorganisationen aufgebaut hatte. Fast jeden Abend trafen sich beim THW deutsche Helfer verschiedener Organisationen zum Gespräch.

Der Einsatz der deutschen Organisationen, die für nahezu alle Projekte in der Nähe der Hauptstadt tätig waren, wurde dankenswerterweise von der deutschen Botschaft koordiniert. Von Zeit zu Zeit lud der deutsche Botschafter Jens-Peter Voss zu Koordinierungsbesprechungen ein. Bei einer Gelegenheit erzählte uns der Botschafter, dass er nur durch einen glücklichen Zufall das Erdbeben 2010 überstanden hätte: In jener Nacht hatte er mit seiner Frau auf einer Dienstreise außerhalb der Botschaft übernachtet. Das Erdbeben hatte seine Residenz total zerstört, die nun neu aufgebaut werden musste. Voss erläuterte uns die Lage im Land, vor allem die Tätigkeit der amerikanischen Streitkräfte, die sehr schnell den Flughafen wieder benutzbar gemacht hatten und über den fortan ein großer Teil der Hilfe für Haiti abgewickelt wurde. Auch die Johanniter-Unfall-Hilfe profitierte davon.

Seine Informationen waren hochinteressant. Einige davon gab ich später an den deutschen Verteidigungsminister zu Guttenberg weiter, der an einem Lagebericht interessiert war.

Der Botschafter war angetan vom Einsatz der Johanniter und zeigte sich äußerst dankbar. Wir fuhren über das Land, sprachen mit möglichen Partnern und besuchten Schulen, Krankenhäuser und Altenheime. Viele Landstriche ähnelten einem Ruinenfeld. Rechts und links der Straße waren große Zeltstädte aufgebaut, häufig vom Flüchtlingshilfswerk der Vereinten Nationen angelegt.

Mit einem Krankenhaus konnte eine Vorvereinbarung über die Hilfe der Johanniter abgeschlossen werden. Hierfür wurden zahlreiche Kontakte hergestellt, die von unseren Mitarbeitern später vertieft wurden.

Das Land war schon vor dem Erdbeben in einem miserablen Zustand, sodass nicht immer klar ersichtlich war, welche Schäden auf das Erdbeben zurückzuführen waren und welche vorher bereits bestanden.

Ein Besuch in einem Altenheim hatte mich sehr bewegt. Das Gebäude, in dem die Menschen vor dem Erdbeben untergebracht waren, schien von außen her unbeschädigt, aber dieser Eindruck war falsch. Die Stabilität des Gebäudes war so beeinträchtigt, dass es nicht mehr benutzt werden konnte. Alle Bewohner des Heims waren evakuiert und in Zelten untergebracht worden. Bald darauf besuchten wir das Zeltlager und fanden alte Menschen, einige über hundert Jahre alt, die auf Notlagern in Zelten nächtigen mussten. Wir trafen aber auch – trotz allem – auf fröhliche Menschen, die sichtlich erleichtert darüber waren, dass sie überlebt hatten, froh über ihr vorübergehendes Quartier und dankbar gegenüber jenen Menschen, die sie betreuten – an der Spitze eine resolute Ordensschwester, die die Einrichtung offenkundig fest im Griff hatte.

Nach einigen Tagen verfestigte sich mein Eindruck, dass nicht nur in diesem Heim, sondern fast überall, wo es in diesem Meer der Unordnung eine „Insel" der Ordnung gab, eine resolute Ordensschwester zu finden war.

Voller Bewunderung für die Hingabe dieser Frauen flog ich wieder nach Hause.

Ein besonderer Höhepunkt war der Besuch der EU-Kommissarin für Internationale Kooperation und humanitäre Hilfe, Frau Dr. Kristalina Georgiewa. Ihr stellten wir unser Projekt „Mobile Orthopädie-werkstatt" vor, das zu einem Teil aus EU-Mitteln finanziert wurde. Wir durften es als Auszeichnung betrachten, dass aus Hunderten von Projekten unseres als eines von ganz wenigen für diesen Besuch aus-gewählt worden war.

Ecuador und Kolumbien 2012:

Eine weitere Reise, die bereits lange geplant war, führte mich gemein-sam mit dem Herrenmeister und dem Bundesvorstand Dr. von Rüm-ker zu unseren Projekten in Ecuador und in Kolumbien. Es war eine lange, anstrengende Flugreise. Unser erstes Ziel war Medellin, eine berüchtigte Stadt in Kolumbien, wo Johanniter in einem schwierigen Stadtviertel, zusammen mit einer aktiven Organisation kolumbiani-scher Frauen mit dem Namen „die Schwalben", Hilfe leisteten. Zu-nächst mussten wir jedoch unseren Besuch um einige Stunden ver-schieben, da es eine Schießerei gegeben und die Polizei das Stadtvier-tel für längere Zeit abgesperrt hatte.

Die Frauen, die wir anschließend trafen, machten es mit ihrem En-gagement möglich, dass arbeitslose Frauen mit Näharbeiten und klei-nen Basteleien eine Beschäftigung fanden und etwas Geld verdienten. Fröhlich berichteten sie uns über ihre Arbeit und ihre Gemeinschaft. Sie kümmerten sich auch um die Kinder des Viertels und betreuten sie auf eine rührende Art und Weise. Dazu besichtigten wir eine Kin-dereinrichtung, die nach unseren Maßstäben völlig überfüllt war. Der gute Geist der Einrichtung war dennoch überall zu spüren.

Da kam der Einsatz der Johanniter zum Bau einer neuen Kinder-einrichtung gerade recht. Wir besuchten den Rohbau und freuten uns, wie genau unsere Hilfe den Bedarf traf. Dies betraf auch den Bau einer Wasserleitung, die zum Zeitpunkt unseres Besuchs fertig-gestellt wurde und einem Dorf einen Anschluss an die Trinkwasser-versorgung brachte, den es bis dahin nicht gab. Die Bewohner des Dorfes verlegten die letzten Leitungen selbst, bevor zum Abschluss ein kleines Fest gefeiert wurde: mit dankbaren und fröhlichen Men-schen, mit Getränken und Speisen. Gebratene Meerschweinchen wird jedoch auch in Zukunft keine Leibspeise von mir werden.

Als Präsident der Johanniter-Unfall-Hilfe war dies meine letzte Auslandsreise, zu meiner großen Freude gemeinsam mit dem Her-renmeister des Ordens.

Israel und Palästina 2008:

Ganz bewusst stelle ich diese Reise an das Ende der Schilderungen meiner Auslandsreisen. Sie führte mich zu den Wurzeln des Johanniterordens nach Jerusalem und von dort ins Palästinensergebiet.

Dienstliches Ziel der Reise war das St. John Eye Hospital in Jerusalem, eine Augenklinik und segensreiche Einrichtung, geleitet vom englischen Order of St. John, finanziell unterstützt von den anderen Johanniterorden und auch von der Johanniter-Unfall-Hilfe. Diese Klinik versorgt hauptsächlich Palästinenser. Der Beitrag unserer Organisation war die Unterstützung bei der Beschaffung von Mitteln durch die Europäische Union. Diese Mittel ermöglichten die Finanzierung mobiler Teams, die ins Palästinensergebiet fuhren und dort nach einem festen Plan ambulante Sprechstunden und Behandlungen abhielten. Im Rahmen des Besuchs mussten wir verschiedene Absprachen über die Fortsetzung des Programms treffen.

Ein Höhepunkt war die Begleitung eines Ärzteteams in das Palästinensergebiet. Dabei konnten wir die Grenze ohne Probleme überqueren.

Insgesamt war dieser Tag jedoch bedrückend. Wir fuhren in der Gegend von Bethlehem an der hohen Mauer vorbei, die Israel von den Palästinensergebieten trennt, einer Mauer wie jene, die wir in Deutschland gerade losgeworden waren. Ein Bürgermeister, der uns empfing, schilderte seine Sicht, welchen Problemen und – so wie er es ausdrückte – Schikanen er ausgesetzt war. Um die Ölbaumfelder seines Dorfes aufzusuchen, die einige Hundert Meter vom Ort entfernt waren, musste er viele Kilometer fahren, weil dazwischen ein Sperrgebiet eingerichtet worden war. Die autobahnähnlichen Straßen, die gebaut worden waren, um die Siedlungen zu verbinden und die das Gebiet durchzogen, durften von den Palästinensern nicht benutzt werden. Viel Verbitterung war zu spüren und zugleich wenig Aussicht auf Besserung.

Die Sprechstunde war sehr gut besucht, und dankbar nahmen die Menschen die Hilfe an.

Gegen Ende des Aufenthalts besuchte ich die Gedenkstätte Yad Vashem, während meine Begleiter mit der Krankenhausverwaltung abschließende Gespräche führten.

Kein Mensch kann heute diese Stätte besuchen, ohne zutiefst bewegt zu sein, und als Deutscher habe ich sie auch mit tiefer Beschämung verlassen. Die Gedenkstätte für die ermordeten Kinder hat mich am tiefsten bewegt – die Dunkelheit, das Licht, die aufscheinenden Bilder.

Dazu beeindruckte mich die Ehrung der „Gerechten unter den Völkern", die vielen Namen und persönlichen Geschichten. Dabei dachte ich auch an die Erzählungen von Isaak Behar zurück, der den Holocaust in Berlin überleben konnte und es sich zur Aufgabe gemacht hatte, unseren jungen Soldaten als einziger Überlebender seiner Familie seine Geschichte zu erzählen. Als Generalinspekteur hatte ich an einem Gespräch teilgenommen, das er mit Soldaten einer Jägerkompanie führte. Ich empfand es als Auszeichnung, dabei sein zu dürfen, als er anlässlich seines achtzigsten Geburtstags vor die Thora gerufen wurde, und mit großer Dankbarkeit durfte ich auch bei der anschließenden Feier dabei sein.

Dankbar bin ich ebenfalls für die intensiven Treffen mit Ignaz Bubis, die bis kurz vor seinem Tod stattfanden, und jene mit Avi Primor, dem ehemaligen israelischen Botschafter, der mich 1999 zum Abendessen eingeladen hatte.

Jerusalem war der Ort, an dem unser Johanniterorden mit dem „Spital von Jerusalem" seinen Anfang nahm.

Geführt wurde ich dort zu meiner großen Freude von Heiner Bremer, der zu dieser Zeit Korrespondent der FAZ in Israel und einer der besten Kenner dieses Landes war. Mit ihm zusammen hatte ich die Möglichkeit, die Heiligen Stätten besuchen zu dürfen. Zum ersten Mal gingen wir die Via Dolorosa entlang, passierten das Johanniter-Hospital und besichtigten die Grabeskirche. Wir besuchten die alten Johanniter-Stätten auf dem Ölberg und sprachen mit der dortigen Krankenhausleitung. Dazu wurden wir vom Probst der evangelischen Gemeinde in Jerusalem empfangen. Ihn traf ich zu meiner großen Freude einige Jahre später bei einem Vortrag in Leipzig wieder. Schließlich besuchten wir die Erlöser- und die Himmelfahrtskirche – unsere Zeit war wirklich prall gefüllt.

War ich zunächst Besucher, hatte ich mir fest vorgenommen, als Pilger wiederzukommen. Dieses Vorhaben konnte ich tatsächlich verwirklichen: Eine kleine Gruppe sächsischer Johanniter pilgerte 2019 auf dem „Jesus-Weg" von Nazareth nach Jerusalem. Zusammen waren wir unterwegs, hielten an wichtigen Stätten unseres Glaubens Andacht, zogen nach einer Woche zu Fuß in die Grabeskirche ein, besuchten das Johanniter-Hospiz und feierten im Ordensmantel Gottesdienst mit der Gemeinde in der Erlöserkirche.

Eine Vielzahl weiterer Reiseberichte ließe sich ergänzen:

- von einer Reise nach Sri Lanka unmittelbar nach dem Tsunami, mit Berichten über die vielfältigen Hilfsmaßnahmen der Johanniter vor Ort, mit Erzählungen vom Wiederaufbau zerstörter Siedlungen bis zur Wasserversorgung mehrerer Dörfer sowie von den großen Anstrengungen auf dem medizinischen Gebiet. Auch berichten ließe sich von unserem Beitrag zum Wiederaufbau eines Krankenhauses, einer Initiative des ehemaligen Bundeskanzlers Helmut Kohl, und von einem Gespräch mit dem Premierminister Sri Lankas anlässlich der Grundsteinlegung dieses Krankenhauses,
- von einem Besuch junger Menschen aus Sri Lanka bei unserer Johanniter-Jugend und vom Gegenbesuch junger Menschen unserer Organisation dort,
- von der Überschwemmungskatastrophe in Pakistan und einer Fahrt zu zahlreichen Sanitätsstationen im ehemaligen Überschwemmungsgebiet, die von den Johannitern eingerichtet und betrieben wurden, sowie von langen Fahrten mit militärischem Begleitschutz,
- von einer Diskussion mit dem Leiter des pakistanischen Katastrophenschutzes im pakistanischen Lagezentrum,
- von einem Besuch junger Menschen aus Sri Lanka bei unserer Johanniter-Jugend und vom Gegenbesuch junger Menschen unserer Organisation dort,
- von Reisen zu den europäischen Johanniter-Organisationen in Wales und auf Zypern, um sie für die Mitarbeit in JOIN, dem europäischen Zusammenschluss der Johanniter Hilfswerke, zu gewinnen,
- von der Rückkehr in den Kosovo als Johanniter mit dem Besuch verschiedener Projekte, zum Beispiel mit der Hilfe für ein Krankenhaus in Prizren zur Erneuerung eines Operationstrakts und einen Abstecher zu den Einheiten der Bundeswehr im Kosovo, diesmal als herzlich empfangener Besucher,
- von einer Reise nach Namibia, mit dem Besuch der Aktivitäten der Johanniter Namibias, die von der Johanniter-Unfall-Hilfe unterstützt wurden,
- von einer vom THW und den Johannitern im Auftrag der EU geleiteten Übung auf Zypern zur Ausbildung von Experten im Europäischen Netzwerk des Katastrophenschutzes; von einem Besuch bei der NATO, um auch dort über Möglichkeiten der Zusammenarbeit im Katastrophenschutz zu sprechen,

- von Gesprächen und Verhandlungen mit der St. John's Ambulance, unserer britischen Schwesterorganisation mit ihren weiteren vielfältigen Schwesterorganisationen in den ehemaligen Kolonien, für uns häufig ein guter Partner für die Hilfe im Ausland,
- von einer Einladung nach London zur Feier des Johannistags in der St. Paul's Cathedral mit einem feierlichen Einzug und dem anschließenden Besuch von Projekten unserer Schwesterorganisation.

Die Johanniter sind international verflochten, und das wird in Zukunft sicher noch wichtiger werden.

JOIN

Mein Vorgänger Graf Schwerin von Schwanenfeld hat das große Verdienst, den entscheidenden Anstoß zur Gründung des Zusammenschlusses der mittlerweile fünfzehn europäischen Johanniter-Hilfswerke mit einer gemeinsamen Vertretung in Brüssel gegeben zu haben, und er war auch der erste Präsident dieser Organisation mit dem Namen „JOIN" (Johanniter International). Die Präsidentschaft wechselt in zweijährigem Rhythmus zwischen den großen Johanniter-Organisationen ab; die Stellvertretung obliegt, ebenfalls im Wechsel, einer kleineren Organisation.

In meiner Präsidentschaft organisierten wir die Zusammenarbeit in Form von Arbeitsgruppen, die sich mit Jugendarbeit, mit gemeinsamen Standards für die Erste Hilfe, mit Kommunikation oder der Jugendarbeit befassten. Ganz praktisch vertieften wir die internationale Zusammenarbeit, indem die nationalen Organisationen Projekte anboten, bei denen eine internationale Mitarbeit möglich oder internationale Hilfe gesucht wurde. So helfen deutsche, polnische, ungarische und österreichische Johanniter beim London-Marathon. Die deutschen Johanniter wurden bei der Fußballweltmeisterschaft von Johannitern aus mehreren europäischen Ländern unterstützt. Regelmäßig nahmen Johanniter aus anderen Ländern an Bundeswettkämpfen teil.

Mithilfe des Abgeordneten Lambsdorff gelang es uns, im EU-Parlament in einer Ausstellung über unsere europäischen Projekte und die Zusammenarbeit der europäischen Johanniter zu informieren. Auch dies zeigte, wie international die Johanniter seit ihrer Gründung agieren.

Feiern

In meine Amtszeit fielen die Jubiläumsfeiern zum fünfzig- und zum sechzigjährigen Bestehen der Johanniter-Unfall-Hilfe. Beide Feiern begingen wir mit illustren Gästen.

Ein Festakt in jenem Hotel in Hannover, in dem die Johanniter-Unfall-Hilfe fünfzig Jahre zuvor gegründet worden war, führte die Spitzen der Organisation und vor allem langjährige Mitarbeiterinnen und Mitarbeiter zusammen. In bewegenden Worten erzählte der Protektor des Ordens, der langjährige Herrenmeister und Vater des derzeitigen Herrenmeisters Prinz Wilhelm Karl von Preußen, von der damaligen Initiative zur Gründung der Johanniter-Unfall-Hilfe, und er machte für uns alle anschaulich, wie wichtig es sei, nicht nur den sozialen Anspruch zu leben, sondern dies im Einklang und auf der Grundlage unseres Glaubens zu tun.

Eine aufmunternde Ansprache hielt der damalige Ministerpräsident Niedersachsens, Sigmar Gabriel. Kurze Zeit später versammelten sich mehr als tausend vorwiegend ehrenamtliche Johanniter in Berlin zu einem Gottesdienst sowie dem anschließenden Festakt und einem fröhlichen Beisammensein, begleitet von Vorführungen im Bereich der Ersten Hilfe. Dazu gab es den Auftritt von Johanniter Musikzügen, Präsentationen von Hundestaffeln und Ausstellungen von Fahrzeugen und Gerät mitten in Berlin. Darüber hinaus fand ein Festgottesdienst im Berliner Dom statt, mit einer eindringlichen Predigt des Ratsvorsitzenden Bischof Dr. Huber. Festrednerin beim Festakt war die ehemalige Vizepräsidentin des Deutschen Bundestags und damalige Präsidentin des Arbeiter-Samariter-Bundes, Frau Annemarie Renger. Sie würdigte die Johanniter-Unfall-Hilfe und ihre Leistungen für die Menschen im Geiste der über 900-jährigen Tradition des Johanniterordens.

Die öffentliche Aufmerksamkeit erregte allerdings hauptsächlich ein anderes Ereignis im Zusammenhang mit diesem Jubiläum: Dem ehrenamtlichen hessischen Landesvorstand, Dr. Michael Frase, war es gelungen, zu einer Veranstaltung in Frankfurt den Dalai Lama als Festredner zu gewinnen. Die hessische Landesregierung unterstützte diesen Besuch mit ihrem Protokoll – allein hätten wir dies nicht geschafft. Die Festveranstaltung konnte im Frankfurter Rathaus Römer stattfinden, das die Oberbürgermeisterin Petra Roth zur Verfügung gestellt hatte. Nicht ohne Stolz begrüßte ich den hohen Gast und Träger des Friedensnobelpreises als unseren Ehrengast.

Dann sprach der Dalai Lama in einfachen Worten über die Seligpreisungen und forderte eine „universelle Kultur des Helfens". Fast einen Tag lang konnte ich ihn begleiten, erfreute mich an seinem Humor und sprach mit ihm über eine mögliche Hilfe der Johanniter-Unfall-Hilfe bei der Weiterbildung von Krankenschwestern. Zu dieser Weiterbildung reisten später tatsächlich vier Krankenschwestern an, die das deutsche Ausbildungssystem kennenlernen durften.

Zu meinem Erstaunen gab es an dieser Veranstaltung auch Kritik aus Orden und Kirche. Dies konnte unseren Stolz und meine Freude an diesem Besuch nicht trüben.

Der Besuch des Dalai Lama hatte noch ein Nachspiel: Anlässlich des Ökumenischen Kirchentags in Berlin weilte das tibetische Oberhaupt einige Tage in der Stadt. Dort empfing er den ehrenamtlichen Bundesvorstand Dr. Hans-Joachim Vits und mich zu einer Privataudienz. Im Rahmen jenes Besuchs bedankte er sich bei uns und beschenkte uns mit einem weißen Schal.

Auch zum sechzigjährigen Bestehen der Johanniter-Unfall-Hilfe kamen mehr als tausend meist ehrenamtliche Johanniter in Berlin zusammen und feierten im Beisein des Herrenmeisters mit Vertretern aller anderen Hilfsorganisationen im Theater des Westens. In einem bunten Kaleidoskop von Bildern, Filmausschnitten, Interviews mit kurzen Ansprachen des Herrenmeisters und mit den Ehrengästen Bundesministerin Kristina Schröder, Bundestagsvizepräsidentin Katrin Göring-Eckart, Eckart von Hirschhausen sowie mit dem FDP-Politiker Jörg van Essen, begleitet von einer Samba-Gruppe der Johanniter-Unfall-Hilfe in Altenburg, feierten alle bis in den frühen Morgen. Van Essen verlas eine Botschaft des früheren Außenministers Hans-Dietrich Genscher, der seine Freude über die Ehrenmitgliedschaft in unserer Organisation übermittelte. Mit einem feierlichen Gottesdienst schlossen wir das Jubiläumsjahr ab.

Außenwirkung

Bei einem Treffen mit dem Präsidenten des Malteser Hilfsdienstes, Dr. Constantin von Brandenstein-Zeppelin, verständigten wir uns darauf, die gemeinsamen Feiern zum Johannistag, die seit einigen Jahren in Berlin stattfanden, auf eine neue Grundlage zu stellen. Wir wollten diese Feier Jahr für Jahr in einer anderen Landeshauptstadt durchführen, für den Ökumenischen Gottesdienst die Landesbischöfe unserer Kirchen gewinnen und für die Ansprachen beim Festakt die jeweiligen Ministerpräsidenten.

So waren wir jedes Jahr in einer anderen Hauptstadt, hatten jedes Jahr Gelegenheit, die Ministerpräsidenten eines Bundeslandes zu hören sowie vor oder nach ihren Reden mit ihnen zu sprechen.

Begonnen haben wir in Dresden. In den Folgejahren führte die Reise nach Mainz, Erfurt, Wiesbaden, Potsdam und München.

Überall wurden wir in den Kirchen und im politischen Bereich herzlich empfangen, niemand hat uns abgesagt. Die Bischöfe und die Ministerpräsidenten zeigten uns, wie sehr unser Engagement geschätzt wurde.

Viele Erinnerungen prägen diese Feierlichkeiten: an Ministerpräsident Georg Milbradt zum Beispiel, der nach seiner Rede so viel Gefallen an der Veranstaltung fand, dass er sich noch mehrere Stunden bei uns aufhielt und sich am Kontakt mit Maltesern und Johannitern erfreute; an Kardinal Karl Lehmann, der sich uns allen ungemein warmherzig zuwandte; an Ministerpräsident Roland Koch, der eine geschliffene und beeindruckende Rede hielt; an Ministerpräsident Edmund Stoiber, der mit seinen detaillierten Kenntnissen über Johanniter und Malteser beeindruckte, oder auch an Ministerpräsident Kurt Beck, dessen Rede und Auftreten Menschlichkeit ausstrahlte und der mich beim nächsten Treffen Monate später mit Namen ansprach, obwohl wir uns bei der Festveranstaltung bis dato zum einzigen Mal persönlich begegnet waren.

Gemeinsam besuchten der Malteser Präsident und ich auch die große Messe mit Papst Benedikt XVI. in Köln anlässlich des Weltjugendtags. Es war wunderbar, dass ich zu diesem Ereignis eingeladen wurde. Die vielen Jugendlichen, die Fröhlichkeit, aber auch die ergreifende Stille an den heiligen Stellen der Messe werde ich nicht vergessen. Viele Malteser und Johanniter waren helfend im Einsatz. Wir haben sie gerne besucht und uns für ihren Dienst bedankt.

Immer wieder habe ich auch Besucher in unsere Geschäftsstelle oder zu einem Besuch unserer Organisation eingeladen. Die Ministerpräsidenten Stolpe, Platzeck, der Verteidigungsminister de Maizière, Innenstaatssekretär Schröder, der Wehrbeauftragte Robbe und der Generalinspekteur der Bundeswehr Schneiderhan besuchten uns.

Mit der Bundeswehr schlossen wir auf Initiative des Generalinspekteurs und von mir ein Abkommen, das bei Anerkennung der Unterschiede unserer jeweiligen Aufgaben die Zusammenarbeit im In- und Ausland suchte, wo sie möglich war. Mittlerweile betreiben wir für die Bundeswehr den einen oder anderen Betriebskindergarten, die Bundeswehr hingegen beteiligt sich immer wieder bei unseren Field Camps. Unsere Landesverbände haben Verbindungen zu den Landeskommandos der Bundeswehr, vor allem zur wirkungsvollen Gestaltung des Katastrophenschutzes.

Mit dem Technischen Hilfswerk begründeten wir – auf Basis einer Idee des damaligen Präsidenten des THW, Dr. Georg Thiel, und mir – eine strategische Allianz. Wir vereinbarten eine enge Zusammenarbeit und Unterstützung, wo immer es möglich war. Regelmäßig trafen sich die Führungskräfte, dazu führten wir gemeinsame Seminare durch. Das Abkommen hat über die Bundes- und Landesebene hinaus viele Früchte getragen. Albrecht Broemme, der Dr. Thiel als Präsident des THW folgte, kannte ich schon, als er noch Chef der Berliner Feuerwehr war. Wir schätzten uns und tun dies bis heute, was die Zusammenarbeit sehr gefördert hat.

Spannend entwickelte sich auch eine andere Initiative, bei der es darum ging, Abgeordnete des Deutschen Bundestags einmal im Jahr zu einem parlamentarischen Frühstück einzuladen.

Wir wählten ein Thema, das gerade in der Öffentlichkeit intensiv diskutiert wurde und luden dazu jene Abgeordneten ein, die mit diesem Thema befasst waren. Jede dieser Veranstaltungen war gut besucht. Dabei waren wir immer bestrebt, die Abgeordneten nicht nur mit den Spitzen der Organisation, sondern ganz bewusst auch mit Mitarbeiterinnen und Mitarbeitern zu konfrontieren, die direkt mit der Sache befasst waren. Dazu gehörten Kindergärtnerinnen, wenn es um Methoden gewaltfreier Erziehung ging, oder Pflegerinnen und Pfleger, die sich an Diskussionen rund um Gesetzesänderungen in der Pflege beteiligten.

Besonders spannend verlief eine Diskussion anlässlich der schrecklichen Vorfälle bei der Love-Parade in Duisburg. Die Abgeordneten bekamen die Gelegenheit, mit Katastrophenschützern zu sprechen, die das Unglück als hilfeleistende Sanitäter direkt miterlebt hatten.

Bei diesen Veranstaltungen sind manche Verbindungen ins Parlament entstanden, die uns, aber ganz bestimmt auch den Parlamentariern auf vielfältige Weise genützt haben.

Einige Zeit nach dem Unglück lud Bundespräsident Christian Wulff Helferinnen und Helfer, die bei dieser Katastrophe im Einsatz gewesen waren, ins Schloss Bellevue ein. Dreißig in Duisburg eingesetzte Johanniter waren dabei, erhielten eine Urkunde und konnten mit dem Bundespräsidenten sprechen.

Der letzte Abschied

Bei der Delegiertenversammlung im November 2009 hatte ich die Delegierten darüber unterrichtet, dass die nächsten vier Jahre meine letzte Amtszeit sein würden. Ich tat dies vor allem, weil ich das Gefühl hatte, dass es nach zwölf Jahren Zeit für einen Wechsel wäre. Viele Ideen hatte ich zusammen mit der Organisation verwirklichen können, doch nun war es aus meiner Sicht Zeit für einen neuen Anlauf und neue Ideen. Um meine Wiederwahl hätte ich mir nach meinem Eindruck wohl keine Sorgen machen müssen, wenn ich noch einmal angetreten wäre.

Zuvor hatte das Jahr 2013 allerdings einen weiteren Höhepunkt für mich bereitgehalten:

Zum Gedenken an den Aufbruch der Jugendbewegung der freideutschen Jugend 1913 auf dem Hohen Meißner hatten sich hundert Jahre danach zahlreiche, ganz verschiedene Jugendbünde zu einem Jubiläumstreffen verabredet. Über 2000 junge Leute waren hier für mehrere Tage zusammen, wohnten in den mir so vertrauten schwarzen Zelten, sangen, diskutierten, spielten zusammen und vereinten sich in vielen Projekten.

Mich erreichte die Bitte, an der abendlichen Feierstunde eine der vier Festreden zu halten. Ich zögerte. Der Aufbruch der Jugend 1913 war ja auch ein Aufbegehren gegen das damalige Establishment, die Gesellschaft des Kaiserreichs. Ich fragte: „Ist euch klar, dass ihr zu dieser Rede jemanden einladen wollt, der völlig unbestreitbar zum Establishment der Bundesrepublik gehört?" „Das wissen wir", war die Antwort, „aber du bist auch voll und ganz einer von uns."

Darüber freute ich mich, und so redete ich vor den vielen jungen Leuten, versuchte deutlich zu machen, dass es bei ihrer Arbeit nicht um das Schaffen einer Parallelwelt gehen konnte. Es ging vielmehr darum, in dieser Welt und in dieser Gesellschaft die Ideale der Jugendbewegung zu leben und diese Ideale in sie hineinzutragen. Die Meißnererklärung mit ihrem Bekenntnis zu Gruppe und Bund, zum tiefen Erleben, zur Bewahrung der Schöpfung und zur Freude am gemeinsamen Leben schien mir dazu ein guter Ansatz zu sein.

Dankbar verbrachte ich einen Tag mit den jungen Leuten.

Zurück zu den Johannitern: Auch den Herrenmeister hatte ich – ein Jahr vor dem Ende meiner dritten Amtsperiode – darüber informiert, dass ich beabsichtigte, nicht wieder zu kandidieren, um allen Beteiligten genug Zeit zu geben, einen Nachfolger namhaft zu machen.

In der Delegiertenversammlung im November 2013 wurde dann Dr. Arnold von Rümker als mein Nachfolger gewählt und vom Herrenmeister bestätigt – eine Übergabe unter Freunden. Er war zuvor ehrenamtlicher Bundesvorstand gewesen, war bestens informiert und vorbereitet. Mir wurde die Ehre zuteil, von den Delegierten zum Ehrenpräsidenten gewählt zu werden.

Mit der feierlichen Amtsübergabe Anfang Februar 2014 endete dann meine Amtszeit. In einem Gottesdienst wurde Dr. Arnold von Rümker vom Ordensdekan Prof. Dr. Christoph Markschies eingesegnet und in sein Amt eingeführt.

Beim Festakt im Foyer der Deutschen Bank wurde ich dann in einer großartigen Weise durch den Ordensstatthalter Ruprecht Graf zu Castell-Rüdenhausen verabschiedet. Der Präsident des Deutschen Roten Kreuzes, Dr. Rudolf Seiters, sprach für die Hilfsorganisationen, dazu waren die Ministerpräsidenten Milbradt, Platzeck und Woidke nach Berlin gekommen. Platzeck fand in seiner netten und gewinnenden Art lobende Worte, Bundesvorstand Wolfram Rohleder schenkte mir ein gemaltes Porträt, dazu war eine Festschrift mit dem Überblick über zwölf ereignisreiche Jahre herausgegeben worden. Die Johanniter-Jugend ernannte mich zum Ehrenmitglied. Das Präsidium schenkte mir in Kenntnis meiner Liebe zum Wandern und zur Natur eine Rennsteigwanderung, die ich einige Monate später mit meinem Bruder zusammen durchführte. Viele Freunde und Verwandte waren gekommen, darunter mein Bruder, meine Schwägerin, meine Nichten und Patenkinder. Gerührt und dankbar durfte ich diesen Tag erleben.

Nachspiel in Sachsen

Mit der Übergabe der Präsidentschaft der Johanniter-Unfall-Hilfe an meinen Nachfolger hatte ich für mich mit dem Thema Führungsaufgaben im Johanniterorden eigentlich abgeschlossen. Ich freute mich darauf, als Ehrenpräsident der Organisation hin und wieder Veranstaltungen zu besuchen und später möglicherweise Ehrenkommendator des Ordens zu werden.

Damit war man berechtigt (und verpflichtet), einmal im Jahr am Ritterschlag und erweiterten Kapitel teilzunehmen. Ein kleines Stück Erleichterung war auch dabei, eine große und manchmal belastende Verantwortung ordentlich übergeben zu haben.

Am Rande der letzten Kapitelsitzung 2013, die ich noch als Präsident der Johanniter-Unfall-Hilfe wahrnahm, zog mich Ludwig von Breitenbuch zur Seite. Er war Kommendator der Sächsischen Genossenschaft und trug mir an, nach meiner Präsidentschaft ebenfalls für einige Jahre einen Kommendatorposten zu übernehmen. Ich war zunächst unentschlossen: Eigentlich hatte ich innerlich mit einer aktiven Führungstätigkeit bei den Johannitern längst abgeschlossen – und nun das.

Ich wusste in Ansätzen, was ein Kommendator zu tun hatte, ein genauer Einblick fehlte mir jedoch. So traf ich keine schnelle Entscheidung, sondern verabredete mich zunächst mit von Breitenbuch, um Näheres zu erfahren.

Der Kommendator steht an der Spitze einer Genossenschaft, die sich aus einer unterschiedlichen Zahl von Ordensrittern (in Sachsen sind es etwa 200) zusammensetzt. Er repräsentiert darüber hinaus alle Johanniter in seinem Bereich. Dies gilt dann auch für die Ordenswerke, die aber ihre Aufgaben weitgehend selbstständig ausführen. Der Kommendator kümmert sich zudem um die Johanniter Hilfsgemeinschaften und die Jugend im Orden, einem Zusammenschluss junger Menschen, die dem Orden eng verbunden sind. Er hält Kontakt zur Politik und zur Landeskirche. Zuweilen kann er in kritischen Situationen aufgrund seiner Stellung im Orden und kraft persönlicher Autorität Einfluss auf das Geschehen in den Ordenswerken nehmen. Auch auf die Besetzung ehrenamtlicher Führungspositionen durch Ordensritter in den Ordenswerken kann er einwirken. Unterstützt wird er vom Konvent. Die Wahl des Kommendators und Konvents erfolgt durch die Ritterversammlung, die Person des Kommendators bedarf hingegen der Zustimmung des Herrenmeisters. Seine Aufgabe ist es auch, sich um den Nachwuchs zu kümmern und dem Herrenmeister geeignete Herren vorzuschlagen, die versprechen, ein Gewinn für den Orden zu werden.

Die Sächsische Genossenschaft gliedert sich in sechs Subkommenden, in denen sich das tägliche Leben des Ordens abspielt. Einmal im Monat trifft man sich – häufig bei einer Familie – zu einem Subkommendetreffen, man hält Andacht, hört Vorträge, befasst sich mit Themen, die die Gesellschaft bewegen. Man organisiert die Zusammenarbeit mit den Ordenswerken, führt selbst soziale Projekte durch und nimmt Einfluss auf die Tätigkeit der Johanniter Hilfsgemeinschaften. Die Damen werden, wo immer möglich, ins Programm einbezogen.

Jährlich treffen sich alle Mitglieder der Genossenschaft und ihre Familien zum Rittertag, der in jedem Jahr an einem anderen sächsischen Ort stattfindet. In meiner Amtszeit waren dies Hoyerswerda, Leipzig, Torgau, Radebeul, Bad Elster und Dresden. So lernten wir immer wieder andere Teile Sachsens kennen. Mancher nutzte die Gelegenheit, sich davor oder danach noch etwas im Land umzuschauen.

Die sächsische Genossenschaft des Johanniterordens hat die Zeit der deutschen Teilung im „westdeutschen Exil" überstanden und es zudem über vierzig Jahre geschafft, aus den in Westdeutschland ansässigen sächsischen Familien Nachwuchs zu gewinnen. Sicher ist dies ein Zeichen für die Bindekraft, die der Orden auf seine Mitglieder hat. Einige dieser alten Familien sind nach der Einheit auf Dauer nach Sachsen zurückgegangen, andere haben zeitlich begrenzt dort in Politik oder Wirtschaft Verantwortung übernommen. So bestand die Genossenschaft zu meinem Amtsantritt etwa jeweils zur Hälfte aus Ordensrittern, die zum Teil im Westen und im Osten wohnten. Jahr für Jahr fanden aber auch glücklicherweise Herren zum Orden, die ihre Heimat in Sachsen hatten und bereits vor der Einheit dort lebten. Dankbar waren wir, dass Menschen zu uns fanden, die ihre Treue zu Glauben und Kirche auch in der Zeit der Teilung oft unter Anfechtung gelebt haben.

Einige Male im Jahr wird eine sehr gern gelesene Zeitung herausgegeben, die sich nicht nur mit aktuellen Ordensfragen befasst, sondern darüber hinaus gesellschaftliche Probleme aufgreift und sie aus Sicht der Johanniter beleuchtet.

Nach dem ausführlichen Gespräch mit Ludwig von Breitenbuch habe ich mich entschlossen, noch einmal diese für mich neue und ganz andere Aufgabe im Orden anzugehen. Die neue Aufgabe reizte mich. Natürlich war sie ein wenig geringer zu bewerten und auch kleinteiliger als die Präsidentschaft der Johanniter-Unfall-Hilfe, aber sie schien mir wichtig, spannend und ausfüllend. Ein junger Ordensritter erklärte sich bereit, mir bei administrativen Aufgaben zu helfen und für eine kontinuierliche Information der Genossenschaft über die Zeitung hinaus Sorge zu tragen.

Der Herrenmeister stimmte meiner Kandidatur zu, und so wurde ich im Juni 2014 beim jährlichen Ritterschlag in Nieder-Weisel feierlich als Kommendator der Sächsischen Genossenschaft in mein Amt eingeführt.

Die Aufgabenbeschreibung hörte sich kompliziert an. Tatsächlich stieß ich jedoch auf keinerlei Probleme und erhielt vom ersten Moment an viel Unterstützung vom Konvent und vielen anderen Ritterbrüdern, von alten und jungen Menschen, Damen und Herren.

Mein Bestreben war es, Hilfe zu leisten, die Johanniter in Sachsen mit ihrem vielfältigen Engagement und ihrem Beitrag für die Bürgergesellschaft noch sichtbarer zu machen, die Zusammengehörigkeit aller Johanniter zu fördern und junge Menschen intensiver an unsere Genossenschaft zu binden. Darüber hinaus war es auch notwendig, hin und wieder in der aufgeregten politischen Diskussion ruhig, aber bestimmt eine Richtung vorzugeben.

Politik

Schon kurz nach meiner Amtsübernahme besuchte ich zusammen mit einem Vorstand der Johanniter-Unfall-Hilfe den Ministerpräsidenten Stanislav Tillich, der uns zusammen mit der Ministerin für Integration, Petra Köpping, mit großer Freundlichkeit empfing. Wir lernten uns bereits kennen, nachdem ich 2002 und 2013 Kommissionen des Freistaats Sachsen geleitet hatte. Der Ministerpräsident war mit dem Spektrum der Johanniter in Sachsen gut vertraut. So drehte sich das Gespräch vorwiegend um die aktuellen Herausforderungen, darunter den Aufstieg der Pegida und die Frage, wie die Johanniter zu einer sachlichen Diskussion beitragen konnten.

Es folgte ein Besuch beim Landtagspräsidenten Dr. Matthias Rößler, ebenfalls zusammen mit einem Vorstand der Johanniter-Unfall-Hilfe. Auch hier wurden wir sehr freundlich empfangen. Der Präsident unterstützte unser Anliegen, die Mitglieder des Sächsischen Landtags mit dem Portfolio der sächsischen Johanniter vertraut zu machen. Er wies uns den Weg, sagte zu, dabei zu sein und die Veranstaltung mit einer kleinen Rede zu eröffnen.

Um mit den Abgeordneten ins Gespräch zu kommen, hatten wir uns etwas Besonderes ausgedacht: Da es außer meiner Erwiderung zur Rede des Landtagspräsidenten keine weiteren Vorträge gab, bauten wir im Anschluss Tische auf, wo die Abgeordneten mit Spezialisten der Johanniter zu allen Themen diskutieren konnten, zu denen Johanniter etwas zu sagen hatten. Solche Themen waren zum Beispiel Rettungsdienst und Katastrophenschutz, Pflege, Wohnen im Alter, Jugendarbeit und Förderung zum Engagement für unsere Demokratie, ehrenamtliche Tätigkeiten in ihrer ganzen Breite sowie Hilfen im sozialen Bereich. Mitarbeiterinnen und Mitarbeiter der Johanniter-Unfall-Hilfe, der Johanniter Seniorenhäuser, der Johanniter

Hilfsgemeinschaften, der Johanniter-Jugend und der Jugend im Orden standen den Abgeordneten Rede und Antwort, beantworteten ihre Fragen, gaben Einblick in ihre Projekte und Anregungen für die Weiterentwicklung. Wir waren hochzufrieden, als der langjährige Präsident sagte, dass dies der bestbesuchte parlamentarische Abend seiner Amtszeit gewesen sei. Viele Abgeordnete und Regierungsmitglieder waren anwesend, viele Kontakte sind dabei neu entstanden.

Immer wieder sind dann auch der Landtagspräsident oder Mitglieder der Landesregierung unseren Einladungen zu den Rittertagen gefolgt und haben uns über die Lage und Probleme im Freistaat Sachsen unterrichtet.

Landeskirche

Den bis 2015 amtierenden Landesbischof Jochen Bohl konnte ich noch kurz vor Ende seiner Amtszeit besuchen. Wir waren uns darüber einig, dass es einmal im Jahr ein Gespräch zwischen dem Landesbischof und dem Kommendator geben sollte und der Kontakt dauerhaft durch Beauftragte der Landeskirche und der Johanniter gehalten werden sollte. Diese Vereinbarung wurde durch den neu gewählten Landesbischof Dr. Carsten Rentzing bestätigt.

Dieser folgte der Einladung zu einem Besuch der Johanniter und nahm sich dazu einen Tag Zeit. In Dohna-Heidenau besuchte er, von mir begleitet, Einrichtungen der Johanniter-Unfall-Hilfe, eine Einrichtung des betreuten Wohnens, eine Tagespflege, eine Rettungswache, eine Jugendeinrichtung sowie ein Pflegeheim der Johanniter-Seniorenhäuser. Dohna-Heidenau ist ein Musterbeispiel der Vernetzung und Zusammenarbeit aller Johanniter.

Den Bischof trafen wir öfter wieder: Beim Rittertag in Bad Elster hielt er die Predigt im Rahmen des Festgottesdienstes, beim Kirchentag in Leipzig erschien er im Rahmen des Reformationsjubiläums und zur Freude unserer Sanitäter und Katastrophenschützer auf einer Sanitätsstation. Er bedankte sich und sprach ausführlich mit allen, die gerade Dienst taten.

Dann geriet unsere Landeskirche in heftige Turbulenzen. Dem Landesbischof, der schon mit einer äußerst knappen Mehrheit gewählt worden war, wurden Äußerungen vorgeworfen, die er als junger Student in einer später als demokratiefeindlich verrufenen Publikation gemacht hatte. Rentzing wurde auch unterstellt, verschwiegen zu haben, Mitglied einer schlagenden Verbindung gewesen zu sein. Hintergrund der Auseinandersetzung war eine schon lange bestehende Spaltung der Landeskirche in einen konservativ-evangelikalen und einen sehr liberalen Flügel, die regional im Erzgebirge und im Vogtland einerseits und in Leipzig und anderen großen Städten andererseits beheimatet waren.

Der Landesbischof distanzierte sich deutlich von den Texten, die er als junger Mann geschrieben hatte, was die Situation jedoch nicht wesentlich beruhigte. Schließlich trat er von seinem Amt zurück. Sowohl ich als auch viele Johanniter bedauerten diesen Schritt. In einem Brief, den ich allen Johannitern zugänglich machte, versicherte ich dem scheidenden Landesbischof unseres Respekts und unserer Dankbarkeit für die Zusammenarbeit.

Seit dem 1. März 2020 ist nun Tobias Bilz Landesbischof der Evangelisch-Lutherischen Landeskirche Sachsens. Er wurde mit einer großen Mehrheit gewählt, und es bleibt zu hoffen, dass es ihm gelingen wird, Gräben zu überwinden oder wenigstens Brücken zu bauen. Ich bin sicher, dass es auch weiter eine gedeihliche Zusammenarbeit zwischen Landeskirche und Johannitern geben wird.

Jugend im Orden

Noch als Präsident der Johanniter-Unfall-Hilfe hatte ich von einer Initiative der sächsischen Jugend im Orden gehört, die jedes Jahr im Sommer in der Landvolkshochschule Kohren-Salis ein Sommerlager für junge Menschen mit Handicaps organisierte und welches jährlich von der Johanniter-Unfall-Hilfe unterstützt wurde. So habe ich dieses Lager besucht und war zutiefst beeindruckt von dem Bemühen, jungen Menschen, die zum Teil sehr schwer behindert waren und zuweilen rund um die Uhr betreut werden mussten, ein Stück Freiheit und Freizeit zu schenken. Basteln, Singen, Theater spielen, Ausflüge, Zoobesuche, Andachten und viele Stunden am Lagerfeuer gehörten zu den Angeboten.

Die Organisation oblag dem Johanniterorden verbundenen jungen Erwachsenen beiderlei Geschlechts – es war Jugendarbeit der besten Art seitens des Johanniterordens.

Nach meiner Amtsübernahme suchte ich das Gespräch mit den jungen Leuten – bis heute hält dieser Dialog an. Wir waren uns darin einig, dass diese Mitglieder sich selbst im Konvent vertreten, ihre Aktivitäten weitgehend selbst bestimmen, die Sommerlager mit Unterstützung der Genossenschaft fortsetzen und ihre Gemeinschaft durch weitere Aktivitäten im Sinne der Johanniter festigen sollten.

Bald habe ich es mir zur Gewohnheit gemacht, die Sommerlager zu besuchen und sowohl einen Teil des Programms mitzumachen als auch das Gespräch mit Betreuerinnen und Betreuern zu suchen sowie ihnen hin und wieder einige Worte mitzugeben. So ging es mir darum, ihnen – über die Gestaltung der Tage mit ihren Gästen hinaus – ihre Tätigkeiten in die Arbeit der sächsischen Genossenschaft und des Gesamtordens einordnen zu können. Viele schöne Erlebnisse verbinden sich mit diesen Besuchen, und viele junge Leute haben über diese karitative Arbeit den Weg in den Orden gefunden.

Ein Erlebnis am Lagerfeuer stimmte mich nachdenklich. Es ging um ein Thema, das den Orden immer wieder bewegt. Da saßen wir, Frauen und Männer sowie ich dazwischen: Ich bedankte mich bei allen und sagte sinngemäß, dass ich ja sicher in nicht allzu ferner Zukunft den einen oder anderen der jungen Herren als Ritter des Johanniterordens wiedertreffen würde. Da meldete sich eine der jungen Damen und fragte, warum ich diesbezüglich nur die jungen Herren ansprechen würde. Sie würden hier und bei allen anderen Aktivitäten der Jugend im Orden genau dasselbe tun. Warum sollten sie nicht auch Mitglieder des Ordens werden können? Eine richtig gute Antwort darauf habe ich bis heute nicht gefunden. Warum eigentlich nicht? Die Debatte sollte fortgeführt werden.

Die jungen Leute suchten sich weitere Aktivitäten und beschlossen, über die Pfingsttage eine Pilgerwanderung auf dem sächsischen Lutherweg anzubieten. Hier wollten sie zusammen geistliches Leben, körperliche Anstrengung und Pflege ihrer Gemeinsamkeit gestalten. Als halbwegs erfahrener Pilger habe ich diesen Gedanken unterstützt und die jungen Leute immer wieder gerne ein Stück ihres Weges begleitet. Zusammen mit Pfarrer Knuth Fischer aus der Bundesgeschäftsstelle der Johanniter-Unfall-Hilfe und Dietmar Link, dem Landesvorstand der Johanniter-Unfall-Hilfe Sachsen, hatten wir zuvor schon in einer mehrtägigen Tour den sächsischen Lutherweg erwandert, Andachten mit verschiedenen Kirchengemeinden gefeiert, Bürgermeister getroffen und auf dem Weg Johanniter Einrichtungen besucht.

Als drittes Element ihrer Gemeinsamkeit haben sich die jungen Leute für eine Einkehrtagung entschieden. Sie wollten sich jugendgemäß mit einem geistlichen Thema befassen und dies in jährlichem Abstand wiederholen.

Alles ist im Werden. Ich bin dankbar dafür.

Leitplanken

Das politische Geschehen in Sachsen hat auch die Johanniter nicht unberührt gelassen. Der Aufstieg der AfD, die Demonstrationen der Pegida, viele hasserfüllte und ausländerfeindliche Botschaften und Stellungnahmen in den sozialen Medien bewegten viele Menschen im Freistaat. Hass und Ausländerfeindlichkeit kamen dann auch bei den Feierlichkeiten zum Tag der Deutschen Einheit in Dresden zum Ausdruck. Die Johanniter enthalten sich parteipolitischer Stellungnahmen. Dennoch engagieren sich viele Mitglieder auf verschiedenen Seiten des politischen Spektrums.

Gibt es Richtlinien oder Grenzen für ein solches Engagement? Darüber wurde bei uns kontrovers diskutiert. Ich entschloss mich, dazu auf einem Rittertag etwas zu sagen und formulierte sogenannte „Leitplanken johanniterlichen Handelns". Zweck war einerseits zu ermuntern, sich in Diskussionen einzumischen – immerhin sitzen wir nicht auf der Zuschauertribüne, sondern agieren auf dem Spielfeld. Andererseits waren Grenzen zu ziehen, die durch die Grundsätze des Johanniterordens geboten sind.

Diese Leitplanken fasste ich folgendermaßen zusammen:

1. Wir lassen an unserer Haltung, dass Hilfsbedürftigen ungeachtet ihrer Herkunft, ihrer Religion oder ihres Geschlechts geholfen werden muss, auch künftig keinen Zweifel aufkommen.
2. Wir unterstützen wie bisher – in und außerhalb der Johanniter-Familie – all diejenigen, die helfen und integrieren wollen. Wir unterstützen sie mit Wort und – wo möglich und erforderlich – auch mit Tat.
3. Ausländerfeindlichkeit oder Hass vertragen sich nicht mit unserer johanniterlichen Grundhaltung, wir wirken Ausländerfeindlichkeit und Hass entgegen.
4. In der politischen Diskussion argumentieren wir so differenziert, wie es die Sache erfordert. Wir folgen nicht oberflächlichen Schlagworten, sondern suchen das Gespräch.
5. Wo Gespräche und Diskussionen nicht möglich sind, zeigen wir klare Kante gegen Extremisten, vor allem, wenn wir nationalsozialistischen Ungeist verspüren.
6. Wir unterstützen diejenigen, die sich bemühen, die Lage zu beruhigen, und wenden uns gegen jene, die Öl ins Feuer gießen.
7. Wir sind dabei, wenn Probleme der Integration offen, sachlich und fair angesprochen oder diskutiert werden, und vor allem,

343

wenn es darum geht, Lösungsansätze für solche Probleme zu finden.

8. Die Ordnungskräfte finden uns als Partner bei ihrem Bemühen, rechtsstaatliche Grundsätze gegenüber allen Menschen durchzusetzen. Selbstverständlich ist unsere Rechtsordnung für alle verbindlich, egal, warum sie in unserem Land leben.

9. Johanniter benennen oder kritisieren Missstände sachlich, an pauschalen Verurteilungen Sachsens oder seiner Bürger beteiligen sie sich nicht.

10. Johanniter lassen sich weder links noch rechts verorten, sie vertreten die christliche Botschaft und leben nach ihrem Ordensgelübde. „Wir bringen den Mut auf, Anstand und Würde zu wahren, auch wenn Zorn über sinnlose Gewalt unser Herz erfüllt." (Zitat Dr. Carsten Rentzing)

Dankbar registrierte ich vielfache Zustimmung. Diese Leitplanken wurden auch weit über die Grenzen der sächsischen Johanniter hinaus diskutiert und verbreitet.

Rittertage

Die jährlichen Rittertage markierten die Höhepunkte im Leben der Genossenschaft. Alle sächsischen oder in Sachsen wohnenden Mitglieder des Ordens und ihre Familien waren eingeladen, ein Wochenende miteinander zu verbringen. Mit einer Abendandacht am Freitagabend und einer zwanglosen Zusammenkunft wurden die Rittertage eröffnet.

Am Samstagmorgen folgte ein inhaltlicher Teil. Hier stellten uns zunächst verantwortliche Lokalpolitiker, Oberbürgermeister oder Landräte die Stadt und den Raum vor, in dem wir diesen Rittertag abhielten. So lernten wir Sachsen von Jahr zu Jahr ein Stück intensiver kennen. Ich habe diesen Teil immer genutzt, um über Themen zu sprechen, die über den Tag hinausreichen. Die Leitplanken mögen hier ein Beispiel sein. Vertreter der Ordensregierung hielten Reden, zweimal war zu unserer Freude der Herrenmeister selbst zu Besuch. Dann befassten wir uns mit ausgesuchten Gästen zusammen einem uns besonders bewegenden Thema. Dazu zählte die Ausübung von Ehrenämtern aus politischer, gesellschaftlicher und theologischer Sicht, ergänzt durch praktische Beispiele aus den Ordenswerken. Aber auch die Integration von Flüchtlingen und wie diese gelingen kann, sind exemplarisch dafür. Für die Kinder und Jugendlichen wurde jeweils ein eigenes Programm angeboten.

In einer Ritterversammlung wurden die notwendigen Entscheidungen zum Personal oder zum Haushalt getroffen, die neuen Ehrenritter und Anwärter stellten sich vor. Der Kommendator und die Mitglieder des Konvents berichteten und baten um Entlastung. Ein festliches Abendessen schloss den Tag ab.

Höhepunkt und Abschluss des Rittertags war der Gottesdienst, den wir immer zusammen mit der Ortsgemeinde feierten. Feierlich zogen die Ritter, bekleidet mit ihren Ordensmänteln, in die Kirche ein. Im Gottesdienst führte der Kommendator neue Ordensritter und Amtsträger wie Subkommendeleiter oder Leiter der Johanniter Hilfsgemeinschaften in ihre Ämter ein. Der Geistliche erbat den Segen für die neuen Amtsträger. Stets haben wir diesen Gottesdienst bewegt, gestärkt und dankbar für unsere Gemeinschaft verlassen.

Viel gäbe es noch zu erzählen: von Besuchen bei Subkommenden, von spannenden Diskussionen über unsere Gemeinschaft und die Notwendigkeit, sie weiterzuentwickeln, von unseren Beiträgen zur Strategiediskussion in unserem Orden, von Wohltätigkeitskonzerten, von öffentlichen Veranstaltungen wie „Bild und Botschaft", in denen Kunstwerke der sächsischen Kunstmuseen mit geistlichem Inhalt von einem oder einer Kunstsachverständigen und einem oder einer Geistlichen der Öffentlichkeit vorgestellt und aus künstlerischer und theologischer Sicht besprochen wurden, von Pilgerwanderungen und Familiennachmittagen, von Besuchen bei den Ordenswerken, von Gesprächen mit Mitarbeiterinnen und Mitarbeitern in Senioreneinrichtungen.

Den Abschluss meiner Erzählungen aus der Genossenschaft soll eine Pilgerwanderung bilden:

Vor Jahren hatte es eine Pilgerreise der Genossenschaft nach Israel gegeben, die ein älterer Ritterbruder organisiert hatte und von der noch immer geredet wurde. Er gab mir auch die Anregung, diese Reisen wieder aufzugreifen. Gerne wollte ich dies mit meinen Erfahrungen auf dem Jakobsweg verbinden. Ein Ritterbruder erklärte sich bereit, die Sache zu überdenken und unterbreitete uns bald einen Vorschlag: Machen wir uns auf den „Jesusweg", auf dem wir den Spuren Jesu von Nazareth nach Jerusalem folgen könnten. Dabei würden wir wichtige Stätten unseres Glaubens besuchen und dort Andacht halten.

Im Mai 2018 traten wir schließlich die Pilgerreise an. Es ging vom Flughafen direkt nach Nazareth, wo unsere Wanderung begann. Unser Weg führte uns innerhalb einer Woche von Nazareth über Kana, dem Ort des Weinwunders, und durch das Taubental zum See Genezareth. Wir fuhren zum Toten Meer und nahmen dort wieder die Fußwanderung auf. Am sehr frühen Morgen setzten wir die Route fort und gingen über die Abbruchkante des Jordans in Richtung Jerusalem.

Selbstkritisch muss ich sagen, dass meine körperliche Leistungsfähigkeit gerade noch dafür ausreichte, die Wanderung zu bestehen. Umso mehr war ich für die Mithilfe der gesamten Gruppe von Herzen dankbar.

Wir hatten unvergessliche Erlebnisse und teilten ganz besondere Erinnerungen. Als wir im Taubental zusammen einen Abendmahlsgottesdienst feierten; als wir am See Genezareth entlanggingen und den Berg der Seligpreisungen besuchten; als wir genau zum Sonnenaufgang nach anstrengender Wanderung an der Abbruchkante des Jordans ankamen, mit der aufgehenden Sonne und einem herrlichen Blick in die judäische Wüste belohnt wurden; als wir über die Via Dolorosa zusammen die Grabeskirche – das Ziel unserer Pilgerreise – erreichten; als wir am Folgetag wichtige Stätten unseres Glaubens aufsuchen konnten; als wir nach einem feierlichen Einzug im Ordensmantel mit der Gemeinde in der Erlöserkirche Gottesdienst feiern durften – all diese Momente bleiben für immer in unseren Köpfen.

Dankbar für die Gemeinschaft, für das Erlebte und für die intensive geistliche Begleitung beendeten wir unsere Pilgerwanderung, die sicher einmal eine Wiederholung finden wird.

Ich hatte mir vorgestellt, meinen letzten Rittertag als Kommendator in Dresden erleben zu dürfen, und so geschah es auch. Wir feierten mit der uns in tiefer Weise verbundenen Pfarrerin Angelika Behnke einen festlichen Gottesdienst in der Frauenkirche. Über 300 Johanniter mit ihren Familien waren versammelt. Bei der Ritterversammlung wurde auf meinen Vorschlag Dr. Bernd von Bieler einstimmig zu meinem Nachfolger gewählt – wie sechs Jahre zuvor eine Übergabe unter Freunden. Doch damit war die Amtszeit noch nicht zu Ende.

Die Übergabe an meinen Nachfolger sollte anlässlich seiner Amtseinführung beim Ritterschlag im Juni 2020 erfolgen. Doch Corona machte es unmöglich, den Ritterschlag durchzuführen. Damit entfiel zunächst auch die Einsegnung meines Nachfolgers. Wir hielten jedoch am Zeitplan fest: Bernd von Bieler übernahm sein Amt im Juli 2020.

Vorher hatte ich während des harten Lockdowns versucht, mit wöchentlichen Sonntagsandachten, die von den Geistlichen unserer Genossenschaft erarbeitet wurden, zum Zusammenhalt auch in schwierigen Zeiten beizutragen. Diese Initiative wurde mit Freude aufgegriffen.

Beim Rittertag 2020, der bedingt durch das Virus ohne Familien und mit einer begrenzten Teilnehmerzahl durchgeführt werden konnte, wurde ich aus meinem Amt verabschiedet. Der Herrenmeister fand anerkennende Worte, und Kommendator von Sandersleben – derselbe Kommendator, unter dem ich in den Orden eingetreten war – hielt die Laudatio für die Genossenschaft.

Ich schied aus dem Amt, aber ich bin weiter Teil der Gemeinschaft, wofür ich zutiefst dankbar bin. Mit der Übergabe endete für mich auch eine fast sechzigjährige Periode, in der ich fast ohne Unterbrechung Führungsaufgaben wahrgenommen habe: bei den Pfadfindern, in der Bundeswehr, bei den Johannitern. Wieder endete ein wichtiger Abschnitt meines Lebens.

Noch einmal rief ich mir in Erinnerung, was mich dazu bewogen hatte, der Einladung zum Beitritt in den Johanniterorden zuzustimmen und Führungsaufgaben in diesem Orden zu übernehmen:

Da ist ein altes Wertesystem, die tiefen Wurzeln des Glaubens, die alle Johanniter verbinden.

Da gibt es eine intensiv gelebte Gemeinschaft, die sich auf dieses Wertesystem gründet.

Da findet man eine Tradition, die über 900 Jahre lebendig geblieben ist.

Da hat es ein Orden geschafft, die Zeiten zu überdauern – nicht weil er dem Zeitgeist nachgelaufen ist, sondern weil er seine Werte bewahrt, aber deren Umsetzung der Zeit angepasst hat.

Da ist ein Orden mit seinen Werken, der sich darauf eingelassen hat, die Spannung zwischen seinem sozialen Anspruch und wirtschaftlichem Handeln bewusst auszuhalten und seinen Werken hierzu eine moderne Struktur zu geben.

Da ist eine Vielzahl von Menschen, die sich im Zeichen des achtspitzigen Kreuzes engagieren. Mit solchen Menschen meine ich nicht nur die Ordensritter, sondern in gleicher Weise die Menschen in den Ordenswerken.

Da gibt es eine Vielzahl von Möglichkeiten, dem eigenen Tun tiefen Sinn zu geben.

Da gibt es vielfältige Aufgaben: Gerade in der Johanniter-Unfall-Hilfe habe ich dies gesehen und bewundert.

Da gibt es alte und junge Menschen, haupt- und ehrenamtliche Mitarbeiterinnen und Mitarbeiter – sie alle gehören unter dem achtspitzigen Kreuz zusammen.

Wie in jeder großen Organisation habe ich – das will ich nicht verbergen – auch schwere Stunden erleben und ertragen müssen, Spannungen erlebt und bewältigt, in manchen Fällen auch nicht. Ich habe Enttäuschungen erleben müssen und neben Erfolge Niederlagen. Dies unterscheidet sich jedoch kaum von meinen Erfahrungen bei den Streitkräften.

Am Ende steht Dankbarkeit und Zuversicht.

Ich beende diese Niederschrift kurz vor meinem achtzigsten Geburtstag.

Vieles konnte ich nicht erwähnen, viele Menschen nicht angemessen würdigen.

Und so denke ich am Schluss noch einmal an die vielen Menschen, denen ich begegnet bin, mit denen ich großes Erleben, frohe Stunden und Erfolge teilen konnte, die mir aber auch bei Niederlagen, Enttäuschungen und in schweren Stunden beigestanden haben.

Ich denke an meine Familie, die immer ein sicherer Rückhalt war.

Ich denke an die langjährigen engen Freunde, mit denen ich ein Stück Weg gemeinsam gehen konnte.

Ich denke an die vielen Pfadfinderinnen und Pfadfinder, deren Gemeinschaft mir so wichtig war und die mir bei meinen Führungsaufgaben über viele Jahre ihr Vertrauen geschenkt haben.

Ich denke an die Soldatinnen und Soldaten, mit denen ich Dienst für unser Land leisten durfte, auch an die vielen jungen Wehrpflichtigen, die sich engagiert für ihr Land eingesetzt haben.

Ich denke an die Soldatinnen und Soldaten, mit denen ich zusammen die Aufgabe annehmen durfte, eine Armee der Einheit zu gestalten.

Ich denke an die vielen Johanniterinnen und Johanniter, die „aus Liebe zum Leben" Hilfe leisten, wo sie gebraucht wird.

Ich denke an das Allgäu, meine zweite Heimat und die Freunde dort.

Ich denke an die jährlichen Fahrten in die Provence, an die Osterfeiern und Gottesdienste im engen Freundeskreis.

Ich denke an die Straßen der Welt, die ich auf vier Kontinenten gehen und befahren durfte und an die Menschen fremder Kulturen, mit denen ich mich austauschen konnte.

Ich denke an die Menschen, die ich auf meinen Pilgerwegen getroffen habe und mit denen zusammen ich zum gleichen Ziel unterwegs war.

„Das Herz an der Angel": Immer habe ich Menschen gefunden, die „ihr Herz an die Angel" hingen. Ich habe versucht, es ebenfalls zu tun.

Noch immer bin ich unterwegs auf der Pilgerschaft des Lebens, in Dankbarkeit für das, was war und mit Zuversicht für das, was kommt.

Hans Peter von Kirchbach

Anhänge

DR. HELMUT KOHL
Bundeskanzler a.D.

Büro
Deutscher Bundestag
Unter den Linden 71
10117 Berlin
Telefon (030) 227 - 73001/2
Telefax (030) 227 - 76843

6. Februar 2015

Herrn
Hans-Peter von Kirchbach
General a.D.
Lennéstraße 78
14471 Potsdam

Sehr geehrter Herr von Kirchbach,

vor einigen Tagen überbrachte mir Herr Dr. Hermes, Kanzleipartner von Herrn Dr. Holthoff-Pförtner, Ihren Brief vom 13. Oktober 2014.

Über Ihre persönlichen Zeilen und das Zeichen der Verbundenheit habe ich mich aufrichtig gefreut. Auch ich habe unsere Begegnungen in guter Erinnerung. Und ich ergänze gern, dass es unserem Land und unserer Bundeswehr gut täte, wenn wir ein paar Generäle (mehr) hätten, wie Sie einer waren.

Mit herzlichen Grüßen und allen guten Wünschen
Ihr

[Unterschrift]

Dankschreiben von Bundeskanzler Helmut Kohl

Volker Haß   Dresden,den
Brünner Str. 1   28.5.1990
Dresden
8021

        An   Oberst Hans-Peter von Kirchbach
                Niederberger Höhe 1
                5400 Koblenz

            Sehr geehrter Herr Oberst !

Mit unserem Brief möchten wir auf Ihre Einladung zurückkom-
men,welche Sie uns in Dresden vor der Egon-Dreger-Kaserne
ausgesprochen haben.Bitte schlagen Sie uns entsprechende
Termine vor.Wir ersuchen Sie,an mich eine offizielle
" Einladung zum Soldatenaustausch " zu schicken,in der fol-
gende Personen namentlich aufgeführt sind:
Ufw. Halangk , Ufw. Haß , Uffz. Illgen , Uffz. Weber ,
Uffz. Wolf , Uffz. Wacker und Uffz. Schirner .
Diese Einladung werden wir unserem Kommandeur zur Genehmigung
vorlegen.
Wir sind sehr interessiert an einem Besuch bei Ihnen und
danken für Ihre Bemühungen.

                Mit kameradschaftlichem Gruß

                Volker Haß
                Volker   Haß

Schreiben von Volker Haß

352

Im Namen der

Bundesrepublik Deutschland

versetze ich

den General

Hans-Peter von Kirchbach

mit Ablauf des 30. Juni 2000
in den einstweiligen Ruhestand.

Für die dem deutschen Volke geleisteten treuen Dienste
spreche ich ihm Dank und Anerkennung aus.

Berlin, den 27. Juni 2000.

Der Bundespräsident

Entlassungsurkunde

Hans Peter von Kirchbach   O- 2112 Eggesin. 12.02.1992
Brigadegeneral   PF 32603
Kommandeur Heimatschutzbrigade 41

Vortrag vor Bundeskabinett am 19. Februar 1992

Als ich am 03. Oktober 1990, dem Tag der Einheit als Kommandeur
der 9. Panzerdivision, begleitet von etwa 70 Soldaten aus den
alten Bundesländern, meinen Dienst in Eggesin, Vorpommern antrat,
hatte keiner von uns auch nur eine grobe Vorstellung, welche
umfangreichen Aufgaben im organisatorischen aber auch insbesondere
im menschlichen Bereich uns erwarteten.
Der Auftrag lautete,
- die Befehls- und Kommandogewalt des Bundesministers der
  Verteidigung in dieser ehemaligen Division der NVA
  durchzusetzen,
- die Division aufzulösen,
- eine Brigade der neuen Heeresstruktur aufzustellen.
Für diesen Auftrag mit seinen personellen materiellen und
organisatorischen Einzelheiten gab es weder Vorschriften noch
Erfahrungen.

Heute trage ich hierzu folgenden Sachstand vor:

1. Die Übernahme der Offiziere und Unteroffiziere nach den
Bestimmungen des Einigungsvertrags in ein neues Dienstverhältnis
für 2 Jahre ist mit hohen Übernahmequoten abgeschlossen. Das
Versprechen der fairen Chance wurde eingelöst.
Zur Zeit läuft das Auswahlverfahren für den Verbleib in der
Bundeswehr. Über 90% der noch im Dienst befindlichen Offiziere und
Unteroffiziere streben eine langfristige Übernahme an.
Nicht alle sind dazu geeignet. Mit den jetzt anstehenden
Beurteilungen bieten wir der Personalführung verläßliche
Entscheidungsgrundlagen.

2. Wir haben über 120 Soldaten für den freiwilligen Dienst in der
Bundeswehr geworben. Fast 40 Unteroffiziere, die NVA nicht mehr
erlebt haben, wurden nach den Grundsätzen der Bundeswehr
ausgebildet.

3. Wir fanden eine zerfallene Armee mit desolater Disziplin vor.
Die Disziplin ist wesentlich besser geworden, entspricht aber noch
nicht den Anforderungen. Eigenmächtige Abwesenheit und
Wachverfehlungen sind die häufigsten Dienstvergehen. Aber, es geht
deutlich aufwärts. Viele prächtige junge Leute dienen in der
Bundeswehr und von Quartal zu Quartal kommen wir normalen
Verhältnissen näher.

4. Die Sicherheit von Waffen und Munition konnte im wesentlichen
gewährleistet werden. Die Qualität des Wachdienstes verbessern wir
durch dichte Kontrollen und konsequentes Einschreiten bei
Verstößen.

354

5. Alle Verbände und Einheiten der 9. Panzerdivision wurden bis
März 1991 aufgelöst. Die Aufstellung der Heimatschutzbrigade 41
Vorpommern ist fast abgeschlossen.

6. Die Hälfte der Liegenschaften wurde zur Abgabe in das
allgemeine Bundesvermögen gemeldet.
21 Unterkunftsblocks wurden in etwas über einem Jahr unter Einsatz
von 57 Millionen DM von ausschließlich heimischen Betrieben
renoviert. Damit ist die Mehrzahl der Grundwehrdienstleistenden
nach westlichen Maßstäben untergebracht, hier muß es konsequent
weitergehen.

7. Wir haben die Masse unserer Offiziere und Unteroffiziere bei
Truppenteilen im Westen, an der Heeresoffizierschule und
verschiedenen Truppenschulen für ihre neuen Dienstposten
ausgebildet.

8. Wir haben bislang 3400 grundwehrdienstleistende Soldaten
ausgebildet. Wir sind mit unseren jungen Soldaten zufrieden. Sie
sind leistungsbereit, die Disziplin wird besser.
Ausbildungshöhepunkte waren die Teilnahme einer Batterie als
Vertretung der Bundeswehr bei den großen internationalen Märschen
in Nijmegen die jungen Soldaten haben sich über die persönlichen
Briefe von Herrn Bundesminister Ortleb, seine Anerkennung und
Grüße sehr gefreut— die Teilnahme einer Kompanie beim
Panzerschießen in Shilo/Kanada, eine Häuserkampfausbildung in
Hammelburg, der zur Zeit laufende geschlossene
Truppenübungsplatzaufenthalt der Brigade mit fast 2000 Soldaten in
Bergen.

9. Wir haben nahezu alles Gerät und Munition der ehemaligen
Division in Verdichtungslager abgeschoben. Hinter diesem Satz
verbergen sich z.B. 12449 Waffen und 1600 t Munition. Im Winter
1990 wurde zahlreiches Gerät zur Verbesserung der
Lebensbedingungen der am Golf eingesetzten Soldaten zum
Verschicken vorbereitet.
Das West— Gerät läuft im wesentlichen planmäßig und abgestimmt auf
die personelle Auffüllung zu.

10. Die Eggesiner Bilanz beinhaltet eine Gemeinschaftsleistung der
gesamten Bundeswehr. Zur Zeit dienen bei uns 30 Offiziere und fast
80 Unteroffiziere aus den alten Bundesländern. Über 300 Soldaten
aus den alten Ländern haben von mehreren Wochen bis zu einem
halben Jahr personelle Unterstützung geleistet. Ohne sie wären wir
nicht so weit. Dennoch, die Masse der Soldaten mit denen wir die
Umstellung bewältigt haben kommt aus der ehemaligen NVA. Wir
können zusammenarbeiten und wir wollen dies auch.

Wichtiger als der organisatorische Auftrag war die Aufgabe, im
menschlichen Bereich, in- und außerhalb der Bundeswehr zur
Integration beizutragen.
Das menschliche Leitmotiv des Befehlshabers "wir kommen nicht als
Sieger zu Besiegten sondern als Deutsche zu Deutschen" setzte ich
in die Schlüsselaufgaben
- Vertrauen gewinnen.
- Dialog führen.
- Disziplin verbessern
um.

Wir organisierten die Zusammenarbeit mit den Arbeitsämtern, mit
Bildungsträgern und Firmen mit dem Ziel, ausscheidenden Soldaten
eine Perspektive zu bieten. Hunderte ergriffen die Angebote. Kaum
einer mußte in die Arbeitslosigkeit entlassen werden. Fast tausend
junge Soldaten nutzten im letzten Jahr die Angebote des
Berufsförderungsdienstes in verschiedenen Arbeitsgemeinschaften. .
Mit dem Renovierungsprogramm wurde demonstriert, daß Wort und Tat
bei der Inneren Führung in Einklang stehen, dies muß auch so
bleiben.
Unsere Umweltschutzgruppe kümmert sich zusammen mit der StOV um
die Altlasten in den militärischen Liegenschaften, leistet aber
auch Hilfe für die Kommunen in Notfällen.
Unsere jungen Soldaten machen wir mit einem Ausbildungsprogramm
mit dem Problem "Fremde in unserem Land" vertraut und helfen bei
der Betreuung von zwei Asylheimen.
Mit den Vertretern der Kommunen haben wir guten Kontakt und
konnten bislang bei Streitfällen einen fairen Interessenausgleich
erreichen. Mit Gesprächsbereitschaft aber auch konkreten
Hilfeleistungen, dem Engagement in Vereinen oder der Jugendarbeit
machen wir klar, daß die Bundeswehr eine andere Armee ist.
Im Dialog zur gemeinsamen Bewältigung der Vergangenheit stehen wir
unseren Kameraden als Partner, nicht als Richter zur Verfügung.
Dialog gilt es auch mit denjenigen zustande zu bringen, die
bislang zur Opposition gehörten. Der Prozeß, zu einem neuen
Weltbild zu finden muß unter Beteiligung der Kirchen vonstatten
gehen. Wir sind dankbar, daß wir vor Ort Partner gefunden haben.
Wir haben gute grenzübergreifende Verbindungen zwischen den
Führungen der polnischen Streitkräfte und der Bundeswehr vor Ort.
Nun müssen wir unsere jungen Soldaten in engen Kontakt bringen und
so gegenseitige Vorbehalte abbauen.

Vor kurzem sagte ein Soldat auf die Frage, ob er zwischen
Vorgesetzten Ost und West unterscheide, er unterscheide nur, ob
sein Vorgesetzter ein anständiger Kerl sei oder nicht.

Dies zeigt, daß wir bereits einen weiten Weg gegangen sind aber
wir sind noch lange nicht am Ziel.
Der Prozeß der Vereinigung und Bewältigung der Vergangenheit
kostet Zeit.
Ich möchte aber nicht, daß wir die heilsame Ungeduld verlieren.
Mit unserem Weg zum Heer zur Einheit leisten wir einen eigenen
Beitrag zur Gemeinsamkeit der Menschen im Handeln, Verstehen und
im Vertrauen.

Vortrag vor Bundeskabinett 1992

Personenregister

Carola Hartmann Miles-Verlag

Erinnerungen

Blue Braun, *Erinnerungen an die Marine 1956–1996,* Berlin 2012.

Klaus Grot, *So war's, damals. Dienstchronik eines Pionieroffiziers im Kalten Krieg 1954–1991,* Berlin 2014.

Gustav Lünenborg, *Bürger und Soldat. Innere Führung hautnah 1956– 1993, 1993–2015,* Berlin 2015.

Adolf Brüggemann, *Als Offizier der Bundeswehr im Auswärtigen Dienst. Meine Erinnerungen als Militärattaché in Seoul (Republik Korea) 1978–83 und in Prag (Tschechoslowakei / Tschechien) 1988–1993,* Berlin 2015.

Rainer Buske, *Eine Reise ins Innere der Bundeswehr. Wundersame Geschichten aus einer anderen Welt,* Berlin 2016.

Heinz Laube, *Duell am Himmel,* Berlin 2016.

Viktor Toyka, *Dienst in Zeiten des Wandels. Erinnerungen aus 40 Jahren Dienst als Marineoffizier 1966-2000,* Berlin 2017.

Hans-Eckhard Tribess (Hrsg.), *Im Leben unterwegs – für den Frieden. Festschrift für Wolfgang Altenburg zum 90. Geburtstag am 22. Juni 2018,* Berlin 2019.

Kurt Graf v. Schweinitz, *Notizen im Transit von Krieg und Frieden,* Berlin 2020.

Karl-Otto Behrendt, *Der kurze Bericht über eine lange Zeit. Kriegsgefangenschaft 1945–1953, herausgegeben und kommentiert von Hans-Günter Behrendt,* Berlin 2021.

Militär und Gesellschaft

Hans-Christian Beck, Christian Singer (Hrsg.), *Entscheiden – Führen – Verantworten. Soldatsein im 21. Jahrhundert,* Berlin 2011.

Wolf Graf von Baudissin, *Grundwert Frieden in Politik – Strategie – Führung von Streitkräften,* hrsg. von Claus von Rosen, Berlin 2014.

Marcel Bohnert, Lukas J. Reitstetter (Hrsg.), *Armee im Aufbruch. Zur Gedankenwelt junger Offiziere in den Kampftruppen der Bundeswehr,* Berlin 2014.

Phil C. Langer, Gerhard Kümmel (Hrsg.), *„Wir sind Bundeswehr."* *Wie viel Vielfalt benötigen/vertragen die Streitkräfte?*, Berlin 2015.

Eberhard Birk, Peter Andreas Popp (Hrsg.), *Luftwaffenoffizier 21.* *Das Selbstverständnis des Luftwaffenoffiziers zu Beginn des 21. Jahrhunderts, (aus der Reihe Schriften zur Geschichte der Deutschen Luftwaffe, Band 5)*, Berlin 2016.

Alois Bach, Walter Sauer (Hrsg.), *Schützen.Retten.Kämpfen. Dienen für Deutschland*, Berlin 2016.

Marcel Bohnert, Björn Schreiber (Hrsg.), *Die unsichtbaren Veteranen. Kriegsheimkehrer in der deutschen Gesellschaft*, Berlin 2016.

Angelika Dörfler-Dierken (Hrsg.), *Hinschauen! Geschlecht, Rechtspopulismus, Rituale: Systemische Probleme oder individuelles Fehlverhalten?*, Berlin 2019.

Standpunkte und Orientierungen

Daniel Giese, *Militärische Führung im Internetzeitalter*, Berlin 2014.

Dirk Freudenberg, *Auftragstaktik und Innere Führung. Feststellungen und Anmerkungen zur Frage nach Bedeutung und Verhältnis des inneren Gefüges und der Auftragstaktik unter den Bedingungen des Einsatzes der Deutschen Bundeswehr*, Berlin 2014.

Hartwig von Schubert, *Integrative Militärethik. Ethische Urteilsbildung in der militärischen Führung*, Berlin 2015.

Uwe Hartmann, *Hybrider Krieg als neue Bedrohung von Freiheit und Frieden. Zur Relevanz der Inneren Führung in Politik, Gesellschaft und Streitkräften*, Berlin 2015.

Klaus Beckmann, *Treue.Bürgermut.Ungehorsam. Anstöße zur Führungskultur und zum beruflichen Selbstverständnis in der Bundeswehr*, Berlin 2015.

Florian Beerenkämper, Marcel Bohnert, Anja Buresch, Sandra Matuszewski, *Der innerafghanische Friedens- und Aussöhnungsprozess*, Berlin 2016.

Martin Sebaldt, *Nicht abwehrbereit. Die Kardinalprobleme der deutschen Streitkräfte, der Offenbarungseid des Weißbuchs und die Wege aus der Gefahr*, Berlin 2017.

Christian J. Grothaus, *Der „hybride Krieg" vor dem Hintergrund der kollektiven Gedächtnisse Estlands, Lettlands und Litauens*, Berlin 2017.

Uwe Hartmann, *Der gute Soldat. Politische Kultur und soldatisches Selbstverständnis heute,* Berlin 2018.

Christian Bauer, Marcel Bohnert, Jan Pahl, *Vitalis Innere Führung! Zum Status Quo der Führungskultur in den deutschen Streitkräften,* Berlin 2018.

Helmut Jermer, *Innere Führung kompakt. Eine Zusammenschau als Lehr- und Lernhilfe,* Berlin 2019.

Martin Sebaldt, *Das Elend der Strategen. Warum die deutsche Militärpolitik versagt,* Berlin 2020.

Schriften zur Tradition

Eberhard Birk, Winfried Heinemann, Sven Lange (Hrsg.), *Tradition für die Bundeswehr. Neue Aspekte einer alten Debatte,* Berlin 2012.

Donald Abenheim, Uwe Hartmann (Hrsg.), *Tradition in der Bundeswehr. Zum Erbe des deutschen Soldaten und zur Umsetzung des neuen Traditionserlasses,* Berlin 2018.

Joachim Welz, *Vom Kontingentsheer zum Reichsheer: Militärkonventionen als Motor der Wehrverfassung,* Berlin 2018.

Donald Abenheim, Uwe Hartmann, *Einführung in die Tradition der Bundeswehr. Das soldatische Erbe in dem besten Deutschland, das es je gab,* Berlin 2019.

Eberhard Birk, Heiner Möllers (Hrsg.), *Die Luftwaffe und ihre Traditionen (aus der Reihe Schriften zur Geschichte der Deutschen Luftwaffe, Band 10),* Berlin 2019.

Hans-Günter Behrendt (Hrsg.): *Erinnerungsorte der Bundeswehr – Personen, Ereignisse und Institutionen der soldatischen Traditionspflege,* Berlin 2020.

Dirk Drews, Stefan Gruhl (Hrsg.): *Oberst Reinhard Hauschild 1921– 2005. Traditionsstifter für die Bundeswehr? Gedenkschrift zum 100. Geburtstag,* Berlin 2021.

Militärgeschichte

Eberhard Kliem, Kathrin Orth, *"Wir wurden wie blödsinnig vom Feind beschossen". Menschen und Schiffe in der Skagerrakschlacht 1916,* Berlin 2016.

Hans Frank, Norbert Rath, *Kommodore Rudolf Petersen. Führer der Schnellboote 1942–1945. Ein Leben in Licht und Schatten unteilbarer Verantwortung,* Berlin 2016.

Eckhard Lisec, *Der Völkermord an den Armeniern im 1. Weltkrieg – Deutsche Offiziere beteiligt?,* Berlin 2017.

Ingo Pfeiffer, *Heinz Neukirchen. Marinekarriere an wechselnden Fronten,* Berlin 2017.

Joachim Welz, *Erfolgsstory oder Trauma – die Übernahme von Armeen. Lehren aus der Übernahme des österreichischen Bundesheeres in die Wehrmacht 1938 und der Reste der NVA in die Bundeswehr 1990,* Berlin 2018.

Joachim Hoppe, Manfred Wilde (Hrsg.), *Die Unteroffizierschule des Heeres, Die militärische Meisterschule,* Berlin 2016.

Georg Neuhaus, *Am Anfang war ein Speer. Eine Chronographie der Kriegs- und Militärtechnologien,* Berlin 2018.

Hans-Werner Ahrens, *Die Transportflieger der Luftwaffe 1956 bis 197. Konzeption – Aufbau – Einsatz, (Reihe Schriften zur Geschichte der Deutschen Luftwaffe, Band 8),* Berlin 2019.

Jobst Reller, *Die Anfänge der evangelischen Militärseelsorge,* Berlin ²2020.

Eberhard Frhr. v. Senden, Friedrich Frhr. v. Senden, *Der Erste Weltkrieg 1914–1918. Erlebnisse eines jungen Leutnants,* Berlin 2020.

Hans-Günter Behrendt, *Flugabwehr in Deutschland. Stationierungsorte und Systeme 1956-2012,* Berlin 2021.

Gerd Bolik, *NATO-Planungen für die Verteidigung der Bundesrepublik Deutschland im Kalten Krieg,* Berlin 2021.

Einsatzerfahrungen

Artur Schwitalla, *Afghanistan, jetzt weiß ich erst… Gedanken aus meiner Zeit als Kommandeur des Provincial Reconstruction Team FEYZABAD,* Berlin 2010.

Rainer Buske, *KUNDUZ. Ein Erlebnisbericht über einen militärischen Einsatz der Bundeswehr in AFGHANISTAN im Jahre 2008,* Berlin ²2016.

Schriften zur Weiterentwicklung von Theorie und Praxis der Inneren Führung

Angelika Dörfler-Dierken, Robert Kramer, *Innere Führung in Zahlen. Streitkräftebefragung 2013,* Berlin 2014.

Christian Göbel, *Glücksgarant Bundeswehr? Ethische Schlaglichter auf einige neuere Studien des ZMSBw im Kontext von Sinn und Glück des Soldatenberufs, Innerer Führung und Einsatz-Ethos,* Berlin 2016.

Arjan Kozica, Kai Prüter und Hannes Wendroth (Hrsg.), *Unternehmen Bundeswehr? Theorie und Praxis (militärischer) Führung,* Berlin 2014.

Nicolas Holz, *Zurück in die Zukunft. Empfehlungen zur Wiederentdeckung und Weiterentwicklung der Inneren Führung,* Berlin 2021.

Jahrbuch Innere Führung (seit 2009)

Uwe Hartmann, Claus von Rosen (Hrsg.), *Jahrbuch Innere Führung 2018. Innere Führung zwischen Aufbruch, Abbau und Abschaffung: Neues denken, Mitgestaltung fördern, Alternativen wagen,* Berlin 2018.

Uwe Hartmann, Claus von Rosen (Hrsg.), *Jahrbuch Innere Führung 2019. Bundeswehr im Aufbruch. Hindernisse von den verteidigungspolitischen Vorstellungen der AFD bis zu den sicherheitspolitischen Meinungen in der Zivilgesellschaft,* Berlin 2019.

Uwe Hartmann, Reinhold Janke, Claus von Rosen (Hrsg.), *Jahrbuch Innere Führung 2020. Zur Weiterentwicklung der Inneren Führung: Themen und Inhalte,* Berlin 2020.

Offiziersbibliothek

Uwe Hartmann, *Offiziersbibliothek I. Deutschland,* Berlin 2020.

Franz H.U. Borkenhagen, Uwe Hartmann, *Offiziersbibliothek II. Internationale Beziehungen und Sicherheitspolitik,* Berlin 2021.

www.miles-verlag.jimdo.com